Das große Buch vom Bier

Michael Jackson

Das große Buch vom Bier

Hallwag Verlag
Bern und Stuttgart

Dieses Buch wurde für die Bierfreunde in aller Welt geschrieben, obschon ich hoffe, daß es auch für die Brauer von Interesse und Nutzen sein wird. Eine so weitreichende Darstellung der Welt des Bieres wurde noch niemals unternommen. Gewiß ließe sich noch viel über die großen, aber auch über die kleineren Bierländer sagen, doch auch Autoren müssen, wie die Brauer, auf gute Ausgewogenheit bedacht sein. Wie entschuldigt sich doch Samuel Johnson in einem Vorwort eines seiner Werke bei seinen Lesern: „Wer in diesem Buch manches vermißt, sollte darüber nicht vergessen, wie viel ihm hier dargeboten wird."

Freunde des Bieres in aller Welt haben keine Zeit und Mühe gescheut, um Material zu diesem Buch beizutragen. Besonders zu danken habe ich hierfür: Professor Dr. Ludwig Narziß, Lehrstuhl und Institut für Technologie der Brauerei, Weihenstephan; Dr. L. Neumann, Versuchs- und Lehranstalt für Brauerei in Berlin; Marcel Melis, Faculteit voor Landbouw Wetenschap, Hévérlé-Löwen, Belgien; Pater Théodore, Kloster Notre Dame in Scourmont, Belgien; Communauté de Travail des Brasseurs du Marché Commun, Brüssel; Hans Leewens, Lamont, Belgien; Poul J. Svanholm, Präsident der United Breweries, Kopenhagen; Alan Bullock und seinen Kollegen von Guinness in Irland, Großbritannien und der ganzen Welt; Sandy Hunter, Belhaven Brewery, Schottland; Frank Baillie, Autor von „The Beer Drinker's Companion"; *Test Achats* magazine; Tony Duckworth, Bass Production, Burton-on-Trent; Professor Anthony Rose, Department of Microbiology, Bath, England; Dennis Flanagan, Redakteur des *Scientific American;* Robert McFadden, *New York Times;* Chet Gardner, United States Brewer's Association; Alistair Smith, Australien Associated Brewers; sowie Brauern, Brauereien und Brauverbänden in aller Welt.

Für ihre Mithilfe bei meinen Nachforschungen und bei der Vorbereitung des Textes habe ich besonders zu danken: Sergei Shantyr, Jaroslav Kořán, Tad Kopinski, Lyn Shepard, Marianne Liefländer, Susan van Tijn, Patrick Roper, Jan Sjöby, Norman Jackson, Vernon Leonard. M. J.

Alle deutschen Rechte vorbehalten
© 1977 Hallwag AG Bern
Die englische Originalausgabe ist unter dem Titel „The World Guide to Beer" erschienen.
© 1977 Quarto Publishing Limited, London
Printed in Spain
by Printer, industria gráfica sa
Tuset, 19 Barcelona Sant Vicenç dels Horts
Depósito Legal B. 40554-1977
ISBN 3 444 1023 1 3

Deutsche Übersetzung und Bearbeitung:
Rolf Hellex
Umschlagentwurf: Edgar Dambacher
Satz: Kreuzer Fotosatz, Stuttgart
Grafische Gestaltung: Robert Morley
Redaktionelle Beratung: Rolf Hellex
Fotos: Pavel Fošenbauer, Helena Wilsonová, Jan Sägl, John Wyand, Trevor Wood, Ian Howes, Stefania Ciesielska, Felix Jansen, David Brinson, Roger Daniels, John Burke, Iain Macmillan, Michael Freeman
Karten und Übersichten: Q. E. D.
Grafische Darstellung des Brauvorgangs:
Robert Micklewright.

Inhalt

Einführung

König Wenzel von Böhmen bewog im 13. Jahrhundert den Papst, das Brauverbot wieder aufzuheben. Böhmischer Hopfen und mährische Gerste wurden in der Pilsner Brauerei in der Tschechoslowakei aufgenommen (links).

„Wer sein Bier nicht achtet, dem ist auch gleich, was für ein Brot er ißt." Bier hat wohl schon immer dem Menschen als Nahrung gedient, ebenso wie das Brot. Beide sind eng miteinander verwandt.

Dies hatten schon die Völker erfahren, die das Bierbrauen aus dem Osten mitbrachten. Finnlands Volksepos *Kalewala* schildert in 200 Versen die Erschaffung der Welt, in 400 Versen aber erklärt es den Ursprung des Bieres. Julius Cäsar nannte das Bier ein „fabelhaftes Getränk" und König Wenzel von Böhmen drohte jedem die Todesstrafe an, der Hopfenstecklinge außer Landes bringen wollte. Seither ist böhmischer Hopfen in aller Welt hoch geschätzt. Dem bayerischen Herzog Wilhelm IV. schulden die Biertrinker Dank für sein Reinheitsgebot, das heute in der ganzen Bundesrepublik strikt eingehalten wird. Und als die Briten Dungkarren, Schandpfahl und Tauchschemel als Strafen für Bierpanscher abgeschafft hatten, mußten sie zu anderen Mitteln greifen, um ihr gutes Bier zu verteidigen. So kam es zu einer Volksbewegung für Schutz und Pflege der einzigartigen englischen Brautradition, aus der dann Europas erfolgreichste Verbraucherkampagne geworden ist.

In Deutschland und England gewinnen alte Brauweisen wieder an Boden. So wird mehr und mehr *Berliner Weiße* und *süddeutsches Weizenbier* wie auch naturvergorenes *Bitter Ale* in England gebraut. Damit kehrt Bier wieder zum heimatlichen Ursprung zurück, und wird auch zunehmend international. George Orwell beklagte noch, daß *Stout* vom Faß kaum zu bekommen sei; heute würde er staunen, wie gut sich überall das schwarze irische Bier verkauft. *Trappisten*-Bier aus belgischen Klöstern hat in England und Frankreich seine Freunde wie elsässisches Bier in den USA. Und während die weite Welt gern die berühmten dänischen und holländischen Biere trinkt, haben daheim die kleinen Brauer Konjunktur. In den USA kommt sogar das alte *Dampf*-Bier aus San Francisco wieder auf. Zeitschriften wie *Business Week* testen Trinkgewohnheiten. *New York Magazin*, *Esquire* und *Oui* sowie verschiedene Tageszeitungen führen Tests durch, um das beste Bier herauszufinden. Dies ist freilich eine etwas problematische Angelegenheit.

Der entdeckungsfreudige Biertrinker sieht sich einer verwirrenden Vielfalt von Bieren gegenüber, von denen ein jedes das beste, das echteste oder das stärkste sein will. Und wer reist, kann in anderen Ländern neben der typischen Küche auch manche fremde Bierspezialität kennenlernen. Heimatstolz und Vorurteil trüben aber oft die Wahl. Viele schauen auf Biere anderer Länder herab, meist ohne wirklich zu wissen, was es dort überhaupt gibt, wo es zu haben ist, wie man es auf den Tisch bringt und weshalb es einer Würdigung wert sein sollte. Auf diese Weise kann einem viel entgehen.

Herzog Wilhelm IV. von Bayern erließ 1516 das berühmte Reinheitsgebot für Bier. Dieses Gesetz schützt heute die Biertrinker in der Bundesrepublik. Im 18. Jahrhundert war das Bierbrauen bereits ein bedeutendes Gewerbe.

Die Kunst des Brauens

Noch heute mutet das Bierbrauen eher wie eine Kunst als eine Wissenschaft an. „Erst in letzter Zeit haben wir richtig begriffen", schrieb der Mikrobiologieprofessor Anthony Rose 1959 im *Scientific American*, „was für eine bemerkenswerte Kunst des Brauers es ist, wenn er einen der feinsten Vorgänge ganz nach seiner Erfahrung steuert."

Entgegen den Befürchtungen mancher Biertrinker hat sich am Brauprinzip seit dem Mittelalter kaum etwas geändert, es sei denn in der Quantität und in der Verfeinerung. Die Brautechnik ist einfach, doch der dabei in Gang gesetzte Vorgang ist sehr komplex. Maischbottich, Braupfanne und Gärbehälter haben dem bloßen Auge nur wenig zu bieten. Wie bei Kettenreaktionen bestimmt jeder Eingriff das nachfolgende Stadium und birgt damit Möglichkeiten zu Verwandlungen in sich.

Genau wie der Koch kommt auch der gute Brauer ohne Geschmackssinn, Urteil und Erfahrung, ja auch ohne Intuition nicht aus. Aus Büchern ist dies nicht zu erlernen. Selbst bei gleicher Rezeptur und Ausrüstung können Qualität und Ausgewogenheit der Rohstoffe, die Steuerungsfaktoren Zeit und Temperatur, aber auch Sorgfalt im Detail und die notwendige Geduld zu ganz verschiedenen Ergebnissen führen. Grundrezept und Methode des Bierbrauens sind einfach: Man verwandelt die Gerste in Malz, „kocht" das Malz in heißem Wasser, gibt der entstandenen Würze den Hopfen zu und löst durch Hefe die Gärung aus.

Diese Stoffe braucht man zu jedem Bier, selbst die Hefe ist unentbehrlich, auch wenn sie nur in ihrer „wilden" Form auftritt, wie das bei einigen „selbst"vergärenden Bieren in Belgien der Fall ist. Auch Hopfen wird immer gebraucht, sei es in Form natürlicher Zapfen, sei es in Kügelchen gepreßt oder auch als Extrakt, wie er wohl am ergiebigsten ist. Doch scheinen mit Extrakt hergestellte Biere nie ganz das Aroma und die Würze von Naturhopfen-Bieren zu erreichen. „Sie schmecken wie Fleisch ohne Salz", vermerkt der Fachjournalist Frank Baillie dazu.

Aber weder Hopfen noch Hefe sind echte Bestandteile des Bieres. Sie dienen nur als Würze, zum Haltbarmachen und zur Gärung. Bier wird eher *mit* ihnen als *aus* ihnen hergestellt. Bierrohstoffe sind Gerstenmalz und das Wasser, nach dem sich einst der Standort der Brauerei richtete, weil unterschiedliches Wasser verschiedene Biere hervorbringt. Heute können die Brauereien ihr Wasser aufbereiten, was damals noch nicht möglich war, als Biere wie Pilsener, Münchner, Dortmunder und Burton den Ruhm ihrer Städte begründeten.

Gerstenmalz ist die „Seele jeden guten Bieres", sagt Andrew J. Steinbuhl von Anheuser-Busch. Zum Brauen von Budweiser, versichert er, nimmt seine Brauerei mehr Malz pro Hektoliter als jede andere in den USA. Und Gerstenmalz ist immer dabei, auch wenn man in vielen Ländern billigeres Getreide oder auch Zucker dazugibt. Solche Zusätze lassen das Bier leichter schmecken, aber Biere aus Gerstenmalz sind in ihrem Aroma reiner und voller als solche mit Zusätzen. Das Wort Bier ist ja auch wohl aus dem Angelsächsischen *Baere* (Barley) entstanden, was Gerste bedeutet. Man nennt Bier auch Gerstensaft. Wer anderes Getreide dazunimmt, sollte dies auf dem Etikett vermerken, was jedoch nur sehr selten geschieht.

In Westdeutschland, der Schweiz und Norwegen ist nur Gerste für die Bierherstellung zugelassen. Ausgenommen von dieser Regel sind lediglich die traditionellen Weizenbiere. Auf der Insel Man, einem englischen Schutzgebiet mit eigener Verwaltung, und in Finnland ist als Getreide nur Gerste erlaubt, doch darf Zucker zugesetzt werden. In Großbritannien wurde 1847 unter dem Druck der Pflanzer und Händler in den karibischen Kolonien Zucker als vergärbares Material zur Einwirkung auf Aroma und Farbe gesetzlich zugelassen. In den USA, wo man Mais allgemein zugibt, rühmt sich Budweiser nicht nur seines hohen Anteils an Gerstenmalz, sondern auch des zugesetzten Reises. Wortreich wird auf dem Etikett dieser Rohstoff herausgestellt, wobei die Brauerei noch versichert, daß Reis zu dem „herrlich prickelnden Geschmack" des meist getrunkenen Markenbieres der Welt beiträgt.

Mälzen

Vor dem Mälzen ist die Gerste noch hart. Danach sieht sie fast ebenso aus, doch hat sie das angenehme Aroma von Biskuit und läßt sich leicht zerreiben. Durch die Umwandlung des Kornes soll die Stärke der Gerste löslich gemacht werden, was nur allmählich unter sorgfältiger Kontrolle des Mälzers erreicht wird. Zuerst bringt man die Gerste zum Weichen und Keimen. Dazu ließ man früher das Keimgut acht bis zehn Tage auf der Tenne liegen. Der Mälzer arbeitete barfuß, um die Körner nicht zu beschädigen, die sonst schimmelig geworden wären. Heute spielt sich der ganze Vorgang im Kasten mit mechanischem Wender ab. Beim Darren wird das Keimen gestoppt. Normalerweise beträgt die Schlußtemperatur der Darre zwischen 80 und 100° C, bei dunklem Malz für dunkles Bier ist sie auch höher. Solche Malze sind manchmal noch als *Wiener Malze* bekannt, obschon diese Stadt längst nicht mehr wegen ihrer rötlich-bernsteinfarbenen Biere berühmt ist. In Bayern, vor allem in Bamberg, wird Malz sogar geräuchert, um dem Bier einen rauchigen Geschmack zu geben. Je nach der Eigenart des Malzes und dem Typ des zu brauenden Bieres laufen dann die weiteren Vorgänge ab. So wird das Malz gereinigt und geschrotet, bevor das Brauen beginnt. Soweit man anderes Getreide zusetzt, wird dessen Löslichkeit durch einfaches Vorkochen erreicht.

Brauen

Das geschrotete Malz und etwaige Getreidezusätze werden in den Maischbottich gegeben und dort mit heißem Wasser zu einer breiartigen Maische (Mischung) verrührt, in der die Stärke des Malzes in vergärbaren Zucker verwandelt werden soll.

In der einfachsten Form geschieht dies auf dem Wege der *Infusion*, also etwa so, wie Tee gekocht wird. Dazu wird die Maische ein oder zwei Stunden lang auf 65 bis 68° erhitzt. Allgemein üblicher ist ein anderes Verfahren, das zu einer weitergehenden Umwandlung der Stärke führt. Es beginnt bei geringerer Temperatur, etwa 35°, und dauert länger. Dabei werden Teile der Maische umgepumpt, stärker erhitzt und dann wieder zurückgeleitet, bis nach und nach die ganze Maische auf eine Temperatur von 76° erhitzt ist. Nach diesem Verfahren kann das Maischen fünf bis sechs Stunden dauern.

Bei der Infusionsmethode wird zum Schluß die Flüssigkeit abgefiltert, so daß die Spelzen zurückbleiben. Beim anderen Verfahren wird die Maische in einem besonderen Läuterbottich gefiltert. Heute werden beide Verfahren leicht abgeändert und verfeinert angewandt, doch ist der Unterschied zwischen ihnen immer mehr im Schwinden.

Aus der so geklärten Maische, Würze genannt, wird das Bier gebraut. Aus ähnlicher Würze wird übrigens auch der Whisky gebrannt. In der Würzepfanne erhitzt man die Würze bis zum Sieden. Je nach dem Typ des Bieres, das man herstellen will, wird die Würze über eine Stunde, manchmal auch bis zu zweieinhalb Stunden gekocht. Die notwendige Hitze wird durch Dampf oder heißes Wasser zugeführt, doch einige Brauer ziehen ein regelrechtes Feuer vor, wie die Stroh-Brauerei in Detroit mit ihrer „Feuerbrauweise", die dem Bier seinen „einzigartigen glatten Geschmack" geben soll. Dabei wird das Feuer mit Ölbrennern direkt an den Kupferkessel gebracht. Andere Brauer sprechen von einem „guten rollenden Kochen". Die Höhe der Hitze ist von großer Bedeutung, da das Kochen in der Würze starke Veränderungen auslöst. Deswegen hat man bislang solche Kessel gern aus Kupfer gemacht, weil dieses Metall Hitze besonders gut leitet und nicht so leicht Kesselstein ansetzt. Rostfreier Stahl wird ebenfalls gern verwandt,

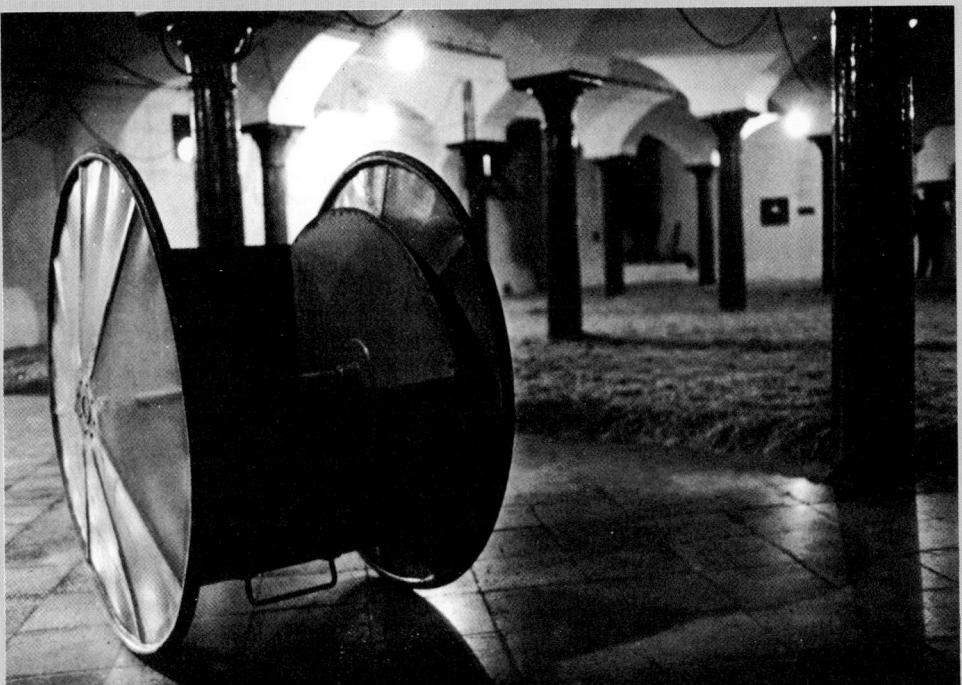

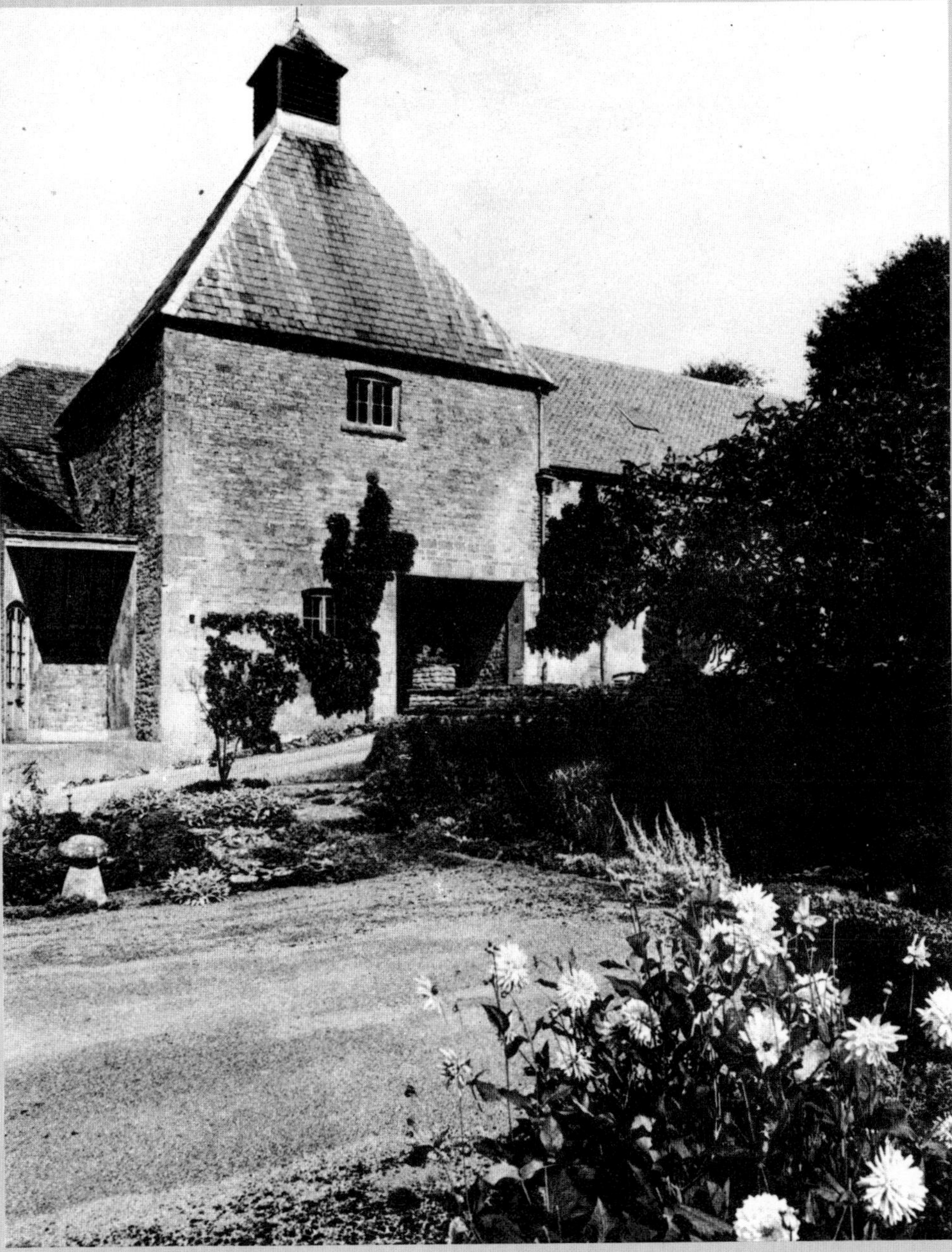

Manche Brauer mälzen selbst. Die Schächte und Hauben auf ihren Dächern enthalten die Züge und Abzüge für das Trocknen des Malzes wie hier in den englischen Cotswolds. Unten: Getrocknet wird das Malz auf der Tenne wie in dieser tschechischen Brauerei.

vor allem, weil er leicht zu reinigen ist. Manchmal werden beide Metalle miteinander verbunden. Die Braupfannen, oft nur „Kupfer" genannt, sind fast immer der besondere Stolz der Brauerei. Wie Überbleibsel einer einst fortschrittlichen, aber heute verlorenen Kultur, schimmern sie durch die großen Fenster des Sudhauses und erinnern den Biertrinker daran, daß sein Getränk das Erzeugnis eines selbstbewußten Gewerbes ist, das sich seiner Tradition und dem Brauchtum besonders verpflichtet fühlt.

Einige Brauer fügen noch die rote Alge *Chondrus Crispus* oder Irisch Moos (Carrageen) bei, um die Würze zu klären. Weit wichtiger ist natürlich in diesem Stadium die Zugabe von Hopfen, ganz oder in Kügelchen gepreßt. Hopfenextrakt wird meist erst später zugegeben, doch kommt dies immer mehr aus der Mode. Worin genau die Eigenschaften des Hopfens bestehen und wie er eine Würze mit solch zartem Aroma ins Bier bringt, ist bis heute noch nicht ganz geklärt. Professor Anna M. MacLeod von der Fakultät für Bierbrauen und Biologie an der Heriot-Watt-Universität in Edinburgh bezeichnet die Chemie der Hopfenharze als „einen Traum – oder einen Alptraum des Chemikers, je nach dessen eigener Überzeugung".

Nach dem Brauen werden die Hopfentreber aus der Würze entfernt, was auf verschiedene Weise geschieht. Nach der Kühlung setzt man der gehopften Würze im Gärbottich die Hefe zu.

Gärung

Biere lassen sich je nach der Art ihrer Gärung in zwei Arten einteilen. Diese große Trennlinie hat sich aus der Geschichte und der Landschaft ergeben. Jahrhundertelang kannten die Brauer nur die Hefe, die nach der Gärung zur Oberfläche aufsteigt. Dieses Verhalten der Hefe konnte man sich damals nicht erklären und auch nicht verhindern. Englische Brauer nannten die Hefe damals *Godisgood* („Gottesgut"). Nicht immer verlief nämlich die Gärung wie vorgesehen, oft, vor allem im Sommer, wurde das Bier sauer. Und mancherorts, so in der Schweiz, schrieb man dies den „Bierhexen" zu.

Schließlich entdeckte man aber, daß das Bier, wenn man es kühl genug halten konnte, nicht sauer wurde. Das ließ sich in Felsenhöhlen bewerkstelligen, zumal wenn die Natur dazu Eis in Fülle bescherte. Packte man nämlich die Fässer mit Eis zusammen in die Höhlen, dann setzte sich die Hefe allmählich am Boden ab. Danach war das Bier viel klarer und die Hefe brauchte nicht mehr vor dem Verkauf abgeschöpft zu werden. Dieses *untergärige* Brauverfahren scheint zum ersten Mal im Jahre

1420 in den Protokollen des Münchner Stadtrats erwähnt worden zu sein. Später ist auch in Aufzeichnungen anderer Städte davon die Rede. Besonders gern bediente man sich solcher Gärung in Gegenden, wo es Höhlen und viel Natureis gab. Und das bayerische Alpenvorland war für solche Brauweise geradezu ideal geeignet.

Doch erst nach der Erfindung der künstlichen Eisherstellung im 19. Jahrhundert setzte sich die Untergärung überall durch. Damals wurde auch die Hefe, vor allem von Pasteur, erforscht. Den Brauern kamen aber nicht nur neue wissenschaftliche Erkenntnisse, sondern auch wesentliche wirtschaftliche Entwicklungen zugute: Durch die deutsche Zollunion entstand als mächtiger Handelsblock ein neuer Markt in Mitteleuropa. Hinzu kamen die Eisenbahn und das Wachstum der Industriestädte. So konnten die Brauer, die sich wie in München, Wien und Pilsen als erste konsequent und mit neuen Anlagen der untergärigen Brauweise zuwandten, einen weit größeren Absatz erzielen, als dies früher möglich gewesen wäre. Die Klarheit des untergärigen Bieres und das Wasser von Pilsen verhalf den Böhmen zu ihrem goldfarbenen Bier, das damals eine Neuheit von Rang war. Klarheit und Farbe wurden somit zum wichtigen Verkaufsfaktor. Trinkgefäße aus Zinn und Ton bekamen jetzt schärfer als bisher den Wettbewerb industriell gefertigter Trinkgläser zu spüren. In Deutschland konnten damals beide Brauverfahren nebeneinander bestehen. Und das ist auch heute noch so. Dennoch wurde die gesamte Entwicklung des Bieres durch die beliebten neuen Biere aus Bayern, Böhmen, Wien und später auch aus Dortmund und Kopenhagen entscheidend beeinflußt.

Untergärige Biere begannen früher bei etwa 5° zu gären, erreichten dann bis zu 9°, um wieder auf 5° abzukühlen. Heute kennt man auch wärmere Temperaturfolgen wie z. B. 7° – 12° – 7°. Diese erste Gärung kann ein oder zwei Wochen dauern, daran schließt sich die entscheidende zweite Phase, die man auch als „Reife" oder einfach als „Lagerung" bezeichnet. Danach sind später die untergärigen Biere mit dem Namen *Lagerbier* oder kurz *Lager* bedacht worden. Einige Brauer lagern noch heute ihr Bier in Felsenkellern, und Natureis wurde noch bis nach 1920 verwandt, doch heute sind maschinell gleichmäßig gekühlte Keller und Tanks fast überall üblich. Die Lagerung beginnt bei der gleichen Temperatur, bei der die Gärung zu Ende geht, aber bald wird das Bier bis auf 2° oder 1°, ja sogar auf 0° C abgekühlt. Früher wurde das Bier bis zu neun Monaten gelagert. Heute behaupten manche Brauer, ihr Bier werde mehrere Monate gelagert. In den

Ländern, die auf ihr Bier besonders stolz sind, lagert es vier oder fünf Wochen. In dieser Zeit kommt es zu einer allmählichen weiteren Vergärung des hartnäckigeren Zuckers, so daß das Bier den gewünschten Geschmack erhält. Mitunter wird diese zweite Gärung durch Zugabe von jüngerem Bier oder teilvergorener Würze neu angeregt, was allgemein als Kreusen bekannt geworden ist. Ist das Bier gut abgelagert, wird es gefiltert, wozu in den USA bei Anheuser-Busch Buchenspäne als Filtermaterial benutzt werden.

Ganz anders verläuft die Gärung bei *obergärigem* Bier. So braut man vor allem in Deutschland, Belgien und Nordfrankreich eine ganze Reihe von speziellen Bieren. Doch am meisten ist die Obergärung mit dem englischen *Ale* verbunden, das auf den britischen Inseln sowie auch in Nordamerika gebraut wird.

Bei solchen Ales findet die erste Gärung bei höheren Temperaturen, etwa 15° – 20° statt. Sie dauert meist eine Woche, doch die Lagerzeit in der Brauerei beträgt nur wenige Tage, auf keinen Fall jedoch Monate. Anstatt die Biere zu kreusen, gibt man ihnen Zucker zu, was nur bei einigen absichtlich mehr süß gehaltenen Sorten zu eben dieser Süße führt. Der Zucker soll die zweite Gärung auslösen. Dann wird das Faß versiegelt, und innen entwickelt sich die natürliche Kohlensäure. In einigen Fällen wirkt man der Süße durch „Trockenhopfen" entgegen, wozu man eine Handvoll Hopfen ins Faß gibt. Dafür verwendet man in England kein anderes Maß. Doch ein bekannter Brauer ließ durchblicken, daß diese Aufgabe immer von einer großen starken Frau übernommen wird. Durch diese „Handvoll" Hopfen kommt es zum klassisch-herben Hopfenaroma des englischen Ales. Schließlich wird noch Hausenblase-Klärmittel aus der Schwimmblase des Störs zugesetzt, um das Bier zu klären. Der Ursprung dieses Brauchs ist nach Professor MacLeod „so dunkel, wie seine Wirkung hervorragend ist".

Das normale englische Ale wird nicht gefiltert, und dafür gibt es gute Gründe. Absichtlich wird es noch „unfertig" ausgeliefert, damit die Nachgärung im Keller des Pubs stattfinden kann. Daher muß es auch mindestens 48 Stunden dort liegen, ehe es angestochen wird. Dann aber muß es innerhalb von zwei Tagen verbraucht werden. Sonst hält sich das Ale etwa einen Monat, doch beim raschen Bierumschlag sind so lange Lagerzeiten unwahrscheinlich.

Pasteurisierung

Für das Brauwesen war Pasteur Segen und Fluch zugleich. Er klärte die Brauer über die Gärung auf und dafür gebührt ihm unser Dank, denn dadurch gab es weniger mißratene und

Die Brauerei

Keine Brauerei gleicht der anderen. Zwar sind die Grundzüge des Brauens überall gleich, doch die Art der Anlagen und die Arbeitsweise sind verschieden, je nach der Vorstellung des Brauers und den Konstruktionsmöglichkeiten, die zur Zeit der Ausrüstung der Brauerei bestanden. So sind die meisten Braustätten von heute eine Mischung aus alten und neuen Anlagen. Von jeher baute man Brauereien wie Türme, um oben die Rohstoffe zu lagern und sie nach und nach bei der Verarbeitung abwärts durch das Gebäude zu leiten, bis sie als Fertigprodukt im Keller landeten.

1 Ausgangsstoff für das Brauen ist das *Malz*, das zunächst über Rüttelsiebe in die Schrotmühle kommt.

2 Hier wird das Malz zu Schrot gemahlen.

3 Im *Maischbottich* wird das Malzschrot mit heißem Wasser zu einer breiartigen Masse vermischt, die dann in diesem Gefäß erhitzt wird. Meist wird aber die Maische zum Teil in ein anderes Gefäß gepumpt, dort erhitzt und wieder zurückgeleitet, bis die ganze Maische erhitzt ist. Ein Rührwerk unterstützt den Maischvorgang.

4 Bei diesem System dient ein *Läuterbottich* zur Klärung der Würze. Rotierende Flügel verdünnen die Maische, so daß fast die ganze Flüssigkeit durch die Löcher im Boden ablaufen kann. Diese geklärte Würze wird dann in die Braupfanne gepumpt.

5 In der *Braupfanne* wird der Würze der Hopfen zugegeben. Dann wird sie gekocht. Dies ist der eigentliche Brauvorgang.

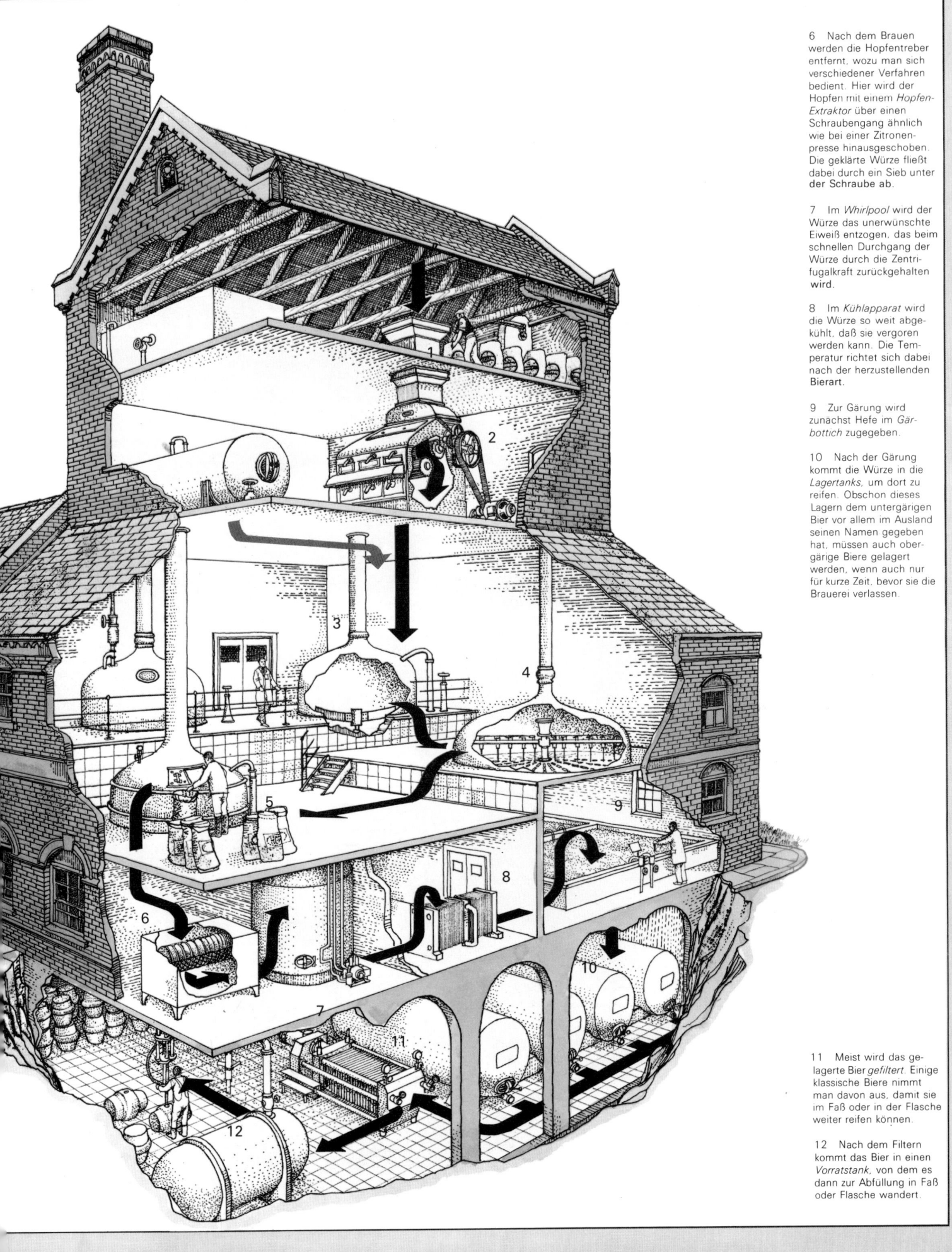

6 Nach dem Brauen werden die Hopfentreber entfernt, wozu man sich verschiedener Verfahren bedient. Hier wird der Hopfen mit einem *Hopfen-Extraktor* über einen Schraubengang ähnlich wie bei einer Zitronenpresse hinausgeschoben. Die geklärte Würze fließt dabei durch ein Sieb unter der Schraube ab.

7 Im *Whirlpool* wird der Würze das unerwünschte Eiweiß entzogen, das beim schnellen Durchgang der Würze durch die Zentrifugalkraft zurückgehalten wird.

8 Im *Kühlapparat* wird die Würze so weit abgekühlt, daß sie vergoren werden kann. Die Temperatur richtet sich dabei nach der herzustellenden Bierart.

9 Zur Gärung wird zunächst Hefe im *Gärbottich* zugegeben.

10 Nach der Gärung kommt die Würze in die *Lagertanks,* um dort zu reifen. Obschon dieses Lagern dem untergärigen Bier vor allem im Ausland seinen Namen gegeben hat, müssen auch obergärige Biere gelagert werden, wenn auch nur für kurze Zeit, bevor sie die Brauerei verlassen.

11 Meist wird das gelagerte Bier *gefiltert.* Einige klassische Biere nimmt man davon aus, damit sie im Faß oder in der Flasche weiter reifen können.

12 Nach dem Filtern kommt das Bier in einen *Vorratstank,* von dem es dann zur Abfüllung in Faß oder Flasche wandert.

Rechts: Noch bis 1920
kühlte man, wie hier
in Livland, das Bier mit
Natureis.
Unten: Mitunter
mußten auch „Keller"
über der Erde benutzt
werden, wie z. B. in
den USA. Die präch-
tigen Naturhöhlen
dienen in Budapest
als Lagerkeller.

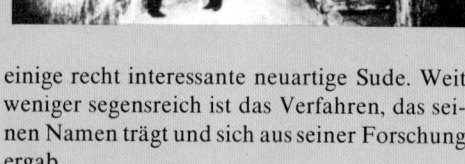

einige recht interessante neuartige Sude. Weit weniger segensreich ist das Verfahren, das seinen Namen trägt und sich aus seiner Forschung ergab.

Durch Pasteurisieren will man das Bier stabilisieren, doch dadurch schadet man seinem Geschmack. Einige Biere leiden darunter mehr als andere, aber keins bleibt davon verschont. Auch für die natürliche Bildung von Kohlensäure ist das Pasteurisieren nicht gut, so daß man diese später wieder zusetzen und „ausbalancieren" muß, was sich freilich mit der beim Gären aufgefangenen Kohlensäure machen läßt. In Ländern mit großer Biertradition hält man vom Pasteurisieren wenig, nur Dänemark macht hier eine Ausnahme. In Deutschland wird weder Faß- noch Flaschenbier pasteurisiert, es sei denn für Exporte in ferne Länder. In Großbritannien wird das *Real Ale* nicht pasteurisiert, wie auch in den USA das meiste Faßbier. In der übrigen Welt stehen die Chancen beim Faßbier meist 50 : 50. Wo es zu haben ist, spielt die Stabilität beim raschen Verkauf und Umschlag kaum eine Rolle; anders hingegen ist es mit dem Bier in der Flasche, das in Bars oder Geschäften manchmal monatelang steht. Und selbst der stärkste Filtergrad kann nicht alle vergärbaren Stoffe aus dem Bier entfernen und so das Oxydieren in der Flasche ausschließen.

Aber selbst wenn Faßbier pasteurisiert wird, ist es weniger ungünstigen Einflüssen ausgesetzt als das Flaschenbier, denn es wird gewöhnlich mit Dampf innerhalb von 20 Sekunden pasteurisiert, während das Flaschenbier bis zu einer Stunde lang durch sprühendes heißes Wasser gehen muß. Solche *Tunnel-Pasteurisierung* ist gewiß zuverlässiger, schadet aber auch stärker dem Geschmack. Flaschenbier enthält oft Zusätze, die sein „Regal"-Dasein verlängern sollen, doch diese schaden der Schaumbildung, weshalb man wieder andere Stoffe zur Sicherung der *Schaumfestigkeit* zusetzen muß. Aber noch schlimmere Tricks wurden von den Brauern im Mittelalter angewandt, und die Weinabfüller tun dies noch heute, wenn auch nicht zum Wohle des Weinliebhabers.

Faß- oder Flaschenbier
Weil es oft nicht pasteurisiert ist und seine Kohlensäure weniger manipuliert wird, ziehen kritische Biertrinker meistens das Faßbier vor. Es gibt jedoch Ausnahmen. In Großbritannien ist z. B. Guinness im Faß pasteurisiert, in der Flasche aber nicht. Iren, die von ihrem Land her nicht pasteurisiertes Guinness vom Faß gewohnt sind, gehen, wenn sie nach Großbritannien kommen, zu Guinness aus der Flasche über.

In Ländern, wo man dank großer Brautradition das Faßbier besonders zu schätzen weiß, spielt Bier in Dosen kaum eine Rolle. In Dänemark und Kanada spricht der Umweltschutz gegen die Dose. In Deutschland empfindet man es beim Dosenbier als entscheidenden Nachteil, daß es pasteurisiert werden muß. Einige amerikanische und australische Biere scheinen solche Dosenabfüllung noch recht gut zu überstehen. Doch was an einem heißen Sommertag im Paradies der Surfer oder am Strand von Miami noch annehmbar erscheinen mag, würde einem Biertrinker in einem Landpub in Sussex oder im Biergarten in München kaum zusagen. So gibt es vielleicht für alles den richtigen Ort und die rechte Zeit.

Welches Bier?

Ein berühmter Werbespruch besagt einfach „Bier ist das Beste". Er sagt jedoch nicht, welches.

Um den Durst zu stillen, gibt es kaum etwas Besseres als eine *Berliner Weiße.* Seit ihr trübes Gegenstück in Löwen verschwunden ist, bleibt Belgiern nur noch die Wahl zwischen der *Gueuze* aus Brüssel oder der *Hoegaardse Wit.* An heißen Tagen bekommt man in Hamburg überall das Alsterwasser. Tropischer Durst läßt sich am besten mit einem starken und säuerlichen Stout löschen. Englische und irische Bierfreunde ziehen statt dessen eher ein *Black Velvet* vor. Die leichten Alltagsbiere in den USA stillen hervorragend den Durst, auch wenn ihnen das volle Aroma fehlt, wie es der Europäer von einem Bier erwartet. Für den Durst ist amerikanisches Budweiser besser als das tschechische Original. Weil die böhmischen Biere so gut gehopft sind, sorgt ihr trockener Geschmack dafür, daß dem ersten bald das zweite Glas Pilsener folgt.

Ein besserer *Aperitif* als ein gut gehopftes Bier ist kaum zu bekommen. Nach der Arbeit verbringen die Holländer das, was sie die „glückliche Stunde" nennen, im Café. Wenn einen anschließend Straßenbahn oder S-Bahn mit dem richtigen Appetit zum gemütlichen Abendessen nach Hause bringen, ist des Tages Müh' längst vergessen. Eines der eher weinigen *Trappisten*-Spezialitäten, ein *Dubliner Stout* oder ein *Burton Bitter* lassen dagegen einen Vorortpendler schon heißhungrig werden, bis er nach Hause kommt.

Ein *India Pale Ale* paßt genauso gut zum Bangalore Curry wie zu den herzhaften Gerichten im Norden Europas. Doch gibt es viele, die den weniger herben Geschmack des *Dortmunders* zum Essen vorziehen. Dieses Bier ist nur leicht gehopft und nicht zu aromatisch, aber auch nicht zu mild, sondern eher gehaltvoll, ohne freilich schwer zu sein. Es hat gerade die rechte Ausgewogenheit für ein Getränk zum Essen. Recht ansprechende *Tafelbiere* gibt es in Belgien, doch sind diese wohl nur für Kinder bestimmt!

Für die Verdauung gibt es wohl kaum etwas Besseres als ein *Kölsch,* das nur in Köln und Umgebung zu haben ist, ausgenommen das *Krieken-Lambic* in der Brüsseler Gegend – je nachdem, ob man *Mettwurst* oder Muscheln ißt. Vom Alltags-*Hellen* oder auch Oktober-*Märzen* lassen die Münchner, um den *Maibock* zu probieren. Doch nur ein richtiger *Doppelbock* wirkt im Winterwetter Wunder. Ein echter „*Winter Warmer*" wird in London gebraut. Und zum Tagesausklang kann uns ein starkes Bier herrlichen Schlaf schenken. So hat das *Scotch Ale* seine Freunde, aber unübertroffen ist in dieser Hinsicht das *Russian Stout.*

Die klassischen Bierarten

Bier läßt sich in drei große Gruppen einteilen: die Obergärigen, die mit Zusatz von Weizen Gebrauten (die auch obergärig sind), und die Untergärigen. Gewisse klassische Beispiele gibt es in jeder Gruppe, und manche davon haben in einem bestimmten Land oder auch international einen allgemein anerkannten Biertyp begründet. Braut ein Brauer ein solches Bier, stellt er eben diese *Sorte* her. Hat sein Bier aber nur eine gewisse Ähnlichkeit mit anderen Bieren dieser Sorte, dann braut er ein Bier dieses *Typs*. Doch können solche Bezeichnungen niemals international verbindlich sein, weil ihr Inhalt in den verschiedenen Teilen der Welt voneinander abweicht.

Untergärige Biere

Münchner ist die international anerkannte Bezeichnung für ein dunkelbraunes untergäriges Bier, das recht malzig, aber nicht süß ist. Dieser Name entstand, als dieses Bier in der zweiten Hälfte des 19. Jahrhunderts in München entwickelt wurde. In München selbst würde man dieses Bier jetzt eher als „*Dunkles*" bezeichnen, zum Unterschied von dem heute weit mehr verbreiteten goldfarbenen *Hellen*. Doch gleich welcher Farbe, ist ihr malziger Geschmack für die Münchner Biere heute noch charakteristisch. Der Alkoholgehalt liegt bei 4,0–4,75%. Dunkle *Münchner* Biere bringt man mit Kellertemperatur, helle eher leicht gekühlt auf den Tisch.

Wiener ist ein bernsteinfarbenes untergäriges Bier überdurchschnittlicher Stärke. Diese Bezeichnung wird heute allerdings nur noch gelegentlich, so z.B. in Südamerika verwandt. In Deutschland, Spanien und einigen anderen Ländern (aber nicht in Österreich) ist der *Wiener* Typ als *Märzen* bekannt. In seiner Heimat wird die traditionelle Art des *Wiener* mit dem *Spezial* weiter gepflegt. Alkoholgehalt: 5,5%, bei Kellertemperatur zu trinken.

Pilsner, außerhalb der Tschechoslowakei gewöhnlich *Pilsener* geschrieben oder zu *Pils* abgekürzt, ist ohne Zweifel der berühmteste Biertyp der Welt. Sein Name geht auf die Brauerei in Pilsen (auf Tschechisch Plzěn) in Böhmen zurück. Im Tschechischen ist das dort 1842 entstandene Bier als Plsěnský Prazdroj, auf Deutsch und Englisch als Pilsener Urquell, Originalquelle des Pilseners bekannt. Es ist ein hell-goldfarbenes Bier von 12,0 Grad Balling mit charakteristischem starkem Hopfenge-

schmack, der dem böhmischen Hopfen zu verdanken ist. Brauer dieses Biertyps in Deutschland ergänzen diesen Namen angemessenerweise durch Zusatz ihres Ortsnamens o. ä., wie z. B. das Bitburger, ein populäres deutsches Pilsner, das wie andere Pilsner vor allem im Norden noch herber als das Original schmeckt. In anderen Ländern geht man dagegen mit dem Namen *Pilsner* wirklich recht sorglos um. (Alkoholgehalt 4,5 – 5,0% vol., kühl, doch nicht unter 8° C zu trinken.)

Ur-, Urtyp usw.: bezeichnet ein Bier, das den Anspruch erhebt, das erste seiner Art zu sein. In Deutschland trifft das oft zu, anderswo kann diese Behauptung reichlich übertrieben sein.

Dortmunder ist ein untergäriges Bier, weniger gehopft als ein *Pilsener*, aber herber als ein *Münchner*. In der Farbe kräftiger als ein Pilsner wird es mitunter als „kühle Blonde" bezeichnet. In Deutschland ist es auch als „Export" bekannt, obschon dies in Belgien als ein Bier minderer Stärke gilt. Belgische und holländische Brauer benutzen die Abkürzung *Dort*, wenn sie den deutschen Typ nachahmen. (Alkoholgehalt über 5%, leicht kühl zu trinken.)

Lager: Alle untergärigen Biere sind Lagerbiere. Dies ist eine Artbezeichnung, auch wenn sie mitunter für die einfachsten untergärigen Biere verwandt wird, die eine Brauerei herstellt. In Großbritannien und den USA wird die Mehrheit der einheimischen Lagerbiere recht leichtfertig als *Pilsner* Typ interpretiert.

Bock ist ein untergäriges Bier, das aus Niedersachsen stammt, heute aber sehr stark mit München verbunden ist. In den meisten Ländern ist der *Bock* dunkelbraun, doch gibt es in Deutschland auch viele helle Arten*). Meist entspricht der Bock der Jahreszeit, so gibt es einen *Maibock*, *Weihnachtsbock* usw. Der Bock auf den Etiketten erinnert an den Ziegenbock. Stammwürze nicht unter 16 Grad Plato, Alkoholgehalt über 6% vol., je nach Geschmack zimmerwarm oder leicht gekühlt zu trinken.

---

*) In Belgien und Frankreich versteht man darunter nur ein Bier minderer Stärke.

Doppelbock ist ein extrastarkes Bier, zum ersten Mal von aus Italien gekommenen Mönchen in Bayern gebraut. Heute werden wenigstens 200 solcher Biere in Deutschland hergestellt. Als Kennzeichnung hat sich die Endung „-ator" beim Markennamen eingebürgert. Die Stammwürze darf nicht unter 18 Grad Plato liegen und reicht sogar bis zu 28,0. (Alkoholgehalt 7,5–13,0% vol., je nach Belieben zimmerwarm oder leicht gekühlt zu trinken.)

Weizenbiere

Süddeutsches Weizenbier wird in Bayern, aber auch in Baden-Württemberg gebraut. Die Stammwürze ist mit 12,4 – 14,0% wesentlich höher als bei der *Berliner Weiße*. Von diesem Biertyp gibt es manch reizvolle Variante. (Alkoholgehalt 5,0 und mehr, zu trinken bei Kellertemperatur oder leicht gekühlt, auch mit einer Scheibe Zitrone.)

Weißbier: Der „Spree-Champagner" ist ein klassisches erfrischendes Weizenbier, in Berlin entstanden, mit geringer Stammwürze (7,0 – 8,0 Grad Plato). Alkoholgehalt 2,5 – 3,0% vol., zu trinken bei Kellertemperatur mit Waldmeister-Essenz oder Himbeersaft.

Gueuze-Lambik (Brüssel) ist ein einzigartiges „selbst-vergorenes" Weizenbier aus dem Sennetal westlich Brüssel, aus weinigen *Lambik*-Weizenbieren verschnitten. *Lambik* ist auch alleine zu haben oder als *Krieken*-(Kirsch-)Bier; normal vergorene Weizenbiere gibt es im Osten von Brüssel, so vor allem das *Hoegaardse Wit*. Alkoholgehalt nicht unter 5,0% vol., bei Kellertemperatur zu trinken.

Obergärige Biere

Saisons sind natürlich gereifte obergärige Sommerbiere nach Art des *Ales* im wallonischen Belgien und französischen Grenzgebiet. Alkoholgehalt um 5,0% vol., bei Kellertemperatur zu trinken.

Trappisten sind extrastarke, naturgereifte obergärige Biere nach *Ale*-Art, ausschließlich in fünf belgischen Klöstern und einer holländischen Abtei gebraut. Viele ähnliche *Bières de l'Abbaye* oder *Abdijbieren* werden in Belgien von gewerblichen Brauern hergestellt. Unter den *Trappisten*-Bieren gibt es als Untergruppe die goldfarbenen *Triple*-Biere. In Deutschland und Österreich brauen die *Klosterbräus* und *Stiftsbräus* keinen besonderen Biertyp. Der Alkoholgehalt der belgischen Trappisten hält sich meist zwischen 6,0 und 8,0% vol., mit Bedacht bei Zimmer- oder Kellertemperatur einzuschenken.

Kölsch ist ein besonderer obergäriger Biertyp in der Köln–Bonner Gegend, wo es von etwa einem Dutzend Brauereien hergestellt wird. Sehr hellgolden in der Farbe. Alkoholgehalt unter 4,5%, am besten bei Kellertemperatur zu deutscher Wurst, Käse usw. auf den Tisch zu bringen.

Altbier. Kupferfarbenes, obergäriges Bier, vor allem in Düsseldorf, Münster und anderen Städten in Nordrhein-Westfalen sehr populär, Vetter zweiten Grades des englischen Ales, jedoch nicht so weinig im Geschmack. Alkoholgehalt über 4,0%, bei Kellertemperatur – auch mit Früchten als Bowle – zu trinken.

Braunbiere. Am bekanntesten ist das dunkelbraune tief obergärige *Provisie* von Oudenaarde in Belgien mit dem leicht trockenen, süßen Geschmack. *Brown Ale* ist auch in Großbritannien ein traditioneller Biertyp. Untergärige Gegenstücke dazu gibt es in vielen Ländern, so vor allem in Belgien und den Niederlanden. Braunbiere sind oft recht süß. Alkoholgehalt von mittelstark bis gering, was meist der Fall ist. (Provisie hat allerdings etwa 6,0%.) Bei Zimmertemperatur zu trinken.

Ale ist eine Sortenbezeichnung für obergärige Biere nach englischer Art, meist kupferfarben, mitunter aber auch dunkler.

Mild Ale ist als Faßbier, vor allem in den Midlands und im Nordwesten Englands beliebt, aber auch anderswo im Lande zu haben. Oft dunkelbraun und von karamelligem Geschmack. Doch auch „helles", d.h. kupferfarbenes *Mild* wird gebraut. Nach britischem Geschmack nur leicht gehopft, allgemein das billigste *Ale*, das zu bekommen ist. Alkoholgehalt 2,5–3,5% vol., bei Zimmer- oder Kellertemperatur zu trinken.

Bitter Ale ist das Nationalgetränk Englands. Ein besonderes kupferfarbenes Faßbier, weit stärker gehopft als die meisten anderen Biertypen der Welt, mitunter äußerst bitter. Oft schwer und malzig, auffallend wenig Kohlensäure. Alkoholgehalt 3,0 – 5,5% vol., bei Zimmertemperatur zu trinken.

(Burton) Pale Ale. Zwar werden Bitterbiere im Ausschank mitunter so genannt, doch meist heißt so auch ihr Gegenstück in der Flasche. In naturgereifter Form ist *Pale Ale* aus Burton ein seltenes klassisches Bier, sehr lebhaft, schwach säuerlich, mit scharfem Hopfengeschmack. Der gleiche Typ ist manchmal (noch aus der Kolonialzeit) als *India Pale Ale* bekannt. *Light Ales* sind ähnliche Biere, meist geringerer Stammwürze. In diesem Fall bezieht sich das „Light" eher auf die Stärke als auf die Farbe. Ein ähnliches *Sparkling Ale* gibt es in Adelaide in Australien. Frankreich hat sein Irisches Rotbier (Bière Rousse). Alle diese Biere sind kupferfarben. Ursprünglich diente „Pale" zur Unterscheidung anderer Biere vom Londoner Black *Porter*. Die Stärke schwankt, doch hat ein *Pale Ale* guter Qualität etwa 5,0% vol. Alkohol. Bei Zimmertemperatur zu trinken.

Porter. Ursprünglich ein Londoner Bier aus gerösteter, unvermälzter Gerste, sehr stark gehopft. Auf den britischen Inseln wurde das letzte *Porter* 1973 in Nordirland getrunken. Heute wird Porter, allerdings untergärig, in vielen anderen Ländern gebraut. In China, Osteuropa, Dänemark, Frankreich und Nordamerika ist es ein anerkannter Biertyp. Früher war es ein Alltagsbier. Heute reicht seine Stärke von 5,0 bis 7,5% vol. Alkohol, wobei die dänischen Porter oben rangieren. Bei Zimmertemperatur zu trinken.

Bitter Stout (Dublin) ist der Nachfolger des *Porter*, jedoch stärker und eher mit einigen seiner jetzigen Nachahmungen vergleichbar, obergärig und äußerst bitter. Typisch für die Art ist Guinness Extra Stout. Trotz mancher Bierrivalen nicht nur in Irland, sondern auch in der Karibik und Westafrika ist Guinness etwas so Besonderes, daß es fast ein Biertyp für sich ist. Die in Irland und Großbritannien erhältliche Version hat 4,0% vol. Alkohol und mehr. Auf einigen Exportmärkten ist Guinness jedoch mit über 5%, in den Tropen sogar mit über 7% zu haben. *Bitter Stout* entfaltet sein Aroma am besten bei Zimmertemperatur, ist aber auch recht durststillend im Sommer, wenn es gekühlt getrunken wird.

Milk Stout: Auch als *Sweet Stout* bekannt, was seinen Geschmack wohl besser kennzeichnet. Ein leicht milchsäuerliches, englisches *Stout* mit niedrigem Alkoholgehalt. Bei Zimmertemperatur zu trinken.

Russian Stout: Ein extrastarkes und höchst individualistisches fruchtiges Stout, ursprünglich in Petersburg hoch geschätzt. Heute noch von der Courage Gruppe bis zu einem Alkoholgehalt von 10,5% vol. gebraut. Vergleichbare Biere nennt man gewöhnlich *Barley Wines*, die allerdings meist weniger stark sind. Starke Biere im Ausschank heißen oft *Old Ales* (mit 6,0 bis 8,0% vol. Alkoholgehalt). Bei Zimmertemperatur zu trinken.

Scotch Ales: Schottland war früher für seine starken Biere berühmt. Heute wird *Scotch Ale* eher in Belgien und Frankreich als auf der heimatlichen Insel getrunken. Für die Schotten ist ein kleines starkes Bier ein *Wee Heavy*. Von jeher waren „heavy" und „light" die Gegenstücke von „bitter" und „mild". Die Stärke kennzeichnet man in Schottland mit dem einstigen Schillingpreis für das Faß, dem heute sonst vergessenen britischen Preissymbol „/-". Im Osten Schottlands wurde ein leichtes 54 Schillingbier zur Erntezeit herausgebracht, dem ein 60/- *Mild*, ein 70/- *Bitter* und ein 80/- *Best Bitter* folgten. Im Westen gab es kein Erntebier, aber eine versetzte Skala von 80/-, 90/- und 120/- für die normalen Biere. Heute variieren die *Scotch Ales* nach ihrer Stammwürze. Am stärksten sind sie in Belgien mit 7,0% vol. oder mehr Alkohol. Bei Zimmertemperatur zu trinken.

Steam Beer (Dampfbier): Gegen Ende des 19. Jahrhunderts verwandten mit Maschinen ausgerüstete Brauereien gern das Wort „Dampf" in ihrem Namen. Überlebt hat dieser Brauch in der San Francisco Bay. Dort verband man es mit einer Mischung von ober- und untergäriger Brauweise. Das Ergebnis war ein lebhaftes Bier mit viel Schaum, das zischend seinen Druck abgab, wenn man das Faß anstach. Das nannte man den „Dampf". Eine Brauerei in San Francisco pflegt noch diesen Typ Bier. Alkoholgehalt 5,0% vol., bei Zimmertemperatur zu trinken.

Hopfen

Als Kletterpflanze muß der Hopfen an einem besonderen Gerüst gezogen werden. Die Zapfen werden mit Sorgfalt geerntet. Wie man dabei früher vorging, zeigt ein englischer Leitfaden für Pflanzer aus dem 16. Jahrhundert.

Nur mit Getreide gebraut, wäre Bier dick und klebrig. Daher nimmt man seit jeher mancherlei Pflanzen, Kräuter und Gewürze, um ihm einen besseren Geschmack zu geben, es zu klären und haltbar zu machen. Dazu gehört z. B. der Wacholder, den die Hausbrauer in Norwegen noch heute verwenden. Rosmarin, Koriander und andere Kräuter mischte man früher zur Grut, die man dem Bier zugab. Lorbeerblätter, seit je ein Würzmittel des Biers, enthalten die gleichen wesentlichen Öle wie der Hopfen. Durch Versuche lernten die Brauer, welche Pflanzen am besten geeignet waren. Aber auch die oberflächliche Ähnlichkeit mit der Weinrebe mag die Aufmerksamkeit auf den Hopfen gelenkt und dazu angeregt haben, mit ihm ein trinkbares Bier herzustellen. Schon manches Mal hat ja die Gestalt der Pflanze Anlaß gegeben, „es mal mit ihr zu versuchen" – und oft auch mit gutem Erfolg. Und im Falle des Hopfen liegt auch eine zeitgemäße Verbindung mit Marihuana nahe, zumal beide zur Familie der *Cannabinaceae* gehören.

Der Hopfen war schon früh bekannt. In seiner Naturgeschichte erwähnt ihn Plinius bereits als Gartenpflanze. Damals wurden die jungen Schößlinge im Frühjahr wie Spargel gegessen, wie dies auch heute noch in den Hopfenanbaugebieten üblich ist. Anscheinend wuchs der Hopfen „wie ein Wolf unter Schafen" wild unter Weiden, und so nannten ihn die Römer *Lupus Salictarius*, woraus sich sein botanischer Name *Humulus Lupulus* ableitet. Zum Bierbrauen diente der Hopfen vielleicht schon im Altertum. So besagen Funde aus der babylonischen Gefangenschaft der Juden, daß damals ein *Sicera* (starkes Getränk) *ex lupulis confecta* „mit Hopfen bereitet" worden ist, das vor Lepra schützte.

Eindeutige Hinweise auf den Hopfenanbau finden sich freilich erst im 8. oder 9. Jahrhundert n. Chr., so auf Hopfengärten in Böhmen und der Hallertau in Bayern sowie in anderen Teilen des Reiches Karls des Großen. Ob der Hopfen damals zum Brauen verwandt wurde, ist nicht sicher, doch lassen Aufzeichnungen aus dem Jahr 822 darauf schließen, daß Mönche aus der Picardie das Hopfenbier mitbrachten, als sie das Kloster Corvey an der Weser in Norddeutschland gründeten.

Als sich der Anbau ausbreitete, wurde die Pflanze in Europa unter Namen bekannt, die sich vom althochdeutschen „hopfo" ableiten. Doch wo immer das Hopfenbier in Deutschland oder sonst auftauchte, begegnete man ihm zuerst mit Mißtrauen oder sogar Feindschaft, denn die alteingesessenen Brauer, wie auch alle, die mit Kräutern fürs Bierbrauen ihren Lebensunterhalt verdienten, sahen im Hopfen eine Gefahr für ihre Existenz. So brachten die Flamen

nach 1400 den Hopfen über den Kanal, doch die englischen Brauer weigerten sich, ihn zum Brauen zu verwenden. Noch ein Jahrhundert später, als die Flamen sich in Kent niedergelassen hatten und dort Hopfen anbauten, dauerte es noch viele Jahre, bis man seine Vorzüge allgemein anerkannte.

Kent ist später ein Zentrum für das Studium und die Züchtung von Hopfen geworden. Von dort stammen solche berühmten Sorten wie Brewer's Gold und Northern Brewer, die weithin in der Welt angebaut werden. Doch noch immer gedeiht der Hopfen überall, wo man ihn schon früh für die Brauer angepflanzt hatte. In Flandern gibt es Hopfengärten bei Alost und Poperinge. Deutschland baut mehr Hopfen als jedes andere Land an, vor allem in der Hallertau, und selbst deutsche Brauer preisen den Hopfen aus Böhmen. In Nordamerika wurde der Hopfenanbau bald nach 1600 eingeführt, und bald war zu berichten, daß der Hopfen „weit und breit" in den Neu-Niederlanden und Virginia wachse und gedeihe. Heute stehen die USA im Anbau nach Deutschland an zweiter Stelle, und die Produktion ist im Staat Washington zusammengefaßt. Wilder Hopfen

aus Manitoba wurde zu Anfang des Jahrhunderts mit Hopfen aus Kent gekreuzt, um die Kraft der englischen Arten zu stärken. Größere Anbaugebiete gibt es auch in der Sowjetunion, in Japan und Tasmanien, wo die Sorte Late Cluster besonders beliebt ist.

In Europa hat das Geschlechtsproblem des Hopfens schon zu internationalen Spannungen geführt, denn nur die weibliche Pflanze dient mit ihrer zapfenartigen Blüte dem Bierbrauen. Als perennierende Pflanze ist sie mit Stecklingen fortzupflanzen, so daß Samen entbehrlich sind. Die männliche Pflanze ist also überflüssig, ja sogar recht lästig. Wild kommt sie noch oft vor. Mit den durch Wind verbreiteten Pollen werden die weiblichen Samen befruchtet, was zu schweren Zapfen führt. Deswegen kommt es bei der Klärung untergärigen Bieres zu Schwierigkeiten. Auf dem Kontinent werden daher die wilden männlichen Pflanzen ausgerottet. Die Briten zeigen sich wie immer toleranter, weil die besamten Hopfen dem obergärigen Bier englischer Art nicht schaden. Einige britische Hopfensorten reifen sogar rascher, voller und gleichmäßiger, wenn sie befruchtet worden sind, was bei dem kurzen englischen Sommer und den sehr aromatischen Hopfenbieren ein Vorteil ist. Die „Harmonisierung" der Landwirtschaft ist zwar ein Eckpfeiler der Europäischen Gemeinschaft, doch die Briten werden wohl kaum so rasch ihre Unabhängigkeit in dieser Hinsicht aufgeben, wie auch der wilde „Hopfen-Mann" nicht die seine.

Die Blüte der weiblichen Pflanze ist allgemein als Dolde, fachlich besser als Zapfen bekannt. Dieser besteht aus überlappenden Brakteolen, den „Blättern". Am Fuße jeder Brakteole sitzt der Samen, der ebenso wie die Brakteole selbst an diesem Ende die klebrigen gelben Düsen trägt, die die vom Brauer benötigten Stoffe enthalten: Harze und Öle, die Aroma und Bitterkeit bergen, wie auch die Brakteole selbst das Tannin, das zur Klärung des Bieres beiträgt. Die Chemie des Hopfens ist recht kompliziert, doch weiß man, daß die Alpha-Säuren, auch als Humulone bekannt, von besonderer Bedeutung sind. Ihnen ist die Bitterkeit zu danken, die dazu noch keimtötend wirkt und so der Haltbarkeit des Bieres dient.

Der Hopfen selbst wird durch trockene warme Luft haltbar gemacht. Einst geschah dies in malerischen Hopfenhöfen wie in England, doch werden auch diese jetzt selbst in den traditionsbewußten Hopfenanbaugebieten mehr und mehr von weniger charakteristischen Gebäuden verdrängt.

Wirkliche Größe

Zapfen

Samen

Harzdrüse

Brakteole

Humulus lupulus

GEMEINER HOPFEN

Gerste

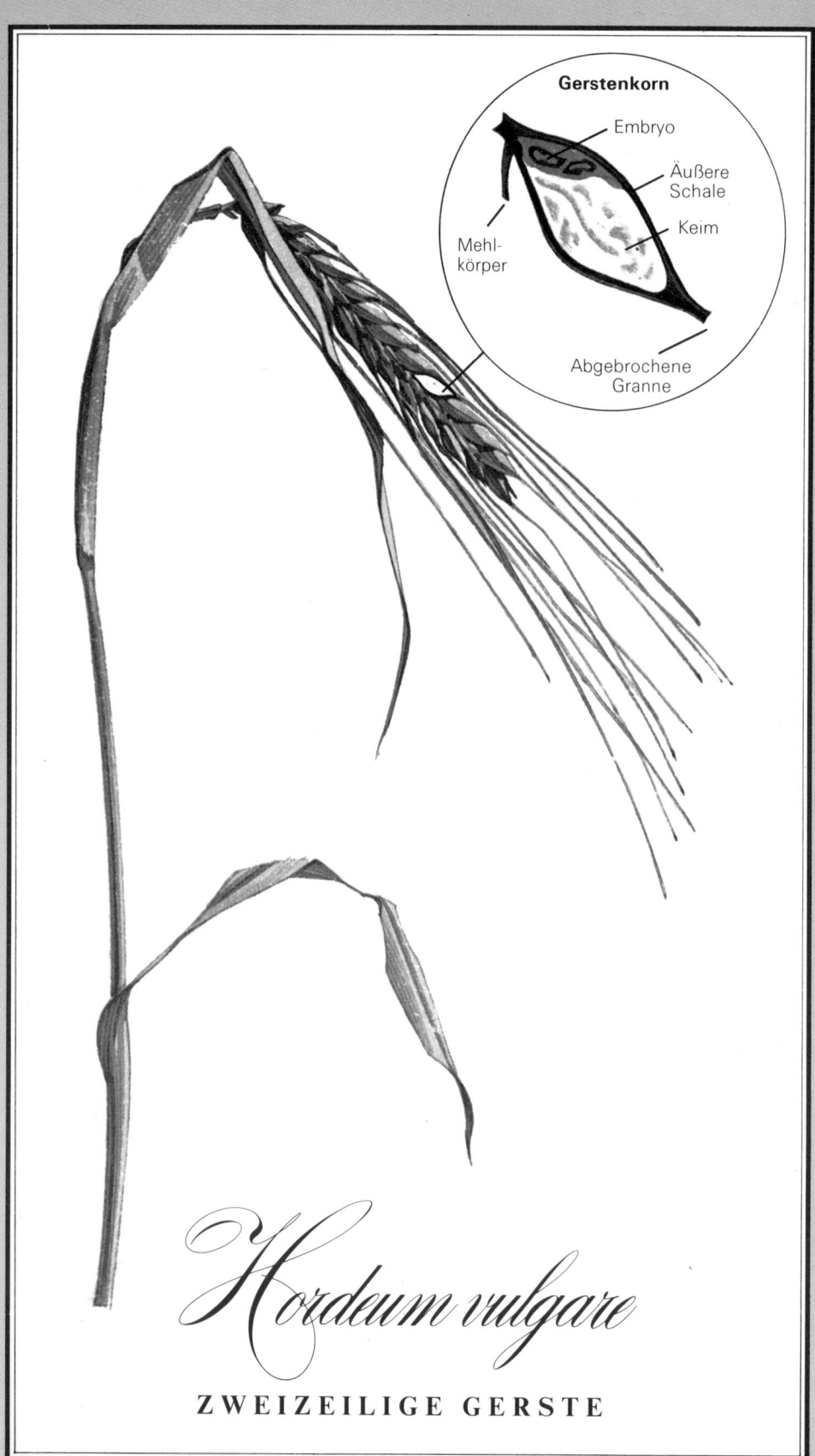

Gerstenkorn

Embryo

Äußere Schale

Keim

Mehl-körper

Abgebrochene Granne

Hordeum vulgare

ZWEIZEILIGE GERSTE

Schon etwa 3000 v. Chr., war das Bierbrauen ein recht entwickeltes Gewerbe. Und vieles spricht dafür, daß bereits damals Getreide besonders zum Brauen kultiviert und angebaut wurde. Jedenfalls scheint ein wildes Gras, das *Hordeum Spontaneum,* einer der Hauptvorfahren der Gerste zu sein. Frühe babylonische Texte erörtern bereits die Eignung verschiedener Gersten für verschiedene Biere. Schon damals hatte der Mensch erkannt, daß Bier aus rohem Getreide nicht so gut schmeckt, und versuchte dem durch Mälzen abzuhelfen. Die alten Ägypter berichteten, daß sie zuerst das gemälzte Getreide zu Laiben zusammenbackten, die sie dann in Wasser zerbröckelten, um so eine Braumaische zu erhalten. In dreiundzwanzig auf Gräbern abgebildeten Szenen, die von Dr. E. Gruber in seinem Buch *Bier und Bierbereitung bei den Völkern der Urzeit,* 1926, zusammengetragen wurden, ist das Verfahren dargestellt. Und die Frage *„Hat der Mensch einst allein von Bier gelebt?"* wurde danach 1953 in einer Studie mehrerer Fachleute für den *American Anthropologist* aufgeworfen.

Daß Bier vor dem Brot da war, erscheint nicht so abwegig. Mit Gerste ist nämlich kaum ein annehmbares Brot herzustellen, weil die Laibe wegen ihres geringen Klebergehaltes nicht zusammenhalten. Das war aber nicht so wichtig, wenn man sie ohnehin wieder zum Brauen zerbröckeln wollte. Gewiß spielt diese mangelnde Eignung der Gerste zum Backen in ihrer Geschichte als Braugetreide eine große Rolle. Bier läßt sich – wenn auch nicht so leicht – mit Weizen brauen, doch daraus kann man ein weit besseres Brot backen. Deswegen haben sich wohl Brauer und Bäcker in ihren so eng miteinander verbundenen Gewerben auch immer in so vollkommener Weise ergänzen können.

Zum Mälzen ist die Gerste von allem Getreide am besten geeignet. Sobald die Keimung beginnt, wandert der Keim durchs Korn, bis er nach mehreren Tagen am anderen Ende auftaucht. Bei Weizen und Roggen schießen die Keime geradezu hervor. Beim Mälzen könnten sie deswegen leicht zerbrochen oder beschädigt werden. Noch größer ist aber der Vorteil der Gerste, weil sie auf Wärme sofort anspricht, so daß bei ihr das Mälzen weit einfacher als bei anderem Getreide ist.

Erst nach dem Mälzen läßt sich das Korn zum Brauen verwerten. Zunächst muß die in ihm enthaltene Stärke in Zucker umgewandelt werden. Das Korn oder der Samen der Gerste ist spindelförmig aufgebaut und hat außen eine Schutzschale. Daher bildet sich (anders als bei schalenlosen Getreiden) bei der Gerste kaum Schimmel, ein weiterer Vorteil für das Brauen. Außerdem dienen die Schalen, Spelzen genannt, bei der herkömmlichen Läuterung der

Würze als praktisches Filter. Wohlgeborgen ruht der kleine Pflanzenkeim in dieser Schale und ernährt sich aus der „Speisekammer" des viel größeren Mehlkörpers. Und an eben diese Keimnahrung will der Brauer heran. Sie enthält nämlich die großen polysacchariden Moleküle. Beim Mälzen werden sie durch die Arbeit der Enzyme in Maltose und Dextrin zerlegt. Die spätere Gärung spaltet die Maltose in Alkohol und Kohlensäure auf und die Dextrine geben dem Bier vor allem seinen vollen Körper und das gute Aroma.

Diese biochemischen Vorgänge sind sehr komplex. Pflanzenzüchter, Landwirte, Mälzer, Mikrobiologen und Brauer sorgen für ihren richtigen Ablauf. Und der chemische Aufbau von Gerste und Hopfen variiert je nach Boden und Jahreszeit, was ihre Aufgabe nicht leichter macht.

Gute Braugerste darf nicht zu feucht sein, wie dies bei vorzeitiger Ernte vorkommen kann. Sie sollte süß und nicht muffig riechen. Ihr Anteil an schalenlosen oder gebrochenen Körnern sollte gering sein, um eine Pilzinfektion auszuschließen. Dazu sollte sie als wichtigste Voraussetzung einen hohen Anteil an Stärke im Vergleich zum Eiweiß haben, was sich daran erkennen läßt, daß das Korn mehlig und nur wenig lichtdurchlässig ist.

Daher läßt sich nur die beste Gerste zum Brauen verwenden, die restlichen neun Zehntel dienen anderen Zwecken, meist als Viehfutter. Die drei Hauptgerstenarten unterscheiden sich durch die Zahl der Kornzeilen ihrer Ähren. Zweizeilige Gerste wird am meisten, vor allem in Mittel- und Westeuropa angebaut, sechszeilige ist in warmen Gegenden zu finden. Gute Malzqualitäten bringen der Westen der USA, Chile, Australien und das Mittelmeergebiet. Vierzeilige Gerste kommt im kalten Klima im Norden vor, doch ist sie wegen ihres hohen Eiweißgehaltes für das Brauen kaum geeignet.

Hefe

Dem bloßen Auge erscheint die Hefe wie eine schleimige gelbliche Substanz, vertraut all denen, die zu Hause backen oder brauen. Unter dem Mikroskop erkennt man aber in ihr die kleinen Pilzorganismen, die den Zucker in Alkohol verwandeln können. Fällt eine Frucht vom Baum und bricht auf, machen sich in der Luft schwebende Organismen daran, das Fruchtfleisch zu vergären. Seit alters her weiß der Mensch, daß auf solche Weise recht verlockende Getränke entstehen können. Auf der Schale der Traube liegen zum Beispiel wilde Hefen regelrecht auf der Lauer, um den Saft in Wein zu verwandeln. Und sobald die Gerste ihren Zucker freisetzen kann, ist sie schon reif für die Arbeit der Hefe.

In alten Zeiten ließen die Brauer dies einfach auf ganz natürliche Weise geschehen und hofften nur, daß so – was ja nicht im voraus zu bestimmen war – ein trinkbares Bier entstehen würde. Wie wir aus frühen Darstellungen wissen, ahnte man damals schon, daß eine von außen kommende Kraft in den Gärgefäßen am Werke war und daß man diese Substanz aus dem Bodensatz des Gebräus wieder gewinnen konnte. Zumindest behauptet ein Archäologe, daß man bereits im Jahre 1440 v. Chr. eine primitive Form der Hefezucht kannte. Und von den Juden wird überliefert, daß sie vor ihrer Flucht aus Ägypten keine Zeit mehr hatten, ihr Brot mit Hefe zu backen, woraus folgt, daß sie schon gewußt haben müssen, wie man Brot mit Hefe backt.

Im Mittelalter kannte man diese Substanz bereits unter verschiedenen Namen. Man wußte auch, daß es ohne sie keine Gärung gab, ahnte aber nicht, wie die Hefe das bewirkte. Als erster sah der holländische Wissenschaftler Anton van Leeuwenhoek 1680 die Hefe unter dem Mikroskop. Im 18. und 19. Jahrhundert steuerten die französischen Chemiker Lavoisier und Gay-Lussac weitere Erkenntnisse bei, doch erst Pasteur konnte 1857 die Arbeit der Hefe ganz erklären. Man unterschied damals schon zwischen ober- und untergäriger Hefe, rechnete aber beide zur gleichen Art und meinte, die eine könne sich unter günstigen Bedingungen in die andere Art verwandeln. Liebig sprach von „gewöhnlicher schäumender Hefe" und der „sich niederschlagenden Hefe bayerischen Biers". Aus Bayern brachte der Carlsberg-Gründer Jacob Christian Jacobsen Hefe nach Dänemark, und dort konnte dann Emil Hansen im Labor verschiedene Arten und Stämme nachweisen. Fast alle Hefen, die zum Brauen untergäriger Biere dienen, gehören zur Art der *Saccharomyces*. Doch für die einzelnen Getränke sind verschiedene Sorten erforderlich. Einzellerstämme von *Saccharomyces Carlsbergiensis* (so nach Hansens Arbeit genannt) werden von den meisten Brauern für untergäriges Bier benutzt. Für obergärige Biere nimmt man die eng verwandte *Saccharomyces Cerevisiae* (die auch vom Bäcker verwandt werden), davon jedoch mehr als nur einen Stamm.

Moderne Brauereien verfügen über Reinkulturen, deren Hefe sich mehrfach verwenden läßt. Sie wird bei niedrigen Temperaturen gelagert und dann der nächsten Würze zur Gärung beigegeben.

Hefe ist so aktiv, daß daraus Schwierigkeiten für den Brauer entstehen können. Als lebendiger Organismus kann sie sich plötzlich ganz seltsam entwickeln. Auch können wilde Hefen in den Gärkeller geraten, so daß alles gründlich gereinigt und sterilisiert werden muß. Unter Umständen muß dann auch ganz neue Hefe aus einer anderen Brauerei beschafft werden. Hauptzweck der Hefe ist natürlich, die Gärung zu bewirken, doch hat sie auch Einfluß auf den Geschmack. Und die verschiedenen Arten von Alkohol, die sie hervorbringt, können unter Umständen einen Kater verursachen. Ihr Verhalten hat selbst in modernen, wissenschaftlich betriebenen Brauereien zu großen Schwierigkeiten geführt und manches Mal konnten solche Probleme erst nach Jahren voll gelöst werden. Hat ein Brauer die richtige Hefekultur, dann ist er ein glücklicher Mann.

Die großen Bierländer

Wäre Gottes Erde wohl geordnet, flösse die Seine in die Donau, und die Karpaten wären mit den Alpen verbunden, um auf diese Weise Bier- und Weintrinker voneinander zu trennen. Zwar wäre eine solche Grenze noch ein wenig zu berichtigen, um nicht bedeutende Gebiete auf jeder Seite auszuschließen, sonst aber könnte sie ganz gut anzeigen, womit die Europäer ihren Durst löschen. Bier ist das Getränk des Nordens, doch hat es auch Eingang in die USA und die übrige Welt gefunden. So wird Bier in Ruanda und Burundi, in Paraguay, auf Neukaledonien und den Seychellen gebraut.

Westdeutschland hat mehr Brauereien als jedes andere Land und vielleicht so viel wie die ganze übrige Welt zusammen. In der Zahl seiner Biertypen wird es wohl nur von Belgien und Großbritannien übertroffen. Auch im Bierkonsum stehen die Deutschen an der Spitze, dicht gefolgt von Tschechen, Australiern und Belgiern. Die Zahlen selbst schwanken von Jahr zu Jahr, doch die Spitzengruppe bleibt die gleiche. Im Ausstoß führen nach Größe und wirtschaftlicher Bedeutung die USA dicht vor Westdeutschland, Großbritannien und der Sowjetunion.

Größte Brauerei der Welt ist Anheuser-Busch, durch ihr Budweiser berühmt, gefolgt von der Brauerei, die „Milwaukee bekannt gemacht" hat. Japans Kirin, ebenfalls eine Brauerei mit riesigem Inlandsabsatz, wächst rasch. Auch hier ändern sich die Zahlen von Jahr zu Jahr, doch Kirin und Heineken liegen immer dicht beieinander. Heineken beherrscht den Inlandsmarkt, doch das reicht für ein solches multinationales Unternehmen kaum aus. So ist Heineken der größte Bierexporteur der Welt, wobei allerdings die Zahlen der Überseeproduktion eingeschlossen sind. Sein Absatz würde freilich von Carlsberg und Tuborg übertroffen, wenn man die Lieferungen bei deren Dachgesellschaft United Breweries von Kopenhagen zusammenfaßte. Und diese Gesellschaft würde im Weltwettbewerb noch größer erscheinen, rechnete man sie mit Kanadas Carling O'Keefe zusammen, weil beide zur südafrikanischen Rupert-Gruppe gehören. Eine weitere Brauerei von Weltrang, die aber nicht unter den ersten zehn der Welt erscheint, ist Guinness in der Irischen Republik. Dort berücksichtigt man nämlich nicht die Tochterunternehmen, genausowenig tut dies Harp, an dem Guinness mit Mehrheit beteiligt ist. Allied Breweries, die dagegen auf der Liste vertreten sind, setzen viel Bier in Großbritannien ab und haben bei Skol International entscheidend mitzureden.

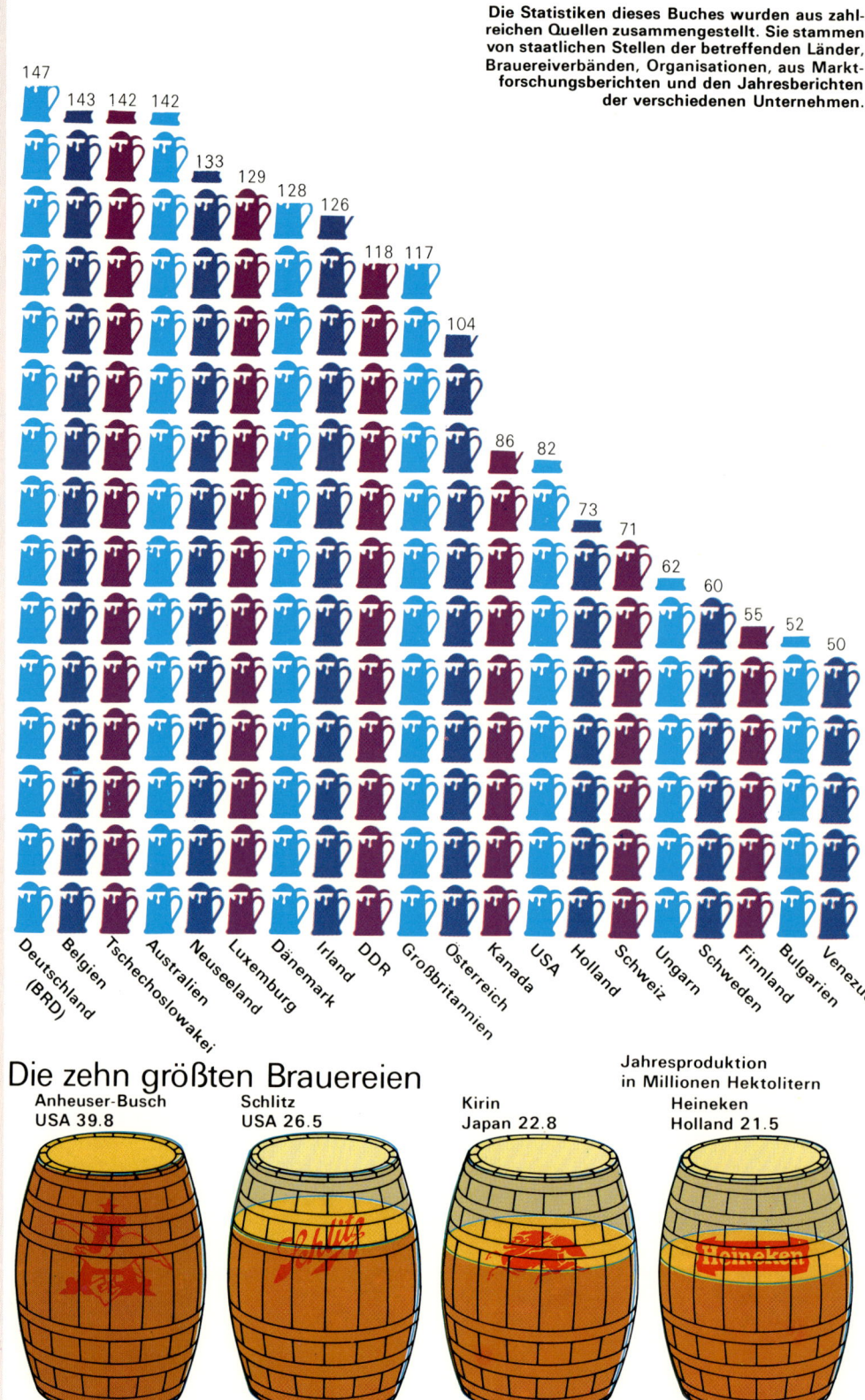

Die 20 Länder mit dem größten Bierverbrauch
Pro-Kopf-Verbrauch im Jahr in Litern

Die Statistiken dieses Buches wurden aus zahlreichen Quellen zusammengestellt. Sie stammen von staatlichen Stellen der betreffenden Länder, Brauereiverbänden, Organisationen, aus Marktforschungsberichten und den Jahresberichten der verschiedenen Unternehmen.

147 Deutschland (BRD)
143 Belgien
142 Tschechoslowakei
142 Australien
133 Neuseeland
129 Luxemburg
128 Dänemark
126 Irland
118 DDR
117 Großbritannien
104 Österreich
86 Kanada
82 USA
73 Holland
71 Schweiz
62 Ungarn
60 Schweden
55 Finnland
52 Bulgarien
50 Venezuela

Die zehn größten Brauereien
Jahresproduktion in Millionen Hektolitern

Anheuser-Busch USA 39.8
Schlitz USA 26.5
Kirin Japan 22.8
Heineken Holland 21.5

Die 20 größten Bierbrauer-Nationen

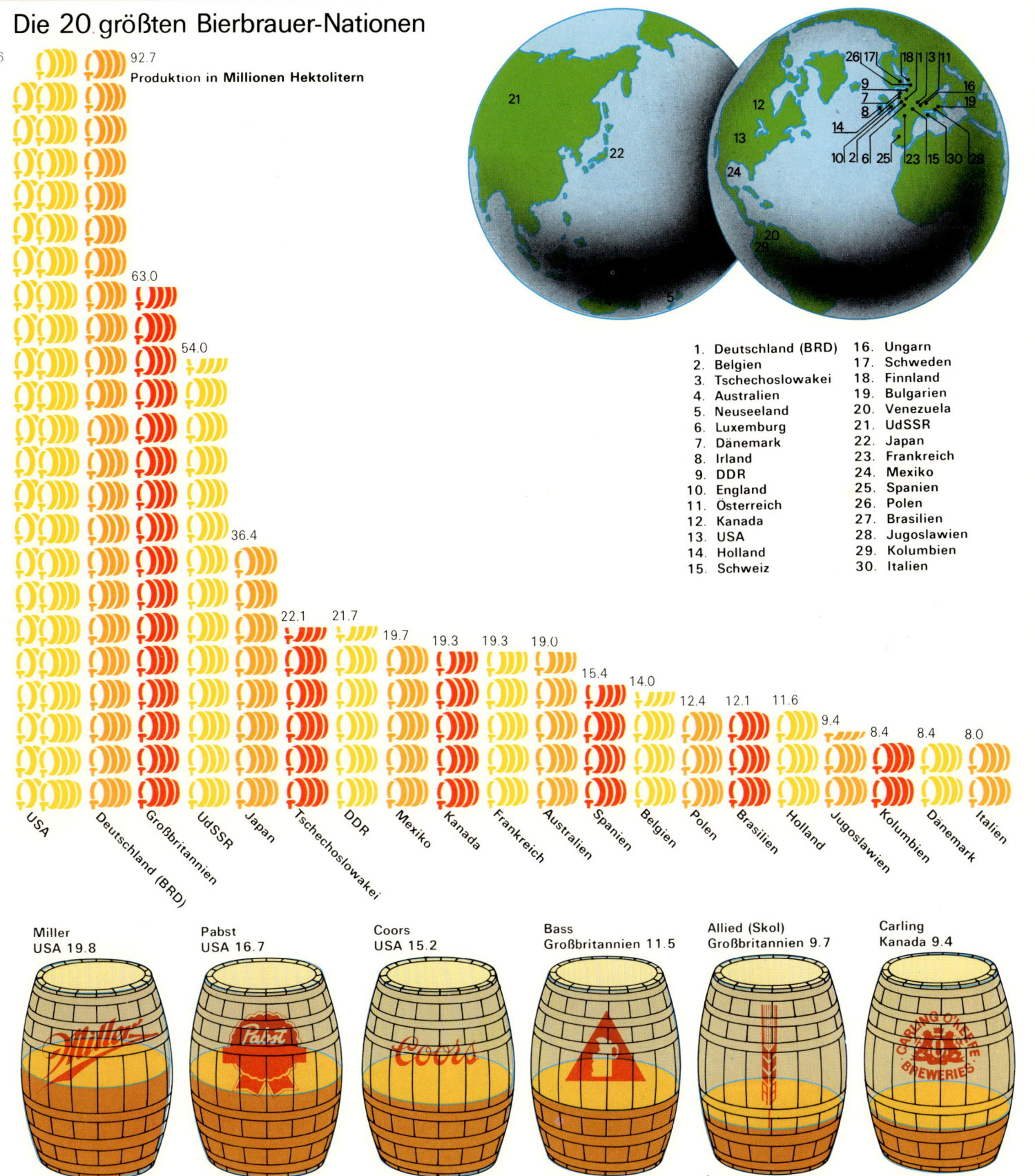

Produktion in Millionen Hektolitern

79.6 92.7
63.0
54.0
36.4
22.1 21.7 19.7 19.3 19.3 19.0 15.4 14.0 12.4 12.1 11.6 9.4 8.4 8.4 8.0

USA · Deutschland (BRD) · Großbritannien · UdSSR · Japan · Tschechoslowakei · DDR · Mexiko · Kanada · Frankreich · Australien · Spanien · Belgien · Polen · Brasilien · Holland · Jugoslawien · Kolumbien · Dänemark · Italien

1. Deutschland (BRD)	16. Ungarn
2. Belgien	17. Schweden
3. Tschechoslowakei	18. Finnland
4. Australien	19. Bulgarien
5. Neuseeland	20. Venezuela
6. Luxemburg	21. UdSSR
7. Dänemark	22. Japan
8. Irland	23. Frankreich
9. DDR	24. Mexiko
10. England	25. Spanien
11. Österreich	26. Polen
12. Kanada	27. Brasilien
13. USA	28. Jugoslawien
14. Holland	29. Kolumbien
15. Schweiz	30. Italien

Miller
USA 19.8

Pabst
USA 16.7

Coors
USA 15.2

Bass
Großbritannien 11.5

Allied (Skol)
Großbritannien 9.7

Carling
Kanada 9.4

Wie stark Bier ist

Wer gern trinkt, läßt sich auch gerne Geschichten erzählen. Und die Brauer sind nur allzusehr bereit, dafür zu sorgen. So werden, wo Gesetze nicht entgegenstehen, phantastische Dinge behauptet, die mit Tatsachen kaum zu belegen sind. Denn es bringt eben mehr Gewinn, schwaches Bier zu brauen und den Leuten einzureden, welche Zauberkraft es besitzt.

Das stärkste Bier der Welt ist der *Kulminator* aus Kulmbach in Bayern mit einem Alkoholgehalt von 13,2% vol. Deutschland, Belgien und Großbritannien haben starke Biere mit etwa 10% vol. zu bieten, die in ihrer Stärke also mit normalen französischen oder deutschen Weinen zu vergleichen sind. Doch trinkt man Wein aus kleineren Gläsern, und niemand würde sich eine Halbe Riesling oder einen drittel Liter Rotwein einschenken lassen. Sogar die Miniflasche (17 cl), wie man sie in England für sehr starke Biere benutzt, enthält mehr als das durchschnittliche Weinglas. Die Gefäße sind von Land zu Land verschieden. Aber eine kleine Flasche sehr starken Biers enthält gewöhnlich mehr Alkohol als ein großes Glas harter Alkoholika. In Großbritannien sind 17 cl Gold Label Bier stärker als ein doppelter Scotch. Doch nicht alle Länder haben so starke Biere. Am ehesten sind noch Biere von 7,5 bis 8,5% vol. anzutreffen. Biere höheren Gehalts herzustellen, ist nämlich recht schwierig, weil der Alkohol, der dabei entsteht, die Hefe zerstört, so daß man besondere Hefen zur lang-

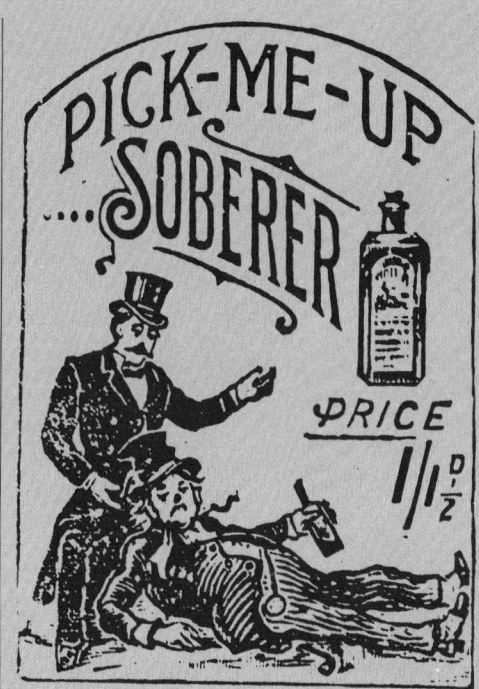

sameren Vergärung verwenden muß. So ein Bier kann an einem kalten Winterabend herrlich erfreuen. Meist aber ist es schwer und zu malzig, als daß man damit seinen Durst löschen und größere Mengen davon trinken könnte.

Am nächsten an einen Weltstandard käme noch eine Bierstärke von 5,0% vol. heran, wie sie für Deutschland zutrifft, obgleich man hier zahlreiche stärkere Bierspezialitäten kennt, sowie trotz einschränkender Alkoholgesetze in verschiedenen Staaten für die USA. Englische Ales bewegen sich um 3,5 bis 4,0% vol., doch trinkt der britische Biertrinker sein Bier gewöhnlich in größeren Mengen, als dies in anderen Ländern der Fall ist. Im Norden Europas wird die Verfügbarkeit des Bieres um so mehr eingeschränkt, je stärker es ist. In Island z. B. darf kein Konsumbier mehr als 2,25% nach Gewicht (etwa 2,7% vol.) Alkohol enthalten.

Solange starke Biere überall leicht zu haben sind, braucht man sich über schwächere nicht zu beklagen. Alkoholische Stärke ist aber kein Maßstab für Qualität. Ein Bier von 3,0% vol. Alkohol kann an einem heißen Tag zum Durstlöschen ideal sein, vor allem wenn man mehrere Gläser davon trinken will. Die *Berliner Weiße* z. B. hat 3% oder sogar weniger Alkohol und gehört doch zu den klassischen Biertypen der Welt.

In Nordamerika sind die Gesetze von Staat zu Staat verschieden. Normales Bier wird auf höchstens 3,2% Alkohol nach Gewicht beschränkt, dies gilt für Colorado, Kansas, Minnesota, Ohio, Oklahoma und Utah. In den meisten dieser Staaten können mit besonderen Lizenzen stärkere Biere verkauft werden. Je nach den regionalen Bestimmungen brauen die nationalen Brauunternehmen Biere mit verschiedenem Alkoholgehalt.

Wie man die Stärke mißt

Gleiches Bier, an verschiedenen Orten und Tagen gekauft, hat wahrscheinlich einen unterschiedlichen Alkoholgehalt, denn die Beschaffenheit des Bieres in der Flasche ändert sich je nach Zeit und Temperatur, auch wenn es pasteurisiert ist. Als das Verbrauchermagazin *Test-Achats* in aufwendigen Analysen die in Belgien erhältlichen Biere prüfen ließ, ergaben sich ganz beträchtliche Unterschiede. Doch noch immer sind die eigenen Angaben des Brauers, soweit sie zu belegen sind, die besten Anhaltspunkte für eine Klassifizierung der Biere.

Doch ist es recht verwirrend und mühsam, sich damit zu befassen, zumal da Brauer und Länder verschiedene Systeme anwenden, die wiederum untereinander kaum in Beziehung stehen. So kann der Alkoholgehalt nach Gewicht ein Maßstab für die Stärke sein wie der Gehalt an Alkohol nach Volumen, der einen höheren Wert liefert, weil Alkohol leichter als Wasser ist. Einige Länder haben besondere Systeme vor allem zur Festsetzung von Abgaben. In Belgien z. B. verführt das Gradsystem

auf den ersten Blick zur leicht optimistischen Einschätzung der Stärke. Die meisten Systeme beruhen auf der Menge des vergärbaren Rohstoffs, der zur Herstellung des Bieres verwandt wird, also auf der Dichte oder Gravität. In England bezieht man sich auf die Original Gravity, die ursprüngliche Gravität, um diese dann von der speziellen Gravität nach der Gärung zu unterscheiden. Dabei wird die Dichte des Wassers mit 1000 Grad gleichgesetzt, so daß ein Bier mit einer Gravität von 1038 also 38 Teile vergärbaren Stoffs enthält. Das gibt auch einen rohen Anhaltspunkt für die alkoholische Stärke, die mit leichten Abweichungen etwa 3,8% vol. betragen dürfte. Das System des Würzeextraktes wurde 1844 von Balling entwickelt. Es wurde allmählich durch das Plato-System als internationalen Standard ersetzt. Dichten in Ballingoder Plato-Graden ausgedrückt ergeben meist ähnliche, aber nicht identische Werte.

In Deutschland bestimmt man als Stammwürze den Anteil an löslichen Stoffen in der Würze vor der Gärung.

Die Beziehung zwischen einem solchen Maßstab und der alkoholischen Stärke hängt davon ab, wie hoch die Würze bei der Herstellung des Bieres vergoren worden ist, was man als den Vergärungsgrad bezeichnet. Und dabei gibt es merkwürdige Fälle wie z. B. bei den Malzextraktbieren, bei denen eine Würze hoher Dichte nur leicht vergoren ist, um ein alkoholarmes Bier herzustellen. Meist wird Bier zu 75 bis 85% seiner Kapazität vergoren. Als Faustregel kann man sagen: Die alkoholische Stärke beträgt etwa ein Drittel der Plato-Zahl (ca. 1/3 bis 1/4 der Stammwürze).

Als „Durchschnittsbier" könnte man ein recht mildes Bier nach *Pilsner* Art ansehen mit einer Originalgravität von 1050, einer Plato-Dichte von 12,0 bis 12,5 sowie einem Alkoholgehalt von 4,0 bis 4,5% nach Gewicht und etwa 5,0% vol. Die weithin erhältlichen Biere hoher Stärke könnten eine Originalgravität von 1070, eine Plato-Dichte von 19,0 sowie 6,5 bis 7,0% Alkohol nach Gewicht und 8,0 bis 8,5% nach Volumen haben.

"Say when"

Die Biere in aller Welt

Wie sie gebraut
und getrunken werden

PIVOVAR
v TRNOVANECH

Tschechoslowakei

Tschechoslowakei

Warum soll ich nicht fröhlich sein,
Wenn Gott mir sein Lächeln schenkt?
Er gibt mir Bier auf Erden
Und nach dem Tod den Himmel.
(Tschechisches Volkslied)

Bierkenner in der ganzen Welt sprechen mit besonderer Hochachtung von tschechischen Bieren, vor allem von dem echten Pilsner Urquell. Sie könnten dazu auch das Bier von Budweis nennen, das dem amerikanischen *Budweiser* seinen Namen gegeben hat. Doch keines von diesen beiden legendären Bieren macht auch nur die Hälfte der farbigen Biergeschichte aus, die in Böhmen, Mähren und der Slowakei weit in die Vergangenheit reicht.

Alle drei Rohstoffe des tschechischen Bieres genießen besonderen Ruf, am meisten aber der in aller Welt berühmte Hopfen, der – wie Chroniken bezeugen – in Böhmen schon im Jahr 859 angebaut wurde. Von der ersten Ausfuhr wird bereits 903 berichtet, und von 1101 an wurde der Hopfen die Elbe hinab zum berühmten Hamburger Hopfenmarkt, dem *Forum Lupuli* verschifft.

Zum ersten Mal wird im tschechischen Gebiet im 11. Jahrhundert das Brauen erwähnt. In der Gründungsurkunde der Wyschehrad-Kirche in Prag verordnete nämlich Bratislav II.,
der erste tschechische König, daß seine Güter einen Hopfenzehnten an die Kirche zahlen sollten. Einer Anordnung des Bischofs von Prag, des Hl. Vojtěch, die das Brauen bei der Strafe der Exkommunikation verbot, zum Trotz wurde 1118 in Cerhenice die erste Brauerei errichtet. Und auf Bitten König Wenzels für sein gottgläubiges und bierliebendes Volk, hob Papst Innozenz IV. im 13. Jahrhundert dieses Verbot gnädigst wieder auf.

Nach den Edikten der guten Könige des 13. Jahrhunderts wurden auf dem noch unerschlossenen Lande in Böhmen neue Städte gegründet und als königliche Siedlungen mit besonderen Privilegien ausgestattet. So erhielten diese Orte nicht nur das Recht, sich selbst zu verwalten und zu verteidigen. Sie konnten ihre Gewerbe auch im Umkreis von einer Meile ausüben. Ein jeder Bürger durfte brauen und sein Bier in diesem Bereich auch verkaufen. Zu solchen Braustädten zählten Pilsen, Budweis, Saaz und Prag. Auch in Mähren, das gleichermaßen für seine feinen und würzigen Weine bekannt ist, wurden in dieser Zeit Brauereien errichtet. In der Slowakei gab es erste Hinweise auf das Brauen im 13. Jahrhundert. Damals schon braute die Brauerei von Leutschau, die noch bis 1967 in Betrieb war, 2000 Hektoliter im Jahr, eine für diese Zeit beträchtliche Menge.

Unten: Die Reise eines Bierfreundes durch die CSSR könnte in Prag an der Moldau beginnen. Flußabwärts auf der Elbe die alte Hopfenroute nach Hamburg, flußaufwärts Budweis, an einem Nebenfluß Pilsen.

**Seite 24:
Mit kühner Einfachheit dokumentiert die CSSR ihre Brautradition. Travé bedeutet „dunkel" und světlé heißt „hell".**

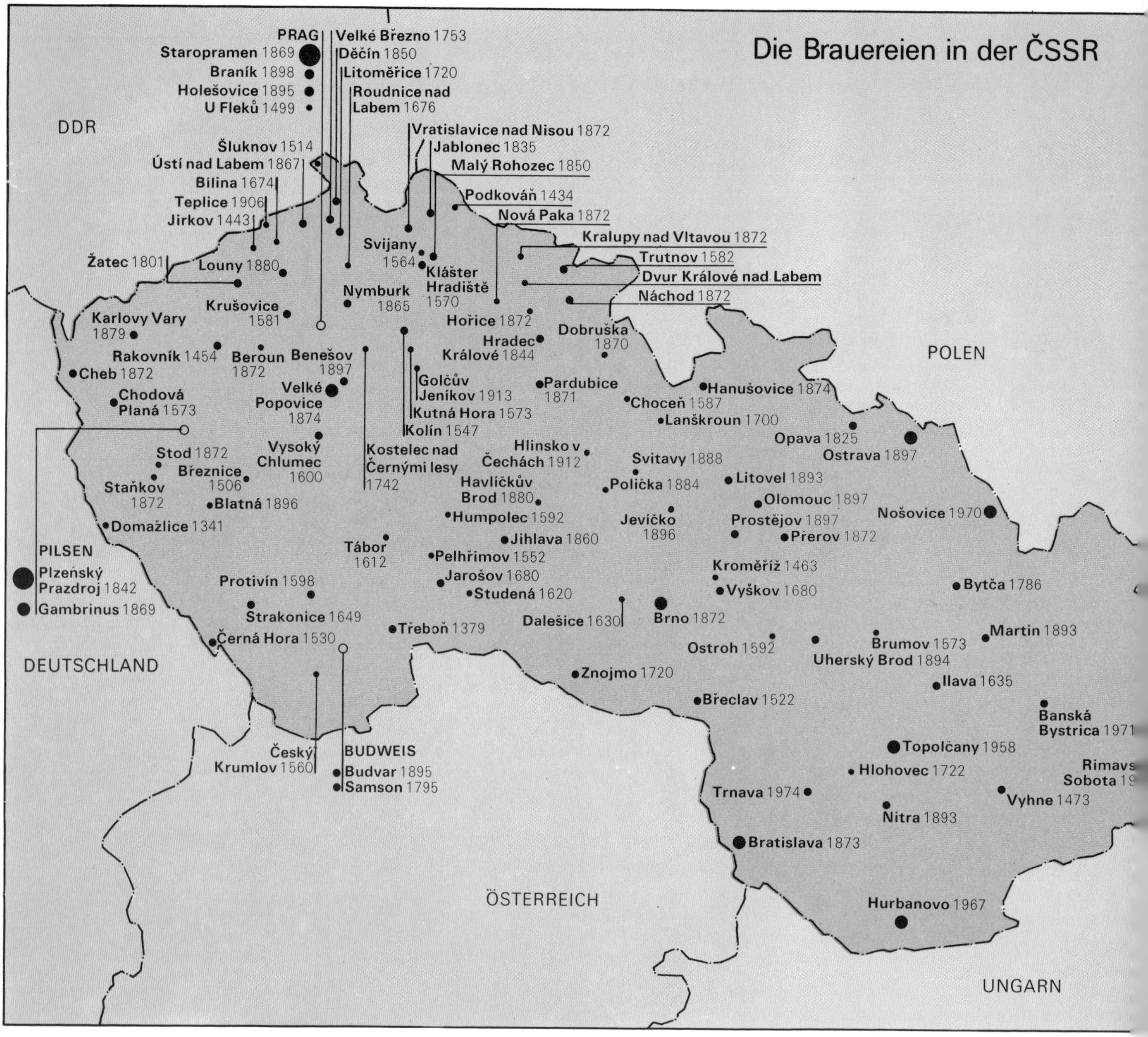

Die Brauereien in der ČSSR

DDR

PRAG
Staropramen 1869
Braník 1898
Holešovice 1895
U Fleků 1499

Velké Březno 1753
Děčín 1850
Litoměřice 1720
Roudnice nad
Labem 1676

Šluknov 1514
Ústí nad Labem 1867
Bilina 1674
Teplice 1906
Jirkov 1443

Vratislavice nad Nisou 1872
Jablonec 1835
Malý Rohozec 1850

Žatec 1801
Louny 1880
Krušovice 1581

Svijany 1564
Nymburk 1865
Klášter Hradiště 1570

Podkováň 1434
Nová Paka 1872

Kralupy nad Vltavou 1872
Trutnov 1582
Dvur Králové nad Labem
Náchod 1872

Karlovy Vary 1879

Hořice 1872
Dobruška 1870

POLEN

Rakovník 1454
Cheb 1872
Chodová Planá 1573

Beroun 1872
Velké Popovice 1874

Benešov 1897

Hradec Králové 1844

Golčův Jeníkov 1913
Kutná Hora 1573
Kolín 1547

Pardubice 1871
Choceň 1587
Lanškroun 1700

Hanušovice 1874

Opava 1825
Ostrava 1897

Stod 1872
Březnice 1506
Staňkov 1872
Blatná 1896
Domažlice 1341

Vysoký Chlumec 1600

Kostelec nad Černými lesy 1742

Hlinsko v Čechách 1912
Havlíčkův Brod 1880
Humpolec 1592

Svitavy 1888
Polička 1884

Litovel 1893
Olomouc 1897
Prostějov 1897
Přerov 1872

Nošovice 1970

PILSEN
Plzeňský Prazdroj 1842
Gambrinus 1869

Protivín 1598

Tábor 1612
Pelhřimov 1552
Jarošov 1680
Studená 1620

Jihlava 1860

Jevíčko 1896

Kroměříž 1463
Vyškov 1680

Bytča 1786
Martin 1893

DEUTSCHLAND

Strakonice 1649
Černá Hora 1530

Třeboň 1379

Dalešice 1630
Brno 1872

Ostroh 1592
Brumov 1573
Uherský Brod 1894
Ilava 1635

Banská Bystrica 1971

Znojmo 1720
Břeclav 1522

Topolčany 1958
Hlohovec 1722
Trnava 1974
Nitra 1893

Rimavs Sobota 19
Vyhne 1473

Český Krumlov 1560

BUDWEIS
Budvar 1895
Samson 1795

Bratislava 1873

ÖSTERREICH

Hurbanovo 1967

UNGARN

An einer durchkonstruierten Druckanlage wird im „Goldenen Tiger" in Prag das Pilsener ausgeschenkt. Hier gibt es, wie Stammgäste sagen, das beste Pilsener in Prag. Reisende in der ČSSR werden aber auch Pilsen selbst besuchen wollen.

König Wenzel von Böhmen, Kaiser des Hl. Römischen Reiches, hatte ein Herz für seine trinkfreudigen Untertanen. Er ließ burgundische Weine in Böhmen anbauen und verbot die Ausfuhr von Hopfenstecklingen. Jahrhundertelang wurden, bei der Todesstrafe als letztes Abschreckungsmittel, solche Verbote erlassen, um die kostbare Pflanze zu bewahren. Dennoch gab es Schmuggler, die auch dieses Risiko auf sich nahmen. Die Stecklinge freilich, die sie herausschmuggelten, erbrachten niemals Hopfen gleicher Qualität, wenn sie in anderen Ländern angepflanzt wurden.

Wahrscheinlich den ersten Versuch, alle Kenntnisse vom Bier zusammenzustellen, unternahm 1585 Thaddeus Hajek von Hajek, der Leibarzt Kaiser Rudolfs II. In seinem Buch *De cerevisia eiusque conficiendi ratione, natura, vivibus et facultate opusculum* beschreibt er die Geschichte der Bierherstellung, die ver-

Die Länder untergärigen Biers

MÜNCHEN

In Bayern kannte man schon früh das Prinzip der Untergärung. Doch erst Gabriel Sedlmayr von der Spaten-Brauerei verhalf diesem System zu weltweitem Durchbruch.

PILSEN

Untergärig wurde in Pilsen ab 1842 gebraut, doch schon vorher führte Poupe in Böhmen die neue Brauart ein.

WIEN

Der Dritte im Bunde: Dreher arbeitete eng mit Sedlmayr zusammen. In Klein-Schwechat mag 1842 das erste moderne untergärige Bier gebraut worden sein.

Bierausstoß
- ● über 1 000 000 hl
- ● über 500 000 hl
- • über 100 000 hl
- · unter 100 000 hl

Poprad 1812
Velký Šariš 1967
Michalovce 1867
Košice 1857

Pilsen
Deutschland
Tschechoslowakei
München
Wien
Österreich

---

schiedenen Brauarten und die Bedeutung des Bieres als gesundheitsförderndes Getränk.

Die böhmische Schenke entstand um 1600 und wurde in ganz Europa berühmt. Viele Bürger, die das Braurecht hatten, zogen es statt dessen vor, einfach ihren Hopfen anzubauen und ihre Gerste zu mälzen und beides an einen Meister der Braukunst abzugeben, der sie dann wieder mit Bier versorgte, das sie in ihrem Haus ausschenkten. In der Prager Neustadt gab es am Karlsplatz wenigstens 30 solcher Schankstuben, von denen nur fünf oder sechs wirklich Bier brauten.

Der Falstaff-Kodex dieser Schenken war bald in ganz Europa berühmt. Nach einer Pilsner Schenke nannte man ihn „Franta's Regeln". Eine davon besagte, Essen und Trinken sollte keine Grenze gesetzt sein, weil es besser sei, gut zu leben und bald zu sterben. Eine zweite empfahl den Leuten, am Sonntag den

ganzen Tag im Bett zu bleiben, um dann am Abend so lange schlemmen und trinken zu können, bis sie ihren ganzen Wochenlohn verpraßt hatten.

Und genauso berühmt waren damals auch die böhmischen Biere. Der italienische Arzt Guarinoni empfahl die Biere von Saaz, Rakonitz und Schlan. In seiner *Cosmographia* preist Sebastian Münster das weiße Bier von Königgrätz und das alte Bier von Prag. Die Bayern führten bömisches Weißbier ein, das doppelt so teuer wie ihr eigenes war. Es gab auch bereits ein Märzenbier, Breznák genannt, das wahrscheinlich der Vorläufer des bayerischen *Märzen* ist. Man glaubte damals, daß im Frühling die erwachende Kraft der Natur die Gärung besonders günstig beeinflußte.

Auch sonst gab es vielerlei Biere. Zum Brauen nahm man Weizen und Gerste, manchmal auch Hafer. Zum Würzen verwandte man ne-

ben dem geliebten Hopfen auch Gewürze und Kräuter, wie Wacholder, Muskat, Eichenblätter, Lorbeeren, Limonenblüten und Gewürznelken. Einige Biere wurden schnell gebraut, andere mußten lange Zeit lagern. Das Bier konnte schließlich „weiß", golden oder „rot", süß oder bitter sein.

Mit einer Bierentschädigung hielt man im Dreißigjährigen Krieg die Schweden davon ab, die Festung von Kuttenberg zu plündern. Aber anderswo wurden Brauereien wie alles andere verwüstet. Der größte Teil der Pilsner Brauerei wurde niedergerissen, um damit Befestigungen zu bauen. Der Wiederaufbau nach dem Krieg ging nur langsam voran.

Der Bierruhm von heute beruht auf einer bemerkenswerten Renaissance im 18. und 19. Jahrhundert. Die Weizenbiere verschwanden und moderne Braumethoden wurden eingeführt. Einer der bedeutendsten Brauer der

Welt, František Ondřey Poupě, hat dafür seinen Platz in der tschechischen Geschichte gefunden. Er führte den Gebrauch von Thermometern und anderen Meßinstumenten ein und bereitete den Weg, den dann Sedlmayr in München im 19. Jahrhundert weiter beschritt. Nach dem ungeheuren Erfolg der neuen untergärigen Brauerei im Jahr 1842 wurden noch heute berühmte Brauereien von Aktiengesellschaften in Budweis, Smichow, Brünn und anderswo errichtet.

Im 20. Jahrhundert setzte wie in anderen Ländern die Konzentration der Produktion ein. Im Laufe dieser Entwicklung wurden nach 1950 sechs neue Brauereien mit einem Jahresausstoß von mehr als einer halben Million Hektoliter errichtet. Heute gibt es aber noch immer über hundert Brauereien in der Tschechoslowakei, und 24 Markenbiere werden in alle Erdteile exportiert. Der heimische Absatzmarkt ist riesig: Pro Kopf trinkt man in Böhmen und Mähren 160 Liter im Jahr. Und die entsprechenden Zahlen für die Slowakei haben sich seit dem Zweiten Weltkrieg verzehnfacht.

Hopfen wird in etwa 400 Dörfern Nordböhmens angebaut, so besonders bei Saaz, Roudnitz, Auscha und Dauba b. Trschitz. Als einzige Art wird der „Saazer Rote" gepflanzt, der als „Böhmischer Hopfen" in 65 Länder exportiert wird. Er stammt aus einer Züchtung Kristof Sems' von 1865. Die Ursache der besonderen Qualität des tschechischen Hopfen läßt sich nicht vollkommen erklären. Doch die Biertrinker finden den sicheren Beweis im Geschmack. Es mag am Boden, an der Temperatur oder am Niederschlag liegen, oder auch daran, daß noch immer der meiste Hopfen von der Hand junger Mädchen geerntet wird.

Zum Mälzen nimmt man durchweg einheimische Gerste. Die beste soll aus Haná, einer fruchtbaren Gegend in Mittelböhmen kommen, wo ein warmes Klima herrscht und der Gerstenanbau eine lange Tradition hat.

Das Brauwasser ist in der Tschechoslowakei beträchtlich weicher als in anderen Brauzentren. So hat das Wasser für das Pilsner Bier nur 1,6 Härtegrade, das von Budweis 4; die meisten anderen tschechischen und slowakischen Biere werden mit Wasser gebraut, das nicht härter als 8° ist. Im Vergleich hat das Wasser in München 15° in Wien 38 und in Dortmund 42 Grade.

Ihre feste und langanhaltende Schaumkrone verdanken die tschechischen Biere ihrem hohen Gehalt an Kohlensäure. Die einheimischen Bierkenner lieben ein lebhaftes Bier mit viel „Seele", wie sie sagen. Und ihr Bier trinken sie eher in der Gaststätte als zu Hause. Oft sind die beliebtesten Gastwirtschaften auch die ein-

fachsten und preiswertesten. Speisen gibt es meist nur in kleiner Auswahl, doch sind sie immer recht schmackhaft. Das Bier paßt sehr gut zur nationalen Küche. Mitunter wird es zu Suppen verwandt oder auch zu gehaltvollen Soßen zu den großen Portionen Fleisch, Wild oder Fisch. Eine Gaststätte wird vor allem nach ihrem Bier beurteilt. Der tschechische Gast achtet sehr auf gute Pflege, richtiges Lagern und Einschenken des Biers, und bringt es sogar fertig, sich seine Gaststätte nach der Beschaffenheit des Bierkellers auszusuchen. Zu den besten Kellern zählen halbtrockene, luftige gotische Gewölbe, wie sie vor allem in Prag üblich sind.

Man sitzt gern gemütlich zusammen, spricht über alles, was einen bewegt, meist über Fußball, Eishockey und Politik. Der Motor der Geselligkeit ist das Bier. Und dazu haben die Tschechen eine Menge zu sagen. So heißt es: Wasser ist etwas für Frösche, und: Das zweite Glas lobt das erste und macht Appetit auf das dritte. Ein tschechisches Volkslied sagt es auf seine Weise:

Wo man Bier braut, ist gut leben;
Laßt uns trinken, bis die Sonne sinkt.

Alle Bierarten trinkt man aus den schweren Literkrügen. In den teureren Restaurants werden aber auch Halblitergläser serviert. Auf dem Lande findet man in den Schenken oftmals eine Sammlung von Krügen und Humpen, Seideln aus Steinzeug und auch aus Holz, die den Stammgästen gehören, manchmal auch einen Stiefel, *Tuplák* genannt, der für festliche Anlässe bereitsteht.

Faßbiere

In der Tschechoslowakei kann „Faßbier" auch für ein Bier minderer Stärke gehalten werden. Solch ein gewöhnliches Bier zu haben, das man in Mengen trinken kann, um seinen Durst zu stillen, ist absolut notwendig. So ist es z. B. auch manchen Industriearbeitern in der Tschechoslowakei, vor allem Stahlarbeitern und Bergleuten, erlaubt, es am Arbeitsplatz zu trinken.

Die meisten Brauer bringen daher helle Faßbiere von sechs oder sieben Grad Balling mit nur ganz geringen Unterschieden heraus. Sie haben allgemein einen frischen, sauberen Geschmack und sind nur leicht gehopft.

Das helle Faßbier von zehn Grad ist schon etwas anderes. Viele Tschechen ziehen diese Zehngradbiere anderen Biertypen vor. Sie sind etwas schwerer und haben einen scharf-bitteren Nachgeschmack, doch im Aroma variieren sie beträchtlich. Solche Biere gibt es in großer Zahl, doch erfahrene tschechische Biertrinker können sie schon beim ersten Schluck genau unterscheiden.

Auch die Slowakei und Mähren haben einige recht angenehme helle Faßbiere. Am beliebtesten unter den Zehngradbieren sind die von Gambrinus in Pilsen sowie von Staropramen und Branik in Prag. Staropramens Faßbier schmeckt leicht hefig. Beim Branik schätzt man dagegen das volle, fast würzige Aroma.

Ist schon die Zahl der Geschmacksrichtungen beim hellen Faßbier beachtlich, so steht sie noch hinter der Vielfalt der dunklen Biere zurück. Diese Biere von sieben und acht Grad sind mild und haben einen karamelligen Nachgeschmack. Aber auch hier ist das Zehngradbier das interessantere.

Manchmal werden die Zehngradbiere „schwarze Biere" genannt, obwohl ihre Farben von Granat bis Braun reichen. Zu den meisten nimmt man aromatisches dunkles Malz nach bayerischer Art. Nur einige wenige werden mit hellem Malz gebraut und erst später eingefärbt. Trotz ihrer bescheidenen Stärke sind sie recht süffig und verführerisch. Unter Dutzenden von

ihnen kann man wählen, doch jede Gegend der Tschechoslowakei hat ihre eigene Spezialität.

Ein solches, in Prag beliebtes Zehngradbier ist *Pražanka* von der Holešovice-Brauerei, süßlich mit starkem Karamelgeschmack. Nordböhmen hat sein *Starovar* (Altes Bier) aus der Brauerei der Hopfenstadt Saaz, die in der gleichen Klasse auch einen *Chmelar* (Hopfenbauer) herausbringt. Černý kozel (Schwarzer Bock) aus der Staňkov-Brauerei ist mit seinem betonten Malzaroma trotz seines Namens kaum ein *Bock* zu nennen. Aber täuschend mild ist Südmährens *Brodňanka* von der Uherský-Brauerei.

Wohl das verführerischste von allen ist jedoch *Dalila* aus der Budweiser Samson-Brauerei, von dem einem das Haar auf der Brust sprossen soll.

Im Elefanten verehren die Brauer ein Symbol der Stärke, wie es hier 1908 an einem Tag der offenen Tür in der Holeschowitzer Brauerei in Prag zu besichtigen war. Trotz dieser Gigantomanie ist Holešovice wegen seines leichten Biers 10°-Pražanka berühmt. Auch Staropramen, Prags größte Brauerei, führt solche Faßbiere geringer Dichte.

Lagerbiere

Die klassischen Biere *Pilsner Urquell* und *Budvar* gehören zur Klasse von 11 bis 12°, in der Tschechoslowakei formlos als „Lager" bezeichnet. Obgleich schon recht hell, hat die goldene Farbe dieser Biere noch einen besonderen Glanz. Tschechische Bierkenner sprechen von „Funken" oder „Flamme" des im Glas gebrochenen Lichts. Es sind schwere Biere mit charakteristischer Hopfenherbheit und einer hohen sahnigen Schaumkrone.

Das Glück war Pilsen hold. Schon lange mit den örtlichen obergärigen Bieren unzufrieden, erwirkten die Inhaber von Braurechten bei der Stadt schließlich die Erlaubnis, eine neue Brauerei zu errichten. Glücklicherweise erwies sich das Pilsner Wasser als ideal für helle untergärige Biere, die man in der neuen Braustätte nach ihrer Eröffnung im Jahr 1842 herausbrachte. Neun Kilometer weit in den Sandstein hineingeschnittene Keller wahrten die richtige Temperatur für die Reife des Bieres. Die Lagerung erfolgt in mit kanadischem Harz ausgekleideten Eichenholzfässern.

Oben: Der Ruf, den Biere wie Pilsner Urquell der CSSR eingebracht haben, spiegelt sich im gesellschaftlichen Leben des Landes wider.
Links: Sogar die bunten Fenster im Café künden von der Majestät des Gerstensafts. Das berühmte Pilsner kennt kaum Rivalen, aber viele ehrgeizige Imitationen.

Wie das erste „Bud" entstand

Diese bizarren Campinghütten in einem Prager Park waren einst Lagerfässer der Brauerei in Budweis. Der Ruhm ihres Bieres war damals so groß, daß Adolphus Busch das Bier böhmischer Brauart, das er 1876 in den USA herausbrachte, „Budweiser" nannte. Als die Böhmen ihr eigenes Bier nach den USA exportierten, nannten sie es Crystal, um Verwechslungen zu vermeiden. Heute ist das Problem ausgestanden, denn das böhmische Bier wird jetzt unter seinem tschechischen Namen Budvar angeboten.

Im ersten Jahr wurden nur 3600 Hektoliter gebraut, doch bald überflügelte das neue Bier alle anderen in der Stadt, und schließlich begann man sogar andere Städte zu erobern. Nach 1850 war das Pilsner bereits in Prag, Marienbad, Karlsbad und Teplitz zu haben. 1865 kam es nach Wien, das rasch eines seiner größten Absatzorte wurde. München, Berlin, London und Paris folgten, und nach 1870 war das Pilsner schon in ganz Europa so berühmt, daß es in vielen Städten Restaurants gab, von denen es exklusiv angeboten wurde. Als man in anderen Ländern anfing, untergärige Biere zu brauen und sie Pilsner zu nennen, fügte man das Wort Urquell (im Sinne von Originalquelle) hinzu. Ähnlich wird das Bier in der Tschechoslowakei als *Plzeňský Prazdroj* bezeichnet.

Seinen ersten großen Preis erhielt das *Pilsner* 1863 auf der Internationalen Hamburger Ausstellung. Ende des Jahrhunderts fand es sogar die Anerkennung von Papst Leo XIII., der es zur Förderung der Verdauung empfahl. In den letzten Tagen des Zweiten Weltkriegs wurde die Brauerei bei Luftangriffen auf die Skodawerke schwer beschädigt, doch schon wenige Jahre später nahm man den Braubetrieb wieder auf. Lob und Anerkennung wurde dem *Pilsner* auch weiterhin zuteil. So verlieh ihm 1970 der italienische Präsident Saragat den *Premio Europeo Mercurio d'Oro*. Heute wird Pilsner in über neunzig Länder exportiert.

Am besten probiert man das Bier in seiner Heimatstadt, in der berühmten Schenke *U Salzmanů*, aber auch in Prag gibt es viele bekannte *Pilsner*-Gaststätten. Der Schneider Pinkas gründete das erste Pilsner Bierhaus in Prag, ein Jahr nach der Eröffnung der Brauerei,

und seitdem ist *U Pinkasů* das Mekka der Biertrinker. Einige Stammgäste trinken zehn Liter oder gar mehr an einem Abend, und obwohl *U Pinkasů* nur wenig Platz bietet, nimmt es doch jedes Jahr über 6000 Fässer mit je 100 Liter ab.

Das beste *Pilsner* ist in Prag im *U Zlatého Tygra* (Goldenen Tiger) zu bekommen, aber auch U Kocoura (Im Kater) hat seine Anhänger. Schenken dieser Art gibt es in der Prager Altstadt und in der Unterstadt viele. Wer ins *U Schnellů* und U dvou Koček geht, die beide für ihre typische tschechische Küche bekannt sind, ißt zu seinem *Pilsner* Bier gern Schweinebraten mit Klößen.

Urquell ist nicht das einzige helle Lagerbier aus Pilsen. Ein ähnliches Bier mit beträchtlichem Export wird von der Gambrinus-Brauerei gebraut. *Světovar* ist sein Name, was soviel wie „Welt-Bräu" bedeutet.

Trotz des großen Ansehen, das sich Pilsner Urquell verdientermaßen in aller Welt erworben hat, fehlte es in der Tschechoslowakei nicht an Biertrinkern, die auf die Barrikaden gehen würden, um *Budvar*, das Bier aus Budweis, zu verteidigen. Schon der tschechische König Ferdinand wußte Budweiser zu schätzen, das er sich 1531 an seinen Hof kommen ließ. Seitdem pflegt die Brauerei, für ihr Bier den Beinamen „das Bier der Könige" zu verwenden. Das Wasser für Budvar kommt aus 320 Meter tiefen Brunnen auf dem Brauereigelände. Budvar ist heller als Pilsner, hat ein charakteristisches Bukett, ein mildes, aber hopfenbetontes Aroma und einen leichten süßlichen Nachgeschmack.

Der Name *Budweiser* wurde 1876 an eine Brauerei in den USA abgetreten. Und als man später von Budweis aus in die Neue Welt exportieren wollte, stieß dies auf Schwierigkeiten. Deswegen mußte man dem Bier aus Budweis einen neuen Namen geben. Eine Zeitlang wurde es in den USA unter dem kaum originellen Namen *Crystal* verkauft, bis die beiden Unternehmen gegenseitig ihre Absatzmärkte respektierten. *Budvar* heißt also immer noch mit einiger Berechtigung „das Original Budweiser". Beide sind jedoch ganz verschiedene Biere. Das tschechoslowakische Original ist auch in so seltsamer Atmosphäre zu finden, wie z. B. in einem typisch amerikanischen „Hamburger House" im modisch-feinen Picadilly in London, dem *Hard Rock Café*. Trotz der genannten Schwierigkeiten wird das Budvar zum großen Teil exportiert, dennoch ist das herbsüße Bier in Dutzenden von Schenken und Restaurants in Südböhmen erhältlich. In Budweis (České Budějovice) selbst ist der „Fleischmarkt" *(Masné Krámy)* eine gern besuchte Schenke.

Das Restaurant *U Medvíků* (Kleiner Bär), im Mittelalter selbst einmal Brauerei, ist Budwei-

Die Berge der Hohen Tatra haben einigen interessanten hellen und dunklen Bieren ihren Namen gegeben. Das „Tmavé"-Lagerbier ist überall im Lande zu haben.

sers Hauptquartier in Prag. Als Spezialität des Hauses gibt es hier alte tschechische und südböhmische Gerichte mit farbigen Namen und würzigem Geschmack, wie Meister Vok's Rippe oder *Táborská bašta*, alttschechische Klöße und verschiedene Arten Fleisch.

Viele Auszeichnungen und Preise gab es in der Nachkriegszeit auch für das Alte Quelle-Bier *(Staropramen)* einer Brauerei im Prager Industriebezirk Smíchow. Obwohl sie schon 1869 errichtet wurde, stand sie, was ihren Ruf anging, bis dahin immer im Schatten der anderen großen, weithin berühmten Braukollegen. Heute ist sie mit ihrem Jahresausstoß von 1,35 Millionen Hektolitern die größte Brauerei des Landes. Ihr helles Lagerbier ist im Körper voll, stark moussierend, frisch, gut gehopft, aber mild – ein typisches Bier, wie es heute im ganzen Land zu haben ist.

Radhošt oder Radegast, der slawische Gott der Gastfreundschaft, gab seinen Namen nicht nur einem Berg in den Beskiden, sondern auch dem Lagerbier der Nosovice-Brauerei in Nordmähren. In Südmähren zieht man das Altbrünner Bier *(Starobrno)* vor oder auch das *Hostan* (so nach einem berühmten mittelalterlichen Brauer genannt), das in Znaim (Znojmo) gebraut wird, obwohl dies das Zentrum eines reichen Weinbaugebietes ist.

Die Slowaken haben ihr *Tatran*, so nach der Hohen Tatra genannt, ein Lagerbier aus der Poprad-Brauerei am Fuße des Gebirges. Aus der modernen Brauerei in Banská Bystrica (Neusohl), die 1971 errichtet wurde kommt das *Urpin*. Das slowakische Gold-Fasan-Bier *(Slatý Bažant)* der Hurbanovo-Brauerei wird auch ins Ausland exportiert.

In der Klasse von 11° gibt es ebenfalls viele feine Lagerbiere. Zu den besten in Böhmen

zählen: *Karel* (nach Karl IV.), in Karlsbad gebraut; *Slatý Kuň* (Goldenes Pferd) aus Beroun und *Platan* (Platane) aus Provitin. Den Südmähren liegt wohl mehr das *Ježek* (Igel) aus Jihlava (Iglau), und die Slowaken empfehlen *Kamsik* (Gemse) aus Poprad und *Cassovar* aus Košice (Kaschau) als typisch für ihre Art.

Sankt Thomas in der Prager Unterstadt, einst eine augustinische Klosterbrauerei, wo noch bis 1950 gebraut wurde, ist heute mit seinen Gewölben, den Winkeln und Nischen sowie mit einer Halle, die „Höhle" genannt wird, als *U Svatébo Tomáše* eines der stimmungsvollsten Bierhäuser Prags. Dort wird ein interessantes Lagerbier, das *Branik Special* aus der Brauerei des Prager Branik-Bezirks ausgeschenkt, das freilich seiner 12° Stärke nach nicht so heißen dürfte. Es ist sowohl hell als auch dunkel zu haben. Das Dunkle verbindet eine ungewöhnlich tiefe und reflektierende Farbe mit einem scharfen Geschmack.

Es gibt weniger dunkle als helle Lagerbiere, doch einige von ihnen erfreuen sich eines besonderen Rufs, wie z. B. das sehr beliebte *Kapucín* aus dem nordböhmischen Vratislavice (Maffersdorf). Dieses samtweiche Bier zeichnet sich durch seine tief rötlichschwarze Farbe aus, ist leicht süß und hat einen herben Nachgeschmack. Beim Alt-Brünn *(Starobrno)* ist die Farbe noch dunkler und der bittere Nachgeschmack noch deutlicher. Süßere Lagerbiere kommen aus der zentralböhmischen Brauerei Vysoký Chlumec, und das *Granát* aus dem südmährischen Cerna Hora (Schwarzenberg). In der Slowakei liebt man vor allem den milden, aber betonten Geschmack tiefdunkler Malze wie beim dunklen Lagerbier der Brauerei in Nitra und dem *Širovar* aus der Brauerei in Michalovce (Großmichel).

Wie die Bayern ihr *Platzl* in München, haben die Böhmen ihr *U Flekû* in Prag. *U Flekû* ist nicht nur ein lebensvolles Bierhaus, das seit 1499 besteht, es braut auch sein eigenes Bier, ist also im wahrsten Sinne des Wortes eine Hausbrauerei, deren Bier sonst nirgends zu bekommen ist. An lauschigen Abenden sind bei *U Flekû* alle 900 Plätze, auch die im Biergarten, besetzt. Unbegrenzt erscheint glücklicherweise der Platz an der Theke, wo man ebenfalls ein paar *Flek*-Biere und dazu den köstlichen überbackenen Toast zu sich nehmen kann, der als Spezialität sehr beliebt ist.

Das dunkle Bier bei *U Flekû* mit dem zarten Karamelgeschmack hat 13°, gehört also wie alle Biere dieser Stärke zu den „Spezials". Sie zeichnen sich durch ihr besonderes Bukett und ihren kräftigen Geschmack aus. Weitere solcher hochgeschätzten „Spezials" sind noch das *Chodovar* aus der gleichnamigen Brauerei in Westböhmen und der Schwarze Fasan *(Cerný Bažant)* aus der gleichen slowakischen Brauerei, die auch den Gold-Fasan braut.

Ein Grad weiter nach oben auf der Skala ist das Bockbier *(Kozel)* aus Velké Popovice in Mittelböhmen, mit seiner malzigen Süße, wie etwa das traditionelle *Münchner* eines der beliebtesten dunklen 14°-Spezials. Ebenfalls sehr populär ist Ratsherr *(Konsel)* aus Leitmeritz (Litoměřice), dank seinem malzig-karamelligen Geschmack und dem bitter-süßen Hopfenaroma. Freunde des dunklen Spezials lieben auch den „Funken" *(Jiskra)* aus Königsgrätz in Ostböhmen. Ausgewählte Malze geben diesem Bier seinen charakteristischen schweren Geschmack. Und von den slowakischen Spezials verdient noch das *Cassovar* (auch *Marina* genannt) aus Kaschau (Košice) erwähnt zu werden.

Im mittelalterlichen Bierhaus „Geier" *(U Supa)* in Prag, wo man schon seit dem 14. Jahrhundert Bier ausschenkt, gibt es ein helles 14°-Spezial aus der Branik-Brauerei, sehr malzig und mit einer Schaumkrone, so dick und fest, daß man sie geradezu mit dem Messer schneiden könnte.

Alle hellen Spezials sind 14°-Biere. Von ihnen gibt es etwa zwei Dutzend, alle hochvergoren und gut ausgereift, leicht unterschiedlich malzig und gewöhnlich mittelstark gehopft. Zwei der stärker gehopften sind nach Sagenwesen benannt. Der gute Geist des Riesengebirges gab seinen Namen dem Bier der Brauerei in Trutnov (Trautenau) in Ostböhmen. Dieses *Krkonoš* ist von klarem, frischem Geschmack mit einer hopfigen Nuance. Das ausgestopfte Krokodil am Tor des Brünner Rathauses wurde von der Brauerei in der Stadt in einen Drachen umgewandelt. Dieser „Brünner

Im alten Prag lädt U Fleků zum abendlichen Bierschoppen ein. Hinter den hellerleuchteten Fenstern sitzen 900 Gäste bei Bier und kulinarischen Genüssen gemütlich beisammen. Im für Prag typischen gotischen Keller braut man nur für die Gäste ein dunkles Bier. Es ist die letzte wahre Hausbrauerei der tschechoslowakischen Hauptstadt.

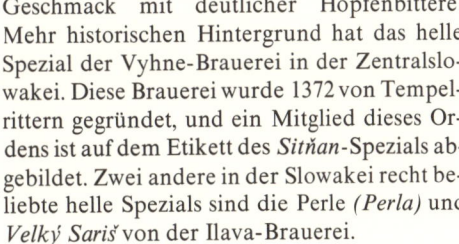

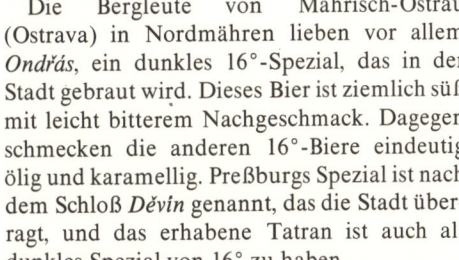

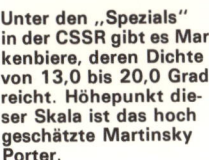

Unter den „Spezials" in der CSSR gibt es Markenbiere, deren Dichte von 13,0 bis 20,0 Grad reicht. Höhepunkt dieser Skala ist das hoch geschätzte Martinsky Porter.

Drache" *(Brneňský Drak)* hat einen kräftigen Geschmack mit deutlicher Hopfenbittere. Mehr historischen Hintergrund hat das helle Spezial der Vyhne-Brauerei in der Zentralslowakei. Diese Brauerei wurde 1372 von Tempelrittern gegründet, und ein Mitglied dieses Ordens ist auf dem Etikett des *Sitňan*-Spezials abgebildet. Zwei andere in der Slowakei recht beliebte helle Spezials sind die Perle *(Perla)* und *Velký Sariš* von der Ilava-Brauerei.

Die Bergleute von Mährisch-Ostrau (Ostrava) in Nordmähren lieben vor allem *Ondráš*, ein dunkles 16°-Spezial, das in der Stadt gebraut wird. Dieses Bier ist ziemlich süß mit leicht bitterem Nachgeschmack. Dagegen schmecken die anderen 16°-Biere eindeutig ölig und karamellig. Preßburgs Spezial ist nach dem Schloß *Děvín* genannt, das die Stadt überragt, und das erhabene Tatran ist auch als dunkles Spezial von 16° zu haben.

Die Gambrinus-Brauerei in Pilsen braut ein gehaltvolles 18°-Bier mit vollem Körper, das *Diplomat* (früher *Senátor)* mit einem hopfenbetonten Stout-Geschmack. Dieses Bier geht vor allem in den Export. Es ist sonst fast nur in

erstklassigen Restaurants und Hotels, am besten natürlich noch in Pilsen selbst zu bekommen. Ein Bier von 19° in der Art des britischen Porter wird zu Weihnachten in Pardubitz in Ostböhmen herausgebracht. Dieser *Pardubický Porter* zeichnet sich durch stark betonten Malzgeschmack und noch kräftigere Hopfenbittere aus. Es ist eines der zahlreichen individualistischen Biere, wie sie in der Tschechoslowakei zu verschiedenen Jahreszeiten und Gedenktagen gebraut werden. Den Pardubitzer Porter gibt es nur zu Weihnachten. Ausgeschenkt wird er in zwei alten Pardubitzer Bierlokalen, so im Storch *(U Čápa)* und im Grünen Frosch *(Zelená Žába)*.

Das stärkste Bier des Landes wird in der zentralslowakischen Stadt Martin mit einer Stärke von 20° hergestellt. Dieser *Martinský Porter*, dunkelreflektierend, von feinem Geschmack nach stark geröstetem Malz und mit reichem Hopfenaroma, ist manchmal auch in Preßburg zu bekommen. Sonst aber muß man sich schon auf den Weg nach Martin machen.

In der Tschechoslowakei lohnen sich solche Fahrten fast immer.

Deutschland

Keine Nation trinkt so viel Bier wie die Deutschen und kein Land ist vom Bier so begeistert wie Bayern. In Münchens „Mathäser Bierstadt" wird der große Durst gelöscht.

Überall, wo man Bier zu schätzen weiß, gilt Deutschland als das „Land des Bieres", und das nicht nur, weil man hier mit 150 Litern pro Kopf und Jahr mehr als anderswo trinkt, sondern auch weil deutsche Brauer wesentlich zur Entwicklung der Braukunst – nicht zuletzt auch in anderen Ländern – beigetragen haben. Schon im ersten Jahrhundert n. Chr. erwähnt Tacitus Bier als das Getränk der Germanen, wenn auch noch verächtlich: „Ihr Getränk bereiten sie aus Gerste und Weizen, ein Gebräu, das schlechtem Wein ähnelt."

Seitdem hat kaum jemand wieder so abschätzig über das Bier der Deutschen gesprochen – oder auch über deutschen Wein, von dem im Süden des Landes große Mengen als feine Weißweine wachsen. Seinen größten Beitrag jedoch für Tisch und Theke hat Deutschland als Nation des biertrinkenden Nordens geleistet.

Gerade in den Weingegenden im Südwesten des Landes, in Rheinland-Pfalz, im Saarland, in Baden-Württemberg und in Franken, gibt es auch die meisten kleinen Brauereien. In Frank-

furt trinkt man den Apfelwein im Schatten des Gerstensilos der Henninger Brauerei (einem Turm mit einem Restaurant); in Hamburg folgt dem Schnaps die „kühle Blonde", und überall sind in Deutschland Sitte und Brauchtum eng mit Bier verbunden.

In München besteht die „Brotzeit", das (späte) zweite Frühstück, aus Bier und Wurst. Bier trinkt man zum Mittag- und Abendessen, ja zum abendlichen Empfang. Beliebt ist auch der Dämmerschoppen, allein oder zusammen mit Freunden beim Kegeln oder Kartenspiel. Bier gehört zum 1. Mai, zum Vatertag und Geburtstag, genauso wie zu einem Richtfest, zur Einweihung des neuen Hauses und zum ersten Tag in der neuen Stellung, wobei der „Neue" seine Kollegen zum Umtrunk einlädt.

Dazu kommen die großen Bierfeste, die im ganzen Land zu jeder Jahreszeit gefeiert werden, und der Karneval, der im katholischen Rheinland und Süddeutschland begangen wird. Zum Fasching gibt es allein in München tausend Kostümbälle und nicht viel anders sieht es an den „tollen Tagen" in den Städten wie Köln,

Wo immer man ein Fest feiert, wird auch Bier getrunken. In Benediktbeuren im Süden von München begeht man Anfang November den Tag des Sankt Leonard. Er ist der Heilige der Pferde, dem auch Löwenbräu mit seinen Brauereirössern seinen Tribut zollt.

Düsseldorf und Mainz aus. Vornehmer gibt sich eine Bierbruderschaft mit Sitz in München, der „Bier-Convent International", der durch Forschung, Vorträge und Wettbewerbe das Ansehen des Bieres in der Gesellschaft zu fördern sucht. Die Mitglieder dieses eingetragenen Vereins, die zur Aufnahme zwei Bürgen stellen müssen, erhalten zu ihrer feierlichen „Inthronisation" ein Brustschild mit Kette und ein Medaillon als Insignien. Die meisten dieser Mitglieder gehen einem bürgerlichen Beruf nach. Nur eine Minderheit hat mit dem Bierbrauen zu tun, so daß der Convent eine ganz unabhängige Institution ist.

Die Kultur ist für Bier von Bedeutung, wichtiger jedoch ist die Qualität. Darin sind sich die Deutschen einig. Mehr als anderswo ist man darauf bedacht, sich nicht in seinen Geschmack hineinreden zu lassen. So wird deutsches Bier – außer für den Export in ferne Länder – nicht pasteurisiert. Auch hier stoßen die verschiedenen Biere auf Vorliebe oder Ablehnung, doch ist im Gegensatz zu anderen Ländern die Auswahl sehr groß, da die unterschiedlichen Biere in den einzelnen Teilen des Landes mit großem Eifer und auch mit ständig wachsendem Erfolg gepflegt werden.

Überregionale Biermarken sollten auch in Deutschland eingeführt werden. Doch stieß man damit auf größeren Widerstand als in anderen Ländern. So liegt zwar ein Teil des Kapitals von Löwenbräu, München, und der Dortmunder Union Schultheiß-Brauerei bei der Bayerischen Hypotheken- und Wechsel-Bank, aber die Brauereien brauen ihr Bier wie bisher am Ort nach eigener Art. Das gleiche gilt

auch für die anderen großen Brauereigruppen, die vom Nährmittelhersteller Oetker und der Zigarettenfirma Reemtsma aufgekauft worden sind.

Noch immer gibt es wenigstens ein Dutzend wichtiger regionaler Biersorten, mehrere von ihnen obergärig gebraut, und eine ganze Reihe von seltenen Spezialitäten. Mindestens fünf Arten werden allein in Bayern hergestellt, und weitere Arten von Bedeutung sind in Berlin, Dortmund, Düsseldorf und Köln zu Hause. Schon vor dem Kriege hatte dagegen Ostdeutschland im Vergleich hierzu nur wenig zu bieten, obgleich *Berliner* und *Pilsner Biere* jenseits der Grenze recht verbreitet sind.

Die Reinheit des Bieres, die Bezeichnung seiner Herkunft wie auch die Stärke sind gesetzlich geregelt: Der Stärke nach sind alle Sorten in drei Klassen einzuordnen: das schwache Schankbier mit einem Stammwürzegehalt von 7–8% (rd. 2–3% vol. Alkohol), das normale Vollbier mit 11–14% Stammwürzegehalt (rd. 3,5–4,5% Alkohol) und das Starkbier mit mindestens 16% Stammwürze, meist aber mehr und rund 5% Alkohol (oft beträchtlich mehr).

Wenn Deutschland das „Land des Bieres" ist, dann ist Bayern sein Bierkeller und München sein Biergarten. Von rund 1600 Brauereien der Bundesrepublik liegen allein tausend innerhalb der Grenzen von Bayern. In der Hauptstadt München sind es allerdings nur eine Handvoll, und Nürnberg ist als Brauzentrum und auch der Geschichte nach ein großer Rivale der Bierstadt München. Doch Land und Hauptstadt sind kaum zu trennen, wenn man in Bayern vom Bier spricht. In der ganzen Welt,

Ammenbier und die Mumme

Einst ein Bier für stillende Mütter und mehr Nahrungsmittel als Getränk, erlebt das *Malzbier* heute in Deutschland eine großartige Renaissance. Aus dunklem, aromatischem Malz gebraut, ziemlich süß und arm an Alkohol (0,5–1,0%), ist es nicht nur bei Sportlern sehr beliebt. Es ist

übrigens der einzige deutsche Biertyp, bei dem man von überregionalen Marken sprechen kann, z. B. von Henningers *Karamalz* oder von *Vitamalz*, einer Marken-Gemeinschaft selbständiger Brauereien. Heute wird dem Malzbier auch Traubenzucker beigegeben, doch darf es dann nicht mehr als *Malzbier* bezeichnet werden.

Im gleichen Jahr als Christoph Kolumbus Amerika entdeckte, brachte Christian Mumme in Braunschweig ein Bier hoher Stammwürze ohne Hopfen für Seeleute heraus. Diese „Mumme" war sehr beliebt und auch in England berühmt, doch wurde sie von der See vertrieben, als die Briten anfingen ähnliche Biere zu brauen. Noch heute gibt es in England Mather's Black Beer, einen unvergorenen Malz-Extrakt, und in Deutschland noch immer die Mumme, die in ihrer Heimat Braunschweig überlebt hat. Sie ist dort im Ratskeller und anderen Restaurants zu haben. Man trinkt sie mit hellem Bier vermischt als Stärkungsmittel.

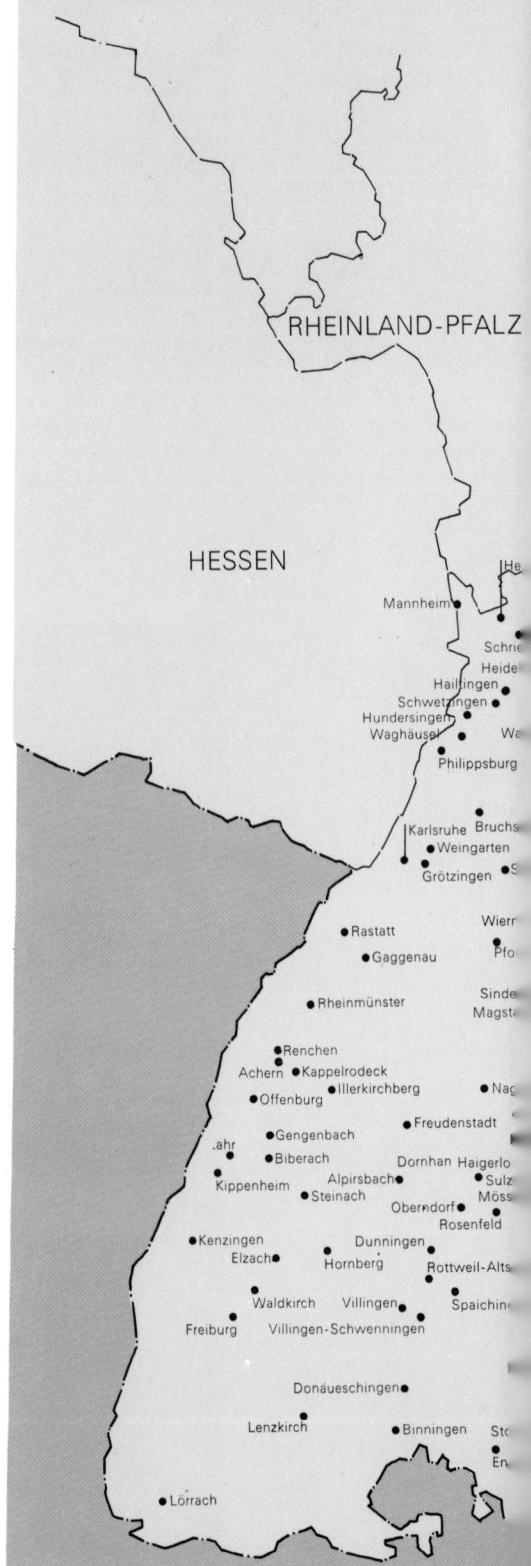

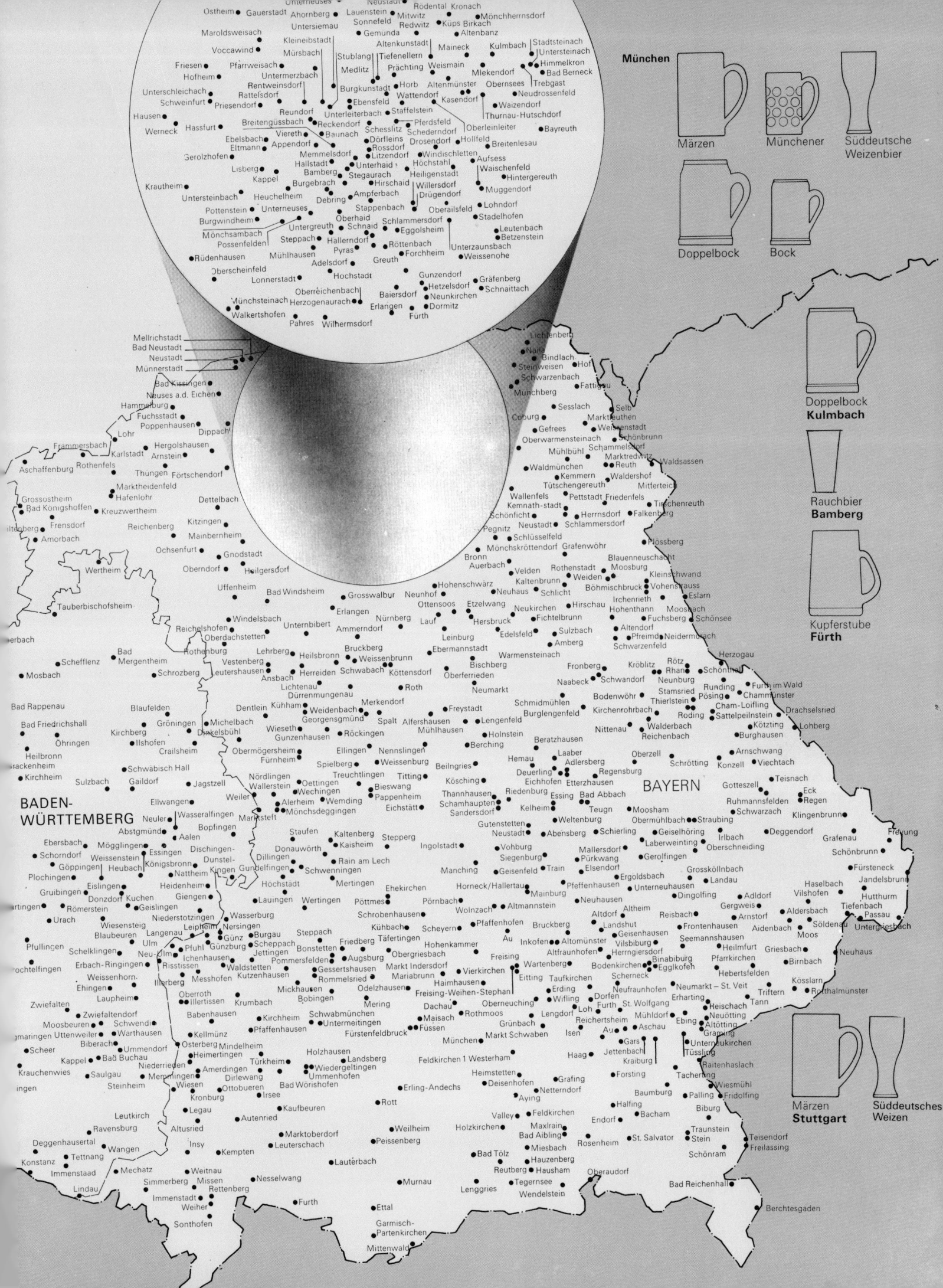

Blühende Hopfen-Wirtschaft

Früher hielt man Hopfen-Märkte wie hier in Nürnberg ab, wo die Preise gemacht wurden. Im Süden gibt es fünf Hauptanbaugebiete.

Hersbruck

Jura

Spalt

Hallertau

Tettnang

GERMAN HOPS

The choicest varieties of hops grow well on the soil of Germany. Their reputation covers the whole world. Their aroma and flavour guarantee the brewing of the finest beers

Information in regard to supplies obtainable only through Ausfuhrgesellschaft der Deutschen Brauwirtschaft m.b.H. MÜNCHEN 27 Vilshofenerstraße 8

Braumeisterprüfung als beste von dreißig sonst nur männlichen und weltlichen Studenten. Jetzt ist Schwester Doris Braumeisterin des Mallersdorfer Klosterbräu.

Eine der ältesten Klosterbrauereien ist Weihenstephan bei Freising, wo die Benediktiner schon 768 Hopfen angebaut haben sollen. In Chroniken des achten und neunten Jahrhunderts wird auch von Hopfengärten in anderen Gegenden Deutschlands berichtet, doch ist heute kaum festzustellen, wann Hopfen erstmals zum Brauen verwandt worden ist.

Heute ist Deutschland mit seinen Hopfengärten im Süden des Landes der größte Hopfenerzeuger der Welt. Berühmt sind vor allem die Anbaugebiete in Bayern nördlich von München in der Hallertau, bei Nürnberg in Spalt und Hersbruck. Weitere Hopfengärten finden sich in der Nähe von Stuttgart und in Tettnang am Bodensee.

Gegen das aufkommende Bierbrauen kämpften die Winzer mit allen Mitteln. Noch 1434 wurde in Würzburg das Brauen „auf ewig" verboten. Doch damit war der Siegeszug des wohlschmeckenden und geschätzten Bieres nicht mehr aufzuhalten.

Noch mehr Dank schulden die deutschen Biertrinker von heute dem Herzog Wilhelm IV. von Bayern. Geplagt von seinen Schulden aus den Türkenkriegen war er ständig auf der Suche nach neuen Steuerquellen. Aus diesem Grund stellte er die Brauer unter seinen besonderen Schutz: Um den Ruf des bayerischen Biers zu stärken, erließ er 1516 das *Reinheitsgebot*. Bayerisches Bier durfte nur aus Gerstenmalz (später zum Teil aus Weizenmalz), Hopfen und Wasser gebraut werden. Dieses *Reinheitsgebot*, die berühmteste aller Vorschriften über die Herstellung des Bieres, ist bis auf den heutigen Tag gültig. Noch 400 Jahre später, im Jahre 1919, machte Bayern von der Aufrechterhaltung dieses Reinheitsgebotes seinen Beitritt zur deutschen Republik abhängig. Wie hoch diese Forderung einzuschätzen ist, läßt sich an den anderen Bedingungen ablesen, die Bayern ebenfalls stellte, nämlich daß es weiterhin seine eigene Vertretung beim Vatikan behalten und sich „Freistaat" nennen durfte. Nach dem 2. Weltkrieg konnten sich die Bayern nicht dazu entschließen, das Gesetz über ihre Mitgliedschaft in der Bundesrepublik formell zu ratifizieren, so daß diese Bezeichnung noch immer einige Berechtigung hat.

Auch beim Bierexport stehen die Bayern in Treue zum *Reinheitsgebot*. In anderen Teilen der Bundesrepublik können Brauereien auf Antrag durch Ausnahmegenehmigungen für den Export vom Reinheitsgebot befreit werden. Nach dem Reinheitsgebot zu brauen, ist nicht gerade billig, weshalb deutsches Bier im

von Norwegen bis Neuseeland, von Kanada bis Kolumbien, ja auch in der Bundesrepublik selbst, geben sich nicht wenige Brauereien recht bayerisch, und sogar die Russen nannten – vermutlich angeregt durch das kurze kommunistische Regime in Bayern 1918/19 – eine Brauerei „Rotes Bayern".

Den Bayern ist eine ganze Reihe revolutionärer Erfindungen zu verdanken, deren jede als wichtiger Beitrag zur Entwicklung der Braukunst gelten darf.

Die erste Bierrevolution war ein Diktat der Natur. Noch im Mittelalter trank man in Bayern in erster Linie Wein, wie auch sonst im deutschen Süden mit seinem milden Klima. Aber dann trafen mehrere Jahre nacheinander harte Winterfröste die Weinberge, ein radikaler Wandel der Trinkgewohnheiten war die Folge.

Zum Glück für die Bayern waren die Klöster zu dieser Zeit schon im Bierbrauen erfahren, bot doch Bier, im Gegensatz zu Wein, willkommene Nahrung in der strengen Fastenzeit. (Als Folge dieser Tradition wird noch heute das Bier in Deutschland nicht selten „flüssiges Brot" genannt.)

Und noch heute brauen hier, vornehmlich in Bayern, mindestens ein Dutzend Klosterbrauereien das übliche Bier, meist freilich mit einer unverkennbaren Vorliebe für die stärkeren Sorten.

Anders als z.B. die belgischen Klosterbrauereien mit ihren „Trappistenbieren" brauen die deutschen Klöster keine besonderen Biere. Dennoch pflegen sie die Braukunst nach wie vor. So bestand 1975 eine 27jährige Franziskanerin aus Mallersdorf bei München ihre

Ausland oftmals recht teuer ist und als eine Art Luxus angesehen wird. Und der hohe Kurs der D-Mark treibt diesen Snob-Appeal noch weiter. Die meisten deutschen Brauer trifft dies angesichts des riesigen Inlandsmarktes kaum. Aber für die Brauer in den Nachbarländern ist der Export meist eine Lebensfrage. Als sich Löwenbräu in München darum bemühte, für ihre Exporte vom *Reinheitsgebot* ausgenommen zu werden, hagelte es Proteste, und es dauerte lange, bis sich die Aufregung wieder legte. Mag die Reinheit des Bieres weniger konsequent gewahrt werden, wenn für Münchner Biere Lizenzen ins Ausland vergeben werden, auch

heute gilt noch immer das unvergeßliche Inserat: „Gibt es mal kein Löwenbräu, trink Champagner!" Und viele lassen sich das nicht zweimal sagen, denn wie man weiß, gehört Löwenbräu zu den größten Exportbrauereien.

Nur mit einem Schmunzeln haben die deutschen Brauer den Vorschlag quittiert, die anderen EG-Staaten sollten das *Reinheitsgebot* übernehmen, um so mit den importierten Bieren gleichzuziehen. Aber zwei andere euopäische Länder haben sich bereits zum *Reinheitsgebot* bekannt, so die Schweiz durch freiwillige Vereinbarung der Brauer und Norwegen mit einem Gesetz.

Bier, wie es den Römern geschmeckt haben mag. Heute altert es weiter in einem Museum als Deutschlands ältestes Bier. Das Reinheitsgebot (Ausschnitt unten) wird in der Bayerischen Staatsbibliothek in München aufbewahrt.

schencken/vnd verkauffen. v̇
das für an allenthalben in vꝛ
airff dem Lannde/zů kainer
lain Gersten/Hopffen/vn̄ v
sölle werdñ. Welher aber diſ
überfaren vnnd nit hallten v
richtzöbrigkait/daſſelbig v
lich/so offt es geschicht/ge

Bier wird heute in der brautechnischen Fakultät in Weihenstephan geprüft. 400 Aroma-Verbindungen hat man schon im Bier gefunden, doch bisher nur 150 davon identifiziert. Vielen Brauereien hilft Weihenstephan bei der Qualitätskontrolle.

In Bayern erkennt man auch an, was man anderen zu verdanken hat. Das zeigen die vielen Zeugnisse aus der Biergeschichte im Münchner Stadtmuseum, so eine ägyptische Holzplastik vom Brauen, das Monument eines römischen Bierhändlers und die erste Hopfenabbildung, ein Stich von Martin Schongauer aus dem Jahre 1480. In der 78 Hektoliter großen Braupfanne haben die Mitglieder der Nürnberger Brauerzunft reihum gebraut und in ihrer prachtvollen, mit Holz eingelegten Zunftlade haben die Münchner Brauer ihre Urkunden aufbewahrt. Daneben zeigt das „Deutsche Brauerei-Museum" auch ab und zu Sonderaus-

stellungen, die besonderen Themen der Biergeschichte gewidmet sind.

Das bislang älteste Bier wurde bei Ausgrabungen eines römischen Kastells bei Alzey in Rheinland-Pfalz gefunden. Es stammt aus der Zeit Kaiser Konstantins des Großen um 350 n. Chr. Wie dicker schwarzer Sirup erscheint es in dem Krug, der heute im Alzeyer Museum zu besichtigen ist.

ir wöllen auch sonderlichen/
rn Stetten/Märckthen/vñ
Pier/merer stückh / dañ alsser/genomen vñ gepraucht
vnsere Ordnung wissentlich
rde / dem sol von seiner ge-
Pier/zustraff vnnachläß-
mmen werden. Jedoch wo

Münchner

Stürmischen Aufschwung nahm die bayerische Braukunst im 19. Jahrhundert. Zwischen 1820 und 1870 war Spatenbräu, heute noch eine der großen Münchner Brauereien, ein Dokumentationszentrum der Brauwissenschaft. Unablässig trug hier Gabriel Sedlmayr jr. neue Erkenntnisse zusammen und half sie in die Tat umzusetzen. Mit Brauern in England, Dänemark, den Niederlanden und Österreich arbeitete er eng zusammen. Als erster führte er die Dampfkraft in der Brauerei ein. Er unterstützte Carl von Linde bei der Erfindung der künstlichen Kühlung. Wegen Fragen der Gärung stand er mit Pasteur in Verbindung. Er wurde der große Vorkämpfer der untergärigen Brauart und ihm ist es zu danken, daß „Münchner" heute den Bierfreunden in aller Welt ein Begriff ist.

Als nach der Schaffung des Reiches Industrie und Handel in Deutschland aufblühten, bot sich den Münchner Brauereien ein großer Absatzmarkt. Das dunkle, malzige, untergärige *Münchner* wurde dank seiner Qualität neben dem mehr kupferfarbenen *Wiener* und dem goldfarbenen, hopfenherben *Pilsner* bald zum

Original Münchner — Dunkel und Hell. Beim Hellen ging Paulaner voran, doch auch Hofbräuhaus und Löwenbräu haben ihre Verdienste bei der Entwicklung. Hacker-Pschorr (linke Seite) ist eine weitere große Münchner Brauerei.

Standardbiertyp in ganz Deutschland.

Spricht man heute im Ausland von „Münchner", so meint man damit ein Bier traditionell dunkler Farbe. Heute aber ist ein solches Bier gerade dort, wo es entstanden ist, fast vollkommen verschwunden. Zwar sind die typischen Münchner wie auch die bayerischen Biere noch immer recht malzig, aber sie sind heller geworden, seit Paulaner 1928 sein „Helles" herausgebracht hat. Heute ist Münchner Bier ganz allgemein von heller Farbe; viele Münchner meinen jedoch noch immer ausdrücklich ein „Helles" bestellen zu müssen – vielleicht aus Respekt vor Münchens edler dunkler Vergangenheit – wenn sie das übliche Bier trinken wollen. Heute bestellt man überall in Deutschland sein „Helles", und die Bayern haben so, indem sie die *Münchner* Tradition der Vergangenheit überantworteten, die Bezeichnung „Helles" in das deutsche Biervokabular eingeführt.

Der bayerische Meisterbrauer

Durch die Pionierarbeit des führenden Münchner Brauers Gabriel Sedlmayr (links) von der Spatenbräu, die der Untergärung in Europa zum Durchbruch verhalf, sind München und Bayern eng mit dem neuen Bier verbunden. Auf dem Gruppenfoto sind Sedlmayrs drei Söhne (vorne) mit den Direktoren der Spatenbräu zu sehen. Den Ruhm bayerischen Biers würdigt eine Lithographie von Benschlers (1824) mit dem Text: „Ein gutes Bier ist wirklich das beste Vergnügen." Sie ist im Münchner Stadtmuseum ausgestellt.

Märzenbier

Früher wurde im Winter gebraut, denn die hohen Temperaturen im Sommer hätten der Gärung geschadet. Das letzte Bier im März braute man jedoch stärker ein, um es durch höheren Alkoholgehalt länger gegen Verderb zu schützen. Blieben gegen Sommerende – meist nicht ohne Absicht – Biervorräte übrig, so luden die Brauer zu großen Bierfesten ein, nicht zuletzt um im Keller wieder Platz für neues Bier zu schaffen. Lange gelagert, war das Märzenbier zu einem starken und süffigen Bier herangereift – und damit ein Grund mehr zum Feiern! Als die Brauer dank Sedlmayrs Initiative auch im Sommer ihre Keller kühl halten konnten, war es eigentlich nicht mehr nötig, das Bier im März stärker einzubrauen. Doch zur Freude von Generationen von Bierfreunden setzte Sedlmayr die Märzentradition fort, indem er auch weiterhin stärkeres Bier für die Feste im Herbst braute, andere folgten seinem Beispiel. Seinem eigenen Märzen gab er, vielleicht auf Rat seines Freundes, des großen Wiener Brauers Anton Dreher, eine bis zu diesem Zeit-

punkt kaum bekannte, leicht bräunliche Farbe.

Der Alkoholgehalt des *Märzen* liegt bei 4,5% und ist damit höher als der des normalen Vollbiers mit 3,5 – 3,9%. In Bayern wird das *Märzenbier* zu mindestens 13% Stammwürze gebraut, in Baden-Württemberg liegt die Grenze mit 12% niedriger. Wie früher ist das *Märzenbier* das Bier für die Feste im Herbst, so das Münchner Oktoberfest und das Volksfest auf dem *Cannstatter Wasen* in Stuttgart, die beiden größten Bierfeste in Deutschland.

Das Münchner Oktoberfest, wohl das größte und trinkfreudigste Bierfest der Welt, wurde erstmals 1810 zu Ehren der Königin Theresia, der Gemahlin König Ludwigs I. von Bayern, auf den Wiesen vor den Toren der Stadt abgehalten. Noch heute heißt der Festplatz „Theresienwiese" und das Bier wird dementsprechend „*Wiesenbier*" genannt. Jedes Jahr fließen über zwei Millionen Liter *Wiesenmärzen* in den Festzelten der Wiesenwirte, die zu Beginn des Oktoberfestes feierlich ihren Einzug halten.

Unter den Augen von Schwanthalers „Bava-

Für den Kenner den Steinkrug (rechts). Der Drei-Liter-Krug wird nur selten benutzt, doch Liter- und Halb-Liter-Krug sind durchaus üblich. Vom Halb-Liter-Krug gibt es die traditionelle und eine moderne Ausführung. Der kleinste Krug faßt einen Viertelliter. Der Inhalt der Gläser in absteigender Folge: 1 Liter, 50 cl, 30 cl, 25 cl und 20 cl (unten). Nächste Seite: Krüge beim Oktoberfest in voller Aktion.

Das Cannstatter Volksfest

ria" treibt der Münchner Oberbürgermeister mit kräftigem Schlag den Zapfhahn in das erste Faß. Zapft er gut an, ist ihm der Jubel des fachkundigen Festvolkes sicher.

Ursprünglich war das Oktoberfest nur ein ländlicher Jahrmarkt mit einem bäuerlichen Pferderennen als Hauptattraktion. Hinzu kamen nach und nach Pferde- und Viehschauen, Preisschießen, Karussells, Schaubuden, Tanz und Blasmusik. Raritäten und auch neue Erfindungen wurden vorgeführt, so z. B. der erste Phonograph von Edison. Heute hat das Oktoberfest mit seinen Buden und Zelten solche Anziehungskraft, daß zur Festzeit alle Hotels in München und Umgebung mit Gästen aus aller Welt belegt sind. Aber selbst nachdem eine ganze Reihe von Veranstaltungen und Ausstellungen dazugekommen ist, das *Märzenbier* ist nach wie vor die Hauptsache – und was es dazu zu essen gibt: Schweinshaxen, Hendl, Würstchen und Sauerkraut.

Was den Münchnern das Oktoberfest auf ihrer Wies'n, ist den Stuttgartern ihr Cannstatter Volksfest auf dem Wasen am Neckar. Auf Anordnung des Königs von Württemberg wurde 1818 erstmals ein landwirtschaftliches Fest abgehalten, und im Gegensatz zum Münchner Oktoberfest hat es diesen landwirtschaftlichen Charakter bis heute beibehalten. Festsymbol ist die 25 Meter hohe Fruchtsäule als Zeichen des Dankes für die Ernte. Alle drei Jahre findet gleichzeitig eine große Landwirtschaftsschau mit mehreren hundert Ausstellern statt. Platz dafür gibt's genug, denn die baden-württembergische Hauptstadt verfügt über das größte Festgelände Deutschlands. Zum Festbier gibt es auch hier leckere Spezialitäten, so vor allem gebratene Hähnchen, hier liebevoll „Göckele" genannt. In den vier Riesenzelten – ein jedes von ihnen faßt 4500 Gäste – fließt der *Fest-Märzen* der drei großen Stuttgarter Brauereien: Dinkelacker Wulle AG, Schwabenbräu und Stuttgarter Hofbräu AG. Delegationen aus dem Ausland, vor allem aus der Neuen Welt, überbringen ihrer früheren Heimat ihre Grüße. Meist sind es deutschstämmige Amerikaner, die selbst mit Bierfesten die Tradition des Cannstatter Volksfestes jenseits des Ozeans weiter pflegen.

Auf dem Oktoberfest wird noch aus den traditionellen Maßkrügen getrunken, auch die *Halbe* hat sich dort eingebürgert. Beide waren in Bayern bis in die sechziger Jahre allgemein üblich. Heute werden sie aber mehr und mehr durch das $^4/_{10}$-l-Glas ersetzt. Auch auf dem Cannstatter Volksfest trinkt man sein Maß, sonst aber zieht man in Baden-Württemberg das $^1/_3$-l-Glas vor. Im übrigen Deutschland ist noch das $^1/_4$-l-Glas anzutreffen, in einigen Gebieten ist es bereits vom $^1/_5$-l-Glas verdrängt.

Volksfest u. Jahrmarkt in Cannstatt.

Das Cannstatter Volksfest in Stuttgart war von Anbeginn sehr populär, denn die königliche Gründungsproklamation aus dem Jahre 1818 sprach den Schwaben aus dem Herzen. Abgehalten wird das Fest Ende September/Anfang Oktober.

Kaiserliche Gäste des württembergischen Königs Wilhelm I. waren 1857 Napoleon III. und Zar Alexander II. von Rußland (oben). Auch in Stuttgart zapft der Oberbürgermeister das erste Faß an, hier der frühere Oberbürgermeister Dr. Arnulf Klett. Bis heute hält man an dem landwirtschaftlichen Charakter des Festes mit seinem Symbol, der Fruchtsäule, fest.

Bock und Doppelbock

Der Eisbock im Norden Bayerns: Die Erste Kulmbacher Brauerei braut der Welt stärkstes Bier, den „Kulminator", der teilweise eingefroren eine Stärke gewinnt, die nur mit Gärung nicht zu erreichen wäre.

Wer starkes Bier trinkt, dem kann es passieren, daß ihm die Worte nicht mehr so glatt von der Zunge gehen. Auch bringt er wohl manches in seiner Erinnerung durcheinander. Das muß man bedenken, wenn man sich mit der Biermythologie befaßt. Die Verballhornung von „Einbeck" zu „Bock" ist nur ein Beispiel dafür – auch wenn die Niedersachsen diese Schmach im Austausch für sechshundertjährigen Bierruhm hingenommen haben.

Einbeck, nicht weit von Hannover gelegen, war einst eine der berühmtesten Braustädte Europas, ja der ganzen Welt. Schon im 13. Jahrhundert, als aus der Siedlung eine Stadt geworden war und seine stolzen Bürger vor allem vom Leineweben und Bierbrauen lebten, war Einbeck ein sehr angesehenes Mitglied der allmächtigen Hanse. Andernorts brauten nur Klöster und Adelshöfe für den Ausschank, in Einbeck aber vergaben bereits die Stadtväter das Recht zum Brauen gegen Steuern, die auf das dann gebraute Bier erhoben wurden. Wann immer diese bevorrechtigten Bürger Bier brauen wollten, kam der städtische Braumeister mit allem Gerät zu ihnen ins Haus. Noch heute erinnern die alten Häuser an diese Zeit, Häuser mit hohen Toren, hoch genug, um die Braupfanne durchzulassen, mit großen luftigen Dachböden für die Lagerung von Gerste und Hopfen, sowie mit geräumigen Kellern zum Gären und Reifen des Bieres.

Martin Luther erhielt von der Stadt Wittenberg Einbecker Bier zu seiner Hochzeit, und der Herzog von Braunschweig schickte ihm sogar ein ganzes Faß zur Stärkung zum Reichstag nach Worms. So groß war der Ruhm dieses Biers.

Einbecker Bier ging in alle größeren Hansestädte in Deutschland und an der Ostsee, so nach Hamburg, Stockholm und Riga, ja sogar bis nach Jerusalem soll es gekommen sein.

Der Bock ist das Symbol dieser Bierart. Die Rosenbrauerei in Kaufbeuren hängt ihren Bockbier-Flaschen kleine Böckchen um den Hals.

Bewaffnete Knechte mußten die schweren Pferdewagen bewachen, um das Bier auf dem Weg zu den Häfen vor Räubern zu schützen. Stark eingebraut überstand es dank seinem hohen Alkoholgehalt auch die längsten Transportwege.

In einem kleinen Museum pflegt das Einbecker Brauhaus, das heute zur DUB-Schultheiß-Gruppe gehört und im Jahr über 500 000 hl braut, die Erinnerung an seine ereignisreiche Geschichte und mit einem „Urbock" auch die Tradition des ruhmreichen Einbecker Biers.

Seltsamerweise ist die Tradition Einbecks weniger den heutigen Bieren Niedersachsens,

sondern eher denen Bayerns zugute gekommen. Schuld daran ist der Herzog von Braunschweig, der zu seiner Hochzeit mit einem bayerischen Edelfräulein mehrere Fässer Einbecker Bier mit nach München nahm. Den Hochzeitsgästen schmeckte nämlich das Bier so gut, daß sie sich zunächst Bier aus Einbeck und schließlich sogar den Braumeister selbst kommen ließen, um es in München brauen zu können. Nach und nach wurde – wie aus einem Wörterbuch von 1789 hervorgeht – durch die Laune des bayerischen Dialekts aus „Einbeck" erst „Oanbock" und dann kurz „Bock" und schließlich „Bockbier".

Einbecker wurde so zu einem der ersten Biere des Hofbräuhauses, das Herzog Wilhelm von Bayern 1589 in München errichten ließ. Wenn es später auch auf andere Weise bekannt geworden ist, lebt es doch bis heute fort als traditionsbewußte Münchner Brauerei, als beliebtes Bier- und Speiselokal im Herzen der Stadt. Das Hofbräuhaus ist im Besitz des bayerischen Staates, und „HB"-Biere, darunter auch Bockbiere, sind weithin bekannt.

Nach deutschem Gesetz muß Bockbier mindestens 16% Stammwürze haben. Früher wurde zum Brauen dunkles Malz verwandt. Heute zieht man mehr und mehr hellen Bock vor, der gleichfalls sehr gehaltvoll und malzig ist. Bockbier braut man jetzt in ganz Deutschland, aber Name und Art sind noch immer besonders mit Bayern verbunden.

Die Bockbier-Legende nahm ihren Fortgang, als der bayerische Kurfürst während der Gegenreformation Franziskaner aus dem italienischen Paula ins Land rief. Die Mönche übernahmen nämlich von den Bayern das Bierbrauen und brachten bald ein prächtiges Bier zustande, das noch stärker als das Bockbier geriet. Als ihnen 1780 der Hof erlaubte, dies Bier auch zu verkaufen, ist es unter dem Namen „Doppelbock" bekannt geworden. Die Mönche freilich nannten es nach dem Erlöser „Salvator". Er ist der Urvater aller Doppelbock-Biere. Zur Zeit Napoleons fiel die Klosterbrauerei an den bayerischen Staat, der sie später an einen Brauer verpachtete. So nahm eine der größten Münchner Brauereien, die Paulaner-Salvator-Thomasbräu, ihren Anfang und der Name der Mönche ziert noch immer den wohl berühmtesten Doppelbock.

Gebraut wurde der Salvator ursprünglich zu Ehren des Schutzpatrons des Paulaner-Klosters, und der Josefstag, der 19. März, ist noch heute der Beginn des beliebten Münchner Frühjahrs-Starkbier-Festes. Starkbier zu dieser Zeit, so heißt es in München, ist besonders gut für die Gesundheit, und viele Münchner machen in der Starkbierzeit ihre „Frühjahrskur". Wie einst dem Kurfürst wird heute dem

Der Vater von allen

SALVATOR aus seiner historischen Braustätte, der Paulanerbrauerei in München

Salvator war der erste Doppelbock. Heute tragen über 120 Biere die Endung „-ator". Auf den Nockherberg, wo der Salvatorkeller ist, pilgern die Münchner Biertrinker zur Frühjahrskur.

ANIMATOR Dunkler Münchner Doppelbock Brauerialfüllung HACKER-PSCHORR BRÄU AG. MÜNCHEN

Optimator DOPPELSPATEN SPATEN MÜNCHEN

HOFBRÄUHAUS MÜNCHEN HB Delicator

52

Martin Luthers Bier

Auf dem Reichstag zu Worms stärkte sich Martin Luther mit Einbecker Bier. Sein Bild zierte das Etikett des Bieres, als man es im vergangenen Jahrhundert nach den USA exportierte.

Seit 1351 wird Einbecker Bier gebraut. In Flaschen abgefüllt wird es aber erst seit der Mitte des 19. Jahrhunderts. Diese noch verkorkte Flasche wurde 1965 in Einbeck gefunden.

Früher mußten die Biertransporte auf den Karren streng bewacht werden. Dieser Bierkarren im Einbecker Museum ist wohl weit robuster als es den Anschein hat. Tausende von Kilometern mag er seinerzeit auf den langen Fahrten nach Stockholm und Amsterdam zurückgelegt haben.

bayerischen Ministerpräsidenten zur Eröffnung der erste Trunk gereicht: „Bibas Princeps optime". In den Hallen auf dem Nockherberg im Brauerviertel der Stadt finden dann vielerlei Veranstaltungen, offizielle Empfänge und Feiern statt.

Weiter geht es im Mai mit dem *Maibock* einiger Münchner Brauereien. Die Minister treffen sich zu einer Kostprobe im Hofbräuhaus. In Hannover laden die Brauereien gemeinsam zu einem *Bockbier-Empfang* ein, der jedoch – wie auch andernorts – im Herbst stattfindet. Wer den Ursprung des „Bocks" nicht kennt, denkt dabei eher an einen Ziegen- oder Steinbock, zumal solche Bilder sogar auf Bockbier-Etiketten erscheinen. Manche glauben auch an eine Verbindung mit dem Sternzeichen „Steinbock", dessen Zeit über Weihnachten hinausreicht. Vielleicht deswegen bringen einige Brauereien einen *Weihnachtsbock* heraus, der auch in Form von Geschenkkistchen gern an Geschäftsfreunde versandt wird.

Neben dem ersten *Doppelbock*, dem Salvator, gibt es heute noch viele andere, so zum Beispiel in München Triumphator von Löwenbräu, Optimator von Spatenbräu, Delicator vom Hofbräuhaus, Maximator vom Augustiner und Animator von Hacker-Pschorr. Über 120 Biere mit der Endung „-ator"; die inzwischen zum traditionellen Kennzeichen des *Doppelbocks* geworden ist, sind im Register eingetragen. Sie alle müssen mindestens 18% Stammwürze haben.

Jenseits der Grenze herrscht Verwirrung. In den Niederlanden kommt der *Bock* mit seinem Geißbocksymbol, wie auch in Dänemark, Österreich und in der Schweiz, dem Bockbier deutscher Art in Gehalt und Geschmack sehr nahe. Doch der *Maibock* in Belgien und „le bock" in Frankreich, meist leichte Biere, haben mit dem deutschen Bockbier nichts mehr gemein.

Das stärkste Bier der Welt wird als *Doppelbock* unter dem Namen „Kulminator" mit einem Gehalt von 28% Stammwürze in Kulmbach von der Ersten Kulmbacher Brauerei gebraut. Er wird aus hellem Malz bereitet, doch ist die zu vergärende Konzentration nichtlöslicher Stoffe so hoch, daß das Bier tief dunkelbraun ausfällt und stark malzig schmeckt. Um die hohe Dichte zu erreichen, wird dem Bier durch teilweises Einfrieren Wasser entzogen – ein Verfahren, das an die Herstellung mancher Schaumweine erinnert. Danach hat das solcherart hergestellte Bockbier den Namen „Eisbock" erhalten.

Der Bock-Keller in München.

Berliner Weiße

Brauerei in Brandenburg im 16. Jahrhundert.

Schon die ersten Brauer scheinen am liebsten mit Gerste gebraut zu haben. Jedenfalls war früh bekannt, daß Gerste leicht zu mälzen ist. Vor allem aber ließ sich davon genug beschaffen, ohne dem Bäcker etwas wegzunehmen, denn der zog ja für sein Brot andere Getreidearten vor.

Manchmal freilich war die Gerste knapp, dann mußte man mit dem vorliebnehmen, was der Boden hergab, auch von Feldern mit gemischtem Getreide. Noch im 19. und 20. Jahrhundert sollen norwegische Hausbrauer mit Roggen und Hafer gebraut haben. Das Bier war dann unangenehm bitter. Mitunter probierte man systematisch verschiedene Mischungen von Getreide aus, um ein günstiges Braugut zu erhalten.

Aus Gerste und Weizen zusammen Bier zu bereiten, soll sich zuerst in England und Böhmen durchgesetzt und von dort aus auch in Deutschland eingebürgert haben. In Belgien wird Weizenbier noch nach heimischer Art gebraut, so im Senne-Tal und in Hoegarden. Am meisten Weizenbier wird heute in Deutschland hergestellt. Hier gibt es vor allem zwei bevorzugte Sorten, von denen die *Berliner Weiße* wohl die bekannteste ist.

Zuerst im Norden heimisch geworden, erlebte dieser klassische Biertyp in Hamburg seine erste große Blütezeit. Weiter gepflegt wurde er von dem bekannten hannoverschen Brauer des 16. Jahrhunderts, Cord Broyhan. Unter dem „Soldatenkönig" Friedrich Wilhelm I. wurde Weizenbier in Preußen gefördert. „Bier ist das Beste für unser Klima", erklärte der König und ließ seinen Sohn, den späteren Friedrich den Großen, das Brauhandwerk erlernen. Vielleicht geschah dies auch aus Trotz gegen das von ihm verabscheute Weintrinken.

Der weinige Geschmack der *„Weiße"* behagte auch zahlreichen Besuchern und Einwanderern wie z. B. den Hugenotten. Zuweilen nannte man das Bier auch „Riesling-Weiße". Zu noch farbigeren Vergleichen gab seine spritzige Art Anlaß. Für Napoleons Soldaten in Berlin war es der *„Champagner des Nordens"*; den Berlinern war aber ihr „Spree-Champagner" lieber. Mit ihrer sehr hellen, goldenen Farbe muß die *Weiße* damals einen großartigen Kontrast zum dunklen Münchner Bier abgegeben haben, als sich die Brauer der beiden Hauptstädte den Markt im neugegründeten Reich streitig machten. Der Erfolg der Berliner Weiße ließ die Bayern nicht ruhen. Sie machten sich bald daran, ihr Weizenbier weiterzuentwickeln. Dem bayerischen Bieransehen in Berlin ist es zu danken, daß dort bis auf den heutigen Tag liebevoll die *Bockbier*-Tradition gepflegt wird, denn nach den Bundesländern Bayern und Niersachsen ist die Stadt West-Berlin das dritte große Bockbierzentrum Deutschlands.

Fremde wundern sich über den merkwürdigen Namen „Weiße" für ein Getränk, das für gewöhnlich rot oder grün getrunken wird. So großartig ihnen auch das Bier selbst vorkommen mag, von den ungewöhnlichen Farben fühlen sie sich ein wenig schockiert. Die *Berliner Weiße* wird mit einem „Schuß" Himbeersaft oder *Waldmeister*-Essenz getrunken. Vielleicht ist dieser Brauch von der Maibowle übernommen worden, die zwar mit Wein zubereitet wird, in die man aber ebenfalls Waldmeister gibt, vielleicht hat er seinen Ursprung in Zeiten, da man noch nicht allgemein Hopfen zum Bierbrauen nahm. Noch im 19. Jahrhundert soll der Berliner Brauer Josty anstelle von Hopfen seinem Bier mancherlei Kräuter beigegeben haben.

Süßer Waldmeister, der mehr und mehr dem Himbeersaft vorgezogen wird, ist unter dem Namen *Asperula Odorata* bekannt. Er wächst in Europa und Nordafrika. In Österreich und Deutschland hat man ihn für Parfüm, als Stärkungsmittel, für den Tee, für Wein, Likör und Bier verwandt. Schon im 16. Jahrhundert schrieb der berühmte englische Kräuterkenner Gerard: „Wenn man ihn in den Wein tut, soll er den Menschen fröhlich machen; auch soll er gut sein für Herz und Leber." Die Tradition floriert jedenfalls in Berlin, und die drei Farben tauchen auch in der Bierwerbung auf, so z.B. auf einem Plakat, auf dem Rot für Himbeersaft,

Grün für *Waldmeister* und Gelb für Bier als Farben einer Verkehrsampel aufleuchten.

Die *Berliner Weiße* ist mild und doch verführerisch. Sie hat nur 8% Stammwürze, ist aber hoch vergoren. Mit obergäriger Hefe wird sie aus drei Teilen Gersten- und einem Teil Weizenmalz hergestellt. Zu einer zweiten Gärung kommt es nach Zugabe von Milchsäurebakterien. Dann reift das Bier in der Flasche. Für Gärung und Lagerung sind verhältnismäßig hohe Temperaturen von rd. 20° C die besten. Früher hat man deswegen die Flaschen sogar in die warme Erde eingegraben und dort mehrere Monate reifen lassen.

Das Bukett des reifen Bieres ist voll und fruchtig. Deshalb ist es in der heißen Jahreszeit als Getränk besonders beliebt. Aroma und Reife lassen sich am besten bei einer Trinktemperatur zwischen 10° und 15° C genießen und selbst bei so milder Kühle stillt es den Durst überraschend gut. Beim Einschenken muß man darauf achten, daß der Bodensatz nicht in das Glas gerät und die Farbe trübt. Der „Schuß" wird langsam zugegeben, damit das Bier nicht zu heftig aufschäumt. Und wiederum zur Überraschung der Uneingeweihten wird dieses farbige Getränk mit einem Strohhalm getrunken!

Von seinem Glas Bier spricht der Berliner als einer „Molle", d. h. Mulde, und denkt dabei wohl unbewußt an die einst enge Verbindung von Backen und Brauen. Für ihn ist die Molle ein Symbol der Trinkkultur. Die *Berliner Weiße* wird aus großer Schale auf hohem Stiel getrunken, so z. B. dem Glas der Schultheiß-Brauerei. Schon um die Jahrhundertwende war Schultheiß Deutschlands größte Brauerei. Diese Stellung wurde durch ihren Zusammenschluß mit der Dortmunder Union in den siebziger Jahren weiter gefestigt. Die andere große Brauerei der Stadt, Berliner Kindl, schenkt ihre Weiße in einem weniger typischen, bauchigen Glas ohne Stiel aus. *Weißbier* wird auch im Osten gebraut und ist im Westen in vielen Städten zu haben. Wegen seines lebhaften Charakters ist der Export dieses stark schäumenden Bieres allerdings recht gering.

Am besten jedoch läßt sich die Weiße in einem Café am berühmten Kurfürstendamm genießen oder auch in einem der großen Bierpaläste, einem anderen Berliner Beitrag zur modernen Trinkkultur.

Grünes Licht für Berliner

Dreimal Berliner Weiße von der Berliner Kindl-Brauerei als Farben der Verkehrsampel ins Bild gesetzt. Allgemein trinkt man sie aus halb-kugelförmigen Gläsern (links). Neben Him-beersaft ist als Aroma Waldmeister recht beliebt, eine Pflanze, die in Laub- oder Misch-wäldern 10 bis 30 cm hoch wird.

Süddeutsche Weizenbiere

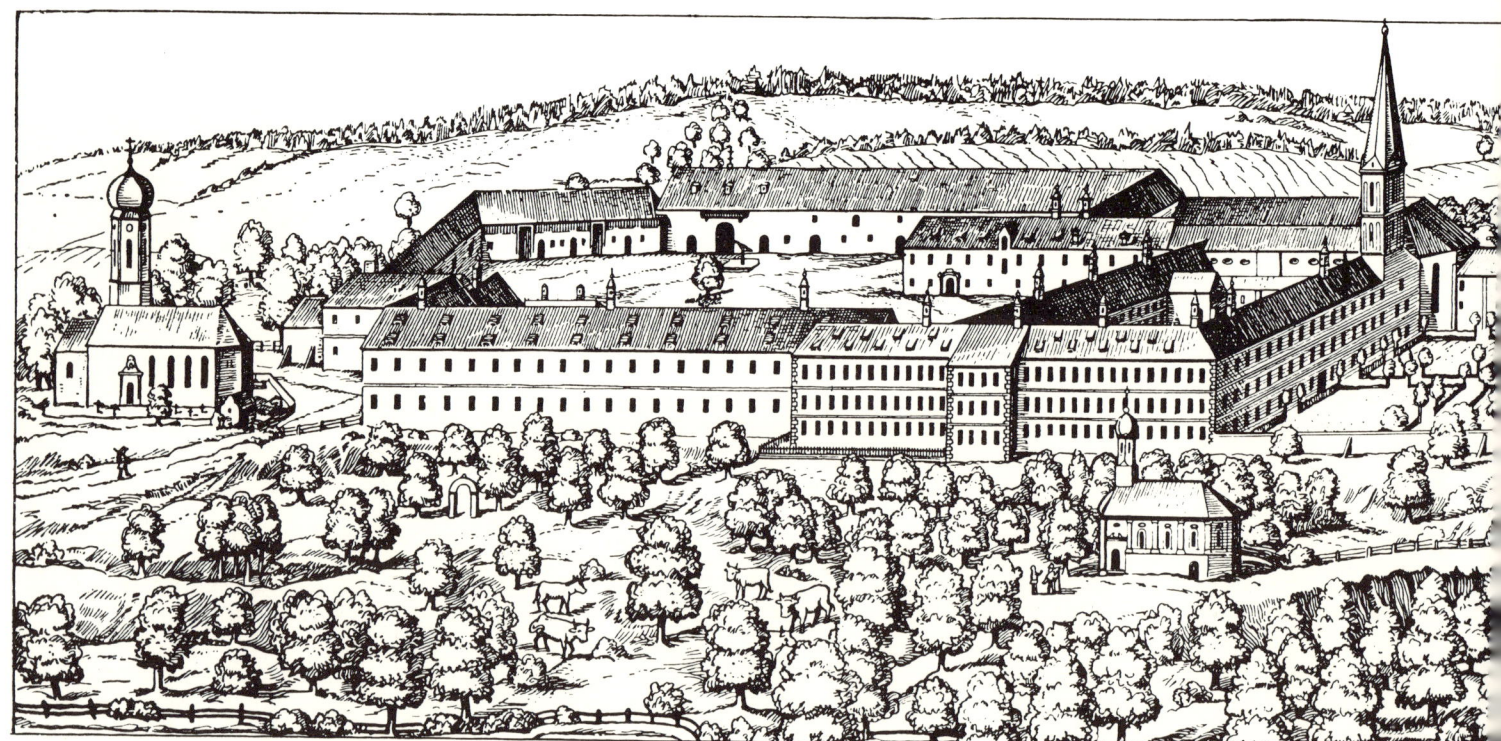

Was der Norden kann, kann der Süden genausogut. Ward dem Bier in Preußen königliche Huld zuteil, so nahm sich in Bayern der Hof des ebenso alten, aber ganz anderen *Weizenbiers* an. Die *Weiße* des Nordens reicht mit ihren Vorfahren über Hannover nach Hamburg und sogar bis nach England. Das *Weizenbier* des Südens kam aus Böhmen, wohin es die Slawen mitgebracht haben sollen.

Der Unterschied ist groß, denn es sind zwei ganz verschiedene Biersorten.

Ist die *Weiße* mit ihrem geringen Stammwürzegehalt der Klassifizierung nach ein Schankbier, so zählt das *Weizenbier* mit seinen mindestens 12,4% bis fast 14% eindeutig zum Vollbier. Heißt die *Weiße* so nach ihrer hellen Farbe, so gibt das *Weizenbier* an, aus welchen Rohstoffen es überwiegend gebraut wird. Für die *Weiße* nimmt man nur ein Viertel Weizenmalz, beim *Weizenbier* wenigstens ein Drittel, oft mehr und nicht selten sogar doppelt so viel Weizen- wie Gerstenmalz.

Wie das Bier im Norden ist auch das im Süden obergärig und nur leicht gehopft. Sein fruchtiges Aroma ist recht malzig und dennoch sehr erfrischend. Es ist vollmundig und hat viel Schaum, ein Biertyp ganz besonderer Art, gebraut mit allem Feingefühl und Sinn des deutschen Brauers für besondere Qualität. Für gewöhnlich trinkt man das *Weizenbier* aus einem hohen, vasenförmigen Glas. Fruchtsäfte und Essenzen werden ihm nicht zugegeben, doch kann eine Zitronenscheibe das fruchtige Aroma auch noch ganz beträchtlich erhöhen.

Die beständige und glänzende Tradition des süddeutschen Weizenbiers nahm ihren Anfang, als es in schweren Zeiten als zweite Biersorte vom Hofbräuhaus eingeführt wurde, das eigentlich nur zum Brauen dunkler Gerstenbiere errichtet worden war. Aber schon 15 Jahre später, im Jahr 1603, behielt sich der Herzog das Recht vor, Weizenbier in seinem Herzogtum selbst zu brauen, angeblich um die Kontrolle über die Kornlieferungen zu behalten. Er sicherte sich damit das Monopol, und zwang obendrein die Wirte, denen er den Verkauf erlauben oder verbieten konnte, dieses neue Bier auszuschenken, ob sie nun wollten oder nicht.

Weitere Hofbräuhäuser wurden in anderen Städten errichtet und der Absatz blühte. Doch auch in den trinkfreudigen Jahrhunderten kostete das Kriegführen viel Geld. So wurden einige Hofbräuhäuser mit allen Braurechten verkauft. Gegen Geld erhielten zudem immer mehr Brauer das Recht, *Weizenbier* zu brauen, bis dieses schließlich überall reichlich zu haben und so eines der hervorragenden bayerischen Biere geworden war.

Weizenbier war damals in Bayern für viele Stärkung und Medizin zugleich. Solch reiner Volksglaube hatte seinen guten, damals freilich noch unbekannten Grund, denn die Weizenbierhefe war besonders reich an Laktoflavin oder Vitamin B_2. Und ebenso wie der niedrige Kohlenhydratgehalt der Berliner Weiße in den sechziger und siebziger Jahren zu wachsender Beliebtheit verhalf, war dies auch für die Eigenschaften des süddeutschen Weizenbiers der Fall. Im gesundheitsbewußten Wohlstandsdeutschland hat der besondere Ruf der Weizenbierhefe dazu beigetragen, daß die bayerischen *Weizenbier*brauer in den beiden letzten Jahrzehnten ihren Ausstoß vervierfachen konnten.

Bevor Gesundheitsfanatiker ihr Weizenbier bestellen, wollen sie wissen, ob nicht etwa die Hefe herausgefiltert worden ist. Viele bayerische Brauer geben daher auf Etikett oder Untersetzer an, daß dieser so wichtige Stoff im Bier belassen worden ist. Solches Bier heißt dann z. B. „*Hefeweizen*". Ein gutes Beispiel ist die kleine Ortsbrauerei Graming, die sich auf Weizenbiere spezialisiert hat. Aber auch große Brauereien wie Löwenbräu in München haben ihr Hefe-Weizenbier.

Andere Brauer huldigen dem anderen Grundsatz und stellen *hefefreie* Weizenbiere her, und wer ein kristallklares Bier vorzieht, hat dann weniger Mühe mit dem Einschenken. Zum Brauen wird selbstverständlich Hefe verwandt, doch wird sie dann wieder herausgefiltert. Gute Beispiele für solche Biere bieten die Spezialbrauerei für Weizenbiere in Erding und die Staatsbrauerei in Weihenstephan.

Dazu gibt es viele prächtig gelungene Variationen: Untergärige Weizenbiere, „*Lager-Weiße*" genannt, *Weizen-Bockbiere* mit 16% und mehr Stammwürze – eine herrliche

500 Jahre braute man schon in der Abtei Weihenstephan, als dieser Stich entstand. Heute stellt dort die Staatsbrauerei prächtige Biere her, darunter eine Weiße, einen Weizenbock und ein Weizenbier.

Kombination bayerischer Braukunst – und schließlich kräftige Weizenbiere in Frühjahrsbockbier-Stärke von 18% und mehr, *Weizenfrühjahrsstarkbiere* genannt.

Solche Bierfreuden haben wir vor allem den Brauern Bayerns zu verdanken. Wie aber an der Bezeichnung *„Süddeutsches Weizenbier"* zu erkennen ist, findet dieser Biertyp auch in Baden-Württemberg Anklang und mancher Stuttgarter Bierfreund möchte diesen Typ sogar zu seinem eigenen machen. Ein Beispiel gibt hierzu die Sanwald-Brauerei, die sich auf obergäriges Bier spezialisiert hat. Weiter im Norden nehmen sich große Brauer dieses Biertyps an, so z. B. die Henninger-Brauerei in Frankfurt.

Und als ob diese große Auswahl nicht schon verwirrend genug wäre, mischt man diese Biere noch mit Limonade, was dann *„Ruß"* genannt wird. Nimmt man dazu normale helle Biere, dann ist das eine *„Radler-Maß"*, wohl weil Radfahrer zwar Durst haben dürfen, sich aber nicht betrinken sollten.

Die sechs Weißen aus Stuttgart

Im Gegensatz zu den schalenartigen Gläsern für die Berliner Weiße zieht man im Süden für das Weizenbier mit seinem vollen Geschmack hohe vasenförmige Gläser vor.

Manch Stuttgarter trinkt mit Vorliebe die Weizenbiere aus der Sanwald-Brauerei, die sich darauf spezialisiert hat und allein sechs verschiedene Marken herausbringt.

Wo der Brauer König ist

Viele alte deutsche Städte hatten früher ihre
eigenen Braustätten, Hauptstädte eines Herzog-
tums oder Königreichs sogar ihr „Hofbräuhaus".
Noch heute gibt es solche Brauereien, jetzt allerdings im Eigentum des jeweiligen Bundeslandes.
Doch kein B ü r g e r b r ä u, keine S t a a t s-
b r a u e r e i, kein H o f b r ä u h a u s ist so
berühmt wie das in München, das nun dem bayerischen Staat gehört. Es hat gewiß auch schlechte
Zeiten erlebt, doch zum guten Bock- und Weizenbier hat es viel beigetragen. Die Braustätte liegt an
der Inneren Weinerstraße. Von ihrem Alter zeugen
die hölzernen Lagerfässer (links). Über 300 Jahre
lang schenkte man das Hofbräubier in einer
„düsteren und schäbigen Wirtschaft" aus. Um die
Jahrhundertwende wurde der heutige Bau errichtet mit dem neuen Osthof (ganz links). Das Foto
rechts zeigt die dem Platzl zugewandte Vorderan-
sicht. Heute wie einst ist das Hofbräuhaus in
München ein großer Anziehungspunkt für
Touristen.

Pilsner

1794–1816 STADT IM FRANZÖSISCHEN WÄLDER-DEPARTEMENT. NIEDERLANDEN. SEIT 1816 KREISSTADT DER PREUSS. RHEINPROVINZ IM JAHRE 1817 GRÜNDUNG DER BRAUEREI TH. SIMON. ZWEITE ZERSTÖRUNG DER STADT BITBURG 1944 U. 45.

Pilsen liegt in der Tschechoslowakei. Doch Böhmens ereignisreiche Geschichte ist vom deutschen Nachbar wesentlich bestimmt worden und die kulturelle Verbindung mit ihm war immer eng.

Seit der Zeit der Wenzel-Könige wird in Pilsen Bier gebraut, doch zu ihrem Bierruhm kam die Stadt erst, als man in der neuen Stadtbrauerei 1842 nach bayerischer Art untergärig zu brauen begann. Bayerische und böhmische Braukunst brachten zusammen ein Bier hervor, weit heller und hopfenherber als das bis dahin bekannt war. Das neue Bier wurde nicht nur in Österreich-Ungarn, sondern auch im Deutschen Reich rasch berühmt, und bald war *Pilsner* das elegante Importbier im kaiserlichen Berlin. So war es kein Wunder, daß dieser neue Biertyp bald von Brauereien in ganz Europa nachgeahmt wurde.

Die Nachfrage nach diesem *Pilsner* Bier war groß, doch die Nachahmung verwässerte zunehmend seinen guten Ruf. Als die Brauerei ihre Rechte vor Gericht geltend machte, kam es zu einem salomonischen Urteil. Man entschied, Pilsner sei eher ein neuer Biertyp als eine Herkunftsbezeichnung. Daher müsse die wahre Herkunft im Markennamen angegeben werden. Aus diesem Grund haben andere Pilsner Biere noch weitere Angaben wie z. B. das *Radeberger Pilsner* im Osten Deutschlands.

Heute sind Biere *Pilsner*-Art mehr denn je in Mode. Vom Original-Pilsner wird jährlich eine halbe Million Hektoliter in Deutschland verkauft, der Löwenanteil dieses hart umkämpften Importmarktes. Auch bei vielen deutschen Brauern entfällt mittlerweile der größte Teil des Ausstoßes auf „*Pils*", wie dieser Typ in Deutschland meist kurz genannt wird.

Dennoch berührt es heute merkwürdig, daß eine Münchner Brauerei mit dem historischen Namen Sedlmayr ihr „*Spaten-Pils*" als „unser bestes Bier" herausstellt und daß Dortmunder Brauereien den Ausstoß ihres eigenen Typs einschränken, um mehr Pils zu brauen. Weil Gewohnheiten und Geschmack nur langsam aussterben, ist im milden Süden das Pils noch immer etwas malziger als im rauhen Norden, wo es viele gute Beispiele guter Pilsner Brauart gibt.

Besondere Anerkennung finden in Deutschland bei Pilskennern vor allem *Pilsbiere*, die als besondere Spezialität der Brauerei herausgebracht werden, so z. B. das *Bitburger Pils* von der Bitburger Brauerei in Rheinland-Pfalz, die sich auch durch die Auswahl ihrer Absatzstätten einen hervorragenden Ruf erworben hat. Das gleiche gilt auch für *König-Pilsener* aus Duisburg und die *Pilskrone* der Dortmunder Kronen-Brauerei, die den Pilskult sogar noch weitergetrieben hat: Mit *Pilskrone* wird jetzt ein Bier-Brot gebacken,

womit – wenn auch spät – die beiden wohl ältesten Handwerkszweige der Menschheit wieder zueinander gefunden haben.

Alle drei, wie auch die Stauder-Brauerei in Essen-Altenessen mit ihrem edlen *Pils*, sind Privatbrauereien. Die Stauder-Brauerei ist schon einen Besuch wert, denn dort ist die mit über 100 000 Stück größte Sammlung von Bieruntersetzern zu besichtigen. Besucher sollten sich aber vorher besser telefonisch ankündigen.

Weiter im Norden, in Hannover, wirbt die Herrenhäuser Brauerei für ihr „fünf Wochen gelagertes" Pilsner und zwei Hamburger Brauereien lassen ihre Tochtergesellschaften beliebte Pilsbiere brauen, so die Holsten in Lüneburg mit dem bezeichnenden Namen „Moravia-Pils" und die Bavaria-St. Pauli (trotz ihres bayerisch klingenden Namens eine Hamburger Brauerei) in Oldenburg das Jever Pilsner, ein prächtig gehopftes und recht trockenes Pils, das am besten ziemlich kühl (bei etwa 8°) zu trinken ist.

Nachahmung kann auch Lob bedeuten und Pilsen sollte stolz darauf sein.

Zu Deutschlands
beliebtesten „Pils"-
Bieren zählt das von Bit-
burg. Ein Fries berichtet
über die Gründung
der Brauerei und die
Geschichte der Stadt
(ganz links).

Die Brauorte Norddeutschlands

SCHLESWIG-HOLSTEIN

Flensburg
Ostenfelde
Kiel
Marne
Neumünster · Preetz
Elmshorn
Lübeck

HAMBURG
Hamburg

DDR

Grossefehn · Jever
Aurich
Bremerhaven
Kranenkamp
Oldenburg
BREMEN
Bremen

NIEDERSACHSEN

Lüneburg
Uelzen
Wittingen
Celle

Seefahrtsbier
Bremen

Kreusenbier

Berliner Weiße
WEST-BERLIN

Alt
Düsseldorf und Münster

Osnabrück
Minden
Lübbecke
Lauenau · Peine
Hannover
Herford
Stadthagen
Detmold
Hameln
Hildesheim
Vienenburg
Seesen · Altenau
Einbock
Clausthal-Zellerfeld
Northeim
Nörten-Hardenberg
Göttingen
Uslar
Holzminden

Mumme
Braunschweig

Bock
Einbock

Apfelwein
Frankfurt

NORDRHEIN-WESTFALEN

Burgsteinfurt
Bocholt-Stenern · Schöppingen · Münster
Oelde
Tönisvorst
Wulfen · Castrop-Rauxel · Dortmund
Nettetal
Gelsenkirchen · Unna
Hamminkeln · Herne · Bochum
Kevelaer
Mülheim · Essen · Hagen · Iserlohn
Issum · Duisburg
Krefeld · Langenberg · Wiehl · Schwelm
Willich · Viersen · Wuppertal
Korschenbroich · Düsseldorf · Remscheid · Schwalmtal
Neuhaaren · Monheim · Hagen-Dahl
Mönchengladbach · Hitdorf · Dormagen · Solingen
Stolberg · Königshoven · Bui · Leverkusen · Kirchherten
Linnich-Welz · Hürth-Kalscheuren
Dürer · Horrem · Brühl · Köln
Aachen · Kreuzau · Frechen · Bornheim · Hersel
Nideggen- · Euskirchen · Brühl · Bonn
Wollersheim · Vochem
Monschau · Gemünd · Bad Münstereifel · Linz
Andernach
Weissenthurm · Ransbach
Mayen · Vallendar
Mendig
Koblenz-Metternich · Nassau

Hamm · Beckum · Paderborn · Brakel
Lippstadt
Warstein · Aachen-Haaren
Bad Sassendorf · Warburg
Meschede-Grevenstein
Marsberg · Bergheim-Thorr
Arolsen
Baunatal
Kassel
Malsfeld
Eschwege
Laasphe
Siegen
Niederschelden · Eiserfeld
Wisser
Hachenburg
Dillenburg · Marburg
Herborn · Wolzhausen
Niedershausen
Lahnstein · Giessen
Hahnstätten · Wetzlar · Lich
Limburg · Weilburg
Braunfels

Kreuztal-Krombach
Kreuztal-Eichen
Biedenkopf
HESSEN
Schwalmstadt
Kirchheim
Alsfeld
Lauterbach · Schlitz
Fulda
Wächtersbach

RHEINLAND-PFALZ

Bitburg
Bernkastel-Kues
Trier
Gau-Bickelnach
Bad Kreuznach
Kirr
Kreimbach
Nierstein
Windesheim
Meisenheim
Eiweiler · Dirmingen · Alzey · Osthofen
Merzig · Lauterecker · Kirchheimbolanden
Neuleiningen
Ottweiler
Kusel · Winnweiler
Saarlouis · Nuenkirchen · Grünstadt
Riegelsberg · St. Ingbert
Saarbrücken · Kaiserslautern
Blieskastel · Homburg · Ludwigshafen
SAARLAND
Zweibrücken
Pirmasens

Ingelheim
Mainz
Frankfurt
Hochheim
Babenhausen
Seligenstadt
Fränkisch-Crumbach · Darmstadt
Gross-Umstadt
Pfungstadt · Gross-Bieberau
Michelstadt
Worms
Gernsheim/Rhein · Erbach
Beerfelden
Mossautal
Bensheim
Viernheim
Römerberg · Lambsheim
Frankenthal
Bellheim

BAYERN

Kölsch
Köln

Dortmunder
Dortmund

NIEDERLANDE

Bier in der DDR

Bei nur einem Drittel der Bevölkerung ihres westlichen Nachbarn hat die DDR einen im Verhältnis kleineren Bierausstoß. Dennoch liegt sie immerhin in der Weltrangliste auf Platz zehn und ihr Ausstoß nimmt mit der Modernisierung ihrer Braustätten laufend zu. Ihre 225 Brauereien gliedern sich in 15 große Gruppen, eine jede mit mindestens einer großen Braustätte.

Das hopfenreiche Radeberger Pilsner, in der schon seit langem bestehenden Brauerei in der Nähe von Dresden mit dem weichen Wasser aus dem nahen Karswald gebraut, ist wahrscheinlich das in der Welt bekannteste Bier Ostdeutschlands. Eine weitere Brauerei mit großem Export ist Sternburg in Lützschena bei Leipzig. Doch in der DDR ist Wernesgrüner Pilsner, im Vogtland nur ein paar Kilometer von der Grenze zu Westdeutschland und der Tschechoslowakei entfernt, viel bekannter. Die Brauerei wurde 1436 in Wernesgrün, das die Ostdeutschen heute „unser großes Bierdorf"

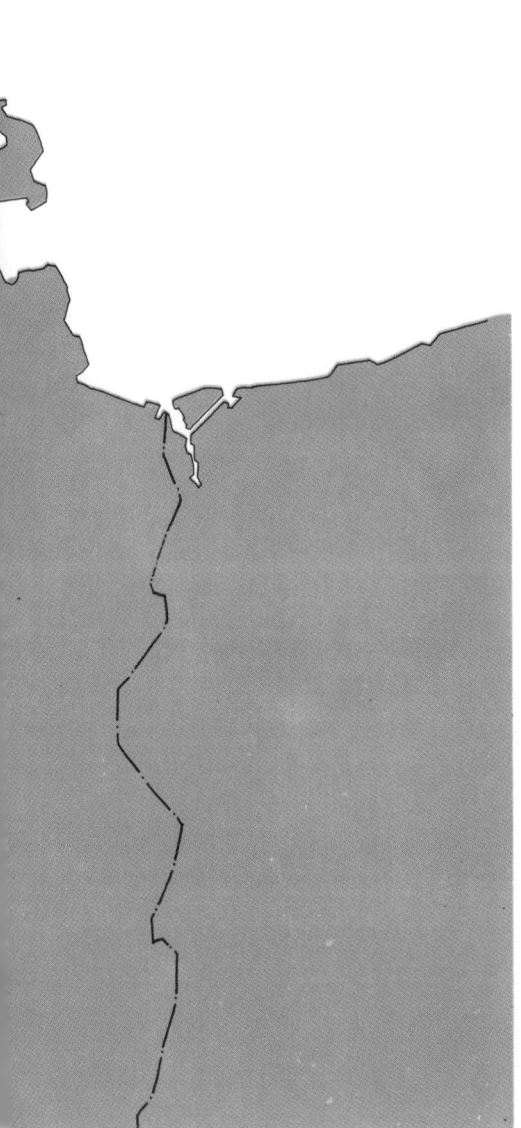

Bundesland	Zahl der Brauereien	in %	Bierausstoß in %
1 Schleswig-Holstein	6	0,37	0,9
2 Hamburg	4	0,24	2,9
3 Niedersachsen	32	1,96	5,5
4 Bremen	6	0,37	2,4
5 Nordrhein-Westfalen	121	7,4	29,4
6 Hessen	49	3,0	7,5
7 Rheinland-Pfalz	36	2,2	5,8
8 Saarland	11	0,67	2,6
9 Baden-Württemberg	237	14,49	12,6
10 Bayern	1122	68,58	27,7
11 West-Berlin	12	0,72	2,7
Bundesrepublik	**1636**	**100**	**100**

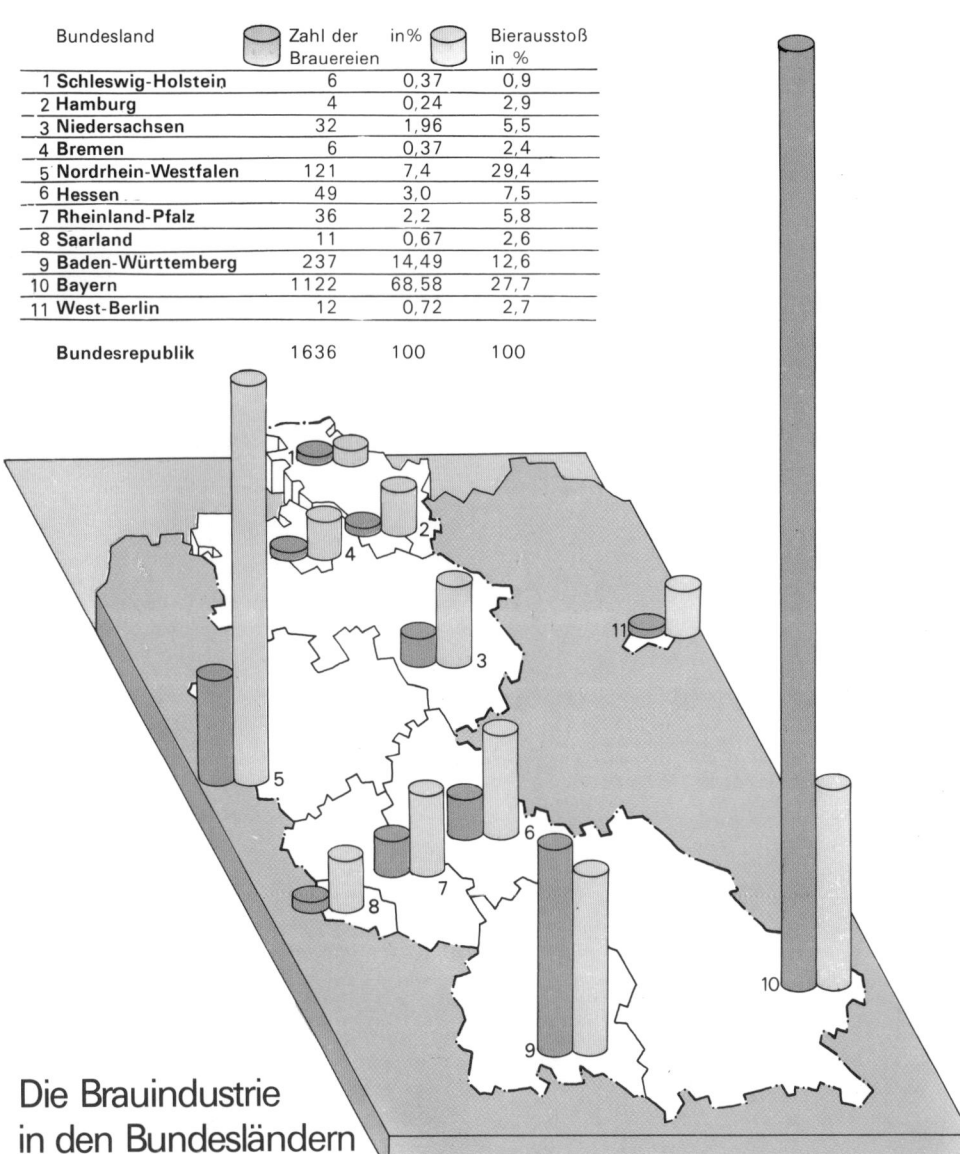

Die Brauindustrie in den Bundesländern

nennen, gegründet. Heute hat sie eine Kapazität von 650 000 Hektolitern.

Der Südwesten, vor allem Thüringen, ist das traditionelle Biergebiet des Landes. Doch ab 1960 wurden Brauereien auch im Norden errichtet, so in Neubrandenburg, Schwerin und Rostock. Bis 1960 mußte Ostdeutschland seinen gesamten Hopfenbedarf im Ausland decken. Doch jetzt kann es sich selbst versorgen. Mittelpunkt des Anbaugebietes mit 700 Hektar ist Halle. Der Preis für diese rasche Expansion waren die Einführung der turbulenten Schichtbrauweise und Lagerzeiten nach Tagen statt Wochen. Auch das Reinheitsgebot gilt hier nicht. Am meisten verbreitet sind pasteurisierte Pilsbiere. Ein Premium-Bier, das ohne Zusätze gebraut wird, ist als Pilsator bekannt.

Das *Märzenbier* in der DDR ähnelt dem im Westen, ist jedoch mitunter etwas stärker. Der Hefesatz wird nicht herausgefiltert. Bockbiere haben eine Dichte von 16 Grad und mehr, sind aber nicht so hoch vergoren wie im Westen. Meist sind sie hell, nur gelegentlich gibt es dunkle. Porter, normalerweise in Westdeutschland nicht zu finden, wird im Osten mit einer Dichte von 18 Grad gebraut, wobei Salz zugesetzt wird, um den typischen Geschmack zu erreichen. Wenn man damit ein mittleres englisches Stout nachmachen will, dann scheint dies nicht gelungen. Die Ostdeutschen mischen gern ihr Porter mit Pils zu einer Art englischem Black and Tan, obwohl dies, wie die Brauer versichern, den Geschmack beider Biere ruiniert. Ein 12-Grad-Schwarzbier, mit dunklem Malz gebraut, wird ebenfalls mit leichteren Bieren gemischt. Diese Sitte ist besonders typisch für Bad Köstritz (zwischen Jena und Gera). Wie ihre westlichen Nachbarn haben auch die Ostdeutschen ihr Malzbier, das freilich manchmal mit Zucker „angereichert" und dann „Doppel-Karamel-Bier" genannt wird. In Ostberlin hat man auch ein eigenes Weißbier wie das in Westberlin, die berühmte Spezialität in dieser einstigen deutschen Reichshauptstadt.

67

Dortmunder

Dortmund ist heute Deutschlands größte Bierstadt. Schon 1293 erhielt sie als Freie Reichs-
stadt vom Kaiser das Braurecht, zu einer Zeit
also, als man sich in anderen Städten noch wenig um das Bierbrauen kümmerte.

Der rasche Aufstieg der Stadt erweckte den
Neid der Nachbarn. Als Dortmund sein Bier im
späten Mittelalter nach Münster, Bielefeld und
Minden lieferte, kam es bald zu einem regel-
rechten Bierkrieg, denn diese Städte wollten
ihre eigenen Brauer schützen, von denen sie
ihre Biersteuer erhielten. Als ein Ultimatum
nichts half, schossen Scharfschützen Löcher in
die Holzfässer auf den Dortmunder Bierwagen.
Die Dortmunder ließen daraufhin ihre Trans-
porte durch Söldner bewachen, die grausame
Rache an den Schützen nahmen, wenn sie sie
erwischten: Sie ertränkten sie in Bier. So wird
berichtet, ganz so schlimm wird es nicht gewesen sein!

Zuerst braute man in Dortmund obergärig
mit Weizen, später mit Gerste. 1843 führte die
Kronen-Brauerei die untergärige Brauart ein.
Nach langen Versuchen gelang der Dortmunder Union-Brauerei um 1870 ein neuer Biertyp,
der heute als „Dortmunder" in aller Welt bekannt ist. Bismarck trank dieses Bier gern, um
darin „Trost zu finden". Als er den Braumeister
kennenlernte, gratulierte er ihm zu dieser großartigen Leistung und beneidete ihn insgeheim
um sein Einkommen.

Das gewöhnliche Dortmunder wird auch
Lager genannt, dies jedoch weniger vom Biertrinker als vom Brauer (obwohl „Lager" in anderen Ländern etwas anderes bedeutet). Das
echte *Dortmunder* – sonst überall in der Welt
unter diesem Namen bekannt – heißt am Ort
heute, wohl zur Erinnerung an die Export-Tra-
dition „*Export*", weil es damals stark genug ein-

gebraut wurde, um auch die längsten Transportwege ohne Schaden zu überstehen.

Verglichen mit dem berühmten *Münchner
Bier* dieser Zeit war das Dortmunder von recht
heller Goldfarbe und nur ganz wenig dunkler
als das *Pilsner.* Während das *Münchner* immer
sehr malzig und das *Pilsner* gut gehopft ist, steht
das *Dortmunder* mitten zwischen beiden. Man
nennt es oft „kühle Blonde", mild, aber nicht
ohne gewisse Würze, vollmundig und voll
befriedigend. *Dortmunder* muß mindestens
12,5% Stammwürze haben, meist hat es sogar
13% und noch mehr, was einem Alkoholgehalt
von rd. 4% entspricht. Ihr Bier trinken die Dortmunder bei einer Temperatur von 9 bis 10° C.
Eine gute Schaumkrone gehört für sie dazu.
Der Wirt läßt dazu das Bier zuerst langsam an
der Wand des schräg gehaltenen Glases hinein-
laufen, stellt das Glas danach gerade und füllt
schneller auf. Das Glas selbst ist ein einfacher

Becher, dessen Rand oben leicht nach innen geneigt ist, um so die geschätzte „Blume" mög-
lichst lange zu halten.

Wer den *Dortmunder* Geschmack liebt, aber
ein leichteres Bier vorzieht, dem wird vielleicht
das fein abgestimmte „*Classic*" der Kronen-
Brauerei zusagen, das als elegantes Bier in
Vichy-Flaschen und hochstieligen Gläsern serviert wird.

Solche Eleganz wird also auch in einer Stadt
gepflegt, die den Wahlspruch „so fest wie
Dortmund" führt. Hier fühlte man sich immer
mehr als Bierstadt als in Berlin oder München,
wo der Bierruhm mit dem der Hauptstadt und
dem des Kulturzentrums zu teilen war. Dortmunds Aufgabe war es auch, den Durst von
Bergleuten und Stahlarbeitern im rheinisch-
westfälischen Industriegebiet zu löschen. Nach
den Kriegszerstörungen blieb leider nur wenig
übrig, was an die große Biergeschichte der
Stadt erinnert, wie z. B. die Skulptur eines Biertrinkers am Chorgestühl der Marienkirche: Er
stillt seinen Durst gleich aus dem Faß.

Der letzte deutsche Brauertag in Dortmund
fand 1964 statt. Aber auch ohne große Kund-
gebungen ist Dortmunds Bierrolle nicht zu
übersehen. Dicht am Hauptbahnhof liegen
Dortmunder Aktien und Dortmunder Union,
Thier und etwas weiter weg die Kronen- und
die Hansa-Brauerei.

Sängern wird leicht die
Kehle trocken. Welchen
Durst müssen die
Sänger in der Marien-
kirche in Dortmund
verspüren, wenn sie im
Chorgestühl das reiz-
volle Schnitzwerk
sehen!

Kölsch

Der trunkene Dionysos fühlt sich wahrscheinlich recht wohl in Köln, eingebettet im Mosaik des Römisch-Germanischen Museums am Dom, denn die Stadt hatte von jeher mit dem Rheinwein genußfreudigen und kenntnisreichen Trinkern sehr viel zu bieten. Vielleicht machten deswegen die Römer sie zur Hauptstadt ihrer bedeutenden Kolonie am Rhein, woher ja auch Kölns Name kommt. Doch wer heute gern trinkt, hält es wohl lieber mit der deutschen Schreibart und dem Beiwort *Kölsch*, denn so heißt auch das typische Kölner Bier, obergärig und von goldener Farbe, das von altersher in Köln gebraut worden ist.

Der gotische Dom wurde 1248 begonnen und erst 1880 vollendet. Gerade über die Straße, Am Hof 12, befindet sich eine Gaststätte, deren Vergangenheit bis in das 15. oder 16. Jahrhundert zurückreicht.

Dieses „*Cölner Hofbräu*", besser bekannt unter dem Namen seines Inhabers. *P. G.* Früh, schenkt heute wie einst eigenes Bier aus. Früher wurde es im größten der zahlreichen heutigen Gasträume selbst gebraut, jetzt bringt es die eigene Brauerei ins Haus. Bei Früh ist alles „*kölsch*": Aus dem Holzfaß läuft das Bier in die Gläser, die auf runden Henkeltabletts zu den blankgescheuerten Tischen gebracht werden. Blauer Pullover und Lederschürze sind die Tracht des Bierkellners, nach dem früher so beliebten Kölner Vornamen Jakob „*Köbes*"genannt. Die Stimmung ist fröhlich, ja sogar ausgelassen. Zum Bier gibt es kölsche Happen wie „Halve Hahn" (Brötchen mit Käse), „Kölsch Kaviar" (eine Art Blutwurst) oder Mettwurst mit viel Zwiebeln.

Nur wenig weiter, Unter Taschenmacher 5–12, unterhält der Kleinbrauer Sion seine eigene *Kölsch*-Wirtschaft. Und noch kleiner ist die Brauerei Päffgen, Friesenstraße 64, ein Hausbrauer im wahren Sinne des Wortes, der nur für die eigene Gastwirtschaft im Hause braut.

In Groß-Köln gibt es etwa ein Dutzend Brauereien, darunter einige sehr kleine.

Wo immer man Kölsch ausschenkt, kommt es in den typischen schmalen und hohen Gläsern auf den Tisch.

Manche wie „Küppers Kölsch" und „Richmodis Kölsch" führen den Kölner Biertyp im Namen. Doch dürfen nach deutschem Recht über Herkunftsbezeichnungen nur Mitglieder des Kölner Brauerei-Verbandes Kölsch brauen, darunter jedoch auch auswärtige wie zum Beispiel die einzige Brauerei der Bundeshauptstadt Bonn.

Kölsch ist ein besonders helles Bier, leicht milchsäuerlich, aber rein und erfrischend im Geschmack. Man trinkt es gewöhnlich etwa 10° kühl aus geraden und sehr engen Gläsern, die etwa 13 cm hoch sind. Mit kaum zwei Zentimetern ist die Schaumentwicklung nicht stark, denn an Kohlensäure ist *Kölsch* nicht sehr reich. Es ist stark gehopft und hat einen Gehalt von 12% Stammwürze und 3,7% Alkohol. In Köln sagt man, Kölsch fördere die Verdauung wie auch schlechthin die Gesundheit, und manche schwören darauf.

Restaurants und Wirtschaften Alt-Kölns verkünden laut und deutlich ihren Bürgerstolz. Cölner Hofbräu (links und oben) macht Appetit auf die Stadt mit Kölsch im Glas und „Halven Hahn" auf dem Teller.

Altbier

Vom Romantischen, das sich mit so manch deutscher Bierstadt verbindet, ist in Dortmund nur wenig zu spüren, und das gilt auch für Düsseldorf. Und doch hat diese geschäftige Stadt, bekannt als Tor zum Industriegebiet, einen der markantesten deutschen Biertypen hervorgebracht.

In Dortmund und anderen Städten ging man nach einigen Versuchen bald zur neuen untergärigen Brauweise über. In Düsseldorf dagegen hielt man an der alten und bewährten Obergärung fest. Nachdem heute allgemein untergärig gebraut wird, nennt man diese Bierart im Gespräch mitunter „das andere Bier", sonst heißt es in der Alltagssprache „Altbier", d. h. das nach alter Weise gebraute Bier.

Dem Geschmack nach ist es ein typisch deutsches Bier, auch wenn es dem englischen Ale ähnelt und noch deutlicher an das belgische Obergärige, wie z. B. an das Antwerpener De Koninck-Bier erinnert.

Nach deutscher Art ist das *Altbier* dunkel. So wird es auch immer beschrieben. In Wirklichkeit aber schimmert es eher tief kupferbraun. Zum Brauen nimmt man dunkles Malz und viel Hopfen. „Alt", wie es auch kurz heißt, hat einen aromatischen, leicht fruchtigen, bittersüßen Geschmack, 12,5% Stammwürze und einen Alkoholgehalt von 3,5%. Getrunken wird das *Alt* leicht kühl aus typischen kleinen, nur 9 cm hohen Gläsern.

Hausbrauereien haben in Düsseldorf – sehr zur Freude der vielen *Altbier*-Freunde – noch immer ihre große Tradition. Zu ihnen zählen in der Altstadt „Im Füchschen", Ratinger Straße 28,

Viele beliebte Altbiere werden im Rheinland gebraut (rechts) und kaum welche sind populärer als die von den Hausbrauern in Düsseldorf. Von außen läßt „Zum Ürige" (oben) kaum ahnen, was er zu bieten hat, wenn auch ein buntes Fenster auf die stolze Tradition verweist. Das typische kupferfarbene und kremige Bier wird im Hause selbst gebraut (ganz rechts).

Ob Kölsch oder Alt, meist schenken die Hausbrauer im Norden und Westen ihr Bier direkt vom Faß aus, 200 Gläser in der Stunde. Einen „Köbes", wie man den Kellner in Köln und Düsseldorf nennt, kann das ganz schön in Trab halten!

Altbier gibt es nicht nur in Düsseldorf. Auch Münster lädt mit seinen reizvollen Altbierkneipen zum Trunk ein, wie hier in Pinkus Müllers Hausbrauerei, wo sich zahlreiche Altbierfreunde auf dem Tisch verewigt haben.

und „Zum Uerige", Berger Straße 1. Ferdinand Schuhmacher, Oststraße 123, braut für seine Gaststätte im Stadtzentrum. Am anderen Ende der langen Reihe der *Altbier*-Brauer steht als größte Brauerei in Düsseldorf Schlösser mit seiner weit zurückreichenden Tradition, heute allerdings Teil der Schultheiß-Gruppe. Nicht weit weg von Düsseldorf liegen bekannte *Altbier*-Brauereien wie „Hannen" in Korschenbroich, Willich und Mönchen-Gladbach, „Rhenania" in Krefeld und Diebels in Issum.

Sprechen die Düsseldorfer gern vom Alt wie von „ihrem" – eigenen – Bier, so gibt es doch in Nordrhein-Westfalen noch viele andere Städte, in denen diese alte Bierart liebevoll gepflegt wird, z. B. Münster mit seinem berühmten Hausbrauer Pinkus Müller. In seiner gekachelten „Bierküche" mit dem Fliesenboden trifft man sich bei Zinnkrügen und offenem Kamin besonders gern. „Hast du Pinkus Müller nicht gesehen, kennst du Münster nicht", heißt es in der alten Westfalenstadt, die auch durch ihre traditionelle „Altbier-Bowle" mit Früchten je nach der Jahreszeit bekannt geworden ist.

Die Biere Frankens

In der Umgebung von Nürnberg war der Boden von jeher für den Weinbau zu trocken. So wandten sich die Nürnberger schon früh dem Bier zu, und heute können sie auf eine lange und große Braugeschichte zurückblicken. *Ein Reinheitsgebot* gab es dort bereits 1303, also 200 Jahre vor dem berühmten Gesetz für ganz Bayern! Zwei Fässer Nürnberger Bier waren 1835 die einzige Fracht auf der ersten Fahrt der deutschen Eisenbahn von Nürnberg nach Fürth. Der Nürnberger Brauer Lederer arbeitete mit Sedlmayr und Dreher an der Entwicklung der untergärigen Brauweise.

Heute ist die Lederer Brauerei ein Teil der Nürnberger Patriziergruppe, zu der auch die Mailänder Bergbräu gehört. Diese Braustätte braut zur Erinnerung an die große Bierzeit Nürnbergs ein kupferrotes Bier, etwa von der Farbe, wie sie in den Biergläsern auf vielen alten deutschen und auch niederländischen Gemälden zu sehen ist. In Nürnberg heißt dieses recht malzreiche untergärige, zum Teil mit Rauchmalz gebraute Bier in *Vollbier*-Stärke nach seiner Farbe „*Kupferstube*".

Zu haben ist es in mehreren Gaststätten der Stadt, so auch am Burgtor. Alte Lokale, im Krieg zerstört und jetzt wieder aufgebaut, leben in der Tradition fort, wie z. B. das „*Bratwurstglöckle*" im Zentrum, wo schon Albrecht Dürer zum Bier eingekehrt sein mag.

Zur Nürnberger Tradition gehört auch das Weizenbier. Das Hofbräuhaus wurde im 17. Jahrhundert verkauft; heute wird dieses Bier von der Brau AG Nürnberg, der zweiten großen Brauerei der Stadt gepflegt. Für die zahlreichen Bierfeste und Kirchweihen im Frühjahr und Herbst werden im Gebiet von Nürnberg auch gute Doppelbockbiere gebraut.

Das größte Fest dieser Art ist die Bergkirchweih in Erlangen, die zu Pfingsten auf dem Burgberg mit seinen zahlreichen Naturbierkellern gefeiert wird. Hier kommt dann das Kirchweihbier zum Ausschank. In Fürth wird zu Michaeli ein anderes großes Bierfest mit Festzügen, Volkstänzen und Blasmusik gefeiert.

Einst und heute im Frankenland: der erste Bierzug rollt von Nürnberg nach Fürth. Das Hofbräuhaus gehört heute der Brau A.G.; die Reifbräu ist jetzt im Besitz von Patrizier (unten).

Bamberger Rauchbier

Manch alte Kniffe der Braukunst haben sich bis in die heutige Zeit erhalten. Fehlte der Sonne die Kraft, um Malz zu trocknen, so half der einfache Brauer mit einem Holzfeuer nach. In manchen ländlichen Gemeinden hielt man daran noch weit bis in das 19. Jahrhundert fest, während große Brauereien bereits ihre Heißluftdarren betrieben.

Bei solchen Holzfeuern wurde das Malz nicht nur getrocknet und geröstet, sondern auch so kräftig vom Rauch durchzogen, daß danach ein rauchiges Aroma zurückblieb, wie es ähnlich der Fall ist, wenn das Malz für Whisky an Torffeuern getrocknet wird.

Und wenn auch niemand so recht weiß warum, so wird noch heute das Rauchmälzen von drei kleinen Brauereien in Bamberg betrieben. Dabei wird das Grünmalz über einem Feuer aus feuchten Buchenscheiten getrocknet. Liebhaber des daraus gebrauten *Rauchbiers* behaupten, daß man davon drei Krüge trinken muß, bevor man überhaupt auf den Geschmack kommt, einige schaffen das nie, obwohl das Land sonst für seine geräucherten Genüsse an Fleisch, Käse und Fisch bekannt ist. Rauchbier soll dazu übrigens besonders gut schmecken.

Heute wird solches fremd anmutende Bier als *Vollbier* untergärig von Schlenkerla hergestellt; Christian Merz hat sich ganz darauf spezialisiert, und das dritte Bamberger Rauchbier kommt aus der Greifenklau-Brauerei.

Einst Sitz des Kaisers, blickt Bamberg auf eine ereignisreiche Geschichte zurück. Eine der bekanntesten *Rauchbier*-Wirtschaften steht in der Sandstraße. Noch heute wird seine Fassade mit reinem Ochsenblut angestrichen.

Das Schützenfest

Schützenfeste gibt es in ganz Deutschland und auch in deutschen Gemeinden im Ausland, wie z. B. in Adelaide in Australien, wo die Brauerei jedes Jahr ein „Schützenfest-Bier" herausbringt. Einst gab es bei den Schützenfesten noch ein Preisschießen mit einem Schützenkönig, später wurde es zu einem Fest der Schützengilde, also immer mehr ein gesellschaftliches Ereignis. Damals wie heute feiert man die Schützenfeste mit Bier.

Das größte Schützenfest findet in der ersten Juliwoche in Hannover statt. Hier trinkt man üblicherweise die *Lüttje* Lage, ein besonders kleines Glas Bier und einen *Korn*, aber nicht nacheinander, sondern gleichzeitig! Dazu nimmt man das Bierglas zwischen Daumen und Zeigefinger, den Korn zwischen Mittel- und Ringfinger der gleichen Hand und kippt das Ganze in den Mund, wozu natürlich viel Geschicklichkeit, aber auch sehr viel Übung gehört.

Vielleicht ist das Bier im Glas, leicht und malzig, ein „*Broyhan Alt*", so genannt nach dem berühmten Brauer aus dem 16. Jahrhundert. Broyhan Alt wird von einer der vier hannoverschen Brauereien, der Lindener Gilde, gebraut, die in ihren Anfängen eine Bürgergemeinschaft von Hausbrauern war. Im 17. Jahrhundert war jeder dritte Hannoveraner Bierbrauer, obgleich die weitsichtigen Stadtväter das Braurecht auf die Besitzer feuersicherer Häuser beschränkt hatten. Mochte das Malz verrösten und der

Kessel überkochen, Hannover sollte nicht brennen!

Heute ist die Lindener Gilde ein privates Unternehmen. Dafür ist die Brauerei Wülfel eine Genossenschaft der Gastwirte. Die Brautradition ist in Hannover so angesehen, daß die Lindener Gilde jedes Jahr einen Bierempfang gibt. Und Anfang November findet jeweils ein festlicher *Bockbier*-Anstich statt.

Wie man eine „Lüttje Lage" trinkt

Hannovers berühmtester Brauer gab dem bekannten Bier am Ort, Broyhan-Alt, seinen Namen. Zünftige Hannoveraner kippen ihr Bier zusammen mit einem Schnaps, was nur ganz Geschickten gelingt. Erst muß man richtig zufassen, dann vorsichtig die Gläser zum Munde führen und schließlich den Schluck wagen.

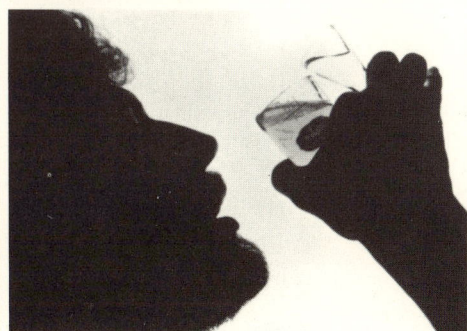

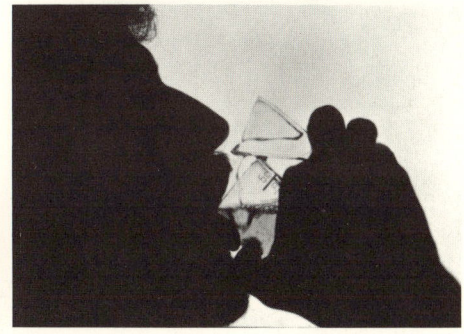

Hanseatische Biere

Im Gegensatz zu anderen Ländern gibt es heute in Deutschland keine beherrschende Metropole, nach der sich die anderen Städte zu richten haben. Dies erweist sich als Vorteil, denn jede Stadt konnte sich nach ihrer Art entwickeln, so wie es schon zur Zeit der Hanse hieß: Lübeck ist das Warenhaus, Lüneburg das Salzhaus, Köln das Weinhaus und Hamburg das Bierhaus.

Wenn zur Brauzeit die Flotte mit Bier für den Export im Hamburger Hafen lag, bekamen auch die Seeräuber Appetit. Doch verbissen verteidigten die Hamburger ihr Bier. Einmal auch mit Bier, als die Brauer 10 000 Liter zur Stärkung der Verteidiger herbeibrachten. Heiß gemacht, goß man es von der Stadtmauer den Angreifern auf die Köpfe. Man behielt noch so viel übrig, daß man den Sieg feiern konnte. Daß Hopfen Bier länger haltbar macht, wußten die Hamburger schon früh, war doch ihr Bier in ferne Länder oft lange unterwegs. Und noch heute wird die Tradition gut gehopfter Biere im Norden besonders gepflegt – wie auch die des Exportes, wenngleich sich Hamburg nicht mehr das „Bierhaus" Deutschlands nennen kann. Nach dem Niedergang der Stadt im Dreißigjährigen Krieg waren die Beiträge zur Braukunst nicht mehr beeindruckend. Heute ist Hamburg wieder ein Brauzentrum, doch gibt es heute nur noch drei Brauereien. Von ihnen ist Holsten, die u. a. auch in Kiel über eine Braustätte verfügt, größter Exporteur. Eine Hamburger Bierspezialität ist das *Alsterwasser*, aus Bier und Limonade gemischt und so

genannt nach dem berühmten Fluß der Stadt.

Weit besser konnte dagegen Bremen, der andere große Hafen an der Nordsee, seinen Ruf als Bierstadt bis heute aufrechterhalten. Im 13. Jahrhundert wurde Bremer Bier weithin über die Nord- und Ostsee verschifft. Gegen Ende des 19. Jahrhunderts ließ die industrielle Revolution den Bierexport noch einmal kräftig ansteigen, und heute ist Beck's aus Bremen, vor allem in den USA sehr beliebt, die größte deutsche Exportmarke. Vor dem Krieg auch in

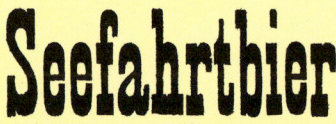

Seefahrtbier

(Malzertract 40%)

nur aus bestem Malz und Hopfen, unter Ausschluß irgend welcher Ingredienzien gebraut. Wirkt nicht magensäuernd, hält sich Jahre lang. Reconvalescenten, schwächlichen, blutarmen und magenleidenden Personen (à ¹⁄₁ Aleflasche 60 ₰ excl. Glas) bestens empfohlen.

Wilhelm Remmer,

Bierbrauereibesitzer,
Bremen.

Fernost gebraut, kommt es heute nur noch aus Bremen, als einziges Erzeugnis der Brauerei, goldfarben und mit 12% Stammwürze, vollmundig und gut gehopft, in seiner markentypischen Schulterflasche. Für den Export wird es meist pasteurisiert. Auch in Dosen ist es zu haben, einer Verpackung, die in Deutschland noch verhältnismäßig selten anzutreffen ist. Die mit Beck verbundene Brauerei Haake-Beck, auch in Bremen, bedient damit den Inlandsmarkt.

Zwei historische Spezialitäten pflegt Haake-Beck noch heute, so vor allem das leichte, hefereiche untergärige *Kreusenbier*, das etwas Satz aufweist. Es wird allerdings nur in wenigen Gaststätten ausgeschenkt.

Die andere Bremer Spezialität erinnert an das einst für die Seefahrt besonders stark eingebraute Bier. Am Ende des Winters, bevor die Bremer Schiffer wieder auf große Fahrt gingen, trank man bei einem feierlichen Abendessen dieses Bier. Die Schaffermahlzeit findet heute am zweiten Freitag im Februar im *Ratskeller* statt, zu der der Bremer Senat bedeutende Männer einlädt. Man raucht aus Tonpfeifen und ißt nach Seemannsart Stockfisch, Grünkohl und Pinkel. Speziell für diese Mahlzeit wird noch heute das alte *Bremer Seefahrtsbier* gebraut, eigentlich mehr ein Malzextrakt als ein Bier. Aber man schwört darauf, daß es genauso gut wie einst aus den Zinnkrügen schmecke.

Echte kulmbacher Beier

Joseph Schuburth

Wenn nicht bald
ener bitt, fret ick
de Metten selber

Gebr. ...

Hamburger Overalter
der würzige Klare.

Deichgraf

Rum

Leevsten

Min Tree

Een Tass Kaffee
un ick bün wedder
kandidl.

100 Jahre
Röpe
Kaffee
1833 – 1933

LUNAU

SEIT   1848

Hamburg Altstadt

Drink Hamburger Köm
denn weltbekannten,
denn echten,

Lunau mok em all so lol
un absolut keen slechten

Vel Glück!
Keen Kummer!
wünscht di

Ne wollne Büx, ne Deern in
                        Arm
und Balle Grog   dann
                        ward di warm

Hein Sommer

C. Martens

Wo man in Deutschland trinkt

Wien hat sein Kaffeehaus, England sein Pub und Süddeutschland hat seinen Biergarten. Im warmen Süden liebt man es, abends draußen zu sitzen und sein Bier zu trinken. Dazu findet sich vor allem in Bayern immer ein schöner Biergarten, wo man sich unter schattigen Kastanien ausruhen, seinen Gedanken nachhängen oder auch – wie auf den berühmten Gemälden von Menzel und Liebermann – von Herzen fröhlich sein kann.

Hundert solcher Biergärten gibt es allein in München. Der größte mit 7000 Plätzen ist der „Hirschgarten" beim Nymphenburger Schloß, wo am Abend bis zu 18 000 Liter des beliebten Augustiner-Biers ausgeschenkt werden. Der gleichen Brauerei gehört auch der „Augustiner-Keller", wo 5000 Gäste Platz finden. Keller nennt man solche Lokale, weil hier das Bier direkt aus dem kühlen Keller kommt.

Im Ausland sind „Bierkellers", trotz ihres deutschen Namens, eher Bierhallen. Kann man im Biergarten in aller Ruhe sein Bier trinken, so herrscht in der Bierhalle lärmendes Treiben: Hier schmettert die Blasmusik Märsche und Walzer und Tausende singen und schunkeln dazu. In München ist für beides gesorgt: Wie jede Brauerei ihren Biergarten hat, so unterhält sie auch ihre Bierhalle. Bekannt sind vor allem die von *Augustiner* und *Pschorr*. Größte von allen soll die *Mathäser Bierstadt* in der Bayerstraße sein, wo Bier von Löwenbräu ausgeschenkt wird.

Bierfeste werden in München eigentlich immer gefeiert, zumindest im „Platzl", mit Blasmusik, Volkstanz und Bauerntheater. Doch das hervorragende Bier in diesem Volkskabarett stammt nicht aus München. Es kommt

aus der kleinen, aber sehr tüchtigen Brauerei der Familie Inselkammer in Aying, einem schmucken Bierdorf 50 km südlich von München.

Im Norden kennt man kaum so regional typisch ausgeprägte Lokale wie im Süden. Wie in Frankreich und England gibt es überall *Restaurants* und *Bars*. Doch darüber hinaus herrscht bei den Bezeichnungen der Lokalarten ein eher wachsendes Durcheinander.

So gibt es Bierkeller in Hamburg, doch nennt man sie – wie ganz allgemein jede Trinkstätte – *Wirtschaften*.

Dieselbe Bedeutung hat auch das *Wirtshaus*, doch meist negativ, denn da „vertrinkt man sein Geld". Andere Namen haben ähnlich abschätzige Untertöne, wie z. B. die „*Pinte*", unter der man ein primitives Lokal mit recht rauhen Sitten versteht. Die *Kneipe*, einst die erzieherische Trinkgemeinschaft der Studenten, ist dagegen heute ein geselliger Treffpunkt. Und eine „*Destille*", wie man sie in Berlin kennt, hat schon mit „scharfen Sachen", also harten Schnäpsen zu tun.

Allgemeiner Zustimmung erfreut sich dagegen der Stammtisch, die Bierrunde am Abend. Der Brauch entstand bei den Zünften der Handwerker, die sich regelmäßig am Bier-

Im Rheinland ist der Name Biergans nicht selten. Doch mit dem deutschen Nationalgetränk hat die erste Silbe nichts zu tun. Als die französischen Revolutionsarmeen Aachen und Köln besetzten, nannte sich mancher, der gut deutsch Peter Hans hieß, nunmehr Pierre Jean. Nach dem Abzug der Franzosen wurde der Name allmählich wieder eingedeutscht, zuerst zu Pierjan, dann zu Bierjans und Biergans. Bierstadt, Vorort von Wiesbaden, hat seinen Namen nicht vom Bier, sondern vom Wort Bär. Viele andere Biernamen in Deutschland können dagegen durchaus mit dem Getränk Bier zusammenhängen.

Halbwegs zwischen der Stadt Wolfsburg in Niedersachsen und der ostdeutschen Stadt Salzwedel liegt Bierstedt. Im Dreieck von Hildesheim, Salzgitter und Peine ist Bierbergen zu finden. Auf der Straße von Osnabrück nach Minden in Westfalen kommt man durch Bieren und auf der Fahrt weiter durch Biersdorf. Ein anderes Biersdorf findet sich bei Bitburg in Rheinland-Pfalz. Weiter westlich liegt dort ein Bierendorf. Bei St. Ingbert im Saarland trifft man ebenso wie bei Darmstadt auf ein Bierbach. Im Saarland liegt ferner Bierfeld und an der Schweizer Grenze nahe Waldshut ist Bierbronnen gelegen. Württemberg hat bei Saulgau ein Bierstetten, am Neckar ein Bierlingen und an der Jagst ein Bieringen vorzuweisen. Und in Bayern gibt es Bierwinkl, Biering und Bierdorf.

Dieses Verkehrszeichen steht bei Fürth, es ist eine faire Warnung (links).

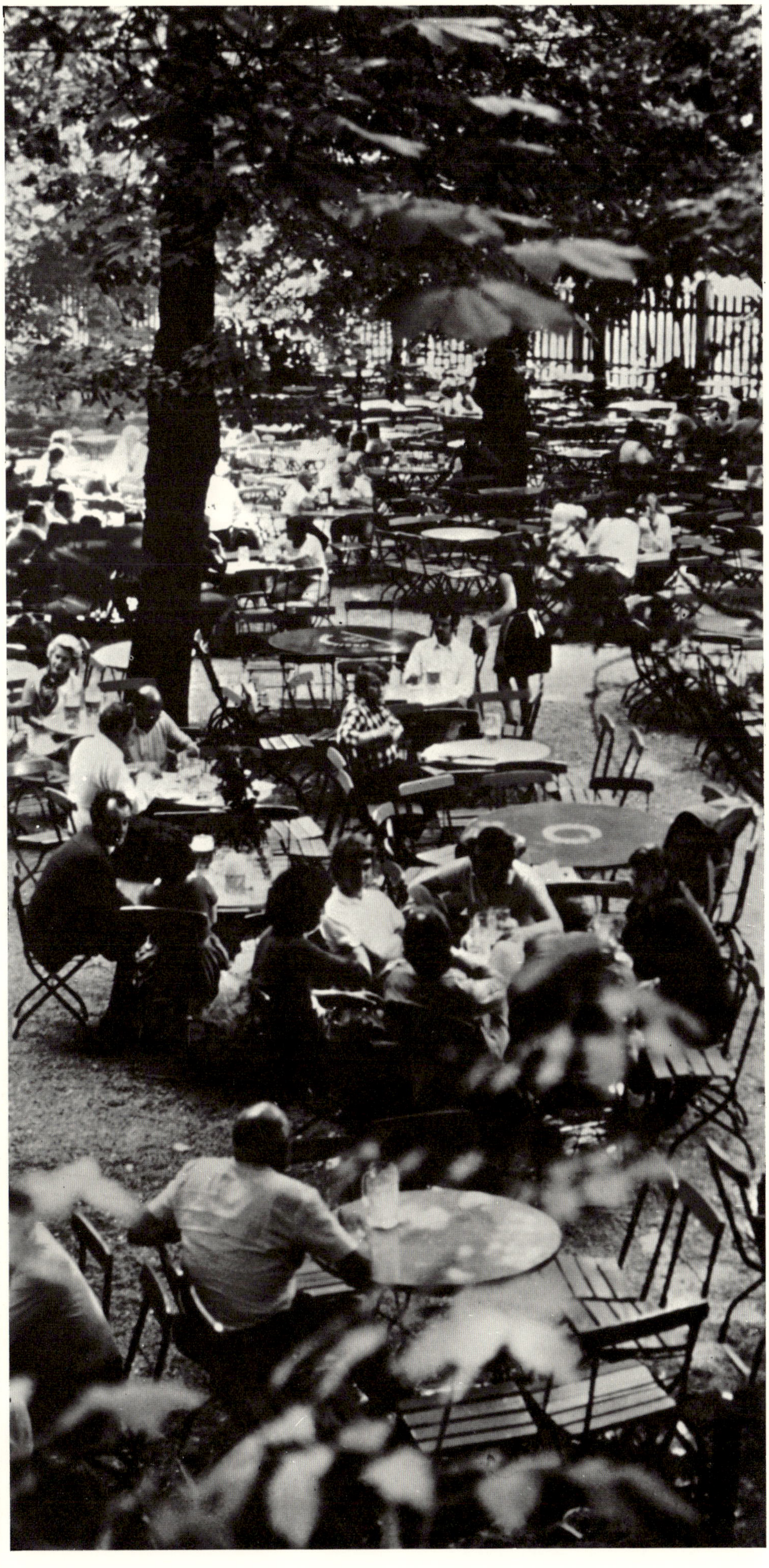

Heute wie damals bringt man im Münchner Biergarten das Bier auf den Tisch (ganz links). Auch die Stammtisch-Sitten haben sich erhalten (unten). Das große Glas faßt vier Liter und wird nach links weitergereicht. Manche behaupten, man könne es mit einer Hand halten.

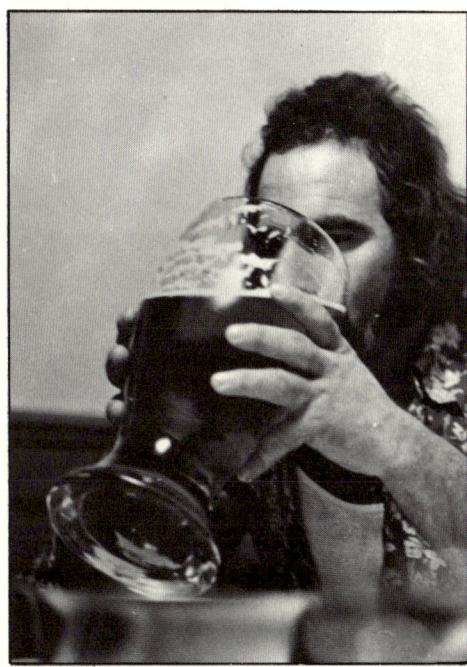

tisch trafen, um ihre Geschäfte vorzubereiten und über ihre Veranstaltungen und Umzüge zu sprechen. Einer der ältesten Stammtische vereinte die Segelkapitäne von Königsberg. Und in Freiburg soll eine solche Bierrunde 600 Jahre lang bestanden haben. Meist ist es eine lockere Gemeinschaft, die zusammen ihr Bier trinken will. Allgemein gibt es keine offizielle Mitgliedschaft. Die regelmäßige Bierrunde weiß der Wirt natürlich besonders zu schätzen und ihr Tisch – meist ist es der beste im Lokal – wird mit Stammtischwimpel und einem Schild immer freigehalten.

Jeder fünfte deutsche Mann gehört einer Stammtischrunde an. Dies geht aus einer Umfrage hervor, die der Deutsche Brauerbund durchgeführt hat. 39 Prozent von ihnen treffen sich regelmäßig, um Karten zu spielen, 73 Prozent politisieren. Ansonsten ist der Stammtisch gesellig und stark männlich betont. 31 Prozent der „Stammtischbrüder" wollen als Männer unter sich sein, und 46 Prozent ihrer Frauen sind froh, daß ihre Männer wenigstens einmal in der Woche außer Haus sind.

Für den Freund der Kunst

1

2

3

7

8

9

13

14

15

Bier trinkt man auch aus
kunstvollen und reich
geschmückten Trink-
gefäßen. Diese Gläser
und Krüge stammen aus
der Sammlung von Wer-
ner Sahm in Höhr-
Grenzhausen, dessen
Rastal-Werk die heuti-
gen Brauerei-Gläser mit
den Symbolen und Na-
men versieht.

1. Gläser aus dem 16. Jh.
2. Krüge aus Altenburg, um 1750
3. Apostelkrug, Creussen, 17. Jh.
4. Elfenbeinkrug aus dem 18. Jh.
5. Handgemalte Deckel, um 1850
6. Handgemalter Glaskrug mit „Fuchs und Hahn", 18. Jh.
7. Glaskrug, um 1840
8. Krüge, Raeren, um 1685
9. Schlachtenszenen auf Dresdner Porzellan, 19. Jh.

10. Elfenbein „Ansicht von Nürnberg", um 1900
11. Schädelkrug, spätes 19. Jh.
12. Krug und Glas, handgemalt, Mitte 19. Jh.
13. Bemalter und durchscheinender Glaskrug, 19. Jh.
14. „Feuerwehrmannskrug", 19. Jh.
15. Bemalter Glaskrug, 19. Jh.
16. Mettlacher Krug mit „Fuchs", 19. Jh.
17. Stiefelgläser, 20. Jh.
18. Jugendstil — Krüge um 1900

4

5

6

10

11

12

16

17

18

Skandinavien und der Norden

Viele Strömungen haben das Brauwesen im europäischen Norden beeinflußt. Doch trotz aller Unterschiede haben Island, die drei skandinavischen Länder und Finnland viele Erfahrungen gemeinsam. Das Schiffstrinkgefäß stammt aus dem Jahr 1699.

Die meisten Brauer der Welt erweisen Carlsberg in Dänemark beständig ihre besondere Ehre, indem sie die Hefe, die sie in ihren Brauereien verwenden, *Saccharomyces Carlsbergiensis* nennen. Diese Hefeart, mit der man alle untergärigen Biere braut, trägt diesen Namen, weil sie in Carlsberg 1883 zum ersten Mal als Reinhefe isoliert worden ist. Heute gehört Carlsberg zu den über zwanzig „steuerpflichtigen" Brauereien Dänemarks (siehe Seite 94–95). Doch in der Geschichte des Bieres hat Carlsberg einen besonderen Platz, vor allem dank dieser brautechnischen Leistung, aber auch wegen der bemerkenswerten gemeinnützigen Stiftungen der Brauerei.

Vielleicht haben diese dänischen Errungenschaften dazu beigetragen, daß Brauer in anderen Teilen der Welt so gern ihren Bieren nordisch anmutende Namen geben und ihre Etikette mit Wikingerzeichen schmücken. Vielleicht will man sich aber damit nur die weit zurückreichenden Sagen Skandinaviens zunutze machen, in denen das Bier eine Rolle spielt. Carlsberg ist nicht der einzige, doch der größte Brauer in Dänemark, wie auch Dänemark nicht das einzige Bierland des europäischen Nordens ist, wenn auch das produktivste. Einige von den anderen Ländern können ebenfalls die Aufmerksamkeit der Biertrinker beanspruchen.

So war das Brauen zu Hause schon von jeher ein wichtiger Teil der Volkskultur in Norwegen und Schweden. Man braute vor allem für die Familienfeiern und die Feste im Winter. Aber der Brauch reicht noch viel weiter zurück. Finnlands Nationalepos beschreibt die Erschaffung der Welt in zweihundert Versen, benötigt aber allein vierhundert, um die Entstehung des Bieres zu schildern. In Island, einem Land, in dem es heute schwer ist, ein Bier zu bekommen, erzählt die Sage, daß die Wikinger einen starken Trank aus Gerste zu brauen pflegten. Sie nannten ihn *Aul*, woraus später im Schwedischen Öl, im Dänischen und Norwegischen Øl und im Englischen *Ale* geworden ist. Die Wikinger waren nach ihren Trinkgelagen als *Berserker* berüchtigt und deswegen auch in Europa gefürchtet. Als Erik der Rote einige seiner Mitfahrer nach Thule zu einem Fest einlud, wußte er nicht, womit er sie bewirten könnte, er braute schließlich Bier.

Doch die Bräuche ändern sich, und auch Getränke haben ihr Auf und Ab. Schon bald nach 1700 wurde Bier vom Branntwein überflügelt, der aus Deutschland nach Skandinavien gekommen war. Zum Teil antwortete man darauf mit stärker gebrautem Bier. Wie in England, hielt man nämlich Bier für ein natürliches und gesundes Getränk, während man im Branntwein den Fluch der Arbeiter sah. Zu weiteren drastischen Gegenmaßnahmen kam es dann später mit den strengen Alkoholkontrollen. Übriggeblieben davon sind die Gesetze, die den Konsum von Alkohol in Island, Norwegen, Schweden und Finnland beschränken. Norwegen hat immerhin ein eigenes *Reinheitsgebot*, und Finnland kennt ein ähnliches Gesetz. Gewiß hat sich Skandinavien seit den Wikingertagen geändert, doch das *Aul* ist nicht verloren.

Ceres
Hjöring

Thisted
Thisted

Aalborg
Alborg

Bies
Hobro

Hancock
Skive

Odin
Viborg

Thor
Randers

Wiibroes
(United Breweries)
Helsingör

Carlsberg Tuborg
(United Breweries)
KOPENHAGEN

Neptun
(United Breweries)
Silkeborg

Ceres
Århus

DÄNEMARK

Ceres
Horsens

Thor
Ringsted

Slotsmøllen
Kolding

Albani
Odense

Harboes
Skelskör

Faxe
Fakse

Vestfyen
Assens

Fuglsang
Haderslev

Carlsminde
Nyborg

Lolland-Falsters
Nyköbing

Svendborg (Albani)
Svendborg

Maribo
Maribo

Marrebæk
Væggerlöse

DEUTSCHLAND

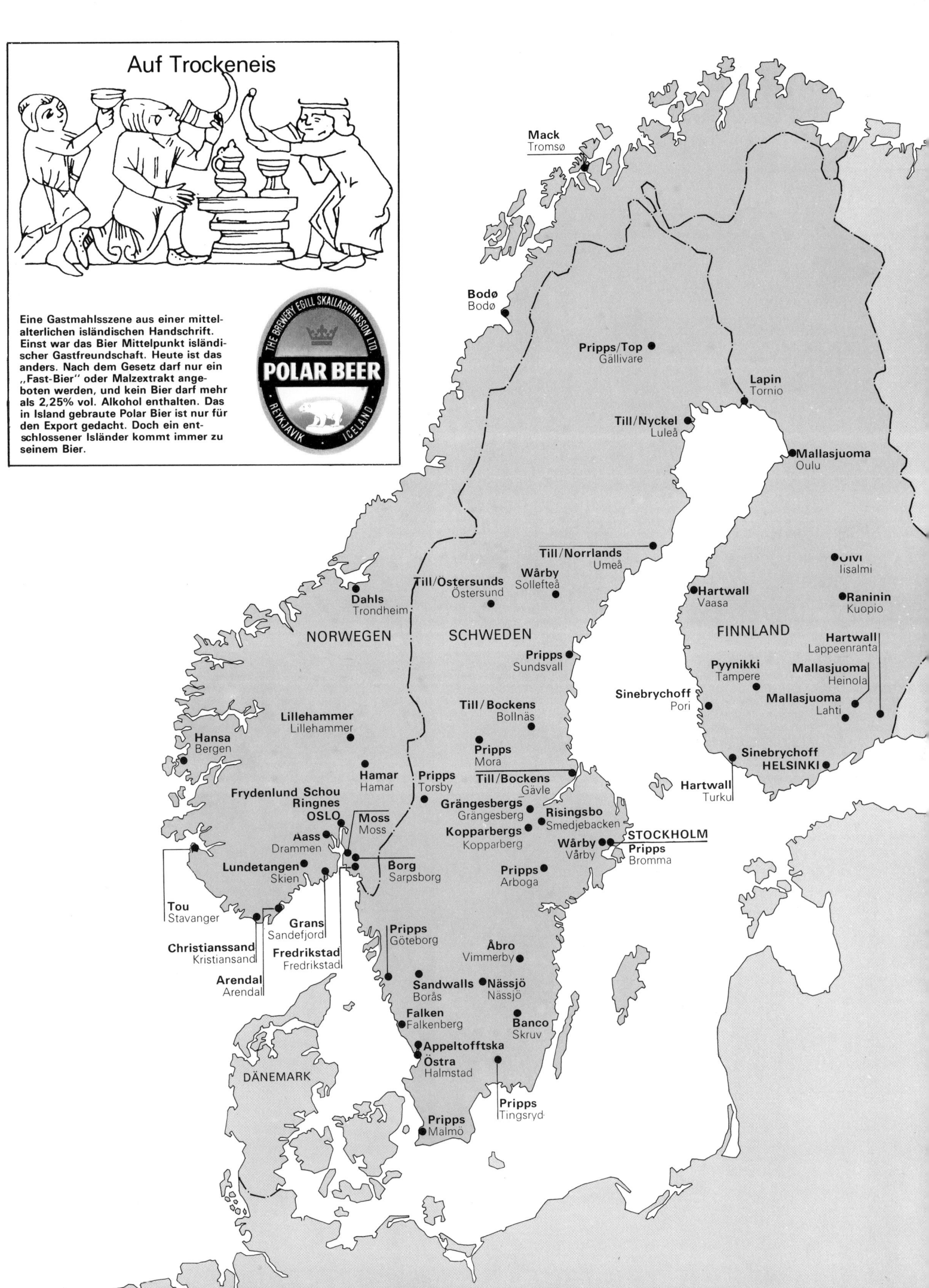

Auf Trockeneis

Eine Gastmahlsszene aus einer mittelalterlichen isländischen Handschrift.
Einst war das Bier Mittelpunkt isländi-
scher Gastfreundschaft. Heute ist das
anders. Nach dem Gesetz darf nur ein
„Fast-Bier" oder Malzextrakt angeboten werden, und kein Bier darf mehr
als 2,25% vol. Alkohol enthalten. Das
in Island gebraute Polar Bier ist nur für
den Export gedacht. Doch ein ent-
schlossener Isländer kommt immer zu
seinem Bier.

THE BREWERY EGILL SKALLAGRIMSSON LTD.
POLAR BEER
REYKJAVIK · ICELAND

Mack
Tromsø

Bodø
Bodø

Pripps/Top
Gällivare

Lapin
Tornio

Till/Nyckel
Luleå

Mallasjuoma
Oulu

Till/Norrlands
Umeå

Wårby
Sollefteå

Olvi
Iisalmi

Dahls
Trondheim

Till/Östersunds
Östersund

Hartwall
Vaasa

Raninin
Kuopio

NORWEGEN   SCHWEDEN   FINNLAND

Pripps
Sundsvall

Hartwall
Lappeenranta

Hansa
Bergen

Lillehammer
Lillehammer

Till/Bockens
Bollnäs

Pyynikki
Tampere

Mallasjuoma
Heinola

Sinebrychoff
Pori

Mallasjuoma
Lahti

Hamar
Hamar

Pripps
Torsby

Pripps
Mora

Till/Bockens
Gävle

**Frydenlund Schou
Ringnes**
OSLO

Grängesbergs
Grängesberg

Risingsbo
Smedjebacken

Sinebrychoff
HELSINKI

Aass
Drammen

Moss
Moss

Kopparbergs
Kopparberg

Wårby
Vårby

STOCKHOLM
Pripps
Bromma

Hartwall
Turku

Lundetangen
Skien

Borg
Sarpsborg

Pripps
Arboga

Tou
Stavanger

Grans
Sandefjord

Pripps
Göteborg

Åbro
Vimmerby

Christianssand
Kristiansand

Fredrikstad
Fredrikstad

Arendal
Arendal

Sandwalls
Borås

Nässjö
Nässjö

Falken
Falkenberg

Banco
Skruv

Appeltofftska

Östra
Halmstad

DÄNEMARK

Pripps
Tingsryd

Pripps
Malmö

Dänemark

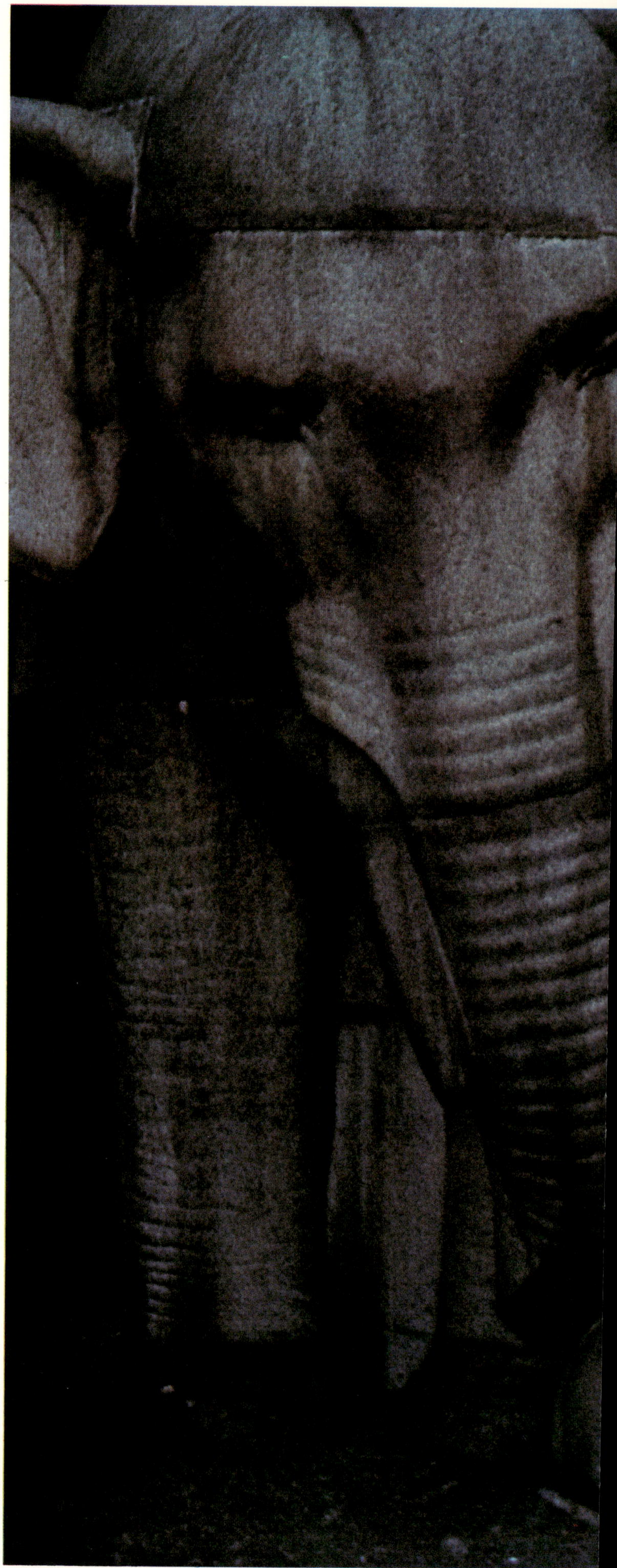

Einen Herrn Carlsberg hat es niemals gegeben. Es begann mit Christian Jacobsen, der für seine Nachfahren den Weg der Brauer vorzeichnete. Was danach kam, waren einige bemerkenswerte Leistungen nicht nur beim Brauen, sondern auch in der Mikrobiologie. Nach 1780 hatte Christian Jacobsen den Hof seiner Eltern in Jütland verlassen, um in Kopenhagen sein Glück zu machen. Bald darauf ließ er sich dort als Brauer nieder. Als erster dänischer Brauer benutzte er ein Thermometer und tauchte nicht mehr wie die anderen einfach den Ellbogen ins Gebräu, um die Temperatur zu prüfen. Sein Sohn Jakob ging noch weiter. Er erkannte, daß es eine große Nachfrage nach besserem Bier in Dänemark gab, doch gebraut wurden damals nur obergärige Weizenbiere von kaum bekömmlicher Qualität. Europa erholte sich zu dieser Zeit noch von den Napoleonischen Kriegen, und bei der reichen Oberschicht in Dänemark kamen die neuen Biere aus München in Mode. Jacob Christian fuhr nach München, um in der Sedlmayr-Brauerei zu lernen. Und nach seiner Rückkehr gelang es ihm, im kupfernen Waschzuber seiner Mutter ein trinkbares Bier herzustellen.

Im Gegensatz zu seinen Zeitgenossen erkannte Jacob Christian, daß er unbedingt die Originalhefe von Sedlmayr haben mußte, um ein zufriedenstellendes Bier brauen zu können. Dies war in der Zeit großer wissenschaftlicher Fortschritte in der Geschichte des Brauwesens, als Pasteur die Geheimnisse der Gärung lüftete und Balling die chemische Wirkung der Hefe erklärte.

In einer Postkutsche machte sich Jacob Christian Jacobsen im Jahr 1854 auf die Reise nach München. Er überredete seinen alten Lehrmeister, ihm ein paar Dosen von der Hefe

Unter dem vielerlei Schmuckwerk, das den besonderen Reiz von „Neu-Carlsberg" ausmacht, ist das Elefanten-Tor am bekanntesten. Es kam auch in der Werbung vor, und Elefanten zieren noch heute das Etikett einer populären Biermarke.

Die Revolutionäre

In einem kupfernen
Waschzuber entstand
das erste Gebräu —
Gründer Jacobsen (oben)
und sein Sohn.

Die erste Hefe-Rein-zucht der Welt brachte in Carlsberg Emil Christian Hansen mit diesem Apparat zu-stande. Heute wird die-ses System in der ganzen Welt angewandt.

Die Vereinigung der Brauereien der Jacob-sens legte im 20. Jahr-hundert den Grund für die großartige Entwick-lung der Carlsberg-Brauereien, die heute die berühmtesten in Nordeuropa sind.

zu überlassen, und fuhr gleich wieder zurück. Die Dosen mit der Hefe trug er dabei unter seinem Zylinder. An jeder Station mußte er aussteigen und Wasser auf die Hefe geben, um sie am Leben zu erhalten. – Und es gelang!

Mit dieser Hefe wurde Dänemarks erstes annehmbares untergäriges Bier gebraut. Gelagert wurde es in Kellern unter den Wällen der Stadtbefestigung. Dazu hatte Jacobsen die Erlaubnis vom König erhalten. Die Händler der Stadt priesen das Erzeugnis als das „erste Lagerbier aus Herrn Jacobsens Gewölben unter dem Stadtwall" an. Mit Geld, das er nach dem Tode seiner Mutter geerbt hatte, erwarb er in der Kopenhagener Vorstadt Valby ein Stück Land und baute darauf eine größere Braustätte. Das Grundstück lag nahe Dänemarks erster Eisenbahnlinie, die zu dieser Zeit gerade gebaut wurde, und auch das Wasser war dort besonders gut. Die neue Brauerei lag auf einem Hügel und diesen benannte Jacobsen nach seinem fünfjährigen Sohn Carl. Am 10. November 1847 wurde dort das erste *Carlsberg* gebraut. Ein paar Jahrzehnte später sollte die Brauerei Alt-Carlsberg heißen, denn der Sohn, mittlerweile erwachsen, hatte sich mit dem Vater zerstritten und begonnen, eine eigene Brauerei zu errichten, die den Namen Neu-Carlsberg trug.

Der missionarische Eifer, mit dem Jacobsen die wissenschaftliche Seite des Brauens anging, kannte keine Grenzen. Zu seinen Freunden und Kollegen zählten Pasteur, Sedlmayr, der Österreicher Dreher und der französische Brauer Eugène Velten aus Marseille. Alle vier gehörten dem geschäftsführenden Ausschuß des Internationalen Braukongresses 1873 in Wien an, dem Professor Carl von Linde seine berühmte Arbeit über die künstliche Kühlung vorstellte. Zwei Jahre später eröffnete Jacobsen

das bekannte Carlsberg Laboratorium, das sich nicht nur der Braukunst widmete, sondern als wissenschaftliche Stiftung der Forschung des Landes diente. Und bereits ein Jahr später ent-stand die große Carlsberg-Stiftung „zum Wohl und zur Ehre des Landes".

Vor seinem Lebensende stellte Jacobsen einen jungen Wissenschaftler ein, der vorher bei Neu-Carlsberg gearbeitet hatte. Das war für das Brauwesen von besonderer Bedeutung, denn nach seinem Eintritt befaßte sich dieser Emil Hansen mit der Arbeit Pasteurs und erzielte dabei bald einen wichtigen Fortschritt. Er isolierte nämlich die erste reine Hefe aus einer Zelle. Dann prüfte er, welche Hefeart gutes Bier hervorbrachte. Zu dieser Zeit hatte eine andere bekannte dänische Brauerei, Tuborg, Ärger mit ihrem Bier, das ein paar Tage nach der Abfüllung auf Flaschen so stark gärte, daß es dick wurde und unangenehm schmeckte. Hansen konnte nun nachweisen, daß Tuborg zwei „schlechte" Hefearten zusammen mit einer „guten" Art verwandte. Auch in der Alt-Carlsberg-Brauerei hatte man einige Probleme. Manchmal roch das Bier schlecht und war äußerst bitter. Hansen ent-deckte, daß hier neben einer „guten" drei „schlechte" Hefearten verwendet wurden. Man glaubte ihm aber erst, als er 1883 in einem großangelegten Versuch den überzeugenden Beweis antrat. Und seitdem ist die „gute" Hefe als *Saccharomyces Carlsbergiensis* bekannt.

In Deutschland, England und Frankreich war man jedoch noch immer skeptisch. Immer-hin hatte Hansen teilweise der Theorie Pasteurs widersprochen. Der große Meister selbst aber hatte keinen Zweifel mehr und auf seine Empfehlung wurde Hansen von der Société pour l'Industrie Nationale in Paris mit einer Goldmedaille ausgezeichnet.

In der ganzen Welt gilt die „Kleine Seejungfrau" als das Wahrzeichen Kopenhagens. Carl Jacobsen machte sie — wie so viele andere Kunstwerke — der Stadt zum Geschenk. Seit 1913 steht das Werk des Bildhauers Edvard Eriksen neben dem Hafeneingang.

Die großen Stiftungen

Viele Industrielle des späten 19. und des frühen 20. Jahrhunderts gingen als Wohltäter der Menschheit in die Geschichte ein, aber nur wenige so wie die Carlsberger Jacobsens. Sie machten sogar – noch vor Carnegie und Rockefeller – den Anfang. Nach einer schweren Brandkatastrophe spendeten sie Geld zur Wiederherstellung des Schlosses Frederiksborg, um dort ein nationalhistorisches Museum einzurichten. Nach seinem Tod 1887 vermachte Jacob Christian Jacobsen sein ganzes Brauereiunternehmen einer Stiftung. Die Kuratoren der Stiftung hatten damit ein großes Unternehmen als dauernde Geldquelle.

Noch vor seinem Tod hatte sich Jacobsen mit seinem Sohn Carl, der sein großes philanthropisches Werk fortsetzen sollte, ausgesöhnt. Bei der jetzigen Größe Carlsbergs entbehrt es nicht gewisser Ironie, daß sich Vater und Sohn wegen der Höhe des Ausstoßes zerstritten hatten. Vater Jacobsen befürchtete, die Qualität des Bieres würde leiden, wenn man mehr als 3500 Hektoliter im Jahr braute. Sein Sohn war anderer Meinung. Er pachtete am Carlsberg eine Braustätte für sich, um dort obergäriges

Bier nach englischer Art herzustellen, doch erschien ihm dann dafür der Markt nicht groß genug. So errichtete er schließlich seine eigene Lagerbier-Brauerei als Konkurrent direkt neben der seines Vaters. Jahre harter Auseinandersetzung folgten. Doch Carls Frau und Tochter brachten Vater und Sohn wieder zusammen. „Ich nehme an", schrieb der bekannte dänische Journalist Carston Nielsen in seiner Würdigung des 125jährigen Bestehens Carlsbergs, „daß J. C. seine asketische Einstellung zur Höhe der Produktion aufgegeben hat, nachdem ihn Carl von seiner Meinung über die Zukunft des Bieres überzeugt hatte."

J. C. Jacobsen war für alle der „Käp'ten". Sein Sohn hatte viel Temperament und war sehr auf seine Erscheinung bedacht. Er war von eisernem Willen und ließ sich nichts sagen. Ihn nannte man den „Brauer". Aber nicht nur darin geriet der Sohn dem Vater nach, er erbte auch dessen geistige und soziale Einstellung. Seine Brauerei schmückte er mit vielen architektonischen Feinheiten, so mit dem berühmten Tor mit den zwei Elefanten. Er stiftete 1879 einen Fonds für die Anlage von öffentlichen Plätzen und Gärten in der Stadt und fügte der schon türmereichen Silhouette Kopenhagens noch den Kirchturm von St. Nikolaus hinzu, wie er

auch die Herz-Jesu-Kirche errichten ließ. Eine mittlerweile weltberühmte Stiftung an seine Geburtsstadt ist die kleine Seejungfrau an Kopenhagens Hafenpromenade.

Als Kunstliebhaber trug Carl Jacobsen eine beachtliche Sammlung von Gemälden, Skulpturen und Antiquitäten in einem Anbau seines Hauses zusammen. Heute ist darin das Carlsberg-Museum untergebracht, das – wie auch die Brauereien – jährlich von 150 000 Menschen besichtigt wird. Es enthält Gemälde aus der Zeit Carl Jacobsens, seltene Stücke und Kuriositäten, die der Familie zum Geschenk gemacht wurden, sowie die ersten Werbeplakate.

Ein großer Teil der Familiensammlung wurde 1884 von Carl Jacobsen und seiner Frau dem Land übertragen, als die Königliche Skulpturensammlung im Schloß Christiansborg vom Feuer verwüstet worden war. Heute ist diese Kollektion, weiter ausgebaut, in einem prächtigen Museum an Kopenhagens Westpromenade zu besichtigen. Es wurde von der Stadt und dem Land Dänemark mit Hilfe der Familie Jacobsen errichtet. Diese Ny Glyptothek enthält große Kunstwerke von Rodin, darunter auch den „Denker", ferner nicht weniger als 73 Skulpturen von Degas sowie Werke von Gauguin,

In der Sammlung der Ny Carlsberg Glyptothek: „Schleuse bei Bougival" von Alfred Sisley (1873); Ägyptischer Pharao; Griechischer Kopf aus dem 6. Jh. v. Chr.; Gauguins berühmtes „Vahine no te Tiare" und die „Ur-Mutter", das Symbol der Fruchtbarkeit von Kai Nielsen.

Monet, Corot, Bonnard und Millet. Einige davon wurden für das Museum von dem Ny Carlsberg Fonds erworben, den Carl Jacobsen als Stiftung 1902 einrichtete. Genau wie die erste Carlsberg-Stiftung seines Vaters der Wissenschaft, sollte dieser Fonds der Förderung der Kunst dienen. Über seine Stiftungen für die Ny Glyptothek hinaus, half der Fonds bei der Finanzierung des Ankaufs von Werken von Tizian, Tintoretto, Hals, Tiepolo und Goya für das Staatliche Museum für Kunst. Schenkungen des Fonds für das Louisiana Museum Moderner Kunst in Humlebaek bei *Helsingör* waren Werke von Karel Appel, Hans Arp. Corneille, Alberto Giacometti, Barbara Hepworth, Henry Moore und vielen anderen modernen Künstlern.

Die alte und neue Carlsberg-Brauerei schlossen sich 1906 zusammen, und die Gewinne beider Gesellschaften sollten weiter den beiden Stiftungen für Wissenschaft und Kunst zufließen. Carl Jacobsen starb 1914. „Ich mag keine Blumen auf meinem Sarg, wenn noch so vielen Menschen die Kohle für ihren Ofen fehlt", hatte er vor seinem Tod gesagt. Fünfzig Jahre nach der ursprünglichen Übertragung der alten Brauerei an die Carlsberg-Stiftung kam es 1938 zu einer neuen Institution: Das

„Carlsberg-Vermächtnis zum Gedenken des Brauers J. C. Jacobsen" wurde begründet, um vor allem Vorhaben der ausübenden Künste zu unterstützen. So finanzierte das Vermächtnis Tourneen des Königlichen Dänischen Balletts sowie Überseegastspiele des Königlichen Theaters, des Radio-Symphonie-Orchesters usw. 1961 bot die Carlsberg-Stiftung die Finanzierung von Bau und Einrichtung eines Planetariums an, das dann nach 1970 fertiggestellt wurde.

Der Träger des Nobelpreises für Chemie 1972, Dr. Christian Anfinsen, war ein Mitarbeiter des Carlsberg-Laboratoriums. Die Carlsberg-Stiftungen haben zahlreiche Forschungsvorhaben unterstützt, so die Erforschung Grönlands und Untersuchungen über die geheimnisvollen Wanderungen der Aale, die geologische Aufzeichnung des Meeresgrundes im Indischen Ozean (daher rührt auch der Name des Carlsberg Ridge), ferner archäologische Ausgrabungen in ganz Asien, ethnografische Studien über fremde Völker wie der Tuareg, den Bau eines Reflektorteleskops in Chile und zahllose andere Unternehmen.

Mit Tuborg, Dänemarks zweitgrößter Brauerei, schloß sich Carlsberg 1969/70 zusammen. Schon seit Beginn des Jahrhunderts

hatten beide Brauereien zusammengearbeitet, und ihre Fusion sollte ihnen eine bessere Stellung im Wettbewerb der erweiterten Europäischen Gemeinschaft sichern. Damals beriet die Gemeinschaft gerade über den Beitritt Dänemarks wie auch Großbritanniens und Irlands, also dreier großer Bierländer. Darüber trat wohl in den Hintergrund, daß Carlsbergs wirtschaftlicher Status für einen solchen Zusammenschluß ungewöhnlich war. Tuborg dagegen war Teil weltweiter Interessen, hinter denen die Rupert-Gruppe in Südafrika stand. Was sich die Dänen auch bei der Verbindung mit Südafrika gedacht haben, mit der Neigung der Rupert-Gruppe, künstlerische und philanthropische Unternehmungen nach dem Muster der Peter-Stuyvesant-Gemäldesammlung zu fördern, konnten sie einigermaßen sicher rechnen. Wichtig war nur, daß Carlsberg eine gemeinnützige Gesellschaft blieb und das war durch Gesetz gesichert. Die Carlsberg-Stiftung ist gesetzlich verpflichtet, mindestens 51 Prozent der beim Zusammenschluß gebildeten Aktiengesellschaft zu halten. Die Erträge aus diesen Anteilen Carlsbergs an den United Breweries werden auch weiterhin für die Förderung von Wissenschaft und Kunst verwandt.

Die Biere Dänemarks

Da Dänemark eine wichtige Rolle bei der Ausbreitung des Lagerbiers gespielt hat und weil die Welt mit Dänemarks eigener Variante des Pilseners (milder und weniger trocken als das Original) so vertraut ist, könnte man annehmen, daß es im Lande kaum andere Biere gibt. Doch das ist nicht richtig, denn die Dänen haben eine breite Skala von Biertypen. Und die meisten Brauer stellen eine beträchtliche Zahl von Markenbieren her.

An dem einen Ende der Skala stehen die dunklen malzigen *Ales* mit ihrer sehr hohen Stammwürze (bis 27 Grad Balling) und ganz niedrigem Alkoholgehalt (unter 2,25 Gewichtsprozent). Am anderen Ende sind die Weihnachts- und Osterbiere sowie *Stouts* mit über 6 Gewichtsprozent oder 7,5% vol. Alkohol zu finden. Zwischen beiden Extremen gibt es eine ganze Reihe heller und dunkler Biere, einige obergärig, doch die meisten untergärig hergestellt, mit niedrigem, mittlerem und hohem Alkoholgehalt. Dänemarks Alltagsbier hat im großen und ganzen den gleichen Alkoholgehalt wie das Bier auf dem Kontinent. Es gibt außerdem noch einige ausgezeichnete stärkere

Biere. Doch findet sich in der allgemeinen Produktion nichts, was etwa mit dem deutschen *Doppelbock*, dem belgischen *Trappisten* oder den englischen Barley Wines im Alkoholgehalt zu vergleichen wäre.

Die bei weitem größte Braugruppe, United Breweries (Carlsberg und Tuborg), stellt auch die meisten Marken her, allein über 15 für den Inlandsmarkt, die unter fast 30 verschiedenen Bezeichnungen in viele Länder exportiert werden. Weitere zehn Marken werden in Dänemark ausschließlich für die Ausfuhr gebraut (nicht gerechnet die Marken, die von verschiedenen Brauereien in etwa 15 anderen Ländern produziert werden). Eine Aufstellung der im Inland gebrauten Marken gibt auch einen guten Überblick über die Bierarten, die von Carlsberg und Tuborg in Dänemark zu haben sind.

Von den Steuerbehörden werden die Biere in Dänemark nach ihrem Alkoholgehalt eingeteilt. Einige kleinere Spezialbrauereien stellen nur alkoholarme Biere innerhalb der steuerfreien Klassen her, doch sind solche Biere auch von den normalen Brauereien zu bekommen.

In der steuerfreien Klasse gibt es zwei Bierarten, die unter irreführenden Namen bekannt sind. *Hvidtøl* (Weißbier) mag einst ein Weizenbier mit niedriger Stammwürze gewesen sein; heute ist es ein steuerfreies normales Bier von mittlerer Dichte und niedrigem Alkoholgehalt. Das *Hvidtøl* der United Breweries hat eine Dichte von 12,1 Grad Plato und 1,3 Gewichtsprozent Alkohol. Merkwürdigerweise ist dieses *Hvidtøl* ein dunkles *(mørkt)* Bier – also ein „dunkles Weißbier". Die Gruppe bringt auch ein *Lys* („lichtes") *Weißbier* mit 7,7 Grad Plato und 2,0 Gewichtsprozent Alkohol heraus. Die andere steuerfreie Bierart ist das *Skibsøl* (Schiffsbier). Dies war einst ein stark gehopftes Bier hoher Stammwürze, so gebraut, um lange Schiffsreisen gut zu überstehen. Heute versteht man darunter ein dunkles alkoholarmes Bier mit einem rauchigen Malzgeschmack. Das Tuborg *Skibsøl* hat eine Dichte von 7,0 und nur 1,9 Gewichtsprozent Alkohol.

Die üblicheren Biere mit weniger als 2,25% Alkohol sind als Klasse II eingestuft. In dieser Klasse hat Carlsberg ein *Let* (leichtes) *Pilsner*. Biere mit höherem Alkoholgehalt als 2,25, aber

Die meisten dänischen Brauereien stellen mehrere Bierarten her. Die größte Auswahl haben die United Breweries zu bieten, darunter alle typischen dänischen Biere. Zu ihren Marken zählen Carlsberg, Tuborg und Kongens Bryghus (Königliches Brauhaus), abgekürzt „K.B.".

 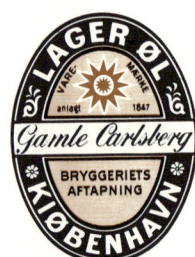  

 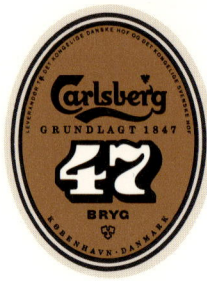   

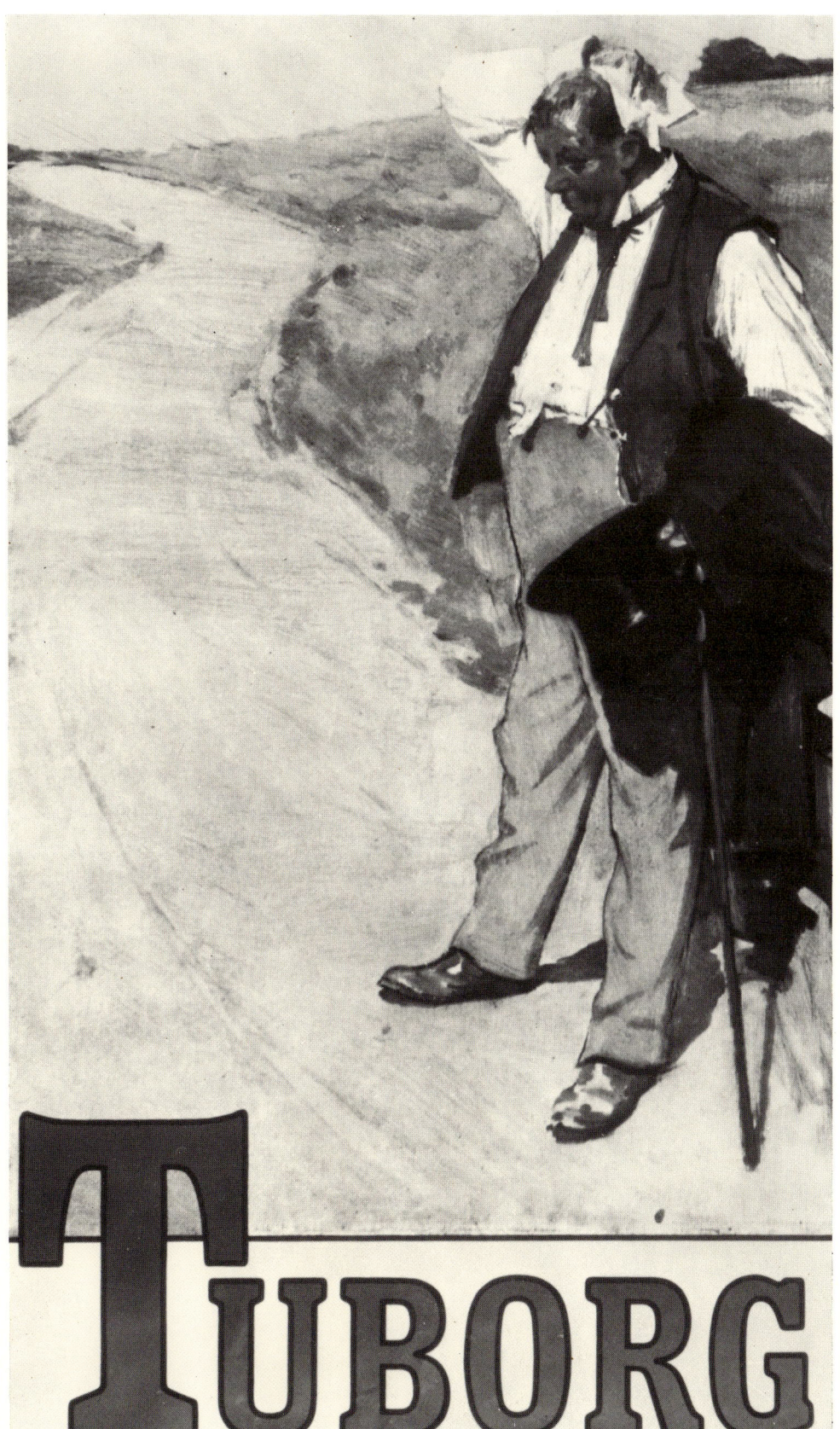

mit einer Dichte bis zu 10,75 gehören in die Klasse I. Dazu rechnen Carlsberg Hof und Grøn Tuborg, beide mit einer Dichte von 10,7 Grad und 3,7% Gewichtsprozent Alkohol. Beide sind Biere nach *Pilsner* Art, wenn auch am Pilsner Standard gemessen recht alkoholarm. Auch zwei Biere *Münchner* Art fallen in diese Kategorie: *Gamle* (Alt) Carlsberg und *Rød* (Rot) Tuborg.

Die noch am ehesten mit Pilsner in anderen Ländern zu vergleichenden Biere gehören in die Klasse „A" (Dichte über 10,75 bis 13,0 Grad). Im Falle der United Breweries sind dies Carlsberg *Guld* Export (11,7 Grad, 4,0 Gewichtsprozent Alkohol) sowie Guld Tuborg (12,7; 4,6%).

Stärkere Biere mit einer Dichte über 13 Grad Balling sind in der Klasse „B". Dazu gehören das helle Elephant Bier (6,0 Plato; 5,7% nach Gewicht), Tuborg F.F. (Schönes Fest) (17,4; 6,2), Tuborgs Påskebryg (Osterbier) (17,4; 6,2), aber auch ein ausgezeichnetes bernsteinfarbenes Bier, Carlsberg '47 (oft einfach als C 47 bekannt). Die Zahl weist auf das Jahr 1847 hin, in dem Carlsberg gegründet wurde, das Bier soll an das damalige Bier erinnern. Seine Dichte beträgt 16 Grad Plato und sein Alkoholgehalt 5,5% nach Gewicht. Goldfarbene *Lager*biere wie die heutigen wurden in Dänemark erst um 1890 von Tuborg als Neuheit herausgebracht. Diese bernsteinfarbene Wiener Tönung von '47 ist in Dänemark ungewöhnlich; schon öfter anzutreffen ist die dunkle Münchner Farbe wie z. B. bei einem anderen starken Bier, Carlsberg Påskebryg (18,1; 6,2). Und zu den starken Bieren zählt man schließlich noch Gammel Porter, ein süßliches „Imperial" *Stout* (18,8; 6,1).

Unter den beachtlichen Exportbieren der United Breweries befinden sich Carlsberg '68, das dem Elephant Bier entspricht; Carlsberg 19 BC, ein Bier *Münchner* Art (18,2 Grad Plato; 6,3% Alkohol nach Gewicht); und das berühmte Carlsberg Special Brew (19,0 Plato; 6,8% nach Gewicht).

Internationalen Marken kommen die beiden *Guld*-Biere am nächsten, die manchmal auch als De Luxe bezeichnet werden. Biere rein aus Malz werden nach Deutschland und in einem Fall, Tuborg Lager, nach Großbritannien exportiert. Das nach England gehende Bier hat eine Dichte von 7,4 Plato etwa wie Tuborg Pilsner und Carlsberg Pilsener, die dort gebraut werden. In Großbritannien gibt es dazu noch die dort hergestellten Tuborg Gold (11,0) und Carlsberg Export Hof (10,5). In Lizenz werden Tuborg (11,0) in den USA und Carlsberg (10,5) in Kanada gebraut.

Die kleinen Brauer in Dänemark

Diese Sammlung dänischer Trachten ist eine der vielen Serien, die die kleine Lolland-Falsters-Brauerei in Nyköbing auf den Etiketten ihres Flaschenbiers der Klasse „A" herausbringt.

Bei einer Bevölkerung von fünf Millionen und zwei berühmten Brauereien, die 80% des Marktes beliefern, bleibt für die zwanzig kleinen Brauereien, die besteuertes Bier herstellen, nur ein geringer Marktanteil. Dazu kommt, daß zwei dieser Brauereien den United Breweries gehören: Elsinore in *Wiibroe* und die Neptun-Brauerei in Silkeborg in Nordjütland.

Früher wurden die hellen Lagerbiere der Elsinore-Brauerei von einem Bier namens Hamlet gekrönt, doch der Prinz ist jetzt vom Nanok des Nordens geschluckt worden. *Nanok* bedeutet Eisbär, und so heißt heute die stärkste Marke der hellen Lagerbiere dieser Brauerei mit einer Dichte von etwa 16 Grad Plato und 5,5% Alkohol nach Gewicht. Daneben bringt die Brauerei ein ungewöhnlich starkes *Münchner* und ein wunderbares Imperial Stout (beide 18,0 Plato; 6% Alkohol nach Gewicht und 7,5% vol.). Das Wiener Ale ist nicht so interessant, es ist ein nur leichtes und alkoholarmes *Lager*bier. Neptun hat weniger zu bieten, obwohl er einer der wenigen Brauer in Dänemark ist, der den Ausdruck *Bock* benutzt, nämlich für ein Bier von 5,6% Alkohol nach Gewicht, ein Bier, das jedoch keinen sehr großen Absatz findet.

Die größte der unabhängigen Brauereien ist Ceres in der Universitätsstadt Arhus. Hier bekommt man eine Imitation eines *Dortmunders* (5,5% nach Gewicht; 6,9% vol.) und ein hopfenreiches dänisches *Stout* (6,6% nach Gewicht, 7,5% vol.). Wie drei andere Brauereien nennt sich Ceres selbst „das zweite unter den dänischen Brau-Unternehmen".

Ein anderer großer Zwerg ist Albani in Odense, wo Hans Christian Andersen geboren wurde. Albani macht dem Elephant Bier mit seiner eigenen Giraffenmarke (15,4 Plato, 5,7% nach Gew.) Konkurrenz. Daneben stellt die Brauerei ein *Porter* (19,5; 5,7), ein Osterbier Påskebryg (17,0; 6,2) und das Weihnachtsbier Julebryg (15,4; 5,3) her. Julebryg ist meist recht stark, während ein Jule Øl normalerweise steuerfrei und alkoholarm ist. Besondere Biere werden von einigen Brauereien zu *Pinse* (Pfingsten) herausgebracht, wie auch zu Gedenktagen der Brauerei oder der Heimatstadt.

Die nordischen Volkssagen werden von der Brauindustrie in Dänemark sehr gepflegt. So gibt es in Nordjütland eine Odin-Brauerei in Viborg und eine Thor-Brauerei in Randers. Thor hat natürlich ein Donner-Bier, das allerdings nur ein ziemlich normales helles *Lager* ist. Weniger nordisch, aber ebenso farbig präsentiert sich das Kasket Karl der gleichen Brauerei, ein helles Lager mit 10,7. *Kasket* ist die flache Arbeitermütze, und das Bier nennt sich nach der in vielen Zeitungen erscheinenden Comics-figur, die vielleicht besser unter ihrem englischen Originalnamen Andy Capp bekannt ist. Thors Starkbier (16,0 Balling) heißt „Buur", was möglicherweise an ein ähnliches „Bären"-(Bjerne-)Bier erinnert, das von Harboe hergestellt wird.

Die kleine Lolland-Falsters-Brauerei hat farbige Serien von Bilderetiketten herausgebracht, ähnlich wie sie früher bei den Zigarettenherstellern üblich waren. Eine Serie davon, auf dem normalen hellen Lager (10,75 Balling) war wilden Tieren gewidmet, also Eisbären, Giraffen, Tigern und dergleichen mehr.

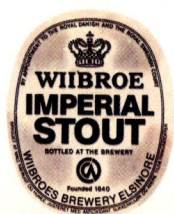

Alte Tradition lebt auf den Etiketten dänischer Biere. Imperial Stout hat seinen Ursprung in Englands Ostseehandel, lag doch Kopenhagen auf dem Seeweg nach Petersburg. Münchner ist ein starkes Bier mit einer Gravität von 1072. Ebenfalls aus Deutschland übernommen ist das Dortmunder und der Bock, hier zusammen mit der Giraffe und Albanis Osterlämmern, auch der Weihnachtsmann darf nicht fehlen.

Alle dänischen Brauereien pasteurisieren ihr Bier mit nur einer einzigen Ausnahme: Faxe. Dieses Unternehmen, 30 Kilometer südlich von Kopenhagen, ist nicht nur finanziell, sondern auch in seiner Geschäftspolitik unabhängig.

Einige der größeren Brauereien des Landes bezeichnen sich stolz als Hoflieferanten, Faxe dagegen, eine Familienbrauerei mit 6000 weit gestreuten Familienanteilen, bezeichnet sich ebenso selbstbewußt als Bierlieferant des dänischen Volkes.

Zu einer Auseinandersetzung zwischen Faxe und dem Brau-„Establishment" kam es, als die Brauerorganisation einen Werbefeldzug zur Einführung der Einheitsbierflasche startete. In Dänemark kann man die Flaschen an jede Brauerei zurückgeben, denn alle verwenden die gleichen, was für die Brauer und die Verbraucher eine Vereinfachung ist. Die anderen Brauereien wollten nicht einsehen, daß die Einheitsflasche nicht auch für das Bier von Faxe sicher genug war. Doch Faxe bestand auf seiner eigenen Flasche. Die Gärung nicht pasteurisierten Bieres kann zur Explosion führen, wenn die Flasche nicht stark genug ist. Außerdem befürchtet Faxe Einwirkungen des Lichtes auf das Bier und zog daher eine dunklere Flasche vor.

Die Verbraucher stellten sich auf die Seite von Faxe. Durch die Auseinandersetzung wurde nämlich bekannt, daß Faxe nicht pasteurisierte Biere herausbrachte. Weil die kritischen Biertrinker ihr Bier lieber nicht pasteurisiert haben wollen, stieg der Absatz von Faxe-Bier stürmisch an. Hocherfreut über diese glückliche Wendung erhöhte die Brauerei den Stundenlohn ihrer Beschäftigten um eine Krone, was sie immerhin eine Million *kroner* im Jahr kostete.

Obgleich in Flaschen abgefüllt, heißt das nicht pasteurisierte Bier im Inland Faxe Fad (Faß). Nach Deutschland, Österreich und der Schweiz wird nichtpasteurisiertes Bier in Dosen exportiert, eine Form der Verpackung, wie man sie im umweltfreundlichen Dänemark nicht gern verwendet. Faxe stellt noch einige andere Biere her, manche auch pasteurisiert, die meisten recht trocken und gut gehopft.

Als Außenseiter gehört Faxe nicht dem dänischen Brauerbund an, wie übrigens auch vier andere Brauer aus freilich nicht so eindeutigen Gründen: Fuglsang, Hancock, Maribo und Marrebaek. Fuglsang braut ein nicht pasteurisiertes Bier für den Ausschank, der jedoch in Dänemark höchstens ein Prozent des Absatzes ausmacht.

Die Erfolgsgeschichte der Faxe-Brauerei begann mit Conrad und Nikoline Nielsen. Ihr Haus (oben im Hintergrund) war die „Verwaltung" der Brauerei. Noch heute dient es dem Empfang von Gästen. Den 75. Geburtstag der Brauerei beging man mit Bieren, die nach den Gründern benannt waren. Das „Faßbier" von heute nennt sich Faxe Fad.

Norwegen

Nirgendwo hat der Brauch, im eigenen Haus zu brauen, so lange überlebt wie in Norwegen, wo dies seit dem 12. Jahrhundert zum Leben auf dem Lande gehört. „In der Tradition der norwegischen Bauern spielt das Bierbrauen eine bedeutende Rolle", schrieb der Anthropologe und Soziologe Dr. Odd Nordland Ende der sechziger Jahre, also zu einer Zeit, als James Bond in Oslo die Kinos füllte und die Beatles die Hitparade in ganz Europa anführten.

Nordland sorgte sich, ob das auch weiter so bleiben würde, doch seine Befürchtung war kaum berechtigt. Zwar kaufen einige Leute jetzt ihr Malz, statt es wie früher selbst herzustellen. Doch die Tradition blüht wie eh und je. Noch 1970 wurden im Jahr mindestens 12 Millionen Liter im Haus gebraut. Besonders an der Westküste verwenden die Brauer ihre eigene Gerste und brauen damit weit stärkere Biere, als man sie kaufen kann.

Man braute an religiösen und weltlichen Feiertagen und Festen wie Ostern, Pfingsten, Weihnachten, bei Begräbnissen, Hochzeiten und Taufen. Jeder, ganz gleich wie arm er war, braute sein Bier zu Weihnachten. Menge und Qualität des gebrauten Bieres gaben einer Hochzeit ihr besonderes Ansehen. „Mitunter wurden ein Dutzend oder mehr Fässer gebraut. Alte Leute mälzten sogar die Gerste für ihr Begräbnisbier; man wollte wenigstens sicher sein, daß es beim Leichenschmaus ein gutes Bier gab. Zur Heuernte dagegen wurde ein nicht so starkes Bier bereitet. Denn diese Arbeit machte zwar durstig, doch betrunken konnte man nicht mehr weiterarbeiten.

Auch heute noch werden von den norwegischen Hausbrauern nicht nur Hopfen, sondern auch andere Pflanzen verwandt, wie z. B. Erle, von der dem Gebräu kleingehackte junge Zweiglein voller Saft zugesetzt werden. Noch mehr verbreitet war eine Wacholderessenz. Die Hausbrauerei ist, obwohl gesetzlich verboten, noch immer eine nationale Freizeitbeschäftigung, und die Verbindung zwischen der Herstellung von Branntwein und Bier ist nach wie vor eng. Whisky wird ja in seinen Stammländern oft aus einer Würze gebrannt, die fast die gleiche wie die von Bier ist. „Es gibt noch viele Leute, die sich auf das Brauen von Wacholderbier verstehen, so besonders in dem Küstengebiet bei Bergen", schreibt Odd Nordland. Ihm fiel auch auf, wie beliebt dieses Bier in den kleinen Industriestädtchen an der Küste des Oslo-Fjords ist. Früher lieferte Norwegen Wacholder an die großen Brennereien in den Niederlanden und tauschte dafür den fertigen Gin ein. Und ironischerweise nennen einige Hausbrauer noch heute ihr Wacholderbier *Bols*.

Die Saison-Biere

Für die Zeit der Heuernte reichte ein einziges Faß mit einem ziemlich schwachen Bier aus. Für besondere Gelegenheiten benötigte man jedoch größere Mengen. Nachdem die Gerste geerntet war, (oben) begann man mit dem Brauen. Im neunzehnten Jahrhundert hatte fast jeder größere Bauernhof seine eigenen Braugeräte.

Die Tradition wird heute wieder gepflegt. Für eine Hochzeit (oben) benötigt man zwei bis drei Fässer Bier. Ein Zeremonienmeister schenkt das Bier aus (oben). Die rechts abgebildete Schale wurde bei Trauerfeierlichkeiten benützt. Es gehörte zur Höflichkeit, daß man sich über das Bier unterhielt und nicht über den Todesfall.

Unten: Landleben auf den Bieretiketten. Doch das norwegische Braugewerbe ist auf seine modernen Anlagen besonders stolz. „Bayerisches" und „Bock" gibt es auch in Norwegen. Rechts: „Pilsener" und „Porter" wecken in Schweden Erinnerungen.

Wacholderbiere und Hausbrauen passen natürlich nicht zum norwegischen Reinheitsgebot und den strengen Alkoholverkaufskontrollen. Etwa zehn Prozent der Bevölkerung können in ihrer Gemeinde kein Bier kaufen, weil es dort verboten ist. In vielen anderen Gemeinden ist Bier nur in besonderen Alkoholläden zu bekommen. Der Staat unterhält über 80 solcher Ladengeschäfte mit Branntwein und importierten Bieren. Den stärksten Beschränkungen begegnet man an der West- und Südküste. Am liberalsten ist der Osten und das Binnenland sowie das halbe Dutzend größerer Städte. Es gibt über 400 Trinkstätten, von denen viele gleichzeitig Restaurants sind, obwohl man dort auch trinken darf, ohne etwas zu essen. Einige aber sind ganz einfach Bars.

In Norwegen gibt es auch alkoholfreies Bier, das bezeichnenderweise „Zero" heißt. Ein alkoholarmes Bier (2,2% vol.) der Steuerklasse I nennt man Brigg, nach dem Segelschiff, vielleicht in Anlehnung an das dänische Skibsøl, obwohl dies etymologisch kaum zu beweisen ist.

Wie für Tabak darf für Bier – Zero und Brigg sind Ausnahmen – nicht geworben werden. Auf dem Biermarkt gibt es kaum einen Wettbewerb, denn unter politischem Druck haben die Brauer in den dreißiger Jahren freiwillig ein Kartell vereinbart, sich nur auf ihre eigenen Absatzgebiete zu beschränken und sich auf keine Verkaufskampagnen mit Nachbarbrauereien einzulassen. Der Absatz außerhalb des unmittelbaren Verkaufsgebietes der Brauerei ist Quoten unterworfen, die bis auf zwei Stellen hinter dem Komma festgelegt werden. Verkauft ein Brauer im Absatzgebiet seines Nachbarn zuviel, so hat er eine Kompensationsabgabe zu entrichten.

Insgesamt gibt es 15 Braugesellschaften mit 18 Braustätten. Keine von ihnen ist außerhalb Norwegens bekannt, obschon Ringnes in Oslo nach den USA exportiert. Die beiden anderen Brauereien der Hauptstadt, Frydenlund und Schou, gehören einem Unternehmen. In Oslo, Trondheim und Stavanger stellen die Brauereien Tuborg mit einer Dichte von 10,5 Plato (Steuerklasse II) in Lizenz her. In Bergen und Arendal braut man Heineken in Lizenz. In den kleineren Orten sind die Brauereien geradezu winzig und meist auf den Ort selbst beschränkt. Die Brauerei in Sandefjord gehört nicht einmal der Berufsorganisation an. In Tromsø steht die nördlichste Brauerei der Welt.

Das am meisten verkaufte Bier ist von Pilsener Art mit 2,5 bis 4,75% vol. Alkohol (Steuerklasse II). In der gleichen Klasse befindet sich das Baier (Bayerische), das tief kupferbraun ist und recht malzig schmeckt. Ein stärkeres Lagerbier mit 5,4% vol. Alkohol (Klasse III) wird als Exportbier herausgebracht. Die stärksten Biere sind das dunkle, sehr kräftig schmeckende, gehaltvolle Bokk-Bier und das schwere, malzig-süße Jule-Weihnachtsbier. Beide gehören mit einem Alkoholgehalt von 6,3% in die Steuerklasse III.

Auch die Alkoholgesetze in Norwegen und einigen seiner Nachbarländer sind Änderungen unterworfen, doch nicht immer freizügiger Art, denn in Norwegen nimmt die Christ-Demokratische Volkspartei eine sehr strenge Haltung ein. Abstinenz ist keineswegs eine ein für allemal entschiedene Frage.

Schweden

Zusammen auf einer Halbinsel und früher auch eine Zeitlang politisch vereint, haben Norwegen und Schweden manche gemeinsame Tradition. Ländliche Bräuche haben sich jedoch in Norwegen, das dünner besiedelt und weniger industralisiert ist als Schweden, besser erhalten. Doch das Brauen im Hause lebte in den siebziger Jahren in Schweden wieder auf, wenngleich in einer merkwürdigen Mischung von städtischer Mode und ländlichem Brauchtum.

Noch zu Anfang dieses Jahrhunderts wurde vielerorts in Schweden ein malzloses Getränk mit Wacholder gebraut, ein – nach dem Schriftsteller Harry Martinson – „wunderbarer, guter Trank". Er hat dieses Getränk, wie er sich erinnert, um 1915 zu Hause täglich getrunken, wo es in hölzernen Gefäßen auf den Tisch kam. „Waren alle Beeren des Wacholderbusches gleichzeitig reif, dann war das Jüngste Gericht nahe", notierte er. Dieses Wacholderbier war so beliebt, daß es in den sechziger Jahren von einer kleinen Brauerei in Vimmerby, etwa 250 km südlich von Stockholm, gewerblich auf den Markt gebracht wurde. Ein Bier mit Angelica (Engelswurz) gewürzt, und ein Honig-Met (auf schwedisch *Mjöd*) sind ein paar andere Spezialitäten aus der Brauerei in Östersund, einer Stadt, die sich den geographischen Mittelpunkt Schwedens nennen könnte.

In Schweden gibt es auch das *Svagdricka*, dunkel und süß, mit zugesetzter Hefe und niedrigem Alkoholgehalt (meist 1,8% nach Gewicht, also Steuerklasse I). Manche Brauereien stellen nur dieses *Svagdricka* her, wie einige in Dänemark nur alkoholarmes Bier brauen, doch meistens kommt es von größeren Brauereien. Besonders bei älteren Leuten und auf dem Lande ist es sehr beliebt.

Üblicher ist in der Klasse I das *Lattöl* (kleines Bier). Wie die meisten schwedischen Biere ist es ein nur leicht gehopftes helles Lagerbier, und sein Name bezieht sich mehr auf seine alkoholische Bescheidenheit. Bis 1977 war die Klasse II in „A" (mit 2,8% Alkohol) und „B" (mit 3,6% nach Gewicht) unterteilt. Jetzt sind die beiden Unterklassen, allerdings mit der unteren Grenze, „zusammengelegt" worden. Praktisch wurde also die Klasse IIB abgeschafft. Bis zu dieser Zeit hatte das *Mellanöl* über 65% des gesamten schwedischen Inlandsabsatzes ausgemacht!

Zu der Abschaffung von Schwedens beliebtestem Bier kam es erst nach erregten Debatten in der Öffentlichkeit, in Presse und Parlament. In Bars und Wirtschaften fragte man auf englisch „II B or not II B?". Als die Entscheidung schließlich gefallen war, hofften die Biertrinker, daß man sie zu einem späteren Zeitpunkt wieder aufheben würde. Doch alle Hoffnungen schwanden dahin, als die gemäßigte Linke, die

Finnland

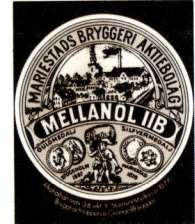

Three Towns hat literarischen Klang, doch beim Bier bezieht es sich nur auf die Pripps-Brauereien in Göteborg, Stockholm und Malmö. Der Seemann stammt aus Norrland im Norden. Das Wacholderbier gibt es in Åbro leider nicht mehr.

Mit Volksstämmen, die 200 oder 100 v. Chr. den Finnischen Meerbusen überquerten, kam das Bierbrauen und mit ihm der Gott für Bier und Gerste, *Pekko*, von Asien nach Nordeuropa. Inwieweit die gleichen Stämme auf ihren Wanderungen das Bierbrauen auch nach Mitteleuropa brachten, ist nicht festzustellen. Doch blieb Bier auch nach der Einführung des Christentums im Jahr 1150 lange wesentlicher Teil der Volkskultur.

Auch der Hopfen gelangte schon sehr früh nach Finnland. Bereits 1442 suchte König Christopher die Einfuhr der kostbaren Zapfen abzuwehren, indem er anordnete, jeder Bauer sollte einen Hopfengarten von mindestens 40 Ruten (10 Ar) anlegen. Vor 1900, als es noch zum Zarenreich gehörte, hatte Finnland zusammen mit Polen die fortschrittlichste Brauindustrie Rußlands. Eine der berühmtesten Braustätten war die untergärige Brauerei in Viborg, der Hauptstadt Kareliens, das später zur Sowjetunion kam. Doch gibt es heute noch in Karelien auf der finnischen Seite der Grenze eine Brauerei in Lappeenranta.

In Finnland fielen die Alkoholbeschränkungen, die seit Anfang des 20. Jahrhunderts über Nordeuropa verhängt wurden, am strengsten aus. Als einziges Land Europas führte man dort die totale Prohibition ein, die von 1919 bis 1932/33 dauerte. Nachdem heute diese Bestimmungen gelockert worden sind, wird der Biertrinker sogar durch ein Gesetz geschützt. So

Sozialdemokratische Partei, bei den Wahlen durchfiel. Denn diese Partei wie auch die gemäßigte Rechte hatten für den Bierfreund Verständnis, aber bei den Zentralisten und der Landvolkspartei sind viele für Abstinenz.

Schon wurde Schwedens milder Porter mit mageren 2,8% gebraut, und das neue Gesetz bedrohte nun auch die *mörkt* (dunklen) Biere des Landes, die mit ihren 3,6% (untergärig) den englischen hellen *Ales* nahekommen. Ein malzreicheres Bier „bayerischer Art" ist mitunter auch zu finden. Diese *mörkt* Biere waren vor allem bei denen beliebt, die gern und regelmäßig tranken. Es gibt noch die respektable Klasse III von 4,5%, doch der Verkauf dieser „starken" Biere ist auf die 300 vom Staat betriebenen Alkoholläden beschränkt.

Die öffentlichen Trinkstätten in Schweden präsentieren sich unter mancherlei Namen, doch stirbt das traditionelle *Öl-Café* langsam aus. Es ist zu einem männlichen Reservat meist der Älteren geworden. Anders als dem englischen Pub ist es ihm nicht gelungen, zur anerkannten Trinkstätte Schwedens zu werden. Viel Bier wird auch in den Konzert-Cafés getrunken, wo Jazzbands spielen, aber auch in Diskotheken und Restaurants. Nach dem Gesetz muß zum Bier eine Mahlzeit bestellt werden, doch diese Vorschrift wird nur in kleinen abstinenzlerischen Gemeinden wirklich durchgesetzt. Aperitifs, Whisky und Weinbrand gibt es meist ohne Speisen, dagegen bekommt man nicht so leicht Schnaps, Wodka oder auch den schwedischen Aquavit sowie den einheimischen Branntwein der allgemein als *Renat* bekannt ist. Denn ebenso wie man zu Hause braut, wird auch zu Hause verbotenerweise gebrannt.

Des Landes größtes Brauunternehmen entstand 1963 aus dem Zusammenschluß großer Konzerne, der Stockholmer Braugesellschaft und Pripps in Göteborg. Den Namen der Hauptstadt gab man auf, weil er in der Provinz kaum nützlich war. Im Jahr 1975 kaufte sich die schwedische Regierung zu 60% in das Unternehmen ein, das weiterhin den Namen Pripps beibehielt. Pripps war 1828 in Göteborg gegründet worden. Dort hat die neue halbstaatliche

Gesellschaft auch heute noch eine Braustätte und neben der in Stockholm noch eine weitere große Brauerei in Malmö. Außerdem besitzt Pripps ein halbes Dutzend kleinerer Brauereien in Schweden. Andere wurden aufgekauft und in Vertriebsdepots umgewandelt, von denen es jetzt rund fünfzig gibt, eines sogar 100 km nördlich des Polarkreises.

Zweitgrößter Bierproduzent ist eine private Gesellschaft, Falken in Falkenberg an der Westküste, seit drei Generationen im Besitz der gleichen Familie. Dichtauf, und sogar größer, wenn man neben Bier noch alkoholfreie Getränke einbezieht, folgt die Wårby Konsumgenossenschaft mit Sitz in einem Vorort von Stockholm, die ihre Erzeugnisse über eigene Läden und Vertriebsstellen absetzt. Eine weitere Konsumgenossenschaft gibt es in Sollefteå, 450 km weiter nördlich, und eine dritte bedeutende in Skruv im Südosten.

Im ganzen Land zählt man 15 Brauunternehmen. Abgesehen von Pripps und einigen, die ein paar Braustätten haben, verfügen die übrigen jeweils nur über eine einzige. Zu den kleinen Brauern gehören Åbro in Vimmerby; Appeltofftska und Östra, beide in Halmstad; Nässjö in der gleichnamigen Stadt zwischen Stockholm und Göteborg; und Kopparberg in dem Ort dieses Namens westlich von Stockholm. Kopparberg gehört dem schwedischen Brauerbund nicht an.

Bis 1976 war es den schwedischen Brauern erlaubt, Zusätze oder Zucker bis zu 20% zu verwenden. Manche nehmen weniger, einige mehr, und dies trotz einer Änderung des Gesetzes, denn 1976 wurde die zugestandene Grenze auf 35% erhöht, doch eine solche Höhe ist allgemein nur bei Bieren anderer Länder Europas zu finden, die in Lizenz gebraut werden.

In den Lagertanks von
Mallasjuoma pflegt man
die kühle Reinheit des
Finlandia Biers. Mit
Admiralen aller Natio-
nen zieht Tamperes
Brauerei in den Krieg.
Dieses „See"-Bier hat
eine Dichte von 12,5
Grad Balling.

darf zum Brauen kein anderes Getreide als
Gerste verwandt werden. Als Zusatz ist Zucker
erlaubt. Doch dieses Reinheitsgesetz läßt sich
natürlich nicht auf das Brauen zu Hause anwenden, das in Finnland seine ganz besondere
Bedeutung hat.

So stellen die finnischen Hausbrauer ein
einzigartiges Getränk, das *Sahti* her. Es
entsteht aus Gerste- und Roggenmalz. Dazu
nimmt man Hopfen, doch auch Wacholder-
beeren und -zweige sowie Stroh. Sie geben dem
Trank sein Aroma, dienen aber auch als Filter.
Ganz nach der alten Tradition brauen die
Frauen dieses *Sahti,* und ihre Braukunst ist
bereits seit der Zeit berühmt, als Olaus Magnus
seine Geschichte der skandinavischen Völker
unter den Wasa-Herrschern schrieb. Besonders
pries er die Sauberkeit der Brauerinnen, denn
wenn die falschen Mikroorganismen in den
Braukessel kamen, konnte das Bier schnell
verderben. Die Bereitung des *Sahti* dauerte
einen Tag. Vergoren wurde es meist in Butter-
kannen eine ganze Woche. Auf dem Lande hält
man die Sauna in vielen Haushalten für den
richtigen Platz zum Brauen – und auch zum
Kosten des fertigen Tranks.

Den Zauber des *Sahti* beschrieb eine
finnische Zeitschrift wie folgt: „Es ist ein
trügerischer Trank, wie etwa Champagner.
Man trinkt es, entspannt sich und redet, und
wenn man aufstehen will, dann sacken einem
die Beine weg, und man ist herrlich müde."

Doch, so heißt es in diesem Artikel weiter, wenn das Sahti richtig zubereitet ist, kriegt man davon keinen Kater, auch wenn es gelegentlich mit etwa zehn Prozent Alkohol nach Gewicht recht stark ausgefallen ist.

Da ist es für den Staat schon leichter, die Alkoholstärke der gewerblich gebrauten Biere in den Brauereien zu überwachen. Dabei handelt es sich durchweg um helle *Lager*biere mit mittlerer und starker Hopfengabe. Auch *Bock* gibt es, aber nicht in deutschem Sinn, sowie ein einzelnes gehaltvolles, süßliches 5,5% *Stout*, das von Sinebrychoff in Helsinki gebraut wird. Dieses *Stout* ist jedoch nicht in Restaurants oder Bars, sondern nur in den Alkoholläden zu bekommen. Sinebrychoff ist eins der drei großen Brauunternehmen, die sich in 85% des Marktes teilen.

Das größte von ihnen ist Mallasjuoma mit seinen drei Braustätten in Lahti, Heinola und Oulu. Die besondere Qualität seines Finlandia Biers schreibt es einem „10000 Jahre alten Phänomen der Eiszeit" zu, weil sein Wasser aus Quellen kommt, die sich in den Ösern, d. h. den langen Rücken von Kiesablagerungen der Nacheiszeit in einem Flußbett, gebildet haben. Und Kiesel ist, wie die Brauerei betont, das feinste bisher bekannte „Filter". Weiter fügt sie hinzu: „Wissenschaftliche Untersuchungen haben ergeben, daß sich in den lichten Sommernächten Finnlands und im hellen klaren Sonnenschein besonders vollaromatische Malze entwickeln."

Hartwall mit Braustätten in Turku, Vaasa und einer in Karelien ist die dritte große Braugesellschaft. Außerdem gibt es noch vier kleinere Brauer: Olövi in Iisalmi, Lapi in Tornio (nur mit Bier der Klasse III), Ranin in Kuopio (mit alkoholfreiem Bier) und Pyynikki, eine Familien-Brauerei in Tampere, die ein Bier der Klasse AIV braut, das Admiral heißt und auf seinen Etiketten berühmte Admirale von Nelson bis Tirpitz zeigt.

Die Brauereien werden vom Staatlichen Alkohol-Monopol überwacht, das nicht nur seinen finnischen Wodka brennt und eigene Branntweinläden betreibt, sondern sogar bei den Brauereien mitzureden hat. Am meisten verbreitet ist das Bier mit 2,25 Gewichtsprozent (Klasse I). Zwar dürfen die Brauer auch ein Bier der Klasse II mit 2,25 bis 3,0% herstellen, doch halten sie dies nur für eine halbe Sache und machen davon kaum Gebrauch. Die nächste Kategorie ist somit schon Klasse III (3,0–3,7%). Seit 1955 gibt es auch eine vierte Kategorie. Die Biere dieser Klasse IV oder „A"-Klasse haben einen Alkoholgehalt von 4,0 bis 4,5%. Und das vorerwähnte *Stout* ist ein Sonderfall.

Der Ausschank alkoholischer Getränke ist nur zusammen mit Verpflegung möglich, doch ist man nicht gezwungen, diese auch zu essen. Einige Wirtschaften und Restaurants dürfen keinen Branntwein ausschenken, und alle sind nach den Bierklassen eingeteilt, die dort zu haben sind. Die Christliche Liga widersetzt sich bislang jeglicher Lockerung der strengen Alkoholgesetzgebung. Nach dem Gemeinde-Selbstbestimmungsrecht haben 40 von 500 Gemeinden Finnlands Biere der Klassen III und IV ausgeschlossen. Auf starken politischen Druck der Abstinenzler wurde ein Parlamentsausschuß eingesetzt, der die Alkoholgesetze immer wieder überprüfen soll.

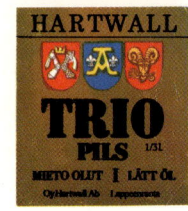

Hartwall preist Karelien und die Olivi Brauerei feiert zwei Kriegshelden aus dem Finnisch-Russischen Krieg (1808–1809), Johan August Sandels und Georg Carl von Döbeln.

Belgien

Gäbe es heute einen König des Bieres in Europa, so wäre es bestimmt ein Belgier. Und nur zu gerne kehrte er nach Brüssel in seine Heimat zurück, in das mit Gold reich verzierte *Maison des Brasseurs* (Haus der Brauer) mit dem stolzen Giebel, dem einzigen Zunfthaus an der Grand' Place, das noch seinem ursprünglichen Zweck dient. Hoch erfreut wäre er, mit welcher Hingabe und Begeisterung sich seine Untertanen von heute bemühen, mit ihren herrlichen Bieren seinen königlichen Willen zu erfüllen.

Der Legende nach erhielt Jan I., Herzog von Brabant, Löwen und Antwerpen, im 13. Jahrhundert die Bierkönigswürde als Dank für seine Trink-Heldentaten, deren die *Chevalerie de Fourquet* der belgischen Brauer noch immer feierlich gedenkt. In Flandern als Jan Primus, sonst in Europa als „Gambrinus" verehrt, soll der Herzog auch die Sitte des Zutrinkens eingeführt haben.

Auch zu Ehren des Hl. Arnold, des Starken, von Oudenaarde, sollte das Glas erhoben werden. Ihm wird das Wunder zugeschrieben, das ihn zum Schutzpatron der Brauer gemacht hat. Von Gott erflehte er eine wunderbare Biervermehrung, als im 11. Jahrhundert eine Klosterbrauerei zusammenstürzte. Noch heute brauen in Belgien viele Klöster ihr eigenes Bier, darunter einige ausgezeichnete helle Ales. Sankt Arnold soll auch die beiden Volksstämme versöhnt haben, die sich in das Land teilen und deren Bierdurst eine ihrer wenigen gemeinsamen Neigungen ist. Selbst solche trinkfrohen Gegenden wie Bayern und der ausgedörrte Norden Australiens werden in ihrem Bierkonsum von den flämischen Provinzen herausgefordert: Von Flandern mit dunklen Bieren, Antwerpen mit obergärigem hellen Bier, Limburg mit klassischem Pilsner und dem zweisprachigen Brabant mit seltsamen Weizen- und Kirschbieren. Der Bierkonsum pro Kopf wird durch Lieferungen in den französischsprechenden Hennegau, nach Namur und Lüttich kaum ernstlich vermindert. Sogar jenseits der Ardennen im belgischen Luxemburg (wo man französisch

Wo es Spezialitäten gibt...

Sprachgrenze (Flämisch im Norden, Französisch im Süden)

Klosterbrauereien

Hopfenanbaugebiet

Untergärige Biere

„Wilde" Biere

Rote Biere

Obergärige Biere

Weißbiere

Dunkle, braune Biere

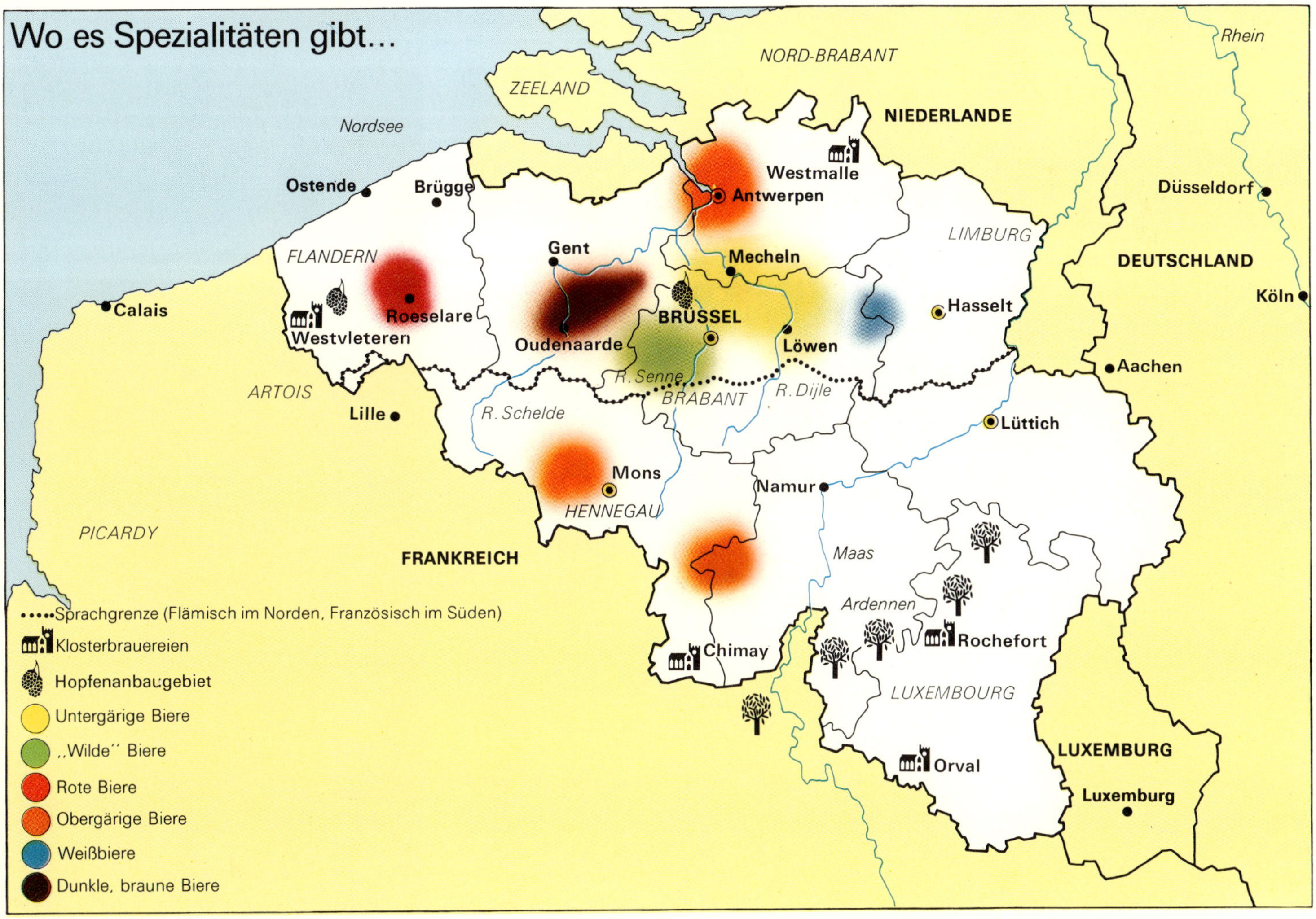

Viele kleine Gassen, die nach den alten Gewerben der Stadt benannt sind, umschließen die Grand' Place in Brüssel. Nur ein paar Schritte von der Brauer-Straße steht das Haus der Brauergilde mit dem Museum, heute Sitz der „Chevalerie de la Fourquet" („Ritterschaft von der Maischgabel")

spricht) und im souveränen Großherzogtum gleichen Namens trinkt man neben Wein ansehnliche Mengen Bier.

Wein wird in Belgien nur wenig angebaut. Bei Brüssel, in Hoeilaart und Overijse wachsen prächtige Trauben, doch die Einwohner trinken zu ihrem schwarzen Brot mit Butter Bier.

Die Weinberge in den Ardennen wurden im ersten Weltkrieg verwüstet, und die Belgier begnügten sich mit Weinen aus den Nachbarländern, vor allem aus Luxemburg. Nur 13 000 hl Wein werden im Jahr in Belgien produziert im Vergleich zu 122 000 hl im Großherzogtum Luxemburg, 6 000 000 hl in Deutschland und 50 000 000 hl in Frankreich. Trotz Frankreichs großem kulturellen Einfluß und ihrem Ruf als Feinschmecker sind die Belgier nur bescheidene Weintrinker geblieben. Zu Zeeland-Muscheln und geeisten Austern trinken die Flamen gern Bier in großen Mengen. Sogar ihre einheimische *Carbonade* (Rostbraten) bereiten sie mit Bier, so daß man kaum erwarten kann, daß sie etwas anderes dazu trinken. Greift man in den französischsprechenden wallonischen Provinzen schon öfter zum Wein, so ergibt das im Jahr pro Kopf doch nur etwa ein Dutzend Liter im Vergleich zu 140 Liter Bier. Mit diesem hohen Bierkonsum lagen die Belgier eine Zeitlang in der Welt an der Spitze, zu der sie aber auch heute noch neben Deutschland, der Tschechoslowakei und Australien zählen.

Fast die Hälfte des Biers wird in Belgien zu Hause getrunken. Doch leben von den zehn Millionen Belgiern noch 60 000 „Cafés", also genau so viele, wie England bei fünfmal so großer Bevölkerung an Pubs hat! Auf einem Gebiet, kleiner als Bayern, findet man an jeder Straßenecke eins; meist liegen – wie vor allem in den flandrischen Städten – sogar drei oder vier direkt nebeneinander.

Da gibt es das *Café Sport* und das *Café Stadthuis*, kehrt man ein bei *Chez Theo* oder *Chez Michel*. Ein Café kann man ohne Lizenz eröffnen, es ist auch nicht vorgeschrieben, wann man zu schließen hat. Nur nach elf Uhr abends darf keine laute Musik mehr gespielt werden. Gäste sind meist Männer, die Frauen kommen in Begleitung. In den großen Cafés geht es vornehm zu, in den kleineren rattern Automaten, wirbeln Tischfußball-Figuren und klicken Billardkugeln. In den Schlitzen der Wandtafel stecken die Schilder mit den Namen der Fußballmannschaften, damit man immer weiß, auf welchem Platz Anderlecht und Standard Lüttich oder die *Vereine* in der Bezirksklasse stehen. Zu essen gibt es, außer Wurst, wenig, Bier dagegen in jeder Menge.

Im Jahre 1919, als die USA die Prohibition einführten und England durch Gesetz die

Links: Lärmendes
Treiben herrscht auf
dem Oktoberfest, das
jedes Jahr in Wieze,
unweit der belgischen
Hopfen-Anbau-
gebiete zwischen
Brüssel und Gent ab-
gehalten wird und jedes
Jahr mehr Besucher
anzieht.

Eine der besten Fuß-
ball-Mannschaften
Europas ist der R.S.C.
Anderlecht von Brüssel.
Er wird gefördert von
der Brauerei „Belle-
Vue".
Ganz oben: Die kleine
Brauerei Timmerman's
unterstützt ein Rad-
renn-Team.

Schankzeiten einschränkte, war auch in Belgien der Ausschank von Spirituosen verboten worden. Der *Jenever* (Wacholder), das Nationalgetränk der Niederländer war jedoch auch weiterhin unter der Theke zu haben. Dagegen sorgte das Gesetz dafür, daß die große Zahl besonders starker Biere als „Ausweichgetränke" guten Absatz fanden.

Das Brennen und Gären von Obst, Gewürzen und Kräutern, das Bereiten von geistigen Getränken und aromatisierten Bieren reicht bis in die Zeit zurück, als Brügge noch großer burgundischer Handelshafen war. Noch heute fügt man in Belgien dem Weizenbier einen Tropfen Grenadine zu, woraus die britische Sitte entstanden sein mag, dem „Lager" (Pilsner) einen Spritzer Zitrone beizugeben. Unbewußt erinnern sich die Belgier dieser burgundischen Tradition, wenn sie von guten Bieren als „Burgund von Belgien" sprechen.

Wie die Franzosen ihren Wein, bestellen auch die Belgier ihr Bier im *Ballon*, der in seiner Form je nach dem Bier variiert, das daraus getrunken werden soll. Jeder Brauer pflegt seine eigene Note. Zarte Gläser wie für einen Weinbrand, klobige Becher, hochstämmige Schalen wie aus mittelalterlichen Schlössern. Wer wählerisch ist, kann auch eine *Flûte* (Champagner-Flöte), eine *Chope* (Krug), eine *Pint* (Schoppen) bekommen – und andere Formen, wie sie in seinem Stammcafé zu haben sind. Sogar das normale Pilsner, das *Pils*, das Alltagsbier im Café, wird ab und zu im besonders vornehm wirkenden Glas serviert. Eher verlangen aber die örtlichen Bierspezialitäten nach solchen Gläsern. Die

Edle Gläser für Belgiens Burgund

Eindrucksvolles klassisches Pokal-Glas, das zum besonderen Klosterbier paßt. Für jedes Bier gibt es eine eigene Variante davon.

Einer Distel, dem schottischen Nationalemblem, gleicht dieses Glas, das in Belgien als Symbol-Glas für Gordon's Scotch Ale benutzt wird.

Seine dichte und sahnige Blume kann dunkles Bier am best... im breiten Glas, ein... weiteren Variante d... Pokals, entfalten.

Im Norden Europas trinkt man Bier, die romanischen Völker im Süden ziehen den Wein vor. Die Grenze zwischen beiden Gruppen geht quer durch Belgien, dessen Nationalgetränk aber unbestritten das Bier ist.

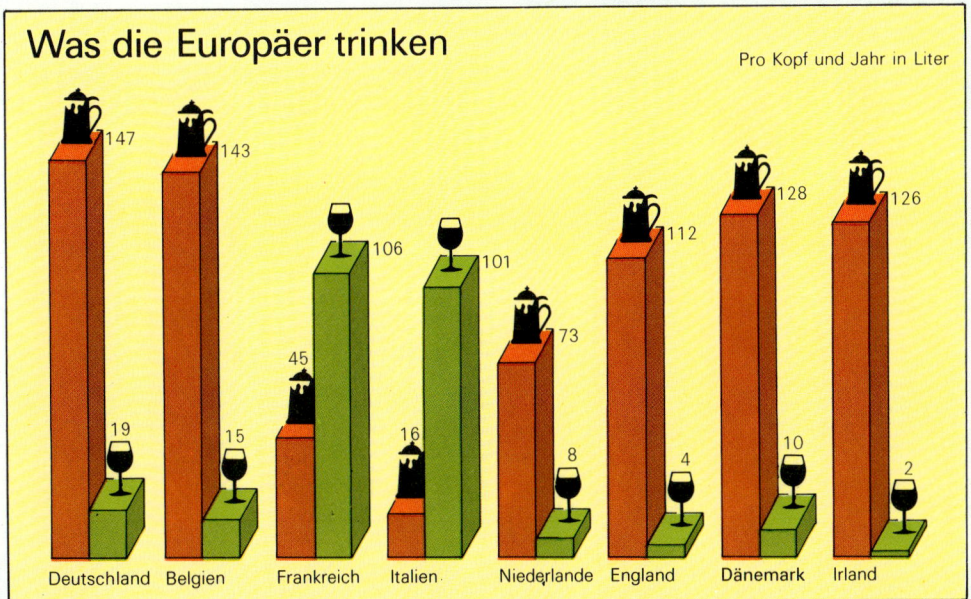

Was die Europäer trinken

Pro Kopf und Jahr in Liter

	Deutschland	Belgien	Frankreich	Italien	Niederlande	England	Dänemark	Irland
Bier	147	143	45	16	73	112	128	126
Wein	19	15	106	101	8	4	10	2

Brauer am Ort haben auch ihre eigene Flasche, oft noch mit Kork, darunter auch Formen, die besser zu einem Burgunder oder zu einem Champagner passen würden.

Selbst das bescheidenste belgische Bier könnte sich in vielen Ländern sehen lassen. Einige der besseren „Haushaltbiere", oft als „nur für die Kleinen" abgetan, haben immerhin 3,0 Grad, was sich zwar auf die Stammwürze bezieht, aber damit schon einen groben Anhaltspunkt für den Alkoholgehalt in Volu-

Für das goldene Triple, ein hohes Glas, das die funkelnde Klarheit unterbricht . . .

Sogar das normale untergärige Bier kann im großen Stiel-Glas seine elegante Note zeigen.

Dieses stilisierte Chimay-Glas bewahrt das Aroma des gehaltvollen Bieres.

menprozent gibt. Belgische Grade werden von den Zollbehörden benutzt. Daneben gibt es in Belgien vor allem zur Kennzeichnung nach der Lebensmittelgesetzgebung das Plato-System.

In den Benelux-Ländern werden die Biere nach ihrem Standard in Kategorien eingeteilt. Einfache Haushaltsbiere, sonst als „Tafelbiere" bekannt, werden als „Cat III" bezeichnet. Biere mit 3,0 bis 4,0 Grad (früher „Bock" und „Export") genannt, obwohl diese Namen anderswo etwas anderes bedeuten), rangieren in der „Cat II". Das Bier in den Cafés hat meist 4,6 bis 4,8 Grad, aber die ganze Skala dieser Biere reicht von 4,5 bis 5,5 Grad und mehr. Sie gehören alle zur „Cat I". Biere von 6,0 und mehr werden der „Cat S" („Superieur") zugerechnet. Bezeichnungen wie „De Luxe" u. ä. haben keine Bedeutung. Die meisten belgischen Varianten des englischen Ales und die höheren Qualitäten der dunklen Biere haben Werte von 5,0 bis 7,0 Grad, sind also „mittelstark" für einen Belgier. Klosterbiere sowie Belgiens beliebte „Scotch"-Ales haben, wie einige starke und braune Ales, die nicht einer besonderen Sorte zuzurechnen sind, gewöhnlich 7,0 bis 10,0 Grad. Was die Vielfalt ihrer Biere und wohl auch ihren Durst angeht, können es die Belgier durchaus mit ihrem deutschen Nachbar im Osten aufnehmen. Im Norden finden sich die holländischen Bierliebhaber vor allem in den Provinzen, die über die Grenze hinweg nicht nur durch ihre gleichlautenden Namen mit Belgien verbunden sind, wie z. B. Brabant und Limburg. Gleich im Süden über der Grenze zu Frankreich liegen im Flandrischen und in den Ardennen die Herzlande des Bieres Galliens. Und nur der Kanal trennt die Belgier im Westen von der englischen Grafschaft Kent, wo flandrische Einwanderer den Hopfenbau einführten und woher seitdem viele edle herbe Biere kommen.

Von jeher war Belgien ein wichtiges europäisches Zentrum. Brüssel ist heute die politische Hauptstadt Westeuropas. Doch seine Rolle als „Königreich des Bieres" verdankt Belgien weniger der Politik oder Geographie. Wo noch Pferde den Pflug ziehen, beschwören unversehens in der Landschaft auftauchende Fördertürme im Kohlengebiet von Mons und Lüttich die industrielle Revolution Europas im 18. und 19. Jahrhundert. Von Dover unter dem Kanal hinweg, von der Somme bis zur Ruhr zieht sich der Überrest eines riesigen Kohlenfeldes. Engländer, Franzosen und Deutsche machten Belgien zum Industrieland und im belgischen Bier lassen sich noch heute die Geschmäcker dieser Länder herausspüren. Und was einst als das Kohlengebiet bekannt war, hat heute den Ruf, das Herzland des Bieres zu sein – einen Ruf, der sich mit dem von Bayern und Böhmen messen kann.

FARO REGALE SES AMIS À L'OCCASIO
Notez Bien, Ces bières jusqu'a la premiere Separation sont de Bruxelles
A. Père Faro. B. Susse Lambic. C. Jef Half en half. D. Lie...
I. Janneken Kavesse. K. Pié Hoegaerds. Pauwel Kwak. L.

ANTS DE BIÈRE, CABARETIERS ET À TOUT LE MONDE.

PAIX

E.Karel _Pays de_

Brnynen.
Depuse

FARO HOUDT FEEST TER GELEGENHEYD VAN DEN VREDE.

Drydraed _Waes._ F. Tonne Leuvens _Louvain_ G. Lamme Peeterman. H. Luppe _Diest_ Diesters.

M.Signor _Anvers_ Geersten-bier N.Colas _Pays Wallon_ brune. O.Bruynen _Ypres._ Bacchus. & &

Eingefleischte Biertrinker bedauern gewiß das Verschwinden manch feiner Biere, die den Zusammen- und Stillegungen von Brauereien zum Opfer gefallen sind. Doch im Café führt man noch heute eine Vielzahl von Getränken, um die ausländische Besucher Belgien beneiden. Auf der großen Karte im Schaufenster der Cafés steht das Bier obenan; da gibt es keinen Schnaps, höchstens ganz am Ende der Karte einen Aperitif oder Wein zusammen mit Kaffee, Tee und Bouillon. Normal ist ein Pilsner nach belgischer Art. Solch ein *Pils* mag von Stella Artois, Jupiler, Maes, Lamot oder auch von einem der vielen kleinen Brauer sein. Dazu gibt es oft ein Premium-Pils mit einem „tschechischen" Namen und ein Import-Pils, meist aus Dänemark. Ab und zu findet sich auch ein nachgemachtes „Dortmunder", kurz „Dort" genannt, oder auch ein Münchner. Dann aber fängt es erst richtig an: Eine Gueuze, das wilde Weizen-Bier aus der Gegend von Brüssel und oft noch einige raffinierte Varianten dieses eigenwilligen Bier-Typs. Am meisten Abwechslung ist beim obergärigen Ale zu finden: einheimische belgische Ales, starke Ales, dunkle, braune Biere, Ales nach Trappisten-Art, ferner Biere, die speziell in England für den belgischen Markt gebraut worden sind, für Belgien einzigartige „Scotch" Ales, verschiedene Stouts, belgische, englische, irische, die ganze von den belgischen Bierkennern so sehr verehrte Skala des Bieres mit all ihren Farbtönen, Geschmacksnuancen und Stärkegraden. Ihre Stärke ist auf dem Etikett abzulesen, doch ihre Geschmacksnuancen richtig einzuschätzen, ist Sache des Biertrinkers. Jeder Brauer obergärigen Biers hält das seine für eine außerordentliche Spezialität, die man nur unter ihrem Markennamen bestellen sollte, und die belgischen Bierfreunde sind geneigt, dem zu folgen. Zumindest am Ort der Brauerei bestellen sie solch ein Bier auch als ein „Spéciale" und in Belgien gibt es viele solcher „Spéciales".

Rote Biere

Hätten die Ungarn nicht schon einen ihrer vollmundigen Weine so genannt, dann wäre *Stierblut* ein guter Name für das Bier, das Rodenbach in Roeselare in West-Flandern braut. Nur unter dem Namen seines Brauers bekannt, verdient dieses dunkle Bier mehr als z.B. alle

kupferfarbenen englischen Biere, die mitunter auf dem europäischen Kontinent so charakterisiert werden, das Merkmal „Rot".

Unter den reizvollen Bieren Belgiens machen es nicht nur seine Farbe und sein fruchtiges Bukett, sondern auch seine Herstellungsart zu einer Besonderheit: Das normale obergärige wird mit einem Bier verschnitten, das 18 Monate lang im Eichenfaß herangereift ist. Dieses Bier entsteht aus Gerste und Weizengrieß sowie – der Farbe wegen – aus halbdunklen Wiener Malzen und Karamel. Die Milchsäure, die sich beim Brauen bildet, gibt ihm ein prickelnd-scharfes und bittersäuerliches Aroma.

Manchen Bierfreunden erscheint dies nur als anerzogener Geschmack, auf den sie ganz gut verzichten könnten. Andere wiederum bleiben diesem ungewöhnlichen, erfrischenden mittelstarken Bier treu. Nur in dieser einen Brauerei gebraut, gehört Rodenbach zu den vielen eigenwilligen Bieren in Belgien, die für den rauhen Wind des Wettbewerbs besonders anfällig sind. Für Rodenbach gibt es aber keinen Ersatz, auch wenn seinen Anhängern das Oud Piro schmecken dürfte, das von Bevernagie bei Lichtervelde in West-Flandern gebraut wird.

Weißbiere

Die Flamen sind stolz auf ihr Löwen mit dem Rathaus im gotischen Flamboyantstil und den vielen Brauhäusern dieser Stadt, wenngleich das Vergnügen am Weißbier für manchen Fremden nur schwer begreiflich ist.

Wie die Deutschen ihr *Berliner Weißbier*, haben auch die Belgier ihr traditionelles „weißes" Weizenbier, das besonders mit der Stadt Löwen verbunden ist. Diese Stadt liegt noch in Flandern, aber nahe an der Sprachgrenze. So erklärt es sich, daß man dieses Bier wohl eher unter dem Namen *Blanche de Louvain* als *Leuvense Wit* kennt.

Jahrelang fiel es freilich vielen leichter, diese Löwener Spezialität nach der Biermarke Peeterman's zu nennen, zumal die Löwener nach

ihrer berühmten Peterskirche auch „Peeter-Männer" genannt werden.

Mitte der siebziger Jahre ließ die Brauerei Artois, der die Braustätte gehörte, die Produktion von *Peeterman's* auslaufen, und bald verschwand auch die typische altmodische Flasche mit dem weißen Stöpsel aus den Regalen der Cafés. Das Weißbier, hier so wegen seiner milchigen Farbe genannt, war als Erfrischung bei heißem Wetter hochwillkommen. Seine Stammwürze war gering, aber die Zahl seiner Anhänger um so größer. Heute liegt es bei einzelnen Brauern der Stadt, diese sommerliche Erfrischung zu bereiten.

An einer stärkeren und klareren Art von Weißbier hält man dagegen in Hoegaarden, 30 km östlich von Löwen, fest. Dort hatte zwar die Ortsbrauerei nach 500 Jahren um 1950 den Betrieb eingestellt, doch ein Bürger der Stadt, bis dahin im Milchgeschäft tätig, begann ab 1960 wieder die *Hoegaardse Wit* zu brauen. Heute stellt die Brauerei auch ein starkes „Triple" mit der Marke *Grand Cru* her. Das Braugerät aus der alten Hoegaarden-Brauerei ist jetzt in einem riesigen Freiluftmuseum im nahen Bokrijk bei Hasselt in der Provinz Limburg zu besichtigen.

Die Grand Cru-Tradition

Evangelisten-Brauer am Maischfaß in Hoegaarden. Hoegaardener Weißbier und die ihm verwandte Grand Cru, beide vollmundig und trocken, löschen hervorragend den Durst.

Vom Etikett her bekannt: der traditionelle Hoegaardener Krug, gut verschlossen, um den stark moussierenden Schaum in Zaum zu halten.

Wilde Biere

„Wilde Biere" nennt man im Lande Brueghels hin und wieder solche, die „wild", d.h. ganz im Gegensatz zur normalen Herstellungsweise ohne jeglichen Zusatz von Hefe gebraut werden. Solche nach uralten Braumethoden selbstgärenden Biere werden heute nur noch in einem sehr begrenzten Gebiet hergestellt; in großen Zügen entspricht es der Region, die vom Belgischen Fremdenverkehrsamt den Namen „Brueghel-Straße" erhalten hat. Es handelt sich um das Payottenland.

Dieses Gebiet erstreckt sich an der Senne im Westen des Anderlecht-Bezirks der belgischen Hauptstadt. Von seiner Heimatstadt, dem alten flämischen Marolles mag Brueghel oft in dieses Senne-Tal gekommen und dort Zeuge solch farbenfroher Bierszenen geworden sein, wie er sie in seinem *Bauern-Tanz* festgehalten hat.

So nahe liegt Payottenland bei der Hauptstadt, daß man in Brüssel seine Biere als ortseigene Spezialitäten ansieht. Grundtyp des wilden Bieres ist das *Lambic*, doch zu Brueghels Zeit war das schwächere *Faro* das Alltagsbier der Brüsseler. Die Vanderlinden-Brauerei benutzt noch immer diesen Namen für eines ihrer

Das eher „gesetzte" Lambic kommt im offenen Krug auf den Tisch . . . So spiegelt sich die Vergangenheit im traditionellen Café Bécasse („Zur Schnepfe").

117

In Brüssel, also nicht weit vom Payottenland, lebte Brueghel, als er den „Bauerntanz" malte. Aus solchen Steinzeugkrügen tranken die festlich ge putzten flämischen Landleute, um den Namenstag ihres Schutzheiligen zu feiern.

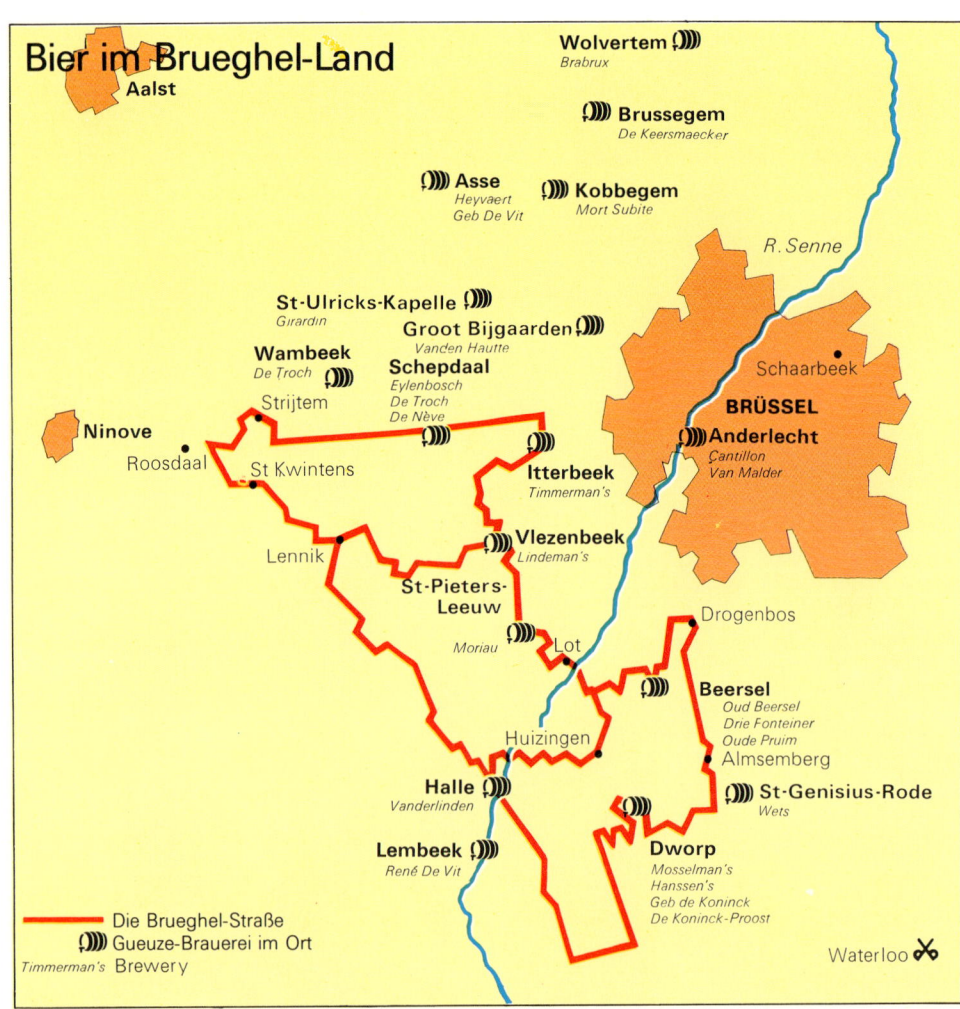

Bier im Brueghel-Land

Aalst

Wolvertem
Brabrux

Brussegem
De Keersmaecker

Asse
Heyvaert
Geb De Vit

Kobbegem
Mort Subite

R. Senne

St-Ulricks-Kapelle
Girardin

Groot Bijgaarden
Vanden Hautte

Wambeek
De Troch

Schepdaal
Eylenbosch
De Troch
De Nève

Strijtem

Schaarbeek

Ninove

Roosdaal

St Kwintens

Itterbeek
Timmerman's

BRÜSSEL

Anderlecht
Cantillon
Van Malder

Vlezenbeek
Lindeman's

Lennik

St-Pieters-Leeuw
Moriau

Lot

Drogenbos

Beersel
Oud Beersel
Drie Fonteiner
Oude Pruim

Huizingen

Almsemberg

Halle
Vanderlinden

St-Genisius-Rode
Wets

Lembeek
René De Vit

Dworp
Mosselman's
Hanssen's
Geb de Koninck
De Koninck-Proost

Waterloo

— Die Brueghel-Straße
Gueuze-Brauerei im Ort
Timmerman's Brewery

Was Brueghel auf seinen Wanderungen durchs Payottenland erlebte, bildet den Hintergrund seiner Szenen flämischen Landlebens. Wer heute im Payottenland auf seinen Spuren wandert, kann dort viele feine und für die Gegend charakteristische Gueuze-Lambics kennenlernen.

leichteren *Lambics*, das im Café Sainte Cathérine in der Straße gleichen Namens und dem Viertel als Spezialität gilt. Sonst aber ist dieser Name *Faro* heute ausgestorben. *Lambic* selbst ist eine Spezialität des Café Bécasse nahe bei der Grand' Place auf der Höhe der Rue des Fripiers, wo sich die jungen Leute treffen. Dort fließt das *Lambic* aus dem Faß direkt in die blau-grauen Steinkrüge.

Am besten läßt sich das *Lambic* in den Dörfern des Payottenlandes probieren. Einige dieser Wirtschaften kaufen ihr Lambic noch während es – kaum drei Monate alt, milchig und sehr sauer – im Faß gärt. In anderen Wirtschaften mag es schon drei oder vier Jahre alt und klarer sein. Dann schmeckt es weinig-bitter-süß. Junges Lambic hat kaum Schaum. Erst wenn es reift, bekommt es eine kleine Haube. Wer sich im Payottenland auskennt, weiß wo er sein bevorzugtes *Lambic* finden kann. Fremde müssen erst ihre eigenen Erfahrungen machen. Doch gibt es auch – allerdings nur wenige – Cafés, in denen junges und altes Lambic nebeneinander zu haben sind.

Braukunst von alters her

Der Gueuze-Brauer muß die Reife des Grund-Lambics richtig einschätzen, um es dann mit Feingefühl zu verschneiden und die Mischung gerade lang genug gären lassen. Echte Gueuze trotzt jedem modernen Wirtschaftsprinzip: Wertvoller Platz und Kapital sind lange gebunden, weil das Bier mehrere Jahre vergoren wird. Selbst wenn es schon in der Flasche abgefüllt ist, benötigt es noch seine Zeit zur weiteren Reife.
In ganz Flandern schätzen Biertrinker vor allem die Flasche mit der Folien-Kapsel (1), selbst wenn sie einmal explodieren könnte, weil sie nicht gefiltert wurde. Die Etiketten gefilterter (2) und ungefilterter (3) Gueuze unterscheiden sich nur wenig. Bierkenner aus der Nachbarschaft der Brauerei legen sogar Wert auf eine Gueuze-Flasche mit dem Zeichen ihres Brauers (4).

„Jung" ist das Bier bis zu seinem ersten Geburtstag; „alt" wird es erst „nach zwei Sommern". In Timmerman's Brauerei in Itterbeek liegt das Lambic zur Reife in 2,5 m hohen Holzfässern, die bis zu 75 Jahre alt sind und 6000 Liter fassen. Die zahllosen dunklen und kühlen Kellergänge mit ihren Spinnweben bieten offenbar den zauberkräftigen Mikroorganismen des Payottenlandes eine willkommene Heimstatt. Erfolgreiche *Lambic*-Brauer, so heißt es nämlich, ändern nie etwas an ihren Lageranlagen, aus Furcht, sie könnten dadurch die Mikroorganismen stören. Und in den Laboratorien der flämischen Universität Löwen steht man noch immer vor dem Rätsel des selbstgärenden *Lambic*.

Meist wird das *Lambic* zu einem fruchtigen Bier, der *Gueuze* verschnitten. Dazu nimmt man ein Drittel altes und zwei Drittel junges Bier. Die Mischung läßt man ein Jahr weiter in der Flasche gären. Bei Timmerman's sind alle Gänge, die nicht voller Fässer stehen, vom Boden bis zur Decke mit solchen Literflaschen vollgepackt, in denen die Gueuze reift. Sobald die Flaschen liegen, wird ihre Oberseite markiert, damit sie später beim Transport immer in der gleichen Lage bleiben und das Bier nicht gestört wird.

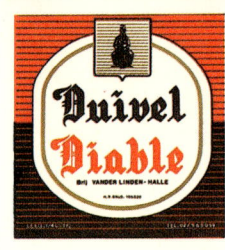

Für den Versand füllt Timmerman's auf modernen Anlagen ab, doch die Einheimischen im Payottenland ziehen die herkömmliche Literflasche mit dem Korken statt der Metallkapsel vor. Naturgereifte *Gueuze* wird auf dem Etikett der Brauerei mit *refermentation naturelle en bouteille / met naturlijke hergisting in de fles* gekennzeichnet. Eine gute *Gueuze* weist meist eine Stärke von 5,2 belgischen Grad auf. Timmerman's stellt auch – natürlich ohne diese Kennzeichnung – gefilterte *Gueuze* her, bei der es auf dem Transport kaum noch zum Bersten von Flaschen kommt, der aber der „Biß" des „lebenden" Bieres fehlt. Die Zeit, die man sich zur Herstellung der traditionellen Gueuze nimmt, läßt sich mit dem industriellen Bier-Produktionstempo nicht vergleichen. Daher sind die *Gueuze*-Brauer auch immer in Gefahr, von Brauerkonkurrenten, die nur auf die Kosten sehen, aus dem Geschäft gedrängt zu werden.

Wer Timmerman's mag, wird auch das ebenso traditionelle De Troch-Bier gern trinken. Die Brüsseler schwören auf „Mort Subite" („Plötzlicher Tod"), und ein Witz würde auch einen makabren Werbespruch dafür abgeben: „Von bière zu bière" („Vom Bier zur Bahre"). Und wer den „Plötzlichen Tod" sucht, stößt bald auch auf das „Teufelsbier" (*Duivelsbier*), ein dunkles Gueuze nach der Art von Vanderlinden.

Zu den Brauern im Payottenland zählen noch Girardin, Lindeman's, Eylenbosch und De Neve.

Oben: Die große Zeit des Lambics ist heute vorbei und das Faro ist kaum noch zu finden. Doch sind Biere dieser Art insgesamt noch immer beliebt. Mit dem Plakat warben die Brauer 1920 für ihr Lambic. Links: In Itterbeek, der Stadt seiner Brauerei, pflegt Timmerman's noch immer liebevoll seine Bierlegende.

Kirschenbiere

Das Land Brueghels ist auch die Heimat des echten Kirschenbiers. Früher wurde dieses Getränk mit Kirschen aus Schaarbeek bereitet, das jetzt zum Stadtgebiet von Brüssel gehört. Heute nimmt man dazu dunkle und saure Kirschen aus dem belgischen Norden. Im Niederländischen heißen rote Kirschen *kersen*, schwarze aber *krieken*, so daß das Kirschenbier genaugenommen besser *Krieken-Lambic* heißen sollte. zumal es auch mit dem besagten Weißbier hergestellt wird.

Ende Juli/Anfang August werden die Kirschen geerntet. Je 50 Kilo werden 250 Liter Bier zugegeben, damit ein vollmundiges *Krieken-Lambic* entsteht, das seinen Namen wirklich verdient. Mit Kern und Schale weichen die Kirschen im jungen Lambic. Das Fruchtfleisch vergärt und die Kerne bleiben beim Ablassen des Bieres zurück. Krieken-Lambic lagert das ganze Jahr über. Seinen delikaten und ausgewogenen Geschmack erhält es durch Verschnei-

den. Dieses Mischen von *Kriek* und Lambic verschiedenen Alters ist des Brauers Kunst, der sich mehr auf gutes Urteil und Gefühl als auf wissenschaftliche Formeln verläßt. Das Bukett des Bieres soll zwar seinen Ursprung ahnen lassen, sonst aber einen guten Kontrapunkt zur erfrischenden säuerlichen Schärfe abgeben. Das nicht gerade leichte Bier wird mit fortschreitendem Alter besser; nach fünf Jahren gewinnt es jedoch zu stark an Alkohol und verliert dafür sein Kirschenaroma. Ein *Krieken-Lambic* von Timmerman's Qualität hat 5 – 6% vol. Alkohol.

Timmerman's, dessen Brauerei ein ganzes Meer von Kirschkernen ausspeit, wurde besonders erwähnt, als das Verbraucher-Journal *Test-Achats* über die zehn bekanntesten *Kriek*-Markenbiere berichtete. Vor allem wurde dabei anerkannt, daß Timmerman's ebenso wie De Koninck (nicht mit der großen Brauerei gleichen Namens in Antwerpen zu verwechseln) ohne künstlichen Farbstoff braut, was

sonst eine allgemein verbreitete Sünde ist. De Koninck hielt man jedoch vor, daß er Saccharin verwendet, lobte ihn aber wegen seiner niedrigen Preise. Schließlich wies die Zeitschrift noch darauf hin, daß Marken, die sich *Kriekenbier* nennen, manchmal auch außerhalb von Payottenland, aber dann ohne *Lambic* gebraut würden.

Es gibt aber ein außergewöhnliches *Kriek*, das man trotz dieser geographischen Grenze nicht so bewerten darf, nämlich das von Liefman's in Oudenaarde. Es wird mit dem für diesen Ort typischen braunen Ale bereitet und fällt mit mehr als sieben Prozent Alkohol besonders stark aus. Gebraut wird mit erster und zweiter Gärung im Jahr vor dem Einweichen der Kirschen. Im Jahr darauf wird auf Flaschen abgefüllt. Dann bleibt das *Kriek* noch mehrere Monate in den *Caves* der Brauerei, um in der Flasche zu „reifen", bevor es verkauft wird.

Madame Rose's starke Biere

Seit sie in schwerer Zeit ihre Aufgabe bei Liefman's in Oudenaarde übernahm, ist Madame Rose Blanquaert-Merckx Belgiens einzige Brauerei-Unternehmerin. Mit besonderem Elan setzt sie sich für die Herstellung und den Vertrieb ein. Die Brauerei bestand schon 1679, wie ein Steuerbescheid beweist (unten). Hier braut man u. a. eine ungewöhnliche Variante belgischen Kirschenbiers und ein berühmtes Oudenaarde Dunkel, das zu Hause zu lagern und nur zu besonderen Gelegenheiten zu kredenzen ist. Beide Biere werden in zahlreichen verschiedenen Riesenflaschen angeboten, die in Seidenpapier eingewickelt sind.

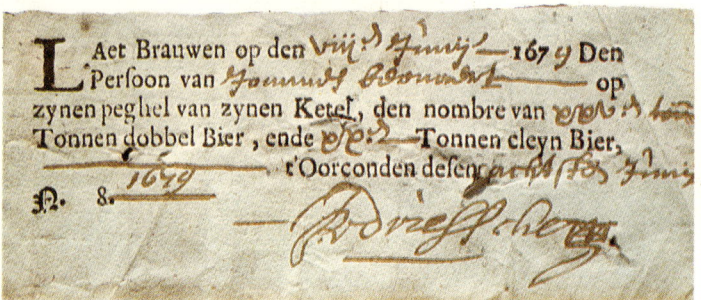

Braune Biere

Die Farbskala der obergärigen Biere, wie man sie in fast allen belgischen Städten als Spezialitäten braut, reicht von Bernsteingold bis zu Schwarz. Oudenaarde ist im ganzen Land gleichbedeutend mit dunklem, braunem Bier. Das Wasser dort unterscheidet sich mit seinem hohen Karbonat-Gehalt kaum von dem von München. Es eignete sich daher besonders gut für dunkle Biere, bevor die Brauer solche Besonderheiten ohne weiteres zu ändern vermochten. Zu dieser Zeit gab es in Oudenaarde über zwanzig Brauer, heute zählt man dagegen im ganzen Bereich nur noch drei oder vier.

Ein besonders charakteristisches Oudenaarder braunes Bier wird in der Stadt selbst von der Brauerei Liefman hergestellt, die seit 1679 besteht. In letzter Zeit hat diese Brauerei auch dadurch von sich reden gemacht, daß sie von einer Frau geleitet wird. Madame Rose Blanquaert-Merckx ist zum Haupt-Braumeister aufgestiegen und pflegt Produktion und Brauerei mit kritischem Blick auf blitzende Kupferkessel und wohlgefüllte Lagerkeller.

Weiden umgeben die Brauerei, auf denen Kühe grasen. Von dort kommt auch aus einer Quelle das Wasser für Liefman's *Gouden Band*-Biere (Goldenes Band). *Gouden Band* „Special" ist ein mittelstarkes braunes Ale, ziemlich trocken, mit leicht süßem Nachgeschmack. Daneben gibt es auch ein *Gouden Band* „Provisie", das acht bis zwölf Monate reift und abgefüllt wird, bevor es ganz ausgegoren ist. Es reift dann weiter in den *Caves*, bis es schließlich verkauft wird. Sein Gehalt liegt über 6,0 Grad.

Ihre Biere läßt Madame Blanquaert in Literflaschen und Siphons abfüllen, verkorken und in Seidenpapier einhüllen, damit man sie zu Hause aufheben kann und sie eines Abends gemächlich und genüßlich trinken kann. So verpackt, versichert Madame, behalten sie ihre Qualität mehrere Jahre lang.

Nicht weniger als drei *Oudenaardse Bruins* und mehrere dunkle Ales werden im nahegelegenen Ort Mater von der Roman-Brauerei hergestellt. Dem Namen nach könnte diese aus der Römerzeit stammen, doch das Unternehmen ist schon ganz zufrieden, daß seine Geschichte bis ins Jahre 1545 zurückreicht. Insgesamt braut es über ein Dutzend Biere, darunter auch ein reich gehopftes Pilsner guter Qualität. Außerdem werden Biere aus Dänemark, Deutschland und England importiert und zum Teil auch in Mater abgefüllt. Das wichtigste Roman-Bier, braun, trocken mit süßem Nachgeschmack, heißt „Mater". Es hat knapp 5 Grad im Vergleich zu 5,5 beim „Special Mater" und 7,0 beim „Double Brown". Schließlich produziert die Brauerei noch braune Tafelbiere sowie starke „Scotch"- und „Christmas"-Ales.

Braune Stadt

Zu den berühmten braunen Ales von Oudenaarde gehören die der Roman-Brauerei, ein jedes mit unterschiedlicher Stärke als Spezialität des Ortes gebraut. Daneben ist diese Brauerei auch für ihr gutes Pils bekannt.

Eines der stärksten: Roman's Doppel-Braun

Das Spezial, ein sehr kräftiges Bier

Mater, das normale Braune, nach dem Ort genannt

Brunor, ein braunes Ale für die Tafel

Für Bierfreunde ist Oudenaarde, einst berühmt durch seine Teppichweberei, ein Ort großer Brauer. Der Reichtum der Stadt zeigt sich noch heute in dem alten großartigen Rathaus. Rechts: In der Schlacht bei Oudenaarde (1708) führte der spätere König Georg II. von England und Hannover im Spanischen Erbfolgekrieg seine Schwadron in den Kampf.

Nicht weit weg von Oudenaarde, nach Gent zu, gibt es ein weiteres dunkles, braunes Bier unter den obergärigen Bieren der Brauerei Crombé in Zottegem. Diese Biere, darunter auch ein helles Ale, werden in Champagnerflaschen abgefüllt. *Oud-Zottegem* dient der Brauerei als Markenname.

Mehrere Brauer bringen auch Braun-Biere nach *Münchner* Art heraus. Eines davon ist freilich mit vollem Recht eine belgische Spezialität geworden: das *Gildenbier*, das in Diest, zwischen Brüssel und Hasselt, der Hauptstadt der Provinz Limburg, gebraut wird und mindestens neun Monate reift. Von diesem starken Bier gibt es zwei Sorten: eine mit 7% vol., die andere sogar mit 9% vol. Alkohol.

Daneben finden sich einige süße braune Ales, die ziemlich leicht sind. Dazu gehört vor allem das Van Lubbeek, das im Gebiet von Löwen sehr beliebt ist. Dort trinkt man auch gern *Half om half* (Halb und Halb), eine Mischung von Van Lubbeek *Bruin* und *Pilsner*.

Klosterbiere

Im Kloster Chimay, bereitet man hervorragendes Bier (links) und feinen Käse. Nach der Stärke richtet sich die Farbe der Kapsel: Blau für das stärkste Bier, dann folgen Weiß und Rot. Fünf Klöster brauen noch, doch auch andere Biere rühmen sich ihres kirchlichen Ursprungs, mitunter ohne Grund.

In Frankreich verdient der geistliche Stand sein täglich Brot mit der Herstellung von Nougat oder Benediktiner-Likör. Im bierliebenden Belgien gab es für die Klöster keine Frage, welchem Erzeugnis sie sich widmen sollten.

Schon seit dem Mittelalter brauen hier die Zisterzienser-Mönche, und ihr Bier findet nicht nur bei Kennern seit mehr als hundert Jahren großen Anklang. Ursprünglich wurde in den Trappisten-Klöstern der Zisterzienser wie in Westmalle, Provinz Antwerpen, das Bier nur für den eigenen Bedarf und die Gemeinde am Ort bereitet. Erst später verkaufte man es auch in anderen Gegenden. Heute sichern die Einkünfte aus der Brauerei nicht nur die Erhaltung des Klosters, sondern ermöglichen auch seine karitative Arbeit.

Das „Triple" der Trappisten von Westmalle ist ein Bier von ungewöhnlich goldener Farbe, herrlich vollmundig und trocken, mit gutem Hopfen-Bukett. Es hat 8% vol. Alkohol im Vergleich zum dunkleren „Double" mit 6% vol.

Ein anderes flämisches Kloster, St. Sixtus, hat eine Auswahl hervorragender dunkler Ales, deren Alkoholgehalt von vier bis zwölf Prozent reicht. Das Kloster liegt in Westvleteren bei Poperinge in West-Flandern.

Das erste Kloster, das für den Verkauf braute und dessen Biere verdiente Anerkennung fanden, wurde von Mönchen gegründet, die aus Flandern in die französisch sprechenden Provinzen zogen. Diese Abtei liegt im Waldgebiet nahe an der französischen Grenze, in Chimay bei Scourmont im Hennegau.

Wie alle Trappisten-Biere sind auch die von Chimay obergärig. Zur Abfüllung wird für eine zweite Gärung in der Flasche ein wenig Hefe zugegeben. Ähnlich wie das Triple von Westmalle ist Chimay's *Capsule Bleue* (Blaukapsel) mit seiner kupfernen Farbe, dem dichten, sahnigen Schaum und seinem duftigen Aroma ein Bier von Qualität und Charakter. Es ist stark gehopft, aber mit seiner Blume voll ausgewogen. Sein Alkoholgehalt beträgt 8% vol. im Vergleich zu den 6% des *Capsule Rouge* (Rotkapsel). Zwischen beiden liegt das siebenprozentige *Capsule Blanche*, ein ganz besonderes Bier von hellerer Farbe und deutlicher Herbheit, das an ein helles Ale mit hoher Stammwürze erinnert.

Mit seinem noch stärker ausgeprägten herben Geschmack, der auf eine reichliche Hopfengabe zurückgeht, zählt das *Orval* in der Kegelflasche, das von den Trappisten-Brü-

Klosterbrauereien

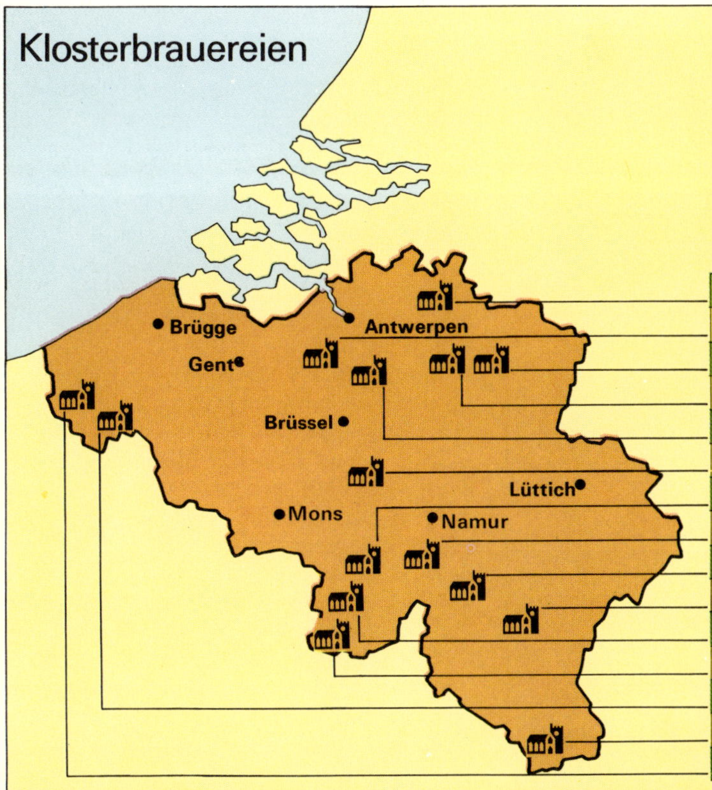

	Klostergebäude steht noch	Kann besichtigt werden	Klosterruine	Besichtigung nur nach Voranmeldung	Begegnung mit Ordensbrudern möglich	Bierausschank im Kloster	Bier wird im Kloster gebraut	Auch andere Spezialitäten
Westmalle	●						●	●
Affligem	●	●				●		●
Postel	●	●			●			●
Tongerloo	●	●			●			
Grimbergen				●	●			
Villers La Ville			●	●				
Ermitage				●				
Maredsous		●		●		●		●
Leffe		●			●			
Rochefort		●					●	
Aulne			●				●	
Chimay	●	●				●	●	
Warneton				●				
Orval	●	●			●	●	●	●
Westvleteren	●	●			●		●	

Brügge · Antwerpen · Gent · Brüssel · Mons · Lüttich · Namur

Im Himmel vergoren

Nur die fünf Klosterbiere, die noch im Kloster selbst gebraut werden, dürfen das Wort „Trappist" auf dem Etikett führen (oben v. l. n. r.): Orval, St. Sixtus von Westvleteren, Westmalle, Chimay und Rochefort. St. Sixtus braut nur für den Ausschank im Kloster. Nach gleichem Verfahren wird in der nahen Brauerei in Watou, nach dem hl. Bernhard genannt, ein Bier für den Verkauf hergestellt. Ähnliche Lizenz-Verträge haben auch andere Klöster abgeschlossen. Andere Klosterbiere führen Namen von recht ungewissem Ursprung. Manche, meist obergärige Ales, nennen sich nach ehemaligen Klöstern. Das seltsamerweise Jacobins genannte Bier ist freilich eine Gueuze. Nach dem örtlichen Schutzpatron ist Pater Lieven genannt und Thélème nach der von Rabelais beschriebenen Abtei, einem Symbol für gutes Essen und Trinken.

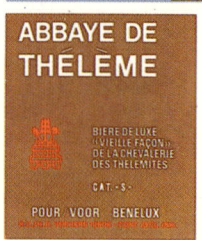

dern im nahen Villers-Devant-Orval hergestellt wird, zu Belgiens klassischen Bieren. Ein drittes Bier dieser Art braut man in Rochefort bei Dinant, ebenfalls im französisch sprechenden Teil Belgiens, in der sich sanft wellenden Landschaft des Vorgebirges der Ardennen. Dieses Bier aus Rochefort ist von kupferner Farbe, aber sonst nicht unähnlich dem *Bleu* und *Rouge* von Chimay, jeweils mit sechs, acht und zehn belgischen Grad.

Die Trappisten sind die einzigen Klöster, die noch ihr eigenes Bier in Anlagen auf eigenem Grund brauen. Vom Gesetz ist es nur ihnen gestattet, ihr Bier auf Etiketten usw. als Trappisten-Bier zu kennzeichnen. Auf den Getränkekarten der Cafés werden jedoch auch die Biere anderer Klöster als „Trappisten"-Biere angeboten.

Wenigstens ein Dutzend weiterer Klöster anderer Orden haben auch eine alte Brautradition. Doch brauen sie nicht mehr im Kloster, sondern haben weltlichen Brauern außerhalb des Klosters gegen entsprechende Abgaben erlaubt, ihre Klosterbiere zu brauen. Einige von ihnen sind von besonderer Güte, wenn ihnen auch der Glanz der Trappisten-Biere fehlt. So wird das helle und äußerst bittere Floreffe, in der Flasche gereift, in der historischen Bierstadt Malines hergestellt, die besser unter ihrem flämischen Namen Mecheln bekannt ist. Es wird dort von der Anker-Brauerei gebraut, die für ihre starken Ales besonders bekannt ist. Die rubin- und bernsteinfarbenen Biere, die an die Abtei Maredsous erinnern, kommen aus der Moortgat-Brauerei. Und das goldfarbene Bier mit dem Namen Abbaye de Leffe Triple ist nicht etwa deswegen gering zu schätzen, weil

Starkbiere

Wenn auch Karl der Große Kaiser des Heiligen Römischen Reiches war, so muß doch ein nach seiner Goldmünze benanntes Bier als weltlich gelten. Der Gouden Carolus, ein starkes Ale aus Mecheln, ist darauf nicht festgelegt, denn der spätere Kaiser Karl V. wurde in Flandern geboren und wuchs in Mecheln auf. Von Anker gebraut ist Gouden Carolus eines von drei oder vier hochindividualistischen starken Ales in Belgien. Seine Farbe ist ein dunkles, tiefes Kupferbraun. Sein Geschmack ist gehaltvoll und malzig. Bukett und Aroma lassen auf ein besonders starkes Bier schließen, obgleich die 19 Grad, die auf der Flasche angegeben sind, sich auf die Balling-Skala beziehen, was auf etwa acht Volumenprozent Alkohol hindeutet.

Ein wiederum sehr individualistisches Ge-

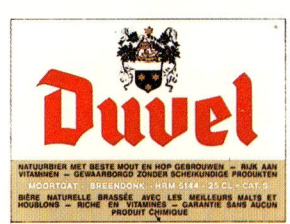

genstück hierzu ist das helle, strahlend goldene Ale Duvel, das in der gleichen Gegend in Breendonk von Moortgat gebraut wird. Es schmeckt täuschend leicht und mild, ist aber gut gehopft und hat eine Dichte von mehr als sieben Prozent. Man bezeichnet es auf dem Etikett als „natürliches Bier, mit bestem Malz und Hopfen gebraut, reich an Vitaminen und frei von Fremdstoffen". Der Hopfen kommt aus der Tschechoslowakei, das Malz aus Dänemark – und auch der Rest der Kennzeichnung wirkt glaubhaft in einem Land, wo man so et-

was nicht leicht nimmt. Daher ist Duvel bei den Bierkennern in Belgien sehr beliebt. Zwei bis drei Monate reift das Bier in der Flasche, bevor es die Brauerei verläßt: gefiltert in der ¼-l-

Flasche und naturbelassen ausgereift in der ⅓-l-Flasche. Gewöhnlich wird Duvel in einem Glas ausgeschenkt, das man aus dem Kühlschrank nimmt und das nach dem Einschenken durch die Kondensation „frostig" anmutet.

Außerdem gibt es noch einige örtlich besonders geschätzte starke Ales, so in Brüssel von

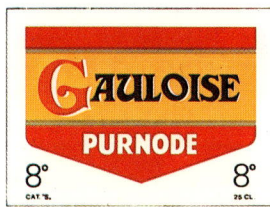

Wielemans (die Brauerei von *Wiel's Pils*) ein helles starkes Ale „Coronation", weiter südlich bei Tournay ein ungewöhnlich starkes (10%) kupferbraunes Bier von Dubuisson, das sich Bush-Bier nennt. Und mit dem merkwürdigen Namen Gauloise wird ein ähnliches Ale von etwa acht Grad in Marbaix bei Charleroi hergestellt.

es „nur" in einem Tochter-Brauhaus der riesigen Brauerei Artois hergestellt wird. Bei De Leffe gibt es ein paar hervorragende dunkle Ales als Gegenstück dazu. Mögen andere Klosterbiere weniger himmlisch munden und mag auch ihre Verbindung zum geistlichen Stand nur dürftig sein, so sind die meisten von ihnen doch recht annehmbare starke Ales.

Die Trappisten-Klöster und auch andere Abteien unterhalten Gastwirtschaften, in denen das Bier ausgeschenkt wird und manchmal auch der selbst bereitete Käse angeboten wird. Diese *Auberges* sind oft nur von geringem historischen oder kirchlichem Interesse. Doch viele belgische Familien und auch Touristen aus Deutschland, Frankreich und den Niederlanden kehren dort gern zum Wochenende ein.

Einige Biere, die kaum Anspruch auf eine Beziehung zur Kirche haben, schmücken sich dennoch mit feierlichen Namen. Am bekanntesten ist wohl Cuvée de l'Ermitage, ein beliebtes Ale von acht Grad, stark, bernsteinfarben und süß. Es wird neben ein paar guten obergärigen Bieren von der Union-Brauerei im Hennegau hergestellt. Cuvée St. Amands, ein kräftiges dunkles Ale mittleren Geschmacks, kommt aus Bavikhove in West-Flandern, und in Nismes, nicht weit von Chimay, braut man das Spécial d'Avignon, ein dunkles und süßes Ale.

St. Feuillien ist ein goldfarbenes Bier nach Klosterart aus Roeulx nördlich von Mons. Watou hat eine ganze Reihe von Klosterbieren je nach örtlicher Eigenart zu bieten, und die Marcel Contreras-Brauerei in Gavere, Ost-Flandern, stellt ein feines goldfarbenes Bier mittlerer Stärke nach Klosterart her.

Das starke Ale Kaiser Karls V. wird in der früheren Hauptstadt der habsburgischen Niederlande Machlina, heute als Mecheln bekannt, gebraut. In der Stadt gibt es noch zwei Brauereien und ein prächtiges Ratsherren-Haus.

Belgische Ales

Nur in Antwerpen gibt es Obergäriges als regelrechtes Ausschankbier, aber jede Region hat mindestens ein Ale im Ausschank. Brüsseler halten nach Speciale Aerts Ausschau, während man im Süden die Tradition der „Saison"-Ales weiterführt.

Es gibt viele Gründe, nach Antwerpen zu fahren: Rubens lebte hier, und viele seiner Gemälde sind in den Museen und Kirchen dieser Stadt zu sehen. Wie Amsterdam ist es Zentrum der Diamanten-Schleiferei, und manche Werkstatt kann besichtigt werden. Es ist der drittgrößte Hafen der Welt mit geschäftigem Treiben und munterem Nachtleben in den Bars. Dazu gibt es noch viele bauliche Kostbarkeiten. So braucht man einen Grund zum Trinken nicht erst zu suchen: es genügt, das *Brouwershuis* zu besichtigen, von dem aus einst das Wasser zu den 24 Brauereien gepumpt wurde. Heute gibt es nur noch eine Brauerei in der Stadt, aber ihr Bier ist schon die Reise wert.

Als die belgische Brauindustrie nach dem Ersten Weltkrieg allgemein zur untergärigen Brauweise überging, war die Antwerpener Brauerei De Koninck eher konservativ gestimmt. Mag es ihr an Kapital oder auch an Fachwissen zur Umrüstung gefehlt haben, sie fuhr jedenfalls fort obergärig zu brauen. Heute erscheint der Name De Koninck auf den Wirtshausschildern der Cafés mit dem Zusatz *hoge gisten*. Und belgische Biertrinker sind Kenner genug, um das zu schätzen.

Während die zahllosen kleinen belgischen Brauer vielerlei obergärige Biere, „Specials", Braune, „Trappisten" u. a. m. herausbringen, ist De Koninck heute die Alltagsmarke in vielen Antwerpener Cafés. Meist kostet es so viel wie das „Café"-Bier des belgischen Pilsner Typs gleicher Stärke, aber es ist gehaltvoll und brillant, kupferfarben und vollmundig mit ganz eigenem Geschmack. Es wirkt leicht ölig und ist doch transparent; es schmeckt malzig und ist doch gut gehopft.

In Antwerpen ist De Koninck fast überall als Faßbier aus dem Zapfhahn zu haben, und frisch schmeckt es am besten. Es ist gefiltert, aber nicht pasteurisiert. Es kann nur unter leichtem Druck gezapft werden. Das Flaschenbier ist pasteurisiert und behutsam mit Kohlensäure an-

gereichert, die bei der Gärung anfällt.

Obwohl keine andere große Stadt ein obergäriges Bier als Hauptbier hat, sind viele auch auf die einheimischen Ales stolz. Von Brasschaat, nicht weit von Antwerpen, kommt ein

obergäriges Bier, von heller Farbe und in der Flasche gereift, Witkap Pater genannt. Die Brüsseler dagegen schwören auf Special Aerts, das traditionell in Burgunderflaschen verkauft wird. Im Süden des Landes nennt man obergärige Biere manchmal *Saisons*, wie z. B. das Saison Regal, das in der Flasche reift,

während das bei Dinants sonst so angenehmen Copère leider nicht der Fall ist.

Manche Marken geben sich – in unterschiedlichem Maße – „national": Op Ale, Palm Ale (von dieser Brauerei gibt es verschiedene Biere), Ginder Ale und Vieux Temps. Viele belgische Ales sind wahre Originale. Andere wiederum richten sich nach der Popularität einiger hochqualitativer englischer Biere obergäriger Brauweise. Meist schmecken die belgischen Biere hefiger als das englische Ale oder das deutsche *Alt*, was vielleicht daran liegt, daß die belgischen Brauer einer einzigen Hefekultur treu bleiben, während die Engländer Hefemischungen verwenden. Würze und Bukett der belgischen Biere sind oft sehr aromatisch. Bei einer echten Spezialität mag dies an der Kunst des Brauers liegen, bei der Imitation englischer Ales kann das aber schon als listige Schläue ausgelegt werden.

Ein Zentrum flämischer Kultur ist Antwerpen, Belgiens zweitgrößte Stadt, mit seiner hohen Kathedrale und dem großen Hafen – eine Stadt wo man zu Aal in Kräutersoße, Zeeland-Muscheln und Austern De Konincks obergärigen Ales trinkt.

Das helle Ale

So werden wenige Engländer jemals von John Martin's Ale Pale gehört haben, doch mancher Bierfreund in Belgien glaubt, es sei so englisch wie Tommy Atkins.

Und doch, trotz der englischen Schreibweise des Namens, ist John Martin ein Belgier, der Bier nach Antwerpen importiert und dort abfüllt. Sein Pale Ale bekommt er aus England, wo man es als Courage's Bulldog kennt. Nicht daß Courage's Bulldog in England eine bekannte Marke wäre; mit seiner sehr hohen Stammwürze ist es eher ein Spezialbier.

Courage hat eine Reihe heller Biere (darunter auch ein reguläres leichtes Ale und „John Courage" als Premium-Marke), doch nur wenige wären für den belgischen Geschmack stark genug. Einige helle englische Ales würden in belgischen Graden auf 3,1 kommen; ein normales helles Flaschen-Ale, ein Bitter aus dem Zapfhahn oder im Fäßchen könnte es eher auf 3,5 als auf 4,5 bringen. „John Martin" aber liegt bei weit über 6,0 Grad.

Damit erhalten die Belgier einen recht schmeichelhaften Eindruck vom englischen Bier, während dem Besucher aus England in Belgien eine Reihe angenehmer Überraschungen bevorsteht. Flaschenbier von Bass, ein sehr beliebtes helles Ale, wird in England mit einer Dichte verkauft, die etwa 4,2 belgischen Grad entspricht. Die für Belgien gebraute Version hat aber 5,4 Grad! Das belgische Bass-Bier ist wahrscheinlich noch etwas stärker als Englands vielgeliebtes Worthington White Shield, doch keines der importierten hellen Ales reift wie dieses Bier in der Flasche.

Seit anderthalb Jahrhunderten wird Bass nach Belgien importiert, früher wohl nur für die Engländer, die zur Industrialisierung ins Land gekommen waren. Das rote Etikett, wie es in Belgien benutzt wird, erinnert an die Flaschen auf dem Bild *Die Bar in den Folies Bergères*, das Manet 1882 gemalt hat. Zu Bass gehört auch die Lamot-Brauerei in Belgien, die unter dem Namen „Burton" ein obergäriges Bier mit knapp 5,0 Grad herausbringt. Getreu dem Geist von Tommy Atkins wurde es zuerst für die NAAFI-Kantinen der britischen Truppen nach 1945 gebraut.

Auch Whitbread's hervorragendes helles Ale und der eher süße „Brewmaster" sind beide in Belgien zu haben. Sie werden aus England importiert, obwohl Whitbread auch in Belgien braut, von dort aus aber meist europäische Länder beliefert. (In Brüssel mag man Bass, in Antwerpen zieht man Whitbread vor, erzählt man sich unter Bierkennern.) Watney's, zu der auch Maes *Pils* gehört, braut unter eigenem Namen in Chantelet ein helles Ale und ein „Red Barrel" von 5,2.

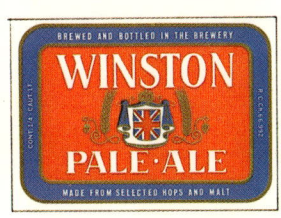

In Belgien gibt es „britische" Marken, die in England niemand kennt. So ist Winston rein belgisch, von derselben Brauerei, die in Marbaix Saison Regal braut. John Martin ist eine belgische Firma und sogar das berühmte Bass Pale Ale ist ganz auf den belgischen Geschmack abgestimmt.

129

Scotch- und Christmas-Biere

Belgisches „Scotch": Gordon's, McEwan's, und Younger's kommen aus Schottland und Newcastle, Campbell's von Whitbread. „Scotch" Ales werden von Watney's und Young's in belgischen Brauereien gebraut.

Mehrere belgische Brauereien brauen Christmas-Biere (immer in englischer Schreibweise). Die Roman Brauerei steuert sogar ein „Christmas Bell" („Weihnachtsglocke") bei.

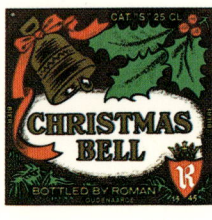

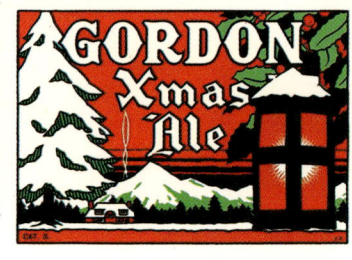

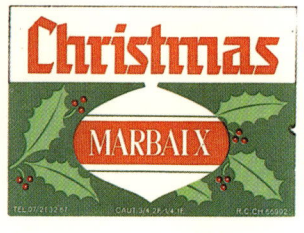

Daß die Schotten kein Weihnachten feiern, um ihr Trinkgelage für Sylvester aufzusparen, würde die Belgier sehr überraschen. In Belgien ist „Scotch" nämlich kein Whisky, sondern ein sehr dunkles und öliges Bier von winterlicher Stärke. „Christmas"-Ale, in höherer Dichte und zu höherem Preis zur entsprechenden Zeit auf den Markt gebracht, ist das Pendant dazu.

Ebenso wie ihr John Martin's helles Ale, das in England unbekannt ist, haben die Belgier auch Scotch Ales, die man in Schottland nicht kennt, dazu noch mit Namen schottischer Clans wie „Gordon's" oder „Campbell's". Und wenn „Gordon's Scotch" über die Grenze nach Frankreich geht, wechselt er sogar seinen Clan zu „Douglas Scotch", denn in Frankreich ist „Gordon" ein englischer Gin.

Solche Namensverwechslungen sind dem Importeur und Abfüller Martin's in Antwerpen zur Last zu legen. In den zwanziger Jahren nahm er den Import schottischer Biere auf, die sich seitdem ihren festen Platz im Trinkrepertoire der Belgier erobert haben. In Großbritannien wird dagegen dieser Begriff kaum noch verwandt. So ist das belgische „Scotch" ein starkes Ale geblieben, während Gesellschaft und Steuerpolitik in England und Schottland die Stärke des Bieres heruntergedrückt haben.

Ein „Scotch"- oder „Christmas"-Ale kann acht, neun oder zehn belgische Grad haben und gelegentlich sogar belgische „Specials" oder „Trappisten" an Stärke übertreffen, von denen es sich – malziger und länger vergoren – im Geschmack nur leicht unterscheidet.

Scottish & Newcastle Breweries bringen mehrere leicht unterschiedliche „Scotch"- und „Christmas"-Biere für den belgischen Markt heraus: Dazu gehören: Gordon's (vertrieben von Martin in Antwerpen), McEwans (über Bass-Lamot) und Younger's (von Whitbread vertrieben). Diese letzte Brauerei hat noch eine eigene Marke (Campbell's), während Watney's Young's und ein paar belgische Brauereien ebenfalls ihre „Scotch"- und „Christmas"-Biere haben.

Weitere Vorteile genießt Belgien beim Starkbier. Von solchem schweren Bier mit der Würze stark gemälzter Gerste sind in Belgien mehrere Marken zu haben, die man auf den britischen Inseln kaum kennt.

So kommt unter Whitbread's Namen ein bitteres Starkbier auf den Markt; ein milderes aus Lamot als Bass Imperial Stout, und Watney's Stout ist ein mittelsüßes Bier, das in Chatelet hergestellt wird. Mit 5,0–6,0 belgischen Grad sind alle drei stärker als britische oder irische Stout-Biere.

Das „Export", von Guinness in Dublin gebraut und in Merseyside abgefüllt, kommt auf einen Wert von 7,3 belgischen Grad.

Untergärige Biere

Höchstes Lob wird verständlicherweise den obergärigen Spezialitäten und den Weizenbieren Belgiens zuteil, denen im wesentlichen die reizvolle und farbige Vielfalt des Bieres in diesem Land zu danken ist. Was jedoch das Alltagsbier in Belgien angeht, so sind ihnen die untergärigen Biere weit voraus.

Auf Pilsner allein entfallen über 70 Prozent des Absatzes in Belgien, und eine *Pils*-Marke, Stella Artois, vereint auf sich mehr als ein Drittel davon. Sie ist auch die einzige belgische Biermarke, die – wenn man sich darum, verglichen mit niederländischen und dänischen Brauern, auch nur wenig bemüht – über die Grenzgebiete hinaus in anderen Ländern recht gut bekannt geworden ist. Ihr Name geht nicht auf die benachbarte französische Region zurück, sondern auf den ersten Besitzer Sebastian Artois. Ihre zahlreichen Brauhäuser sind in ganz Löwen zu finden, wo Artois die lokale *Pils*-Marke Leopold gehört.

Bei dem großen Durst und der Vorliebe der Belgier für *Pils* gibt es natürlich Dutzende von Marken. Doch trotz dem starken Wettbewerb

Wie schon der Name sagt, verdankt Bergen-Bier seinen flämischen Namen den Anhöhen bei Mons. In dieser Gegend werden viele Pils-Biere gebraut.

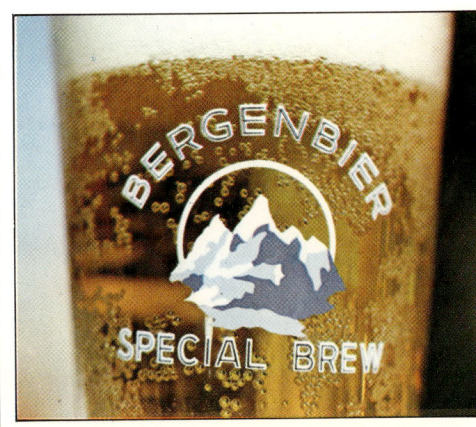

bleibt man in Belgien seiner Marke treu – meist mit recht subjektiver Begründung: Als nämlich das Magazin *Test-Achats* eine Pils-Probe mit etwa zwanzig belgischen und beliebten Importbieren veranstaltete, vermochte die Mehrheit der Teilnehmer kein einziges Bier zu bestimmen.

Sowohl die schwächsten als auch die stärksten der getesteten Biere waren Importmarken. Das belgische *Pils* lag genau in der Mitte. Am schwächsten erschien das holländische Amstel-Bier; sein Gegenstück Heineken galt als „mittel", bei besserer Bewertung des Aromas, als es seinem Ruf in Belgien entspricht. Zu den stärksten zählten das elsässische Kronenbourg mit 5,5% Alkohol und das dänische Tuborg mit 5,7%, das in Antwerpen so populär zu sein scheint, wie sein Landsmann Carlsberg. Die dänische Biereinfuhr übertraf die von englischem Ale erstmals 1970, obgleich natürlich die Produktion englischer Biere im Lande selbst noch immer die britische Fahne hochhält.

Das deutsche Bier, reiner und auch etwas stärker, als die Biere in West-Europa, müßte sich eigentlich in Belgien gut verkaufen lassen; doch seine Marktchancen sind durch den zweifelhaften Ruf örtlicher Imitationen des Dortmunders stark beeinträchtigt. Ein belgisches „Dort" hat meist eine Dichte von mehr als 5,0 und ist damit etwas stärker als das durchschnittliche *Pils*. Zum Gerstenmalz wird kein Mais zugegeben, und die Hopfengabe ist

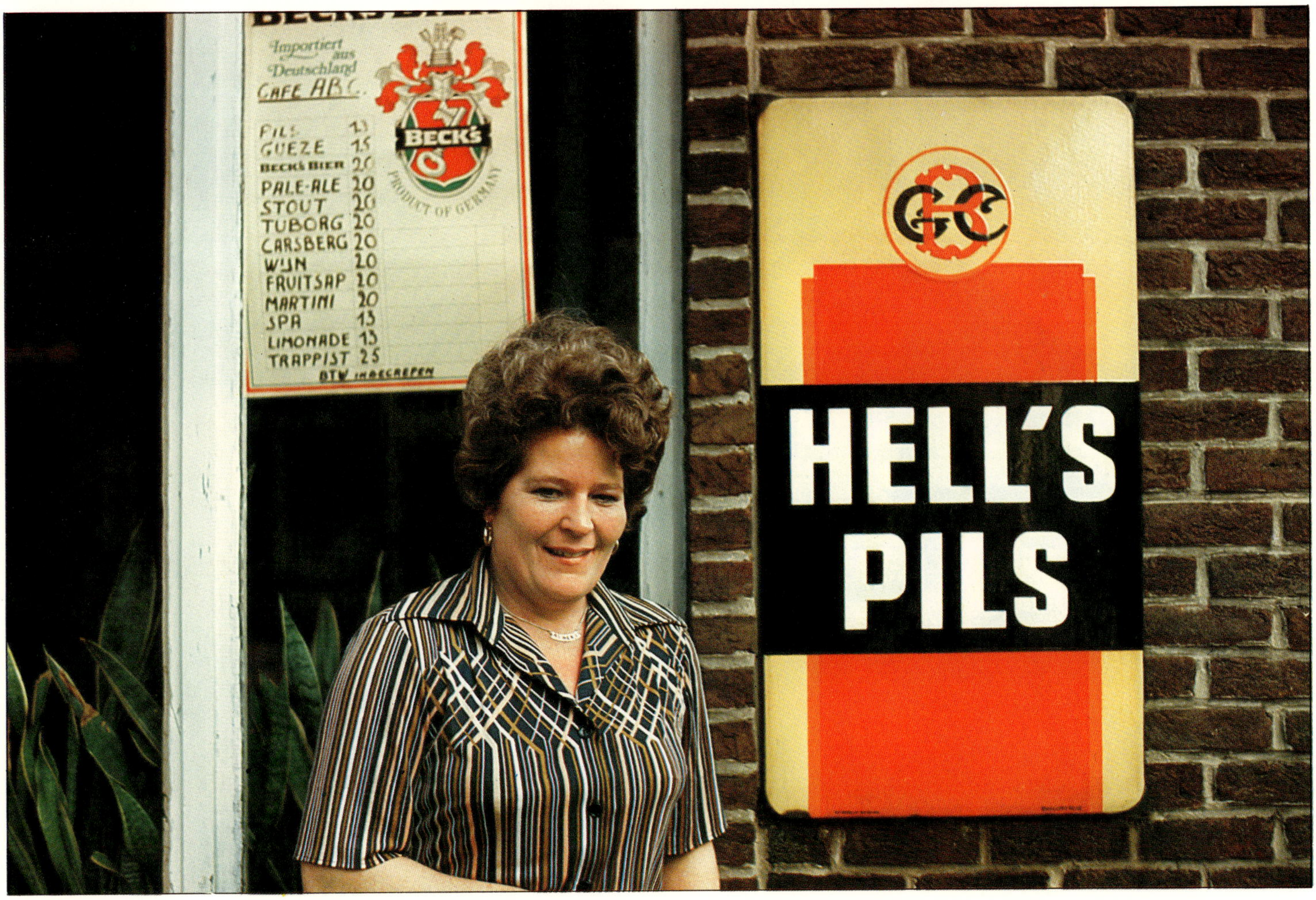

Belgiens Bier-Außenhandel

Zahlen in Hektoliter

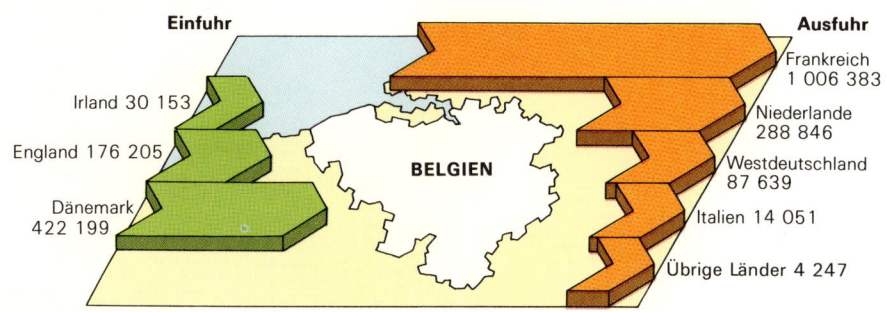

Einfuhr		Ausfuhr
Irland 30 153		Frankreich 1 006 383
England 176 205	BELGIEN	Niederlande 288 846
Dänemark 422 199		Westdeutschland 87 639
		Italien 14 051
		Übrige Länder 4 247

geringer. Auch Markennamen, die an das echte tschechische Urquell erinnern, werden von belgischen Brauern für ihr Premium-Pils verwandt, das wiederum im Bereich von 5,0 und mehr liegt.

Nur der Glanz des „Ausländischen" vermag die Popularität importierter *Pils*-Biere in Belgien zu erklären, denn die belgischen Pilsner sind zumindest so gut wie die aus den Nachbarländern. Sie hätten auch gute Chancen im Bierexport, wären die belgischen Brauer nur nicht so sehr mit ihrem geradezu unersättlichen Inlandsmarkt beschäftigt. Für den Inlandsabsatz wird das Faßbier kaum

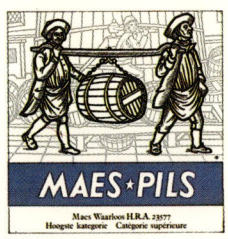

Drei bedeutende Pilsner Biere . . .

pasteurisiert, und auch solche Exzesse wie das Serienbrauen kommen noch nicht vor.

Oft ist das belgische *Pils* recht mild. Bei der Bierprobe von *Test-Achats* stellte sich z. B. nur eine große Marke (Haacht) als „leicht" bitter heraus. Lamot ist ebenfalls ein weniger aggressives *Pils* von eher mildem Geschmack. Es gilt als „*chic*", weil die Brauerei durch sorgfältige Auswahl ihrer Absatzstätten besonders darauf achtet, daß ihr Bier gut und frisch gezapft wird, und sich lieber nicht auf Zusätze für längere Haltbarkeit u. ä. verläßt. Ein fein ausgewogenes *Pils* mit großem Absatz ist Jupiler, das bei Lüttich gebraut, aber national vertrieben wird. Maes ist ein gut gehopftes *Pils*, kleinere Markenbiere mit ähnlichem Geschmack sind Romy, Safir und Krüger.

Unter allen nimmt aber ein belgisches *Pils*

einen ganz besonderen Platz ein: Christal-Alken, in Limburg gebraut, aber national vertrieben. Es ist außerordentlich gut gehopft, sehr rein, von besonderem, sauberem Geschmack – ein feines Bier, das auch seinen Ruf außerhalb

alle gut gehopft und mit klarem Geschmack . . .

seines Absatzgebietes genießt. Pilsnerkenner können sich auch über das Eupener Pils freuen, das in Belgiens kleinem deutschsprachigen Gebiet gebraut wird.

Ähnliche Anerkennung gebührt vielen belgischen Bieren, und das ist eher der Kunst der Brauer als der Chemie zuzuschreiben. Noch immer ist die Mehrheit der belgischen Brauereien in Privatbesitz. Zehn Millionen Belgier können unter Bieren aus mehr als 150 Brauereien wählen, während sich die 200 Millionen

und mit ausgewogenem Aroma.

Amerikaner mit Bier aus ca. 60 Unternehmen begnügen müssen. Im wirtschaftlichen Wettbewerb sind Belgiens Brauer jedoch recht anfällig. Je mehr aber ihre Zahl zurückgeht, desto eher werden die übrigen überleben können.

PRODUCT LAMOT LTD

Niederlande

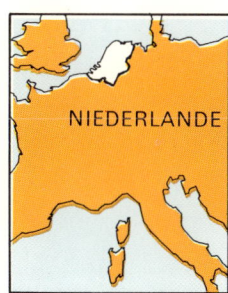

In vielen Teilen der Welt ist ein holländisches Bier das beliebteste Importbier. Die Brauerei Heineken ist der größte Bierexporteur der Welt. Aber nicht immer sind sich die Biertrinker in aller Welt über die wahre Herkunft ihres Bieres im klaren. Der Name „Heineken" geht so leicht über die Zunge und klingt so europäisch, wie man es nur von guten Bieren gewohnt ist. Er weist zwar nicht direkt auf ein Land hin, ist aber doch eindeutig holländisch. Gleich nach dem *Jenever* ist Bier das zweite Nationalgetränk der Niederlande. Heineken entstand im 16. Jahrhundert in Amsterdam, und dort ist noch immer sein Hauptsitz. Dazu verfügt er über weitere Brauereien in Südholland und Nordbrabant. Seinen Lokalrivalen Amstel kaufte Heineken 1968. Und weil Amstel in aller Welt sehr bekannt ist, wird dieses Bier auch weiterhin gebraut.

Der zweite Brauereikonzern in den Niederlanden ist Skol, wie so manches andere erfolgreiche Unternehmen eine britisch-holländische Gesellschaft. Diese „internationale" Marke wurde 1964 von Brauereien mehrerer Länder, vor allem Kanadas und Schwedens aus der Taufe gehoben. Heute gehört sie zu 90% der britischen Braugruppe Allied Breweries mit der Hauptfiliale in den Niederlanden. Mitunter erscheint Skol aber eher niederländisch als britisch, zumal es im Lizenz- und Franchiseverfahren in über zwölf Ländern hergestellt wird.

In Großbritannien ist Skol nur eins von sechs *Lagers* mit zusammen kaum 20% Marktanteil, denn außerhalb Schottlands hat das Lager nur wenig markentreue Absatzgebiete. In den Niederlanden dagegen kann sich Skol als zweitgrößtes Brau-Unternehmen auf so wichtige Märkte wie Rotterdam, wo es in der *Oranjeboom*-Brauerei hergestellt wird, und in Nordbrabant stützen, wo es aus Breda von der *Drie Hoefijzers* (Drei Hufeisen) Brauerei kommt. Beide Brauereien waren international bekannt, bevor sie von Allied Breweries erworben wurden, und *Drie Hoefijzers* hat noch immer gute Verbindungen nach Afrika und Asien, vor allem nach Indonesien. Beide Markennamen sowie *Breda* werden, wenn auch nur begrenzt, in den Niederlanden weiter verwandt. Neben den beiden Großen gibt es in den Niederlanden, vor allem im Süden, noch etwa ein Dutzend kleinerer Brauereien.

Holländische Bierfreunde sind besonders stolz auf ihr Grolsch. Sogar im Weißen Haus wurde regelmäßig Grolsch serviert, solange Gerald Ford Präsident war, dessen Heimatstaat Michigan fast so holländisch ist wie die Niederlande selbst. Grolsche (die Brauerei schreibt sich mit ‚e') hat sich im Herzen der holländischen Biertrinker einen ganz besonderen Platz erobert. Dieses traditionsbewußte Unternehmen ist neben den zwei marktbeherrschenden Brauereikonzernen die einzige unab-

Zu Hause schätzt man die kleinen Brauer, die Welt kennt nur die internationalen Biere aus den Niederlanden. „De Sleutel" war solch eine kleine Brauerei. Heute lebt ihr Name nur noch als lokale Marke im Bockbier von Heineken fort.

An den Kanälen von Amsterdam

Als diese Hopfenlieferung um 1890 ankam, waren Heineken und Amstel, am gleichen Kanal nur ein paar Kilometer voneinander entfernt, noch harte Gegner. Erst 1968 schlossen sie sich zusammen. Heineken braut „Pils", braunes Bier und Bock. Amstel bringt parallel dazu seine Biere heraus, darunter ein sehr beliebtes Pils und das Gold mit höherer Dichte.

hängige Brauerei mit überregionalem Vertrieb. Aus Liebe zur Tradition hält sie nicht nur am charakteristischen roten Flaschenstöpsel fest, der jetzt zu einem Grolsch-Kennzeichen geworden ist, sondern auch an wichtigen Braugrundsätzen. So gibt es keine Pasteurisierung, man verwendet eher ganzen Hopfen als einen Extrakt und kommt auch mit weniger Zusätzen als andere Brauer aus. Das Grolsch gärt mindestens zwölf Tage und reift danach, wie Grolsche erklärt, drei Monate. Das Ergebnis ist ein leichtes, reinschmeckendes Bier von besonderer Feinheit. In den Akten des örtlichen Brauzunftmeisters wird die Brauerei zum ersten Mal um die Mitte des 16. Jahrhunderts erwähnt. Damals hieß die Stadt der Brauerei im Osten der Niederlande noch Grolle (wovon sich Grolsche herleitet); heute ist daraus Groenlo geworden. In Enschede, ebenfalls im Osten des Landes, verfügt die Brauerei jetzt über eine weitere Braustätte.

Das einzige andere Bier, das sonst im Osten des Landes gebraut wird, kommt aus einem noch berühmteren Unternehmen, nämlich von Artois in Belgien, das 1974 die alteingesessene Brauerei von Hengelo gekauft hat. Dort wird die Marke „Hengelo Pilsener" noch immer verwandt. Dem belgischen Unternehmen gehört auch eine Brauerei im Süden, in Valkenswaard bei Eindhoven in Nordbrabant, wo Stella Artois das „Special Dutch" braut. Dieses „Special" ist nicht ganz so stark wie das belgische Stella, das gleichfalls in Holland zu haben ist. Eine dritte Brauerei wird zusammen mit den Trappistenbrüdern von „Unserer Guten Frau von Koningshoven", ebenfalls in Nordbrabant bei Tilburg, als einzige Klosterbrauerei in den Niederlanden, „Schaapskooi" („Schafsstall") genannt, betrieben. Dort braut man ein Bier *Pilsner* Art und ein obergäriges, flaschengereiftes *Trappisten*-Bier mit etwa 6,5% vol. Alkohol. Daß die Patres Nordbrabant für den Sitz ihres Klosters und ihrer Brauerei ausgewählt haben, ist kein Zufall, denn nur hier oder

in der Nachbarprovinz Limburg scheint eine Klosterbrauerei denkbar.

So klein dies Land und so eng es auch mit der Welt verbunden ist, so unterschiedlich ist die Einstellung des Niederländers zum Trinken. Sie wechselt von Provinz zu Provinz, ja von Stadt zu Stadt.

Im Norden des Landes fühlen sich die Friesen noch immer isoliert und beharren daher auf ihrer Sprache und Kultur, wie sie einst an der ganzen Küste Nordeuropas anzutreffen war. Sie haben keine Brauereien. Ihr Nationalgetränk ist der *Beerenburg,* ein Kräuterschnaps. Doch gibt es dort auch einen ausgezeichneten *Jenever* der Marke Bokma, die jetzt zu Heineken gehört. Im katholischen Süden ist das ganz anders. Hier leben die wahren Trinker des Landes, vor allem, wenn es sich um Bier handelt. In den Niederlanden gibt es elf Provinzen und dreizehn Brauereien. Neun davon sind kleine Lokalbrauereien, die sich in zwei Provinzen, Nordbrabant und Limburg,

zusammendrängen. Ihr Bierangebot ist gering.

Eine von ihnen, in Budel in Nordbrabant beschäftigt nur 15 Mann. Sie wurde 1870 gegründet und ist jetzt im Besitz der vierten Generation. Ihr Bierangebot ist typisch für fast alle holländischen Brauer: ein Bier *Pilsner* Art, 12,5 Grad Plato, 4,0 Gewichtsprozent bzw. 5,0% vol. Alkohol; ein süßes *Oud Bruin* (altes Braunbier) mit 3,5% vol. und zur Saison ein *Bok* mit 6,5% vol. Alkohol.

Oud Bruin wird, kaum jemand weiß warum, in Holland als „Lager" bestellt. Der *Bok,* nur im Oktober, November und Anfang Dezember zu bekommen, ist schwarzrot und recht malzig. Einige Brauereien bringen auch Bier nach Pilsner Art, aber mit höherer Dichte als Premium-Bier heraus. Fast dasselbe Angebot kommt von einem anderen Unternehmen gleicher Größe, der De Kroon (Die Krone) Brauerei in Oirschot in Nordbrabant. Diese Biere sind pasteurisiert, doch das *Pils* und das *Oud Bruin* haben schon Preise gewonnen. Bei der Bavaria Brauerei in

Lieshout, Nordbrabant, kommt noch ein fünfprozentiges Bier nach *Dortmunder Art* hinzu.

Weit über ihre Heimatprovinz Limburg hinaus geht der gute Ruf der Brauerei Brand in Wijlre, die vermutlich weit älter ist, als aus den Dokumenten des Jahres 1340 im Archiv der Brauerei hervorgeht. Sie wurde 1871 von der Familie Brand erworben und befindet sich bis heute in deren Besitz. Die Königliche Brauerei Brand – der Titel „*Koninklijke*" wurde ihr von der Königin der Niederlande 1971 verliehen – verwendet keine Zusätze und lehnt es ab, ihre Biere zu pasteurisieren. Sie braut ein *Pils* von recht herbem Geschmack sowie ein gut gehopftes Bier gleicher Stärke mit dem merkwürdigen Namen Brand Up '52. Ganz in der Nähe liegt die Brauerei *Gulpen,* ein anderes Privatunternehmen, das seit 1825 besteht. Sie bringt nur nichtpasteurisierte Biere heraus, so ein *Pils,* ein 6,0% *Dort,* ein *Oud Bruin* und ein *Bok.*

Nicht pasteurisiert sind auch die Biere der kleinen Brauerei Lindeboom in Neer, Lim-

Die Trappisten in Hollands einziger Klosterbrauerei bringen ein normales Bier nach Pilsner Art wie auch ein stärker vergorenes heraus, das eher den Klosterbieren im Flandrischen entspricht. Die Braustätte des Klosters wird in Zusammenarbeit mit der belgischen Stella-Artois-Gruppe gewerblich betrieben.

wählt, und rund um die Uhr wird Bier getrunken. So ist es überall an der Maas.

Während man im Norden seine siebzig bis achtzig Liter Bier im Jahr trinkt, kommt man im Süden auf über hundert und im Karnevalsgebiet ist der Durchschnitt gewiß noch höher. So schenkt ein kleines Lokal an diesen Tagen bis zu 40 000 Glas Bier aus. Im Süden kann man sich eben besser amüsieren.

burg. In Valkenburg sollte man das hochgeschätzte *De Leeuw*-Bier probieren. Da Bierkenner sonst nichts anderes als Ursache für seine besondere Güte anführen konnten, behaupten sie, die hohe Qualität sei dem guten Wasser zu verdanken. Stärkstes Bier der Niederlande ist das 7,5% Super Dortmunder von Alfa in Schinnen, Limburg. Ein 6% Dortmunder mit dem merkwürdigen Namen Maltezer kommt aus der *De Ridder* Brauerei in Maastricht, Limburgs Provinzhauptstadt.

Die Braugeschichte Brabants und Limburgs reicht bis in die Zeit Karls des Großen zurück, dessen Residenz in Aachen lag. Karl der Große soll das Brauen gefördert haben, gewiß hat er auch einiges über den Wert des Hopfens von seinem Vater König Pippin gelernt. Möglicherweise braute man in den Südprovinzen bereits gehopfte Biere, während man im Norden, in Amsterdam, das Bier noch immer aus dem großen Brauzentrum Hamburg bezog. Im Jahr 1376 soll es in Hamburg 126 Brauer gegeben haben, die ihr Bier nach Amsterdam lieferten. Vermutlich nannte man sie damals die Braxatores de Amstelredamme. Zur gleichen Zeit bekundete der Bischof von Utrecht, daß sich seine Leute auf das Brauen mit Hopfen verstanden. Dessen ist man sich aber nicht ganz sicher, denn es wird auch behauptet, daß Bier auf dem Landweg von Hamburg nach Flandern transportiert wurde und so dazu beigetragen habe, Amsterdam zu einem Handelszentrum zu machen.

Als sich Holland und Belgien 1830 nach den religiösen Bekenntnissen ihrer Bevölkerung trennten, verblieben bei den Protestanten im Norden große katholische Gebiete in Brabant und Limburg. Heute sind trotz der protestantischen Geschichte über 40% der Niederländer katholisch. Diese fühlten sich mit den Flamen jenseits der Grenze eng verbunden und sind es auch heute noch. Wie eine Landenge erstreckt sich Limburg zwischen Belgien und Deutschland über die einst reichen Kohlenfelder nach Süden bis zur traditionsreichen Stadt Maastricht. So ist es auch zu verstehen, weshalb diese Gebiete am Bier festgehalten haben; man war darauf bedacht, sich seine Tradition und Kultur zu erhalten.

Das zeigt sich am besten im Karneval, wenn man drei Tage hintereinander feiert und Bier trinkt und kaum zum Schlafen kommt. Eine bedeutende Karnevalsstadt ist Breda, wo vermutlich Brueghel geboren ist, der so viele Szenen aus dem Leben der Bauern in seinen Bildern festgehalten hat. Es gibt viele Annahmen über Brueghels Herkunft, doch ist ziemlich sicher, daß er irgendwo in Brabant oder Limburg zur Welt kam und dort aufwuchs, bevor er nach Antwerpen und Brüssel ging. Brueghels groteske Phantasiegebilde sind deutlich von Hieronymus Bosch beeinflußt, der in Brabant gelebt hat. Dieser nannte sich nach der Stadt Den Bosch, wo er lebte, wenn auch sein Familienname van Aken darauf schließen läßt, daß seine Vorfahren aus Aachen stammten. Den Bosch, amtlich als s'Hertogenbosch (Herzogswald) bekannt, ist die Provinzhauptstadt von Nordbrabant. Während es sonst im Schatten seiner burgundischen Geschichte und des prächtigen gotischen Doms eher dahinträumt, erfüllt zur Karnevalszeit laute Musik die Straßen. Blaskapellen marschieren, fast jeder trägt ein Kostüm, ein Prinz Karneval wird ge-

Die niederländischen Brauereien

GRONINGEN
FRIESLAND
DRENTE
NORD HOLLAND
OVERIJSSEL
Hengelo
Hengelo
Amstel
Heineken
Amsterdam
GELDERLAND
Grolsche
Enschede
Heineken
Zoeterwoude
SÜD-HOLLAND
UTRECHT
Grolsche
Groenlo
Skol/Oranjeboom
Rotterdam
SEELAND
NORD-BRABANT
Heineken
s'Hertogenbosch
DEUTSCHLAND
De Kroon's
Oirschot
Bavaria
Lieshout
Budels
Budel
Trappist/
Schaapskooi
Tilburg
LIMBURG
Skol/Breda
Breda
Artois
Valkenswaard
Lindeboom
Neer
BELGIEN
De Leeuw
Valkenburg Houthem
Alfa
Schinnen
De Ridder
Maastricht
Brand's
Wittem
Gulpen
Gulpen

Oranjeboom
PILSENER
INH. 30 CL.

SKOL
Pils

BREDA
pilsener

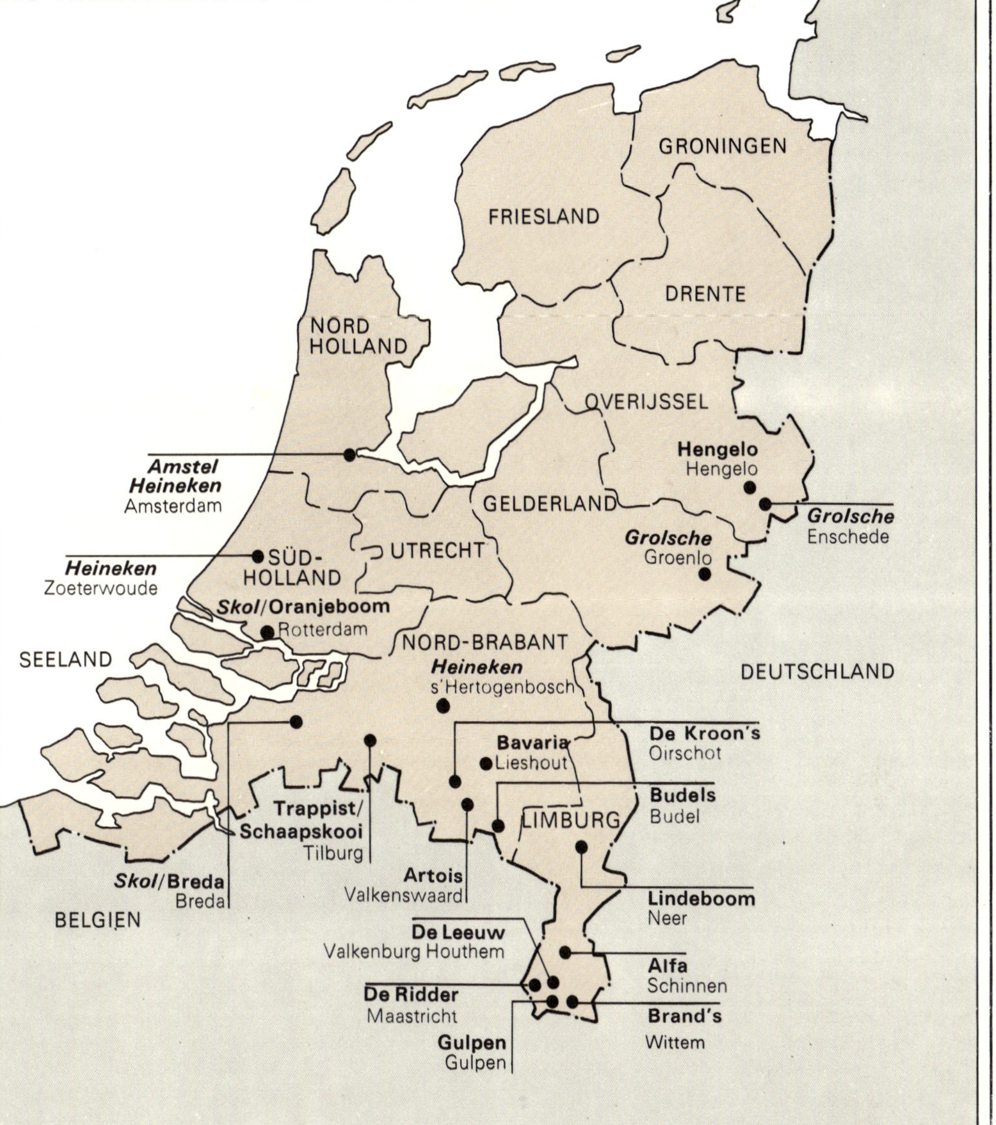

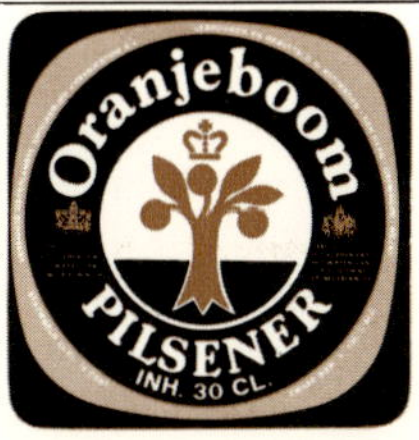

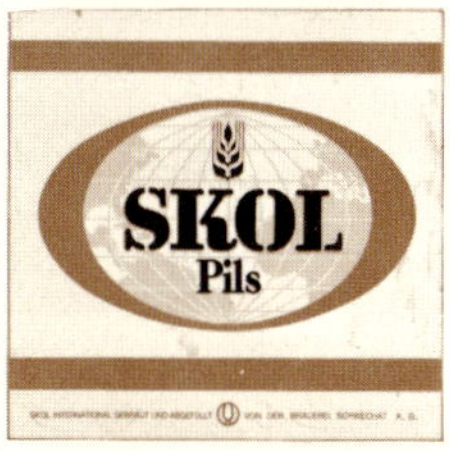

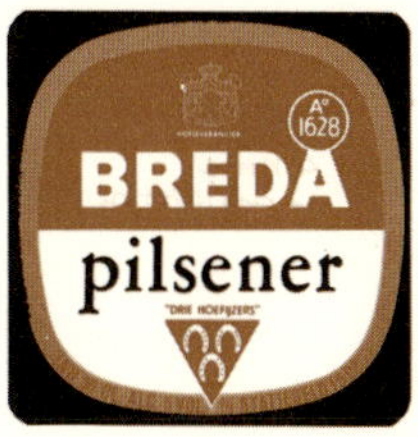

Oranjeboom und Breda haben auch bei Biertrinkern außerhalb der Niederlande einen guten Klang. Dennoch sind sie im Lande nur noch regionale Marken: Oranjeboom (Orangenbaum) im Bereich von Rotterdam und Breda rund um die Stadt gleichen Namens in Nordbrabant. Beide werden immer stärker auf ihre Heimatstädte beschränkt, nachdem sie von einer britischen Brau-Gruppe übernommen wurden, die auch die internationale Marke „Skol" kontrolliert. Doch gleich, ob „international" oder nicht: Es gibt auch eine lokale Marke „Skol" im Süden der Niederlande.

Stella Artois unterhält in den Niederlanden noch seine eigene Brauerei. Ferner gehört ihr noch die Hengelo-Gesellschaft. Neun unabhängige „Kleine", alle in den zwei südlichen Provinzen, sind noch übrig. Trotz ihres Namens steht die Bavaria-Brauerei in Brabant, und so deutsch es auch klingt, das Edel Pils wird im niederländischen Limburg gebraut.

Budels
PILS

KROON
Pilsener
DE KROON'S BIERBROUWERIJ

BAVARIA
PILSENER
BIER

STELLA
ARTOIS

Hengelo
PILSENER
BIER
INHOUD 30 CL. ZWAAR BIER

SINDS 1857
Ridder
PILSENER

Lindeboom
BIER
PILSENER

pils
GULPEN
bier

Brand
BIER
PILS

LEEUW
PILSENER

ALFA
Edel Pils
INHOUD 50 CL.
5 VOL % ALC.
STATIEGELD
20 CENT

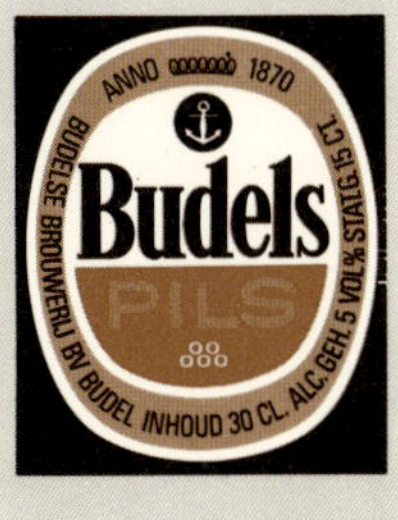

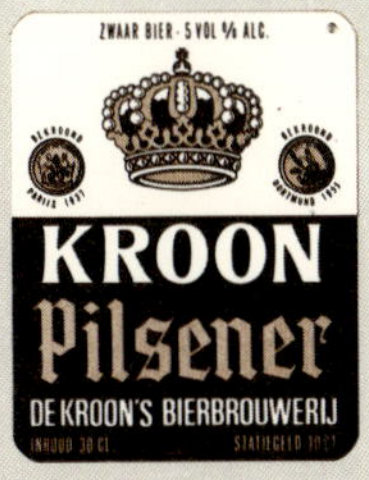

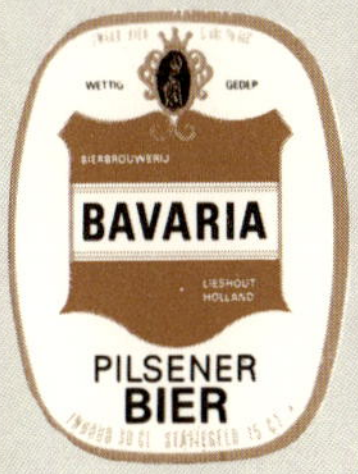

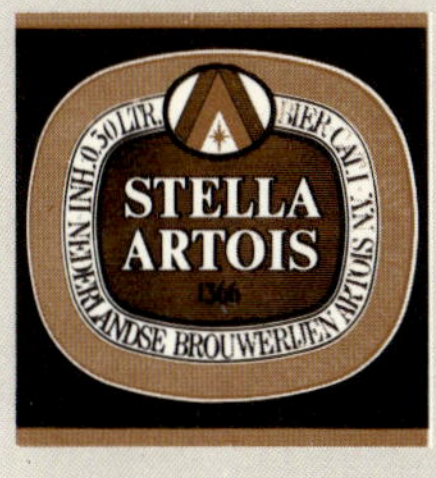

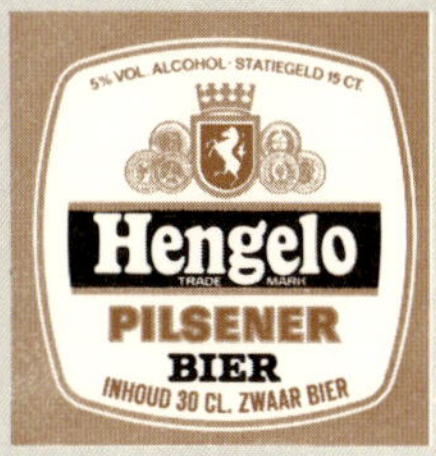

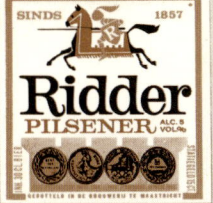

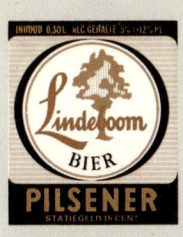

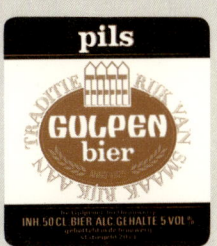

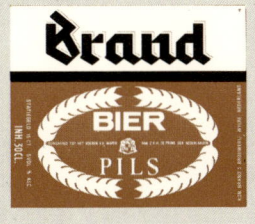

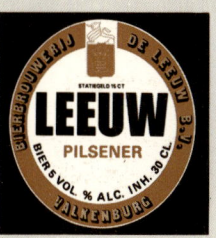

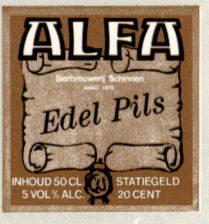

Niederländische Trinkgewohnheiten

Wie manches andere Land haben auch die Niederlande im ersten Drittel dieses Jahrhunderts eine Zeitlang unter Abstinenzbewegungen zu leiden gehabt. Das Plakat unten, entworfen von Aart van Dobbenburgh, erschien freilich noch recht spät (1935).

Das Trinken in der Öffentlichkeit nehmen die Niederländer ernst, so wie sie überhaupt alles mit großem Ernst betreiben. So muß jeder Wirt in Holland ein Zeugnis vorweisen können, daß er sechs Monate lang in seinem Gewerbe ausgebildet worden ist. Damit die Wirte nicht zu bequem werden, veranstalten die niederländischen Brauer seit 25 Jahren eine „Bierzapf-Olympiade" mit Preisen für die Sieger. Drei Monate lang dauern die lokalen Vorkämpfe, dann fällt die Entscheidung vor zehn Kampfrichtern, alles Zapf- und Bierfachleute. Wirte aus Ein-Mann-Betrieben nehmen daran teil, aus größeren Lokalen sind Zweier-Mannschaften zugelassen. Nach dem Startschuß sind zwei Glas Bier zu zapfen und anschließend muß man aus einer Flasche einschenken.

Die Gläser sollen außen trocken sein, ebenso das Tablett. Der springende Punkt ist der Schaum. Bier und Schaum sollen das Glas füllen, denn anders als in einigen anderen Ländern ist in Holland die „Schuim Manchet", die „Schaum-Manschette", wichtig. Oft wird sogar nachgemessen, ob der Schaum wirklich zwei Fingerbreit hoch ist, was etwa einem Fünftel eines normalen holländischen Bierglases entspricht. Die Kampfrichter prüfen dazu bei ihrer Bewertung, ob diese Krone auch fest genug ist, denn ein dichter Schaum wirkt wie ein Deckel, der das Bier, das kühl serviert wird, bis zum letzten Schluck frisch und duftig hält.

Die Größe der Biergläser, wie sie in den Niederlanden üblich sind, lassen freilich genügend Raum für die bekannte holländische Toleranz. Einige populäre Lokale führen ein 50-cl-Glas,

aber schon ein 30-cl-Glas gilt allgemein als *groot* (groß). Ein 25-cl-Glas ist *gewoon* (normal) und ein kleineres Glas heißt ein *kleintje*. Manchmal wird das *Kleintje* auch im holländischen Cola-Glas serviert, was dann ein „*Colatje*" ist. Und damit nicht genug: In manchen Lokalen hält man das 30-cl-Glas für normal und das 25-cl-Glas für klein.

In jeder holländischen Stadt gibt es viele Restaurants, Bars und Straßencafés, meist mit geheiztem Vordach zum Schutz an kalten und regnerischen Tagen, aber das typischste Lokal ist das *Kroegje* an der Straßenecke, eine Mischung zwischen dem englischen Pub und Café. Unter diesen *Kroegjes* ist am meisten das „Braune Café" vertreten, so genannt wegen seiner dunklen Holzverkleidung und den verrauchten Wänden. Davon gibt es Hunderte, und die meisten sind bequem und recht anspruchslos. Das bekannteste ist das Café Hoppe am Spui in Amsterdam. Im Koningshut daneben streut man sogar Sägemehl auf den Boden! Hier gibt es Brand-Bier, das sonst in Amsterdam nicht leicht zu bekommen ist. Nicht weit davon, in einer Gasse, im Raamsteeg, liegt ein weiteres Lokal, die Golem Bar, wo man sechzig verschiedene Biere führt, darunter auch mehrere belgische *Trappisten*-Biere, irisches Guinness und Newcastle Brown aus dem Norden Englands.

In Utrecht gibt es eine ähnlich gesegnete Bierbar, dem König des Bieres zu Ehren, Jan Primus genannt. Doch die beste Stadt für den Bierbummler ist unbestritten Amsterdam. Dort gibt es in der Innenstadt fast an jeder Kanalbrücke ein Lokal. Westlich vom Damrak, Amsterdams Hauptstraße, kommt man über den Kanal zum *Jordaan*, der seinen Namen vom französischen „*Jardin*" hat, einst der Bezirk der Hugenottenflüchtlinge. Lange haftete ihm die Atmosphäre eines Einwandererviertels an, wie etwa in London das East End oder in New York die Lower East Side. Auf der

Die „Bierzapf-Olympiade"

In einem Zug das Bier mit fester Schaumkrone zapfen, überlaufenden Schaum mit feuchtem Abstreifer entfernen, mit einem Schaum, der nicht über zwei Zentimeter sein darf.

Der überkritischen Jury scheint zuviel Schaum im frisch gezapften Glas zu sein. Auf den Gläsern ist das Zeichen des Niederländischen Brauer-Bundes zu sehen, der diesen Wettbewerb veranstaltet, um durch die Erhaltung der Qualität beim Ausschank den Absatz zu fördern. In der Jury sitzen erfahrene Gastwirte aus „neutralen" Städten.

anderen Seite des Damrak gibt es dann im Bezirk der roten Laternen Lokale anderer Art, immer derber und lauter, je näher man an den Zeedjik herankommt, die Hauptstraße des Nachtlebens im Amsterdamer Hafenviertel.

In Holland trinkt man sein Bier gern nach einem *Jenever*. Wer sich im Café plötzlich tief nach vorn neigt, beweist niemand seine Verehrung, sondern will nur den ersten Schluck vom randvollen Glas *Jenever* nehmen. Nach altem Brauch wird das Glas so voll gegossen, daß man es nicht aufheben kann, ohne zu verschütten. Auch mit Zitrone *(Citroen)* und schwarzer Johannisbeere *(Bessen)* ist der Jenever zu haben. In den Niederlanden gibt es wohl hundert Brennereien, von denen Bols die bekannteste ist. Marken wie Bokma, Coebergh und Meder gehören zu Heineken, Warninks zu Allied Breweries; de Kuyper ist unabhängig. Die gleichen Firmen stellen auch andere holländische Alkoholika wie z. B. *Advocaat* her. Woher dieser Name kommt, ist nicht zu klären. Haben holländische Seeleute in Westindien gesehen, wie Rum aus Avocados getrunken wird, und dies nachzuahmen versucht? Oder läßt dieser Likör einen, was manche leichthin glauben, wie ein Advokat reden? Holländische Liköre sind weithin berühmt, wenn sie mit Produkten aus den ehemaligen Kolonien aromatisiert sind, wie z. B. die Kakaoliköre und auch der Curaçao, der aus Orangen der Insel gleichen Namens in Niederländisch-Westindien bereitet wird.

Aus einem Land mit einer solch langen Küste mußte eine Nation von Seefahrern hervorgehen. Und in der großen Zeit niederländischen Seehandels wurde Schiedam zur Stadt der Brennereien in Nordholland. Die Rohstoffe wurden eingeführt, die Fertigprodukte über See exportiert oder über die Kanäle im Land abgesetzt. Doch trotz aller exotischer Getränke, die man herausbrachte, erwies sich der Wacholder als beständigster Favorit. Bevor man Hopfen dazu nahm, war Wacholder ein beliebtes Würzmittel für das holländische Bier. Dann wurde aus Wacholder der *Jenever*. Der Name wurde durch die Engländer ebenfalls verballhornt, die daraus *Gin* machten. Aber sie hatten auch einen anderen Namen dafür: „Holländer Mut“.

Weltweite Unternehmen können auch Familienbetriebe sein. So ist die Brauerei, aus der sich heute ein internationaler Braukonzern entwickelt hat, immer im Besitz der Familie Heineken geblieben. Erst 22 Jahre alt war Gerard Adriaan Heineken, als er 1864 in Amsterdam eine abgewirtschaftete Brauerei erwarb. Anscheinend hatte er etwas Geld übrig und sonst nichts zu tun. Diese Brauerei mit dem Namen „De Hooiberg“ (Heuhaufen) war damals fast 300 Jahre alt. Heute steht an ihrer Stelle mitten in Amsterdam ein Hotel mit dem Touristen-Restaurant „Die Port van Cleve". Heineken verlegte seine Brauerei 1868 an ihren jetzigen Platz, und um die gleiche Zeit fing er an, sein Bier in die Kolonien zu exportieren. Eine zweite Heineken-Brauerei wurde 1874 in Rotterdam gegründet. Sie wurde jetzt durch eine neue „De Hooiberg"-Brauerei in Zoeterwoude in der gleichen Provinz ersetzt. Bereits 1886 wurde die Hefereinzucht eingeführt, und solange man noch keine künstliche Kühlung kannte, holte man sich das Eis für die Lagerkeller im Winter von den Kanälen.

Kaum war die Prohibition in den USA aufgehoben, da ging auch schon die erste Bierlieferung von Heineken auf dem Dampfer S. S. Statendam nach drüben. Erster Heineken-Verkäufer in den USA war Leo van Munching, zuvor Steward bei der Holland-Amerika-Linie. In Lokalen, die kein Heineken führten, pflegte er mit Nachdruck und entsprechender Lautstärke dieses Bier zu verlangen. Bald darauf kam wie durch Zufall ein Vertreter von Heineken vorbei, um sich nach etwaigem Bedarf zu erkundigen. Wurde dann bestellt, so erschien wenig später Van Munching oder ein Freund von ihm und lud das ganze Lokal zu einer Heineken-Runde ein. Heute ist Van Munching Millionär und importiert noch immer Heineken-Bier nach einem Vertrag, der später auf seinen Sohn übergehen soll. Eingeführt werden in die USA Heineken Pils und ein dunkles untergäriges Bier gleicher Stärke. Lizenzbrauereien für Heineken-Bier gibt es in den USA nicht.

Eine dritte Brauerei in den Niederlanden eröffnete Heineken 1958 in Den Bosch. Weiter erwarb er nach 1950 die älteste holländische Brauerei *De Sleutel* (Der Schlüssel) in Dordrecht, Südholland. *De Sleutel,* 1433 gegründet, braut nicht mehr, doch wird sein Name in dieser Stadt für das *Bok*-Bier der Gruppe verwandt. Die Amstel-Brauerei kam 1968 zu Heineken. Amstel-Pils wurde das zweitbeliebteste Bier in den Niederlanden und Amstel-Gold ist jetzt die Premiummarke der Gruppe mit einem Alkoholgehalt von 6,5% vol. Amstel wird auch von Zweigunternehmen in Griechenland, im Mittleren Osten, Südafrika und anderen Ländern gebraut. In Curaçao nimmt man dazu Seewasser aus einer Entsalzungsanlage, was dem Bier einen besonders scharfen Geschmack gibt.

Die Mehrheit der französischen Albra-Gruppe wurde 1972 erworben. Zu ihr gehören die Marken Mutzig, Ancre, Perle, Old Lager und Colmar. Zusammen mit Whitbread, London, kaufte man sich auch mit Mehrheit in die italienische Dreher-Gruppe ein. Zweigunternehmen hat Heineken heute in mindestens 20 Ländern, so vor allem in der Karibik, West- und Zentralafrika, Malaysia, Singapur, Indonesien sowie in Neuseeland, Neukaledonien und Papua. Vielfach hält Heineken mehr als die Sperrminorität, oft eine Mehrheitsbeteiligung. In jedem Fall obliegt ihm die technische Beratung. Neben ihren eigenen Marken bringen die Zweigunternehmen normalerweise auch Heineken-Bier auf den Markt. Heineken-Aktien werden zwar an mehreren Börsen notiert, doch der beherrschende Einfluß liegt sicher im Schoß der Familie. Präsident des Unternehmens ist Alfred („Freddy") Heineken, der Enkel des Gründers.

Der erste Mijnheer Heineken begann 1864 in Amsterdam. Zehn Jahre später eröffnete er seine zweite Brauerei in Rotterdam. Heinekens „Bierbrauerei-Gesellschaft" brachte auch ein untergäriges Bier „bayerischer" Art heraus, wie es sich damals in Europa und Nordamerika durchzusetzen begann.

Luxemburg

Für einen Biertrinker, vom Feinschmecker nicht zu reden, könnte es kaum etwas Besseres geben als im kleinsten Land der Europäischen Gemeinschaft, dem Großherzogtum Luxemburg, zu leben. Zwischen Ardennen und Mosel, dem großen Bierland Belgien, dem Weinland Frankreich und Deutschland, das in beider Hinsicht Hervorragendes zu bieten hat, würde er sich sehr wohl fühlen. Zu allen Nachbarn unterhalten die Luxemburger gute Beziehungen. Kulturell ist das Großherzogtum mit der belgischen Provinz gleichen Namens eng verbunden, wirtschaftlich mit Belgien und nicht ganz so stark mit den Niederlanden in den Benelux, industriell über die Saar und Lothringen mit Deutschland und Frankreich. Nur 350 000 Einwohner zählt Luxemburg, doch sie gehören zu Europas wohlhabendsten Bürgern. Und die Bedeutung ihres Landes als Drehscheibe der Finanzen in der Europäischen Gemeinschaft trägt noch mehr dazu bei.

Für ihre Trinkfreuden geben sie genug Geld aus. In der Weltrangliste steht Luxemburg beim Branntweinkonsum an vierter, beim Bierkonsum (mit 129 Liter pro Kopf und Jahr) an sechster und im Weinverbrauch an siebter Stelle. Luxemburgs Weine sind zwar nicht besonders bekannt, doch bringt das Land einige trinkenswerte, leichte, trockene und spritzige Weine hervor. Auch der Biertrinker kommt auf seine Kosten. So ist hier Bier vom Rhein und von der Saar leicht zu bekommen, und die Luxemburger Brauer sind gewohnt, hohen Ansprüchen zu genügen. Ihre Biere sind allgemein gut gelagert, manchmal sogar drei Monate lang, und die einheimischen Marken sind nicht pasteurisiert. Und immerhin können die Einwohner des kleinen Landes unter den Bieren von sechs Brauereien wählen.

Die größte und wohl außerhalb Luxemburgs auch bekannteste Brauerei ist Diekirch in der Stadt gleichen Namens. Die Brasserie Nationale ging 1974 aus einem Zusammenschluß von Bofferding und Funck-Bricher hervor. Stella Artois ist an der Mousel et Clausen-Brauerei beteiligt, deren Ursprung weit in die Geschichte des Landes zurückreicht. Die übrigen drei Brauer sind kleiner: Henri Funck in Luxemburg-Neudorf, Battin in der Kohlen- und Eisenstadt Esch und Simon in Wiltz.

Erscheinen sechs Brauereien für solch ein kleines Land respektabel, so ist die Zahl der Biere nicht ganz so eindrucksvoll. Jede Braustätte bringt nämlich nur drei oder vier Marken heraus, gewöhnlich ein normales Bier *Pilsener* Art, ein Bier höherer Dichte, manchmal des *Dortmunder* Typs, und dazu vielleicht ein stärkeres Bier mitunter mit Bockbier-Ehrgeiz. Einige Biere werden nur zu bestimmten Zeiten gebraut. Die Familienbrauerei Simon gibt für eine solche Skala ein gutes Beispiel: ein Pils mit 11,3 Grad Balling, ein Regal mit 12,4 und ein Extra mit recht bitterem Geschmack mit 16,6. Dazu braut die Brasserie Simon mit leicht höherer Dichte ein Weihnachtsbier, ein dunkles Bier mit betontem Geschmack, auf das man besonders stolz ist.

Europäische Dampfbrauerei

Albert Mousel stellt hier stolz seine Erzeugnisse vor. Im 19. Jahrhundert war Dampfkraft ein Zeichen des Fortschritts und hatte nichts mit dem „Dampfbier" jenseits des Atlantiks zu tun. Es war ein besonderer Tag, als ein neuer Kessel (rechts) in der Dampfbrauerei ankam. Nachfolger von H. Mousel ist sein Sohn (ganz rechts)

Brasserie Simon Wiltz Luxembourg bière blonde du type pilsen

Luxemburger Bier: Meisterbock der Brasserie Nationale und Weihnachtsbier sind helle Lager. Bei Mousel gibt es als Premium-Bier Royal Altmünster und ein dunkles Luxator, beide mit 13 Grad.

Großbritannien und Irland

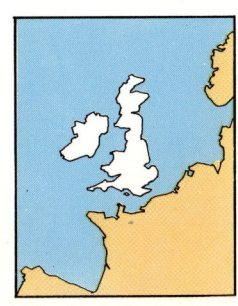

Links: Die britische Art zu trinken. Ein obergäriges Ales oder Stout in einem Pint-Krug und nicht zu kühl. Doch Lagerbiere wie die vom Kontinent (siehe die Übersicht unten) gewannen in den heissen Sommern seit 1975 an Beliebtheit.

Das Bier in Großbritannien ist ganz anders, denn hier und in Irland braut man alle bedeutenden Biersorten obergärig. So hergestellt entfalten sie ihren Wohlgeschmack am besten bei Kellertemperatur. Daher werden sie auch kaum gekühlt. Ausländische Besucher verwirrt das; doch eine zu starke Kühlung ihres Bieres würde bei den einheimischen Biertrinkern weit schlimmere Reaktionen hervorrufen.

In anderen Ländern muß das Bier kühl sein, um den Durst zu löschen. Dei Engländer lieben dagegen die vielen Geschmacksnuancen ihrer Biere. Wie bei Austern, Tartar oder geeisten Maronen muß man auch beim englischen Bier erst seinen Geschmackssinn entwickeln, bevor man richtig genießen kann. Man braucht also einige Erfahrung, und am Anfang sind Mißverständnisse und Enttäuschungen nicht auszuschließen. Aber es lohnt sich!

Eine große Schwierigkeit liegt für den Ausländer vor allem in der Vielzahl der Bierarten, die allein der Farbe nach von Kupfer bis Schwarz variieren. Insgesamt kann man mindestens zehn verschiedene Sorten unterscheiden, aber selbst der englische Biertrinker ist sich oft über die genaue Bedeutung der verschiedenen Bezeichnungen nicht ganz im klaren.

In anderen Ländern besteht das Bierangebot aus den regional üblichen Bieren. Die englischen Pubs führen jedoch Biere aller Arten des ganzen Landes. Die meisten Pubs sind zwar einer Brauerei verpflichtet; deswegen kommt auch die Mehrzahl der Biere in einer Gaststätte aus der gleichen Quelle. Doch in ihrer Art sind sie wieder ganz verschieden. Mindestens ein Dutzend Biere führt selbst das kleinste Pub. Ein oder zwei davon sind beispielhaft für ihre Art. Sache des Gastes ist es zu wissen, um welche Bierart es sich handelt und welche Brauerei dazu ein Spitzenbier zu bieten hat.

Im Pub gibt es gewöhnlich ein „Keg"-Bier, kaum etwas für den Bierfreund, ein paar normale *Bitter* vom Faß und —wenn es eine gute Gaststätte ist — mindestens ein *Mild*. Ferner *Light-, Pale-* und „*Export*"-Biere in der Flasche, ein oder mehrere *Brown Ales*, meist mit verschiedener Stammwürze, ein *Strong* oder *Old Ale* oder auch einen *Barley Wine*, ein *Sweet Stout*, ein bitteres irisches Stout (immer ein Guinness) und vielleicht ein Guinness vom Faß, beides sind ja verschiedene Biere. Ein oder zwei in England gebraute *Lagers*, was in Großbritannien so etwas wie ein Bier Pilsner Art im weitesten Sinne des Wortes ist. Dazu mindestens ein aus Nordeuropa importiertes *Lager*, von seltenen Importbieren aus Australien, den USA und anderen Ländern einmal abgesehen.

Alle Faßbiere wie „*Keg*", *Bitter, Mild, Stout* und *Lager* werden pintweise getrunken. Die halbe Pinte ist in den Augen ernsthafter Bierfreunde zu wenig und höchstens etwas für Frauen. Sie ist das kleinste Gemäß für den Faßbier-Ausschank und bisher bestand kein Anlaß, ähnlich wie auf dem Festland zu kleineren Gemäßen überzugehen. Um frische Kühle für sein Glas braucht sich der englische Biertrinker

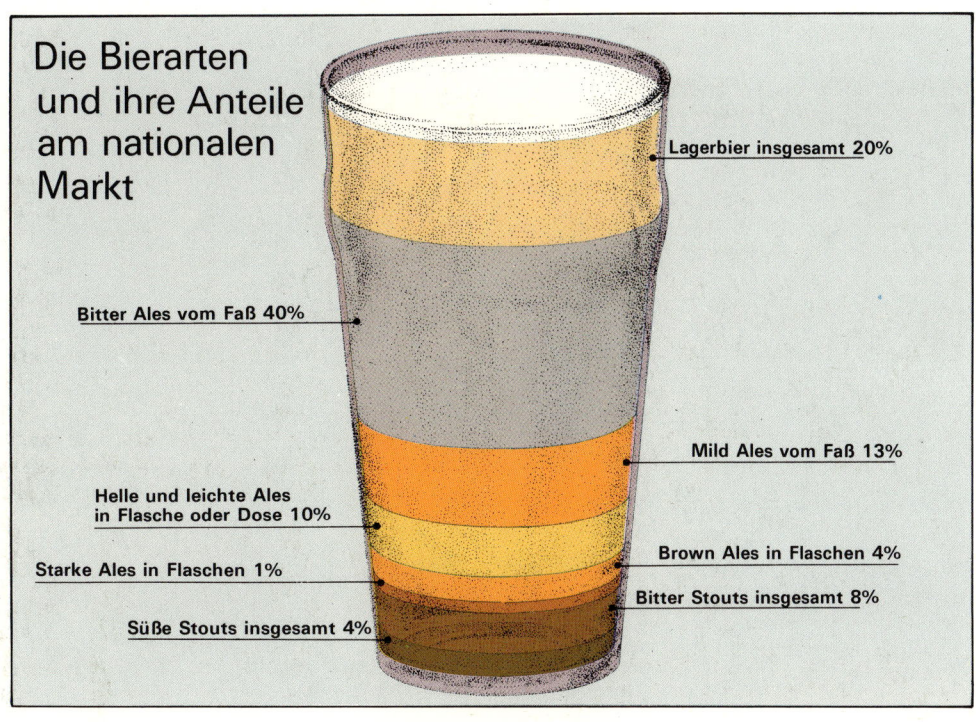

Die Bierarten und ihre Anteile am nationalen Markt

Lagerbier insgesamt 20%

Bitter Ales vom Faß 40%

Mild Ales vom Faß 13%

Helle und leichte Ales in Flasche oder Dose 10%

Starke Ales in Flaschen 1%

Brown Ales in Flaschen 4%

Bitter Stouts insgesamt 8%

Süße Stouts insgesamt 4%

300 MILES
FOR A
GLASS OF BRITISH LAGER.

Three hundred miles for a glass of Lager beer. It sounds absurd when you can go round to the corner house and get a glass of bitter. Nevertheless a number of experts on beer went *three hundred miles* instead of going round the corner.

To put it plainly, Messrs. Samuel Allsopp and Co. organised on Wednesday last an excursion—a most delightful excursion—to Burton-on-Trent, in order to show to the United Kingdom and to the World that the great little town in the valley of the Trent is worthy of its fame, and equal to the production of beer in all its stages of superiority of quality—competent to compete with Continental rivals.

It wasn't so much the thirst that affected us early on the morn of the 17th instant, as the invitation from the directors of Messrs. Allsopp and Co., Limited, to catch a train leaving Euston at 9.55 that made us search our wardrobe for waterproofs, mufflers, thick boots, and rugs. It looked like being an awful day.

Regardless of consequences we ran the gauntlet of chill and fog that holds us with a damp and uncomfortable wraith, so much identified with London in October, and cabbed it to Euston. All was damp until we entered the "special" provided for us to taste this one glass of Lager beer—the first that has ever been produced in the British Isles. A glass of Lager, perhaps, might never be very magnetic, because the very name smells Continental. But the fact that we were offered the glass from Burton-on-the-Tr... Metropolis ... made us plung...

CONSIGNMENT OF THE PFAUDLER VACUUM COMPANY'S CYLINDERS FROM NEW YORK FOR BRITISH LAGER BEER.

...from the necks of bottles. There was no fog then, only ...tion of the Pfaudler Vacuum system of ferment... ...clinting ...sere a...llow" leaves ...are perfectly fermented ...to si...

nicht zu sorgen. Eine Pinte muß nach dem Gesetz in ein Glas eingeschenkt werden, das das Zeichen des Eichamtes trägt. Soll eine Schaumkrone darauf sein, dann über den Rand des Glases hinaus – oder auch über der „Ladewasserlinie" (Plimsoll-Linie), wenn das Glas darauf geeicht ist.

Über den Schaum denkt man in Großbritannien je nach der Gegend anders. Vielerorts zieht man eher das ziemlich „flache" Bier vor. Anderswo schätzt man dagegen den Schaum, wenn er an der Glaswand gewissermaßen zur Feier jedes Schlucks einen Ring markiert. Als besonderes Beispiel hierzu wurde einmal vor Gericht Guinness anerkannt. In diesem Fall kam man nämlich zu dem Urteil, daß der Schaum „ein wesentlicher Bestandteil" des Bieres ist. Einen etwa ein Zentimeter hohen Schaum sieht die Guinness-Brauerei bei einer Temperatur von 14° als optimale „Blume" an.

Trinksitten und Etikette sind bei den Engländern recht kompliziert. Es kommt nicht nur auf die Höhe und Festigkeit der Schaumkrone an, sondern auch auf die Form des Glases. Gläsern mit Henkel, so meint man vor allem im Norden, fehlt die angemessene männliche Note. Mit Namen versehene Krüge können recht spießbürgerlich wirken, es sei denn, sie hängen in einer echten Landkneipe. Auf jeden Fall anerkannt wird dagegen überall die Pinte. So geht man zum Trinken „auf eine Pinte". Getränk und Menge werden mit der Menge angegeben. „Auf eine Pinte gehen" schließt den Besuch eines Pubs ein, wo man dann mehrere Glas trinkt.

Der Ausdruck „Pinte" leitet sich von dem alten Kornmaß her, und in Jahrhunderten gemächlichen englischen Lebens hat sich dieses Maß als das vollkommene erwiesen, die richtige Menge also, um einen Augenblick lang erwartungsfroh den Gaumen zu kitzeln und dann geradewegs dem Durst zu Leibe zu gehen, um schließlich wieder abzuwarten, bis die nächste Runde fällig ist.

Wie die Pinte fördert auch die Runde das Vieltrinken. Treffen sich zwei Engländer im Pub, so gibt jeder dem anderen „einen aus". Das gilt auch für Schotten und Waliser, was immer man von ihrem angeblichen Geiz sonst sagen mag. Zwei Mann machen also zwei Bier, die übrigens sofort zu bezahlen sind. Solche „Ehrenschulden" können nicht wie auf dem Kontinent am Ende des Abends mit der aufaddierten Rechnung begraben werden. Wer seine Runde ausläßt, ist schnell erkannt. Mit ihm trinkt man nicht mehr. Drei Mann macht drei Bier, vier Mann vier Bier. Ehre und Mannhaftigkeit heizen das Tempo der Runden genauso an wie auch die Konzessionsvorschrift, auf die Minute genau zu schließen. Sie geht auf den Ersten Weltkrieg zurück und ist noch immer nicht abgeschafft worden.

Solche Trinkgewohnheiten können vielleicht erklären, weshalb so viele britischen Biere von so bescheidener Stärke sind, obwohl auch abschreckende Steuern und die Gewinnsucht der Brauer dafür verantwortlich zu machen sind. Mögen Großbritanniens beste Biere die Stärke eines kräftigen *Bocks* haben, die Alltagsbiere sind wesentlich schwächer als sonst in Europa. Das stärkste normale britische Faßbier hat die sehr achtbare Dichte von 1045.5 und 5,79% Alkohol. Das normale Bier hat jedoch nur 1036 mit etwa 3,5% Alkohol. Es gibt sogar normale Faßbiere, die unter 1030 liegen. *Lager*-Biere vom Kontinent, die in Großbritannien vertrieben und auch hier gebraut werden, sind gewöhnlich teurer als einheimische Ales, sie können aber auch schwächer sein. Ein Bier vom Kontinent, das in sei-

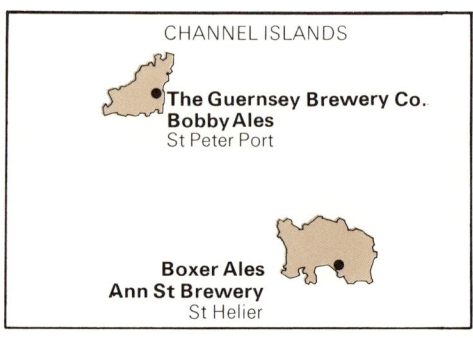

Beamish and Crawford
Murphy
Cork ●

CHANNEL ISLANDS

The Guernsey Brewery Co.
Bobby Ales
St Peter Port

Boxer Ales
Ann St Brewery
St Helier

Skol
Maclay
Alloa

Belhaven
Dunbar

Tennent
Glasgow

Traquair House
Innerleithen

Lorimer
Dryborough
Younger
McEwan
Harp
Tennent
Edinburgh

Theakston
Carlisle

Scottish and Newcastle
Northern Clubs
Newcastle

Jennings
Cockermouth

Vaux
Sunderland

Cumbrian Brewers
(Matthew Brown)
Workington

Castle Eden

Cameron
Hartlepool

Castletown
Castletown

Okell
Douglas

Mitchell's
Yates and Jackson
Lancaster

Samuel
Smith
Tadcaster
John Smith

Hartley
Ulverston

Timothy
Taylor
Keighley

Theakston
Masham

Webster
Halifax

Selby
Selby

ISLE OF MAN

Harp Manchester
Whitbread Salford
Wilsons Manchester
Boddington Manchester
Holt Cheetham
Lees Middleton
Pollard Stockport
Robinson Stockport

Heineken
Samlesbury

Matthew
Brown
Thwaites
Blackburn

Tetley
Leeds

North Country
Hull

Macardle
Harp
Dundalk

Higsons'
Liverpool

Oldham
Oldham

Darley Doncaster

Stones
Ward
Sheffield

Hardy's
and Hanson's
Home
Shipstone
Nottingham

Bateman
Skegness

REPUBLIC OF
RELAND

Carling
Black Label
Runcorn

Burtonwood
Greenall Whitley
Tetley
Warrington

Mansfield
Mansfield

Fighting Cocks
Grantham

Dublin

Border
Skol
Wrexham

Everard
Marston
Burton

John Smith
Newark

Elgood
Wisbech

Norwich
Norwich

Smithwick's/Perry
Kilkenny

Worthington

Carlsberg
Northampton

Ruddle
Oakham

All Nations
Madeley

Banks
Wolverhampton

Hoskins
Leicester

Greene King
Bury St Edmund's

Adnams
Southwold

Mitchells and Butlers
▲ Birmingham
▲ Wolverhampton
▲ Walsall
Ansell's
Birmingham

Simpkiss
Batham
Brierley Hill

Davenport's
Birmingham

Litchborough
Litchborough

Wells
Bedford

Paine
St Neots

Tolly Cobbold
Ipswich

Cherry/Phoenix
Waterford

Hanson
Holden
Old Swan
Dudley

Litchborough
Litchborough

Greene King
Biggleswade

Rayment
(Greene King)
Furneux Pelham

Three Tuns
Bishop's Castle

Donnington
Stow-on-the-Wold

Hook
Norton
Banbury

Heineken
Luton

McMullen
Hertford

Ridley
Chelmsford

Buckley
Felinfoel
Llanelli

Flowers
Cheltenham

Morrell
Oxford

Wethereds
Marlow

Romford

Rhymney

Mason's Arms
Witney

Young
Wandsworth

Fremlins

South Wales
Clubs
Pontyclun

Brain
Cardiff

Welsh
Brewers

Arkell
Swindon

Morland
Abingdon

Brakspear
Henley

Fuller
Chiswick

London

Truman

Miners'
Arms
Priddy

Wadworth
Devizes

Shepherd
Neame
Faversham

Flowers
Tiverton

Usher
Trowbridge

Gibbs Mew
Salisbury

Harp
Alton

Harvey/
Beard
Lewes

Romsey

Gale
Portsmouth

Wateringbury

Palmer
Bridport

Burt
Ventnor

King and Barnes
Horsham

Devenish
Redruth

Eldridge Pope
Dorchester

Hall and Woodhouse
Blandford Forum

Blue Anchor
Helston

St Austell
St Austell
Plymouth

Devenish
Weymouth

nem Ursprungsland mit 12.0 Grad Plato und einem Alkoholgehalt über 4% auf den Markt kommt, könnte mit einer Dichte von weniger als 10 Grad und einem Alkoholgehalt von 3% in Großbritannien verkauft werden.

Sieht man einmal von der britischen Überheblichkeit ab, so überrascht es dennoch, daß ein solch schwaches Gebräu in den heißen Sommern der siebziger Jahre überhaupt 20% des Marktes erobern konnte, wenn auch erst nach fast hundert Jahren vergeblicher Versuche. Die erste britische *Lager*-Brauerei wurde 1882 errichtet, also zu einer Zeit als man in ganz Europa auf die untergärige Brauweise setzte. Zu dieser Zeit waren die stolzen Bewohner der Insel noch nicht bereit, vom Ausland zu lernen.

Über neumodische Ideen waren die Briten nie recht glücklich. So war es auch, als im 15. Jahrhundert Flamen gehopftes Bier nach England brachten. Zuerst kam dieses Bier in Fässern über den Kanal. Aber bald begannen die flämischen Siedler Hopfen zum Bierbrauen im Südosten Englands anzubauen. Die Flamen nannten ihren Trunk *Biere* und eine Zeitlang hielt man das in England für etwas ganz anderes als das gute alte englische *Ale,* obgleich heute beide Ausdrücke das gleiche bedeuten.

„*Bere* ist der natürliche Trank für den Holländer", schrieb im 16. Jahrhundert Andrew Boorde. „In England gereicht es vielen zum Schaden; vor allem bringt es die um, die unter Koliken, dem Stein und dem Bruch zu leiden haben. Der Trank läßt den Menschen fett werden, bläht seinen Bauch auf, wie es bei den Holländern zu sehen ist."

Das „böse und schlimme Hopfenunkraut" wurde sogar einmal von den Behörden in Shrewsbury verboten. Dem Brauer Heinrichs VIII. war es untersagt, Hopfen oder Schwefel zum Ale zu nehmen. Die Londoner Brauerzunft beantragte damals beim Oberbürgermeister, daß „Hopf und Kraut und solch andere Ding" nicht ins Ale kommen dürften, das übrigens „nur aus Licour (Wasser), Malz und Hefe zu bereiten sey".

Unmißverständlich wies Heinrich VI. die Sheriffs von London an: „Gewisse übelwollende Personen setzen mit Haß und List alles daran, um alle zu unterdrücken, die einen Trank, *Biere* genannt, brauen. Sie verbreiten Gerüchte und Argwohn, um die Leute gegen dieses Getränk aufzubringen; weswegen es die Brauer nicht wagen, den besagten Trank mit dem Namen *Biere* zu bereiten. Und das zu Schaden und Entbehrung sehr vieler Untertanen, die an diesen Getränk Gefallen finden und es als hervorragenden, gesunden und mäßigen Trank zu schätzen wissen. Ihr sollt nun überall bekanntmachen lassen, daß alle Brauer von

148

Der Gin kam aus Holland und brachte viel Elend. Die „Gin-Straße" war eines der moralischen Themen des großen englischen Kupferstechers William Hogarth. Seine „Bier-Straße" dagegen strahlt herzhafte gesunde Lebensfreude aus.

Biere wie bisher offen brauen, verkaufen und arbeiten dürfen. Und bei Strafe sollen unsere Lehnsherren keinen von ihnen belästigen oder hindern, einschüchtern oder bedrohen, um ihn damit abzuhalten, wie bisher frei weiter zu brauen."

So blieb das *Biere* in England und mit ihm die Flamen und der Hopfen. Und wo sie sich niederließen, gedeiht er noch immer. In Charles Dickens' *Pickwick Papers* sagt doch Mr. Jingle: „Kent, Sir? Das kennt doch ein jeder: Äpfel, Kirschen, Hopfen und Frauen!" Noch immer geben die Rauchfänge der Hopfendarren von einst mit ihren typischen Silhouetten der Gartenlandschaft von Kent ihren besonderen Charakter, wenn auch der alte Stil dieser Bauten wegen ihrer Modernisierung nicht mehr so stark in Erscheinung tritt. Aus mancher traditionsreichen Hopfendarre ist nämlich das Wochenendhäuschen eines Londoner Geschäftsmannes geworden. Für Siegfried Sassoon waren die Darrhäuser noch „ein würdevoller Anblick . . . ich fühlte, alles könnte in einer Welt geschehen, die mir im Feld so artig nebeneinander gesetzt zwanzig Hopfendarren darbot".

Zwischen den weißen Klippen von Dover und den Londoner Vororten liegen 8100 Hektar Hopfengärten in Kent und Sussex sowie weitere 6000 Hektar in den West-Midland-Grafschaften Herefordshire und Worcestershire, wo sie als ‚hop-yards' bekannt sind. Für Tausende von armen Familien Londons und der West-Midlands bedeutete das Hopfenpflücken Arbeitsferien. 100 000 Ferienarbeiter haben im Jahre 1908 im Südosten gearbeitet, und noch 1945 benutzten 30 000 die einundsechzig vom Bahnhof London Bridge eingesetzten Sonderzüge. Der letzte Zug fuhr im Jahr 1960. Dann haben Wohlstand und Mechanisierung solchen harten Arbeitsferien ein Ende gesetzt. Doch noch heute denken die einst armen Londoner voller Nostalgie an diese Zeit zurück, wie es der bekannte Journalist Louis Heren in seinem Buch „*Growing-up Poor in London*" und Jonny Speight in seiner Komödie „*It Stands to Reason*" beschreiben.

Nostalgie lassen auch die beiden Engländer aufkommen, Mr. Fuggles und Mr. Golding, die berühmten Hopfensorten ihren Namen gegeben haben. Heute freilich sind diese Sorten von widerstandsfähigeren Züchtungen verdrängt, deren Namen kaum noch etwas mit dem Land zu tun haben. Auch der Sex spielt dabei eine Rolle. So rottet man auf dem Kontinent die männlichen Pflanzen aus, damit es keine Hopfensamen gibt, die für das Brauen kaum förderlich sind. In England ist man dagegen toleranter.

Bier ist – ohne jeden Mitbewerber – Englands Nationalgetränk. Böhmisches Bier teilt sich den Keller mit böhmischem Wein; beim deutschen Bier ist es ähnlich; Dänemark hat zu seinem Bier den Aquavit. England hat sein Bier – und auch den Gin aus den Niederlanden. Und was da im 17. Jahrhundert über das Meer nach England kam, war ein recht zweifelhaftes Vergnügen. „London Gin" und „Plymouth Gin" gehen vielleicht auf Vorfahren in Schiedam und Gent zurück. Um das Geld für Wilhelm von Oraniens irischen Feldzug aufzubringen, wurde das Bier so sehr besteuert, daß danach London von billigem Gin überschwemmt wurde, was ernste soziale Probleme mit sich brachte. Das Elend des Gins und die wohltuende Kraft des Bieres bilden dazu den lehrreichen Kontrast zweier berühmter Stiche von Hogarth. Der Whisky kommt aus Schottland, es sei denn, er wird hinten mit „ey" geschrieben, was ihn als irisch ausweist. Seine Offensive in England startete der Whiskey im 19. Jahrhundert, bald gefolgt vom Whisky – der irische kam also zuerst, doch der schottische hielt sich besser.

Englisches Bier ist mehr als nur englisch, aber auch weniger als ganz und gar britisch. Trotz beträchtlicher kultureller und sozialer Unterschiede beider Länder ist das Bier englischer Art besser als von anderen britischen Stämmen von den Walisern aufgenommen worden. Die Biere von Brains („It's Brains You Want", „Köpfchen muß man haben!") sind dafür Zeuge. Und wenn Wales, vor allem an den Sonntagen, strengere Konzessionsbestimmungen hat, so ist es doch keineswegs ohne Biertrinker-Freuden. Schottland besitzt dagegen eine eigene Brautradition mit eigenen Fachausdrücken und natürlich seinen Whisky. Wiederum anders, wenn auch eher besser, ist in Irland beiderseits der Grenze. Die Insel Man und die Kanal-Inseln haben ihre eigene Verwaltung und sind nicht Teil des Vereinigten Königreichs. So gibt es auf der Insel Man unpasteurisierte Biere englischer Art nach einem Reinheitsgebot, das zwar Zucker, aber keine anderen Zutaten erlaubt. Auch die Kanal-Inseln bieten einige hervorragende, interessante Biere englischer Art (und das billiger als in Großbritannien) sowie freizügigere Öffnungszeiten der Pubs.

Sonst aber würden die Engländer sicherlich mit dem Pfarrer Sydney Smith übereinstimmen, der im 18. Jahrhundert fragte: „Welche zwei Gedanken sind so untrennbar verbunden wie Bier und Großbritannien?" Was natürlich nur eine rhetorische Frage sein kann.

So englisch, wie es nur sein kann, und vertraut genug, um
es als das vertrauteste Lokal in der Nachbarschaft zu bezeichnen, ein jedes von den insgesamt 70000 im Lande.
Und überraschend jung dazu, denn das „Public House"
fand erst nach 1850 seine Anerkennung. Dann kam der
Pomp der Jahrhundertwende in Liverpool, die Eleganz
um 1890 im Londoner West End und die gesetzte
viktorianische Art in Manchester. Geätztes Glas und
Abteiler aus Mahagony sorgten für Diskretion, und
Spiegel reflektierten das helle Licht der neuen Glüh-
birnen. Wie die Music Halls, die sich aus ihnen
entwickelten, waren die Pubs des 19. Jahrhunderts
Treffpunkt und Unterhaltungslokal für die durch die
industrielle Revolution dem Gleichmaß und der Gewohnheit des ländlichen Lebens entfremdeten Engländer. Ihre alkoholischen Attraktionen priesen diese
Lokale in den rasch wachsenden Städten so großspurig
an, daß man sie bald die „Gin-Paläste" nannte, obgleich
dieser Schnaps sein schlimmstes Unheil schon im Jahrhundert zuvor angerichtet hatte.

In der Renaissance war *King's Head* (Haupt des
Königs) Englands populärster Pubname, in der Zeit vor
der Reformation noch der *Pope's Head* (Haupt des
Papstes) gewesen. Leitet sich der Name *Cats and Fiddle*
von der heiligen *Catherine Fidelis* ab? Hatten die *Coat
and Compasses* nicht ihren verständlicheren Ursprung
in einer klösterlichen Raststätte für Pilger mit dem
Namen „*God encompasseth Us*" („Gott umfängt uns
alle")? Das *Angel and Royal* in Grantham in
Lincolnshire war Gasthof wohl seit 1213, der „*Trip to
Jerusalem*" in Nottingham ein kirchliches Hospiz wohl
schon 1070, eines mehr von den vielen, die den Anspruch erheben, Englands ältestes Pub zu sein. Auf dem
Lande gibt es noch strohgedeckte Pubs, die auf dem
Platz alter sächsischer Bierhäuser stehen. Denn die
alten Briten waren, wie die Römer berichten, „gewohnt,
sich in ihren Bierhäusern zu versammeln, um zu regieren
und Urteile zu fällen". Und daran hat sich kaum etwas
geändert . . .

Englischer Pomp aus Edwards Zeiten im Norden:
Schmuck-Karyatiden im Sawyer's Arms, Manchester
(1), im Philharmonic (2) und im Vines (3) in LIverpool;
Glasfenster im Lord Clyde, Manchester (4), Vines (5),
dem Bridge Hotel, Salford (6) und im Whitelock's
in Leeds (7); Gaslicht im Vines (8). Rose and Crown,
Bradford Abbas, Dorset.

153

GEORGE CHAINEY, 87.   JAMES HIGGINS. 87.   SAMU

TOTAL

Bradford Abbas, Dorset.

G. 90.   THOMAS COOMBS. 89.   SIDNEY PARSONS. 81.
34 YEARS.

Porter und Bitter Stout

Verblaßte Schilder an britischen Pubs verheißen noch immer ein Glas *Porter,* doch Briten und Iren brauen dieses Bier nicht mehr sondern statt dessen ein *Stout.* Biere wie *Porter* stellt man heute in der Tschechoslowakei, in Kalifornien, Kanada und einigen anderen Ländern her. Das berühmteste Bier, das heute von den britischen Inseln kommt, ist jedoch ein direkter Nachfahre des *Porter,* besser freilich unter dem Namen „Guinness" bekannt.

Zum ersten Mal wurde *Porter* in Shoreditch, London, 1722, und zum letzten Mal auf den britischen Inseln 1973 in Dublin gebraut. Auf echt irische Art wurde das letzte Faß im Mai 1973 mit einer Totenwache in einem Pub bei Belfast geehrt. Die Trauergäste trugen steife schwarze Hüte, tranken das *Porter* und betteten das letzte Faß in einem mit „Guinness Black" schwarz drapierten Sarg zur Ruhe.

Porter war das erste im ganzen Land beliebte Bier Großbritanniens. Vorher gab es fast nur lokal verbreitete Biersorten. London und die Orte in seiner Umgebung hatten ihre eigenen Biere, die längst verschwunden sind. Die Midlands, Yorkshire und Lancashire haben ihre Biertradition, die noch heute besteht. Als Biergegenden genossen auch Englands Norden und der Süden von Schottland damals guten Ruf, der allerdings heute leicht verblaßt ist.

In London pflegte man damals eine Kombination von Bieren aus zwei oder drei Fässern zu bestellen, die dann im Glas, Zinnkrug oder Becher gemischt wurden. Schließlich brachte ein Brauer namens Harwood ein Bier heraus, das in sich die Vorzüge der ganzen Auswahl vereinen sollte. Er nannte es „*Entire*" (Das Ganze), aber bald wurde es unter dem Namen *Porter* bekannt, weil es – wie man sagt – bei den Lastträgern auf dem Markt sehr beliebt war. Andere berichten, daß sich Harwoods Bierträger mit dem Ruf „Porter!" („Träger!") im Haus der Kunden meldeten, und das Bier so zu seinem Namen kam.

Whitbread und Charrington sind zwei der heute größten britischen Brauereien, die ihren Erfolg dem *Porter* zu verdanken haben, auch wenn seine eigentliche Blütezeit nur etwa hundert Jahre dauerte. In seiner Studie *Die Brau-Industrie in England* (Chambridge University Press 1959) vergleicht Peter Mathias die Entwicklung des *Porter* mit der Einführung des Mule-gesponnenen Muslins in der Textilindustrie oder der gepreßten Ware in der Töpferei. Wie so viele Pioniere kam Harwood durch seine Erfindung nicht zu Vermögen. *Porter* war recht bitter, mit dunklem Malz gebraut, dunkel und dick. Für die Herstellung war das Londoner Wasser hervorragend geeignet. „Alle Völker wissen, daß das *Porter* in London erfunden wurde", schreibt John Bickerdyke in *The Curiosities of Ale and Beer.* „Juden, Türken, Deutsche, Neger, Perser, Chinesen, Neuseeländer, Eskimos, Rothäute, Yankees und Südamerikaner sind sich einig in ihrem Respekt für die Stadt, in der das allseits beliebteste Getränk entstanden ist, das die Welt je gekannt hat."

Bei den von Natur aus konservativen Iren und wohl auch wegen der schlechten Verkehrsverhältnisse fand das *Porter* in Irland nicht so schnell Anklang. Auch machte hier die alte Brenntradition zu schaffen, und so setzte sich das *Porter* nur langsam durch. Seinem Nachfolger in England, dem *Pale Ale,* ist das bis heute noch nicht gelungen. Doch schließlich wurde *Porter* das Nationalgetränk der Iren und fand Eingang in die irische Literatur.

Donleavy ist einer der zahllosen irischen Schriftsteller, die sich damit befaßt haben: „Wenn ich sterbe, laßt mich in einem Faß *Porter* auflösen, das dann in Dublins Pubs ausgeschenkt werden soll. Ob man mich wiedererkennen wird?" Ein Amerikaner aus Irland ist gewiß passender als ein Neger, der nach der Legende eine Haupt-Ingredienz des Porter gewesen sein soll.

Guinness, im Jahr 1759 gegründet, stellte sich vierzig Jahre später ganz auf die Produktion von *Porter* um. Guinness „Plain Porter" wurde das Getränk des irischen Arbeiters, bis schließlich das stärkere „Extra-Stout" nach und nach an seine Stelle trat. In der Flasche ist Guinness noch immer als „Extra Stout" bekannt. Ursprünglich bezog sich das „Stout" („Stark") auf die Stärke des Bieres, später aber eher auf seinen kräftigen Körper und die Farbe. Der Ausdruck war schon vor Guinness üblich, denn bevor man dort zu brauen anfing, schrieb bereits Swift:

„Brächt' die Muse ihm vom Brot 'ne Scheibe,
dazu ein Kotlett vom Hammelleibe,
und wenn schon niemand ihm mehr traut,
lab sie ihn mit 'ner Pinte Stout."

Disraeli, Thackeray und Robert Louis Stevenson erwähnen Guinness in ihren Schriften. Daraus ist zu ersehen, wie rasch sich das irische Bier den britischen Markt eroberte. Auch bei Dickens taucht es auf. In der Originalausgabe *der Pickwick papers* erscheint auf einer Zeichnung des berühmten Illustrators Phiz ein Guinness-Plakat. Der Biername wurde allerdings versehentlich nur mit einem „n" geschrieben, doch das störte das Unternehmen nicht, als es später anfing zu werben. Die Illustration von Phiz erschien 1929 in einer der ersten Zeitungsanzeigen. Nach Phiz' unbeabsichtigtem Beitrag wurden Rex Whistler und H. M. Bateman beauftragt, Guinness-Anzeigen zu illustrieren. Und später reichte die Reihe der Zeichner der

Erst kam das „Entire", dann das „Porter" und noch immer gibt es das „Stout". Charakteristisch für diese fortbestehende Familie dunkelbrauner und schwarzer obergäriger Biere sind das gründliche Maischen und das Verschneiden der Würzen, die Verwendung gerösteter, manchmal unvermälzter Gerste und die äußerst starke Hopfenzugabe. Wie einige andere klassische Arten spielen diese Biere, oft vermischt und auch widersprüchlich, eine Rolle in vielen Legenden. „Entire" soll bald nach 1700 in Shoreditch, einer sogar für damals sehr weltoffenen Gegend am Ostrand von Londons „Stadtdistrikt" entstanden sein. Ein Jahrhundert später war dieses Bier noch immer der Stolz seiner Heimat und auch in ganz England zu haben. Doch seinen Höhepunkt hatte es bereits überschritten. Zwar boten noch immer die englischen Brauer wie gewohnt „Ales und Porter" an, doch zu Beginn des 20. Jahrhunderts war die Art selbst schon „ausgewandert". Guinness Porter war das Nationalgetränk Irlands geworden. Andere Brauer füllten es für das Dubliner Unternehmen ab und brachten es auf den Markt. Porter überlebte im Norden Irlands noch bis 1970, wurde aber an Beliebtheit vom Stout, einem anderen Verschnitt mit leicht höherer Dichte übertroffen. Die ungarischen und russischen Porter sind untergärig. Doch San Franciscos Anker-Bier offenbart noch größere Verwandtschaft mit dem Original.

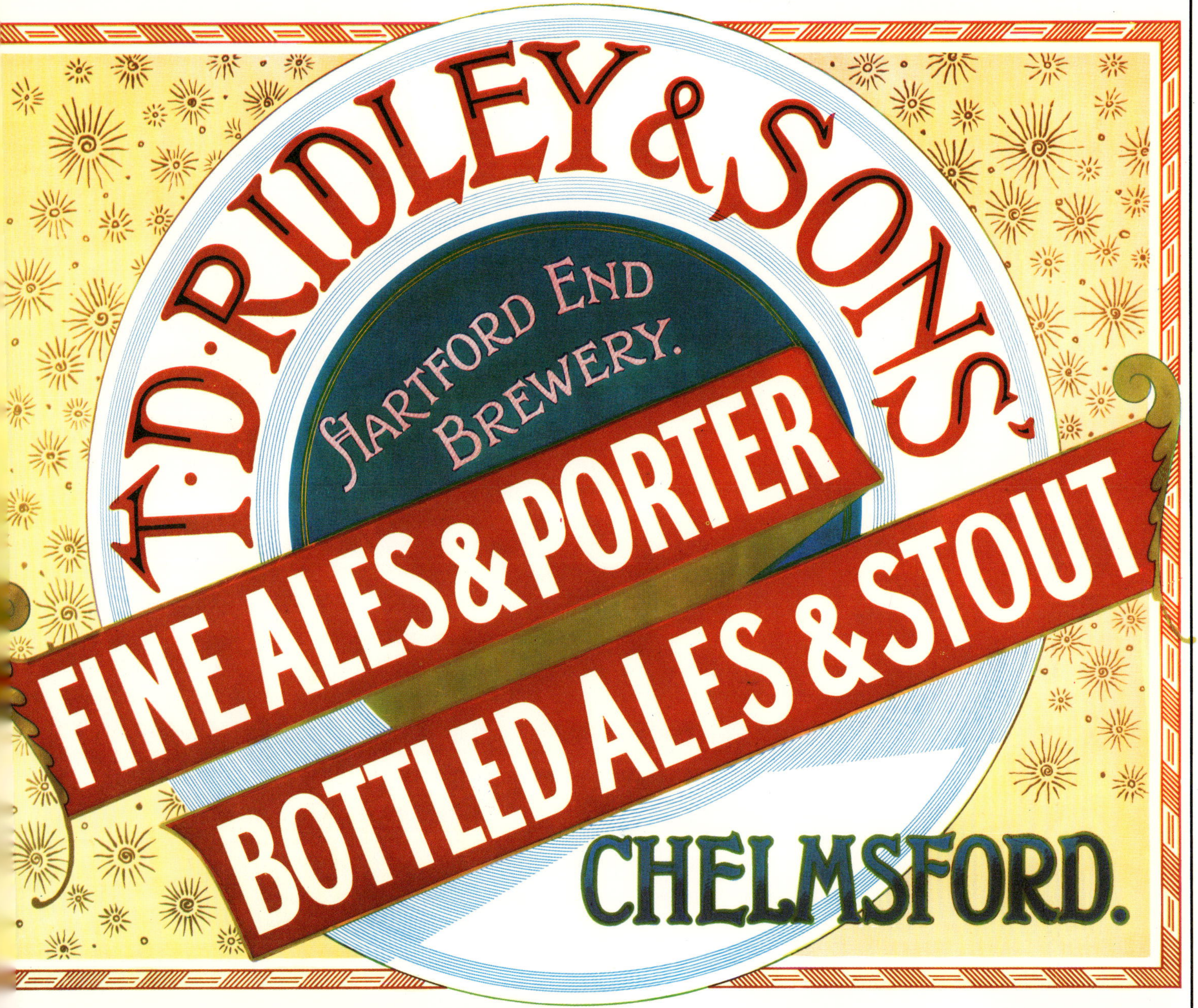
T.D. RIDLEY & SONS'
HARTFORD END BREWERY.
FINE ALES & PORTER
BOTTLED ALES & STOUT
CHELMSFORD.

KENBANN
PORTER
PORTER
PORTER

GUINNESS'S
BOTTLED BY
G.H LETT
ENNISCORTHY
PORTER

Porter Sör
KŐBÁNYAI SÖRGYÁR

1875
1975
БАДАЕВА
МОСКВА
ПОРТЕР

Anchor
PORTER

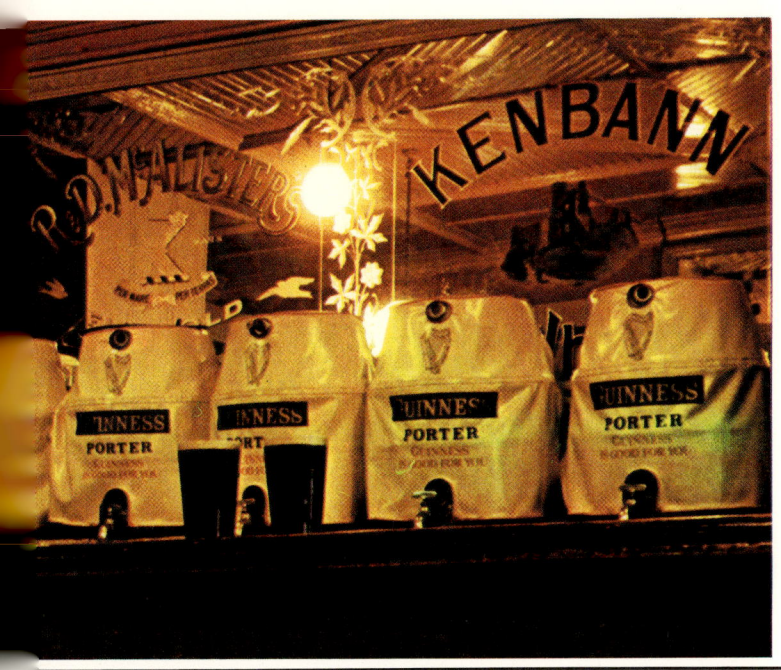

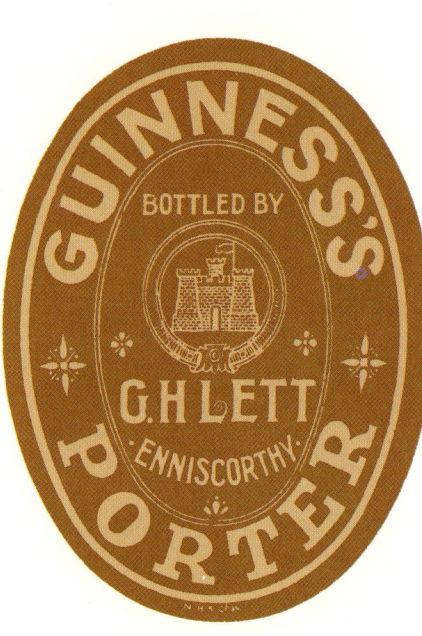

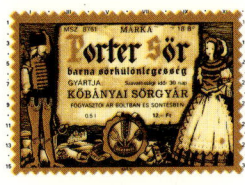

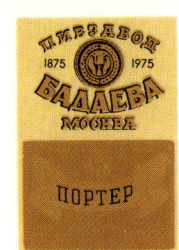

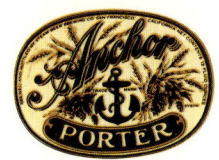

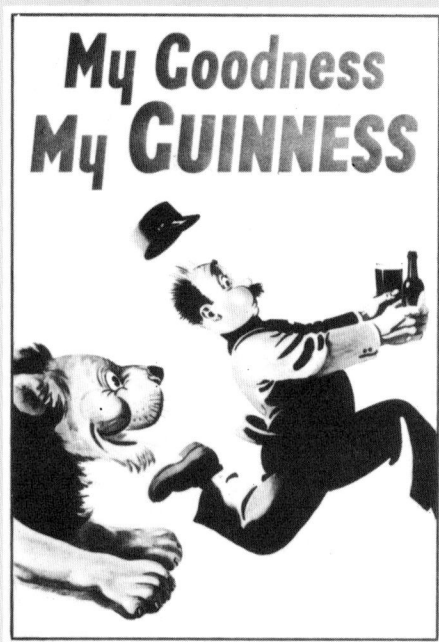

Guinness-Plakate: Obere Reihe: 1934, 1935, 1936; Mittlere Reihe: 1937, 1938, 1939; Untere Reihe: 1940, 1949 und Krönungsjahr 1953.

Anzeigen von Erté bis zum berühmten politischen Karikaturisten Vicky. Unter den Textern, die für Guinness arbeiteten, war auch Dorothy L. Sayers, die Schöpferin des Detektivs Lord Peter Wimsey. Der beste Guinness-Werbespruch „Guinness ist good for you" ist das Ergebnis früher Verhaltensforschung. Fast genauso bekannt ist: „My Goodness, my Guinness!", ein Slogan zu einer Reihe von Abenteuern eines Zoowärters mit seinen Tieren. Dabei wurden die Tiere so stark mit dem Produkt verbunden, daß man sie später – ohne Guinness zu erwähnen – ohne weiteres für ein Plakat verwenden konnte, das das Unternehmen zur Krönung Königin Elizabeths herausbrachte. Die Einfälle des Illustrators John Gilroy von der Benson Werbeagentur, die vierzig Jahre lang für Guinness arbeitete, legten die Grundlage für eine Werbung, wie sie später in Großbritannien nie wieder erreicht worden ist. Werberuhm gewann Guinness später noch einmal, als seine Neonleuchten und neuartigen Uhren zum Festival of Britain beliebte Treffpunkte für Rendezvous waren.

Ebenso viel Anerkennung wie für seine Werbung fand Guinness auch für sein großartiges Bier. Selbst wer Bier ablehnte, wußte doch jetzt, daß Guinness ein dunkler alkoholhaltiger Long-Drink ist. Von der Abwanderung irischer Arbeitskräfte nach England war das Bier kaum betroffen. Sein Erfolg ist vor allem einfallsreichem Marketing zu danken. Den anderen britischen Brauereien stand ein ganzes Netz von Vertragsgaststätten zur Verfügung und Guinness besaß kein einziges Pub! Die Brauerei ist zwar Pächter des *Castle* mitten im Hopfenland an der Grenze von Kent zu Sussex bei Bodiam, doch das ist eher ein Zufall. Was aber auf den ersten Blick wie ein Hindernis aussah – es kam ja noch hinzu, daß Porter nicht mehr in Mode zu sein schien – erwies sich letzten Endes für Guinness als glatter Vorteil. Die anderen Brauereien waren nämlich überzeugt, daß sie einen Konkurrenten ohne eigene Pubs und nur mit Bieren nach Porter-Art nicht ernst zu nehmen brauchten. Doch merkwürdigerweise hatte der Niedergang des *Porters* eine Lücke hinterlassen, die nun Guinness mit seinem Extra Stout ausfüllte. Die Dubliner Brauerei entwickelte sich bald zur größten der Welt. Auch heute noch liefert sie Bier nach Großbritannien, obgleich die südliche Hälfte Englands seit 1936 von einer Guinness-Brauerei am Stadtrand von London versorgt wird.

Wer ein herbes *Stout* trinken will, bestellt ein „Guinness". Die Biermarke bezeichnet also die Produktart, wie die Briten auch einen Staubsauger, gleich welcher Marke, einen „Hoover" nennen. Guinness ist somit heute der Sortenname für herbes *Stout*. Sonst hat Großbritannien zu dieser Art nicht viel zu bieten. Ein paar lokale Brauereien brauen eine trockene, aber nicht bittere Abart.

Guinness Extra Stout, nicht pasteurisiert und in der Flasche gereift, gibt es in jedem britischen Pub. Seine Stammwürze liegt zwischen 1042 und 1045, im Winter meist an der oberen Grenze. Guinness vom Faß ist bei einer Dichte von 1040 in der Konsistenz etwas kremiger. Es ist weit verbreitet, wenn auch nicht überall in Großbritannien erhältlich. Für den britischen Markt wird es pasteurisiert und im Niederdruckverfahren der Brauerei gezapft. In Irland, wo es in den Bars in Riesenmengen getrunken wird, verzichtet man beim gleichen Zapfsystem auf das Pasteurisieren. Guinness-Bier wird mit Darr-Malz und etwas unvermälzter gerösteter Gerste gebraut, um zu dem typisch bitteren Hopfengeschmack die dunkle Farbe und den vollen Körper zu erreichen. Die Stammwürze ist höher als bei dem einstigen *Porter;* dennoch wird es in Irland manchmal noch mit diesem alten Namen bedacht. Seltsam genug begann das Ende des *Porters*, das ja so gebraut wurde, um das komplizierte Mischen zu ersparen, als es im Lokal aus zwei verschiedenen Fässern gemischt wurde. Einige Bierliebhaber mischen auch Guinness mit *Bitter* zu einem Drink, der als „Black and Tan" bekannt ist, doch heute ist dieser Bezug auf die britischen Truppen in Irland 1921 angesichts der wiederauflebenden anglo-irischen Gegensätze nicht ohne Risiko. Sicherer erscheint da schon eine Mischung mit Champagner, die man „Black Velvet" nennt.

Bei Werbung ist vieles Legende wie auch beim Bier selbst. Der Tukan war eines der berühmten Guinness-Tiere, die auf Carlton Ware Keramik abgebildet sind. Ganze Schwärme von Tukans hing man in den Pubs an die Wände, wie z. B. das 1955 entstandene Exemplar mit 18 cm Breite.

Das Pale Ale

In der Bar der Folies Bergères, wie sie Manet 1882 gemalt hat, muß es eine wahre Lust gewesen sein zu trinken. Zwischen den Champagnerflaschen fallen zwei Flaschen mit rotem Dreieck auf, das jedoch nicht etwa vor dem Inhalt warnen soll, sondern eher das Gegenteil: Dieses rote Dreieck ist das Markenzeichen von zwei ganz verschiedenen Getränken: Apollinaris Mineralwasser und Bass-Bier. Wie eine genaue Prüfung zeigt, enthielten Manets Flaschen das prächtige *Pale Ale* von Bass in Burton-on-Trent. Diese kleine Stadt in den Midlands war von jeher als Brauort berühmt. Hier braut man noch heute das wahre *Pale Ale,* den klassischen englischen Biertyp. Gelegentlich wird es auch *Amber Ale* genannt, doch im Vergleich zu den schwarzen *Porters* und *Stouts,* seinen Londoner Rivalen von einst, ist es eher als hell einzustufen. Und es ist ein Witz der Geschichte, daß heute *Pale Ale* Englands und *Bitter Stout* Irlands klassische Biertypen sind. In der Auswahl der Getränke bewies das Personal in der Bar der Folies Bergères guten Geschmack. Mindestens zum Teil hätte es mit Bickerdyke übereingestimmt, als dieser sein Loblied auf das *Pale Ale* schrieb: „In der Flasche dem Champagner ebenbürtig an Güte und Würze, doch ihm hoch überlegen durch seine erhaltende und belebende Kraft." Weithin wurde damals der Ruhm von Burton-on-Trent gefeiert.

Das erste berühmte *Pale Ale* wurde um 1750 von dem fast vergessenen Londoner Brauer Hodgson gebraut. Doch Burton wurde für diesen Biertyp besonders bekannt. Heute gehört diese Stadt neben Pilsen, München, Dortmund und Dublin zu den bedeutendsten Brauzentren Europas. Um 1750 standen die Brauer im Trent-Tal schon seit einem Jahrhundert in hohem Ansehen, sie werden schon von Defoe in seinen Schriften erwähnt, doch erst das Aufkommen des *Pale Ale* als neuer Typ gab ihnen ihre besondere Chance. Das Wasser von Burton ist gipsreich, also besonders für helle, schäumende Biere geeignet, wogegen Londons Wasser zu dieser Zeit eher dunkles Bier begünstigte. Noch heute behandeln Brauer in verschiedenen Ländern der Welt ihr Wasser nach einem Verfahren, das man „Burtonisation" nennt.

Bass sollte bald Burtons berühmteste Brauerei werden. Einmal nannte man sie sogar die „größte *Pale Ale*-Brauerei der Welt". Gegründet wurde sie 1777 zur Zeit Georgs III. von dem Fuhrunternehmer William Bass, der jedoch, sobald die Brauerei florierte, sein Fuhrgeschäft an den Pickford-Konzern verkaufte. Heute ist diese in aller Welt bekannte britische Spedition in Staatsbesitz. Das ist wiederum den Brauern von Burton zu verdanken, die schon früh den

Bau eines Kanals von Trent zum Nordseehafen Hull betrieben, wodurch dem Handel um 1700 der Weg über die Ostsee nach Rußland und später nach Ostindien erschlossen wurde. Noch heute erinnert der Ausdruck „India Pale Ale" an diese Zeit. Als französische Eroberungslust und russische Einfuhrzölle nach 1800 dem britischen Handel die Ostsee sperrten, mußten sich die Brauer von Burton nach neuen Märkten im eignen Lande umsehen.

Dahin wie Empire und Queen ist dieses Etikett, doch das Bier besteht weiter fort.

Der Erfolg der Burton *Pale Ales* war so groß, daß Brauer aus dem südlich gelegenen Romford Braustätten am Trent einrichteten, um ebenfalls aus dem dortigen Wasser Nutzen zu ziehen. So zog die Brauerei von Ind Coope 1853 nach Burton. Sie übernahm später die große Allsopp-Brauerei, die bis auf die Zeit der Kreuzzüge zurückgeht. Hugh de Allsopp hatte im Heiligen Land unter Richard Löwenherz gefochten, während seine Familie daheim die Zeit nutzte, um von den Mönchen in Burton das Brauen zu lernen. Ein späterer Allsopp war der Brauer von Charles II. Die vereinigten Brauereien von Ind Coope und Allsopp bilden heute den Hauptteil der Allied Breweries. Eine zweite Brauerei aus Romford, die sich in Burton niederließ, war das schon seit langem bestehende Unternehmen von Truman, Hanbury und Buxton, das heute zu Watney's gehört.

Bass selbst tat sich mit der anderen großen Brauerei Worthington (1744 gegründet) zusammen und erst später mit Charrington von London. 1876 wurde das berühmte rote Dreieck von Bass als das Symbol des *Pale Ale* bestätigt, es ist anzunehmen, daß es Englands

erstes eingetragenes Warenzeichen war. Früher gab es eine mehr legendenhafte Erklärung, wonach das Zeichen ursprünglich eine Pyramide darstellte. Anscheinend verehrten die Pyramidenbauer im alten Ägypten den Gott *Bassareus,* den Sohn der Göttin *Ops.* Und Bass und hops (Hopfen) erfreuten sich von jeher einer engen Verbindung. Wahrscheinlich war das Zeichen einfach eine Liefermarke. Heute wird das berühmte *Pale Ale* nicht mehr mit dem Dreieck angeboten. Jetzt heißt das klassische *Pale Ale* Worthington „White Shield".

Worthington White Shield ist in vielen Pubs zu haben, die nicht Vertragshäuser von Bass Charrington sind. Meist wird es von Biertrinkern bestellt, die das im Haus gezapfte Bier nicht mögen. Im Unterschied zu anderen Worthington Flaschenbieren ist White Shield in der Flasche gereift und nicht pasteurisiert. Dabei fällt der Hefesatz am meisten auf, wenn das Bier von sehr heller Farbe ist. Gutes Einschenken gehört daher bei solchen Bieren zum Berufsstolz des Mannes an der Theke. Er muß so behutsam einschenken, daß vom Hefesatz nichts ins Glas kommt. Es gibt allerdings auch Bierfreunde, die ganz gern etwas Hefe im Glas haben.

White Shield hat eine Dichte von rund 1053 und einen trockenen, fast weinigen Geschmack. Vergoren wird es nach dem Burton-Union-Verfahren, das nur von den Brauern dieser Stadt angewandt wird: eine anhaltende Nachgärung in hefeschäumenden Holzfässern. „Nach diesem System gebraute Biere haben ein ganz besonderes Aroma, das sehr geschätzt wird", schrieb schon im Jahre 1936 E. J. Jeffery in *Brewery Theory and Practice.* Am besten ist das Bier etwa vier Wochen nach der Flaschenabfüllung. Eine Nummer in der Mitte und einige Kerben am rechten Rand des Etiketts zeigen an, in welcher Woche und welchem Quartal das Bier abgefüllt wurde. Solche Markierungssysteme gibt es auch für andere Brauverfahren, doch sind sie natürlich für Biere solcher Feinheit und mit Bodensatz von besonderer Bedeutung. White Shield hält sich bis zu neun Monate; danach kann es ein unangenehmes Aroma entwickeln. Doch nach 15 Monaten ist es manchmal wieder recht trinkbar.

White Shield ist das klassische englische Pale Ale mit Flaschenreifung. Daneben gibt es Hunderte von hellen pasteurisierten Bieren. Jede Brauerei bringt mindestens ein solches Bier heraus, meist sogar mehrere, und alle werden unter verschiedenen Bezeichnungen verkauft. Zu den bekanntesten zählen: *Light Ale, Pale Ale, IPA (India Pale Ale)* und *Export.* Wer nur ein helles Bier braut, mag einen dieser Namen dafür verwenden. Wer mehrere braut, wird wahrscheinlich in der hier angegebenen Rei-

Bass-Bier im Folies Bergères

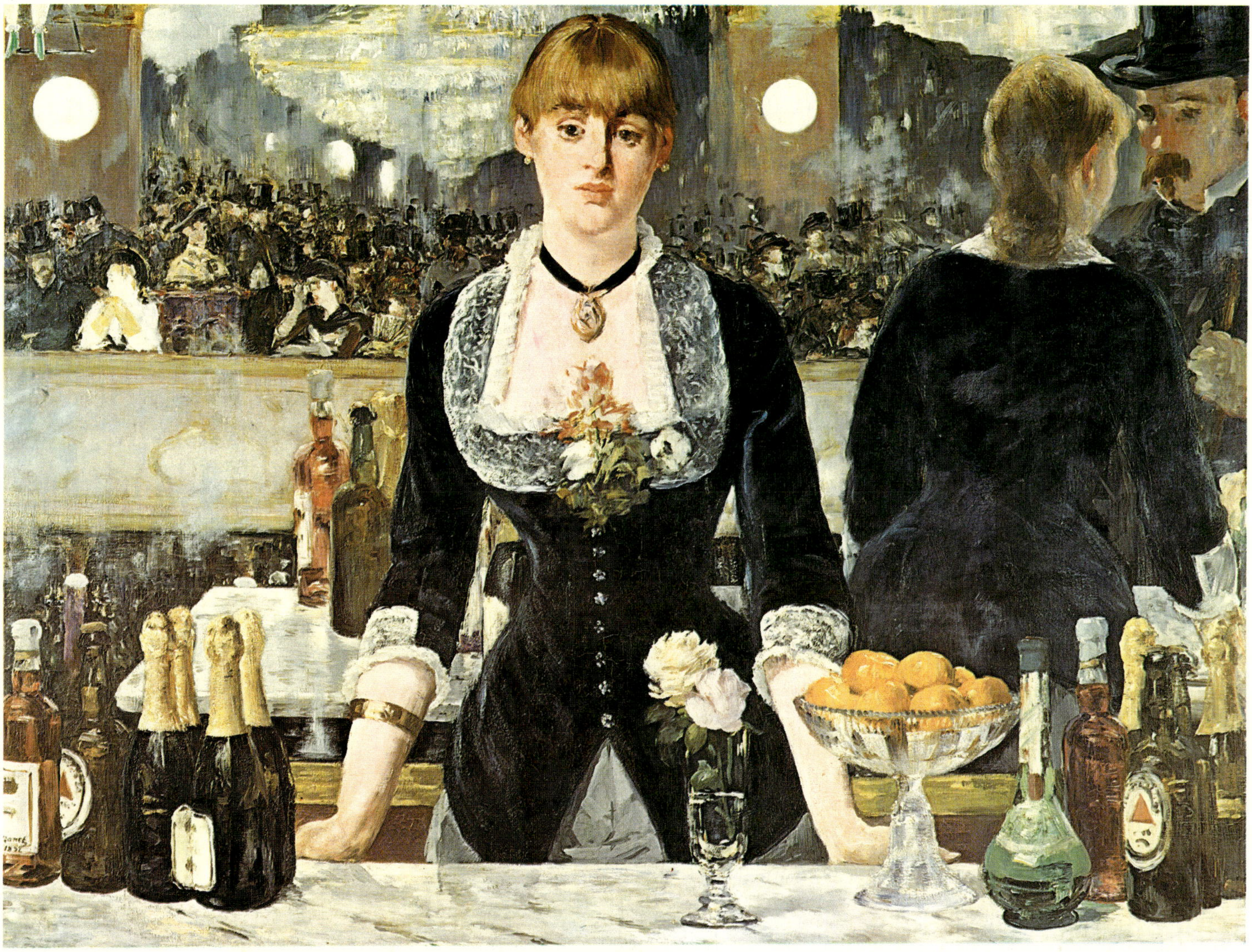

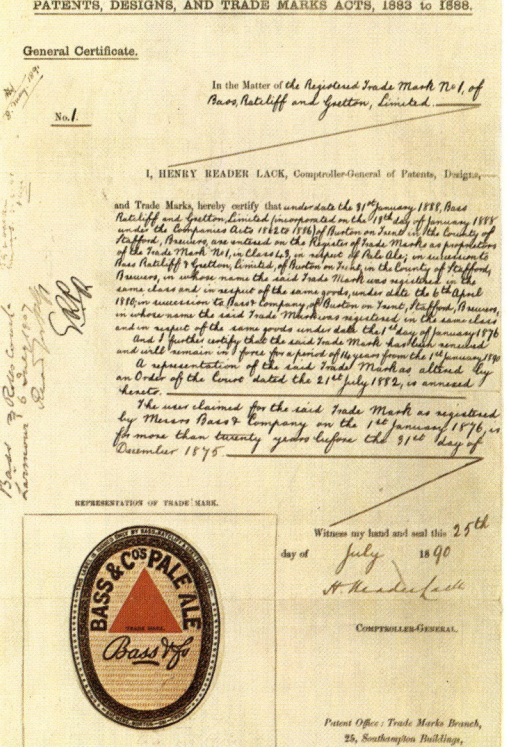

Noch um 1930 verwandte Bass das vom Manet-Bild her bekannte Etikett. Nur der Zusatz „East India Pale Ale" stammt vom Abfüller.

Warnzeichen Nr. 1 und einer der bekanntesten Namen der Brauindustrie. Gefälschte Bass-Etiketten sollten helfen französisches Bier zu verkaufen. Andere Brauer erfanden täuschend ähnliche Markennamen. Die Brauerei (oben im Jahr 1834 mit dem Haus des Besitzers im Vordergrund) wurde vom Gründer William Bass vor 200 Jahren errichtet.

Der Stolz von Burton

henfolge die Biere mit der jeweils stärkeren Stammwürze kennzeichnen.

Das Angebot von Courage, einer der großen Brauereien, enthält z. B. ein *Light Ale*, ein beliebtes *Pale Ale*, John Courage genannt, und ein ausgezeichnetes starkes *Bulldog Pale*, das übrigens in Belgien als Martin's Pale verkauft wird. Mit einer Dichte von über 1060 ist es für ein *Pale Ale* ungewöhnlich gehaltvoll. Bei Whitbread gibt es ein angenehmes *Light Ale* mit einem trockeneren Geschmack als das nur wenig stärkere *Pale*. Whitbrad's „Brewmaster" hat, obwohl viel süßer und milder als das typische englische *Pale Ale* viele Anhänger. Whitbread bringt auch ein Diabetikerbier heraus, das wie die meisten Diätbiere erfrischend und trocken ist. Man muß also nicht Diabetiker sein, um dieses herrliche, gut vergorene Bier mit hoher Stammwürze zu genießen. Verwirrend sind nur seine verschiedenen Namen: Bei Whitbread heißt es „English Ale"; besser bekannt ist es jedoch als das „Gold Top" der alten Fremlin-Brauerei in Faversham in Kent. Vor einigen Jahren wurde Fremlin von Whitbread übernommen, und der Kronenkork ist jetzt eher gelb als golden. Und um es noch mehr zu komplizieren, steht auf dem Etikett „*Stock*" *Ale*, eine Bezeichnung, die für eine ganze Reihe nicht immer als *Pale* geltender starker Biere benutzt wird. „English Ale" ist eines der vielen Biere, die zwar von der Übernahme durch einen nationalen Brauereikonzern betroffen sind, doch weiterhin nur im bisherigen Vertriebsgebiet verkauft werden.

Die beliebten lokalen Brauereien stellen meist auch ein gutes *Pale Ale* her, wie Young in London mit dem sehr bitteren *Light Ale*, einem stärkeren Ramrod und einem überraschend gehaltvollen Export. Ruddles braut ein ungewöhnliches und sehr trockenes Light Ale sowie ein malzigeres County Ale mit höherer Dichte. Beide sind über das eigene Gebiet hinaus in den Ost-Midlands zu haben. Und als besondere eigene Note steuert Randall in Jersey sein gut gehopftes und gründlich vergorenes Boxer Pale Ale bei.

In Großbritannien verbindet man Bass in erster Linie mit Faßbier. Das Original Pale Ale heißt jetzt Worthington „White Shield". 1926 schlossen sich beide Brauereien zusammen. Beider Biere werden seit 1870 nach dem berühmten Burton Union System (oben) vergoren.

Das Bitter

Beliebter sind die englischen *Pale*-Biere vom Faß. Im Ausschank mitunter *Pale Ale* und *IPA* genannt, sind sie allgemein als „Bitter" bekannt. Für viele britische Biertrinker hat das leichte Flaschenbier zuviel Kohlensäure. Das echte *Bitter* ist dagegen ausgesprochen still. Mit diesen nicht pasteurisierten Faßbieren muß man sich erst einmal anfreunden, wenn man sie in ihrer traditionellen Art genießen will. An den Geschmack muß man sich erst gewöhnen – aber das lohnt sich!

Das echte *Bitter* ist das einzige Bier der Welt, das noch unfertig ist, wenn es von der Brauerei ausgeliefert wird. Im Faß macht es eine zweite Gärung durch. Seine Vollkommenheit erreicht es erst im Keller. Dann aber muß es rasch getrunken werden, ehe es seine Reife verliert. Beim Anzapfen muß der Wirt mit größter Vorsicht vorgehen; dabei ist die Wahl des richtigen Zeitpunkts wichtig. Um das Bier zu beruhigen, werden ihm Klärmittel aus der Schwimmblase des Störs zugesetzt.

Manche Biertrinker möchten am liebsten, daß das Bier aus einem Faß, das direkt hinter der Theke steht, ausgeschenkt wird. Doch dafür fehlt in den meisten Pubs der Platz. Auch läßt sich dort das Bier nicht kühl halten. So zapft man mitunter noch auf dem Lande, doch in der Stadt sollte man sich davor hüten. In imitierten Fässern, schön bemalt und poliert, sind oft nur die CO_2-Pumpen verborgen. Wird der Gasdruck nicht mit Bedacht gehandhabt, bekommt das *Bitter* einen Stich. Oft führt es auch zur Pasteurisierung, die aus dem echten englischen *Bitter* jeden Charakter vertreibt. Nach klassischer Art wird *Bitter* mit der Handpumpe ausgeschenkt. Dies erfordert nur wenig Kraft: Mit einem leichten Druck auf den Hebel aus Elfenbein und Messing bringt man eine halbe Pinte Bier herauf. Schafft die Pumpe das nicht, ist der Mechanismus fehlerhaft. In vielen Pubs sind solche Pumpen allerdings nur noch zur Ansicht ausgestellt. Dort verläßt man sich lieber auf den CO_2-Druck, um das pasteurisierte Bier herauf-

zubringen. Doch solche Pubs sind nichts für einen echten Bierfreund.

Die großen Konzerne kauften in den letzten zwanzig Jahren kleine Brauereien auf und kreierten überregionale Marken. Die ehrwürdigen Holz- und Zinn-Pubs in England behängten sie mit scheußlichen bunten Schildern. Der Name „Keg" („Fäßchen") paßt kaum mehr zu der Konserve, die als versiegelte Riesen-Blechdose in den Ausschank kommt. Das „Keg"-Bier ist gefiltert, pasteurisiert, oft künstlich mit Kohlensäure versetzt und stark gekühlt. Ihm fehlen Aroma, Geschmack und Bukett. Überdies ist es viel süßer als die traditionellen Biere, und es ist zu befürchten, daß andere Biere in Zukunft auch gesüßt werden, um den „allgemeinen Geschmack" zu treffen. Mit solchem Bier wollten die Brauer den Markt ausweiten und vor allem auch Frauen und Jugendliche gewinnen. Ferner sollte die Haltbarkeit erhöht, und Schankverluste vermieden werden. Man wollte sich den Vorteil einer über

Eine Pint hochpumpen

Rechts außen: Bevor die Handpumpen um 1770 aufkamen, lief das Bier in England direkt aus dem Faß. Nun aber konnte man die Fässer im Keller lassen und im Erdgeschoß ausschenken. „Bier-Maschine" heißt dieser Apparat, doch betrieben wird er von Hand. Bis etwa 1850 machte man allgemein von diesem System Gebrauch und man tut es auch noch heute. Um 1960 waren elektrische Pumpen und CO_2-Druckapparate weit verbreitet. Doch das CO_2-Verfahren, sonst überall üblich, stieß bei den britischen Ale-Trinkern auf Widerstand, teils weil der CO_2-Druck auch mit Pasteurisierung und künstlicher Karbonisierung zusammengebracht wurde, teils weil man geschmackliche Nachteile empfand. Vor allem die Freunde des Bitter Ale mögen es nicht so kohlensäurereich. Nach 1970 kehrte man wieder zu der früheren Schankmethode zurück und viele Pubs installierten solche Pumphebel wie hier unten aus handbemalter Keramik aus den Midlands. Einige wurden sogar für einzelne Brauereien entworfen, doch sind diese bald wieder verschwunden.

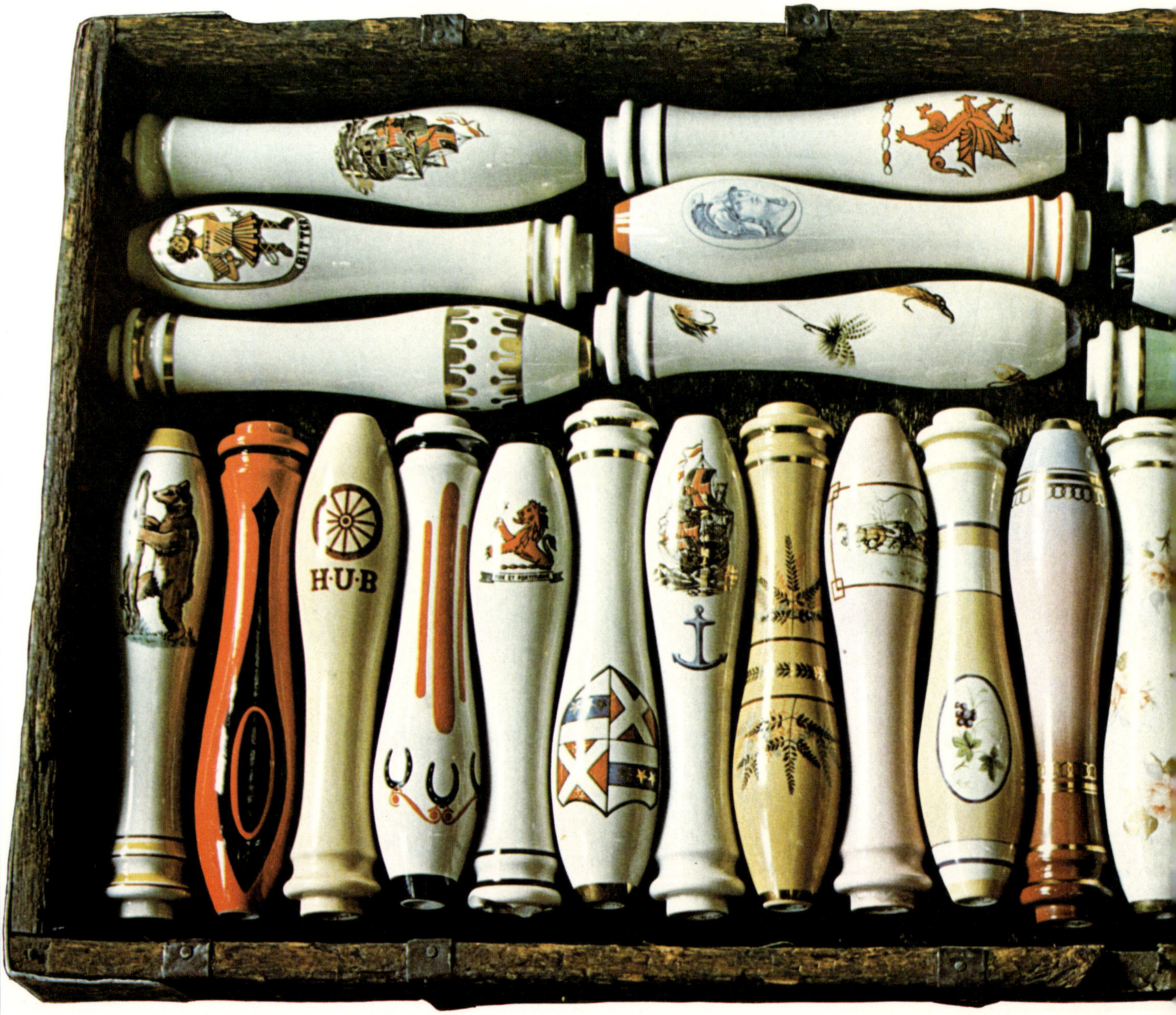

Von Englands tradi-
tionsbewußten Brauern
bringt Young einen
Hauch von Landleben
mitten ins Herz der Lon-
doner Innenstadt, nicht
nur mit seinem Pferde-
gespann, sondern auch
mit einem Widder und
mit Gänsen.

das ganze Land verbreiteten Werbung zunutze machen, um das Produkt zu preisen und als Premium-Bier zu verkaufen.

Die moderne Entwicklung, der schon viele Annehmlichkeiten unseres Lebens zum Opfer fielen, schien damit auch den Reichtum an Bierarten zu zerstören. Eine neue Generation von Biertrinkern wuchs heran, die nur die über-regionalen Marken kannte und die keinen Sinn für Fragen des Geschmacks hatte.

In den Jahren nach 1970 begannen die Verbraucher zu revoltieren. Zunächst war es mehr ein Spaß. Eine Gruppe junger Biertrinker rief zu einem „Feldzug für echtes Bier" auf, der später als eine der erfolgreichsten Verbraucherbewegungen Europas bezeichnet worden ist. Der „Geist von Dünkirchen", der britische Mut verzweifelter Entschlossenheit, konnte jetzt beschworen werden, da sich nun erwiesen hatte, daß die nationale Sache in Gefahr war. Unter Freunden tauschte man die Adressen von Pubs aus, die unpasteurisiertes Bier mit der Handpumpe ausschenkten. Das geschah nach Verschwörerart, hielt man sich doch für eine Widerstandsbewegung. Die „Campaign for Real Ale" (CAMRA) gab jährlich einen Pubführer heraus. Dieser *Good Beer Guide*, ein preiswertes Paperback, wurde zum unentbehrlichen Helfer aller Bierfreunde.

Zuerst straften die Brauereikonzerne die Kampagne mit Verachtung. Sie war kein Gesprächspartner. Doch bald gab die am meisten von den Bierfans geschmähte Gruppe, Watney, ein wenig nach. Nachdem sie das „Real Ale" aus ihren Häusern zugunsten pasteurisierter, mit Druck ausgeschenkter Biere verbannt hatte, führte sie es jetzt in begrenztem Umfang als Fined Bitter, ein gut ausgewogenes *Bitter* mit einer Dichte von 1044, wieder ein. Im Norden Englands geizte die Wilson-Tochter weniger mit ihrem „Real Ale". Eine andere Gruppe, Allied Breweries, brachte unter dem Namen Burton Ale ein natürlich gereiftes Bier in einigen ihrer Pubs heraus, die ihrer Tochter Ind Coope gehören. Im Norden zählt zu Allied die Tetley-Brauerei, deren beliebte Biere manchmal naturgereift erhältlich sind. Die Courage-Gruppe reagierte auf die „Real Ale"-Bewegung, indem sie wieder ihr herrliches Directors' Bitter (1047) zu brauen begann. Bass hatte schon immer das berühmte *Bitter* natürlicher Brauart (1040) in vielen ihrer Pubs angeboten. Charrington, das ebenfalls zu dieser Gruppe gehört, hat sich allerdings kaum stärker für naturgereifte Biere engagiert. Bei Whitbread schwankt das Angebot sehr stark von Bezirk zu Bezirk. In London bekommt man in den meisten Whitbread-Pubs nur Druck-Bier, aber eine Handvoll Häuser verkauft das großartige *Bitter* der alten Wethered-Brauerei in Marlow.

Genau kann darüber nur der CAMRA-Führer Auskunft geben.

Doch weit erstrecken sich in England die Gebiete, wo kein „Real"-Faßbier zu bekommen ist. Etwa die Hälfte der Pubs im Lande schenkt kaum noch annehmbares *Bitter* aus. Von den 150 Braustätten, die rund 100 Unternehmen gehören und von den großen Sechs (Watney, Allied, Courage, Bass-Charrington, Whitbread, Scottish & Newcastle) beherrscht werden, stellen fast alle wenigstens einige faßgereifte *Bitters* her. Bei einigen macht das Real Ale nur einen winzigen Teil des Ausstoßes aus, bei anderen ist es das Haupterzeugnis.

In London läßt die kleine Young-Brauerei in jedem ihrer Häuser naturgereiftes *Bitter* ausschenken. Young (nicht zu verwechseln mit Younger!) hat jedoch nur eine Handvoll Pubs im Zentrum der Stadt, aber sie lohnen den Weg! Zentral liegt z. B. das „Guinea" am Bruton Place. Obwohl man dort zahlreiche Werbeleute trifft und es in der Nachbarschaft eines teuren Restaurants liegt, ist es ein typisch englisches Durchschnittspub. Die meisten Pubs von Young sind äußerst einfache Lokale im Süden und Westen der Stadt.

Der einzige andere kleine Brauer in London ist Fuller, der Großbritanniens stärkstes Faß-*Bitter* braut. Fullers „Extra Special" hat eine Dichte von 1054·5 und ist im Zentrum Londons in der *Star Tavern* am Belgrave Mews zu haben. Fuller hat eine recht eigenwillige Auswahl von Pubs vor allem im Westen der Stadt. Der *Dove* an der Themse bei Hammersmith ist ein entzückendes historisches Lokal, das vor allem von jungen Leuten besucht wird. Zwei weitere Pubs liegen nahe bei der Brauerei

an der Straße zum Flughafen in Chiswick. Viele Brauer aus der Provinz schicken ihr Bier nach London. Aus der Bierstadt Burton-on-Trent versorgt Marston ein einziges Vertragshaus, das berühmte *Cheshire Cheese* unweit der Fleet Street.

Nottingham, ebenfalls am Trent gelegen, ist eine der am reichsten mit Bitter gesegneten Provinzstädte. In diesem Gebiet gibt es drei Brauer, die naturgereiftes Faßbier herstellen. Von diesen braut Shiptone ein herrlich trockenes und hopfenherbes *Bitter*. Auch Wolverhampton hat dem Biertrinker einiges zu bieten: Zumindest ein halbes Dutzend naturgereifter *Bitter* sind zwischen Wolverhampton und Birmingham zu haben. Im Norden ist Manchester genauso reich an traditionellen Bieren. Unter den dortigen Brauereien sind vor allem Boddington und Holt für ihre sehr gut gehopften herben Biere bekannt.

Es kann eine wahre Freude sein, auf dem Lande Bier zu trinken, obwohl manche der besten Brauer nur eine Handvoll Pubs rund um ihren Schornstein haben. So gehören im Westen von London der Brakspear Henley Brauerei im Themse-Tal einige malerische Pubs. Weiter westlich in Wiltshire bringt Wadworth einige fruchtige feine *Bitter*-Biere heraus. Ein besonders gut gehopftes *Bitter* gibt es von King und Barnes in Mittel-Essex, und in Hampshire hat Gales eine Reihe ausgezeichneter traditioneller Biere zu bieten. Kent hat sein Shepherd Neame und Essex sein Ridleys. Einige Bierfreunde halten Adnams Bier in Suffolk für das beste in ganz Großbritannien. Ruddles aus Rutland, einst Englands kleinste Grafschaft, heute offiziell ein Teil von Leicestershire, hat ebenfalls einen besonderen Ruf unter ernsthaften Bierliebhabern, und in Lincolnshire braut Bateman die „Good Honest Ales".

Yorkshire mit seiner Braustadt Tadcaster hat auch sein eigenes Brauverfahren. Das „Yorkshire Stone Square System" mit der langsam vergärenden Hefe und den Stein- oder Schieferwannen ergibt vollmundige Biere wie z. B. das von Samuel Smith. Über der Grenze, in Lancaster, brauen Yates & Jackson ein recht trockenes *Bitter*. Herrlich vollmundig und malzig schmeckt dagegen das *Bitter* von Hartley in Ulverston am Rande des Lake Distrikts. Ein vielversprechendes Jagdgebiet für eingefleischte *Bitter*-Trinker ist auch die Küste von Cumberland. Ob malzig wie das von Hartley oder hopfenreich, wie das von Jennings in Cockermouth – für alle Geschmäcker ist hier gesorgt.

Als ob solcher Bierreichtum auf dem Land nicht ausreichte, gibt es noch einige alte Hausbrauer-Pubs. Zwei von ihnen liegen in Shropshire. Das sind die *Three Tuns* in Bishop's Castle und *All Nations* in Madeley bei Telford. Nicht weit davon in den West-Midlands steht der *Old Swan* in Dudley. Und in der historischen Hausbrauerei *Blue Anchor* in Helston, Cornwall, gibt es ein prachtvolles schweres *Bitter* mit einer Dichte von 1053.

Viele der berühmtesten *Bitters* schmecken so, wie es der Name sagt. Eine Säule britischen Lebens würde einstürzen, wären sie nicht mehr zu haben. Doch gibt es auch eine ganze Reihe angesehener Biere, die süß schmecken. Man kann also nicht von einem eindeutigen britischen Biergeschmack sprechen. Bei einer Ermittlung stellte ein Wissenschaftler über 250 Ausdrücke fest, die die Befragten benutzten, um das Bier zu beschreiben. Sie reichten von „karamellartig" und „wie Butter" bis „nußähnlich", „erdig" und sogar „nach Kohl schmeckend".

„Echtes Bier macht keine Zugeständnisse an ungeübte Geschmacksnerven", schrieb der Essayist Alan Brien in der Londoner *Sunday Times*. „Bald vergißt man, daß man sich erst dazu zwingen mußte, es hinunterzuschlucken. An manchen Abenden fließen dann wie aus einem Zauberbecher sechs oder sieben Pints hinunter. Nichts übertrifft ein gutes Bier nach einem langen Spaziergang. Leicht trüb, etwas kühler als lau, erinnert es an das Holz der Faßdauben, dazu kommt der Duft des Hopfens. Es hüllt uns ein wie eine weiche Pferdedecke und wiegt uns in den Schlaf." Wie andere Engländer würgte auch Graham Greene seine erste Pinte hinunter, um zu zeigen, daß er ein Mann war: „Später trank ich *Bitter* zum zweiten Mal, und genoß es mit einer Lust, wie ich sie dann immer wieder empfunden habe."

Mild

Brown Ales

Unten: Ein seltenes Pale Mild von McMullens in Hatford ist in Londoner Außenbezirken zu haben. Weiter im Norden bringen viele Brauer helle und süßere dunkle Milds heraus, so im Raum Manchester Greenal Whitley, Hydes, Boddington und Lees.

Unzertrennlich wie zwei gute Kameraden stehen in den Public Bars Englands die Handpumpen für *Mild* und *Bitter*. Wie die Public Bar selbst, war das *Mild* Ale das Ergebnis der gesellschaftlichen Wandlung der Pubs im 19. Jahrhundert. Noch bis 1960 entfielen auf *Mild* rund 40% des Faßbiers, dann aber setzte ein starker Rückgang ein. Die Brauereien wollten am liebsten die Publics abschaffen, um in ihren Häusern einheitlich die höheren Preise nehmen zu können. Aus vielen Pubs, vor allem im Londoner Zentrum, wurde das *Mild* auf einen Schlag verbannt. *Mild* ist das Bier des einfachen Arbeiters und recht billig. So erscheint seine Eigenart den Verkaufsstrategen der Brauereien kaum der Rede wert. Doch sein Ursprung reicht wahrscheinlich weiter zurück als der des *Porters*. Wie schon sein Name sagt, ist es milder und meist auch leichter als *Bitter*. Oft, wenn auch nicht immer, ist es dunkel, malzig und karamellig süß. Und wenn es gut ist, bringt es eine köstliche Abwechslung.

Komme, was da wolle, Mild ist fest entschlossen, den widrigen Stürmen der Zeit zu trotzen. Das dunkle Mild hat seine Hauptfestung in den West-Midlands, wo jede Brauerei diese Bierart pflegt. So sind Mitchell & Butler besonders für das Highgate Mild (1043·6) aus ihrer Walsall-Brauerei bekannt. Von den kleineren Brauereien, die alle recht beliebte *Milds* brauen, ist vor allem Batham (1036) zu erwähnen. In den Ost-Midlands hat jede der drei Brauereien in Nottingham dunkle Mild-Biere zu bieten. Und so begehrt ist das *Mild* in Manchester, daß dort die meisten Brauer sowohl dunkle wie auch helle Sorten herstellen.

John Brown, Bob Brown und Danny Brown, wie auch die unzähligen Nutbrowns, nicht zu reden von Cobnut, Forest Brown und Sussex Wealdman, sie alle sind britische *Brown Ales*, d. h. auf Flaschen abgefüllte dunkle Mild-Biere. Vielleicht in Erinnerung an die Zeit vor dem Porter-Bier mischte man in den Public Bars *Brown* und *Mild* zu einem sehr süßen und malzigen Getränk, das etwas spritziger als das reine *Mild* war.

Der satirische Jazzsänger George Melley stellte in seinem Buch „Owning up" die Londoner, die am Südufer der Themse wohnen, als Leute dar, die *Brown Ale* trinken und mit Gebrauchtwagen handeln. Manch junger Mann erinnert sich liebevoll an das *Brown Ale*, das ihn zum Biertrinker machte, und mancher Ältere kehrt später wieder dazu zurück.

Braune Ales von drei Provinzbrauern: Badger Ales aus Dorset im Westen, Bateman's aus Lincolnshire und Hartley's aus dem Norden von Lakeland. Alle drei verkaufen nur „rund um den Schornstein".

Milk Stout

Hier spiegelt sich die nationale Legende von Newcastle Brown, obschon der Name kaum zutrifft. Double Maxim, ein ähnliches Bier, ein paar Meilen weiter gebraut, gibt es aber auch nicht überall.

Aber selbst seit das *Brown Ale* nicht mehr so populär ist, wird es doch noch immer im ganzen Land gebraut. Fast jede britische Brauerei hat wenigstens ein *Brown* und oft sogar mehrere, von denen dann meist einige trockener und stärker als die Norm sind.

Das einzige *Brown Ale,* das im ganzen Land berühmt ist, kommt aus Englands Norden, wenngleich auch nicht unter artgerechtem Namen. Denn das „Newcastle Brown" wäre eher dem Wiener Typ zuzurechnen, wenn es diesen in England gäbe. Verglichen mit dem typischen dunklen und eher trüben *Brown Ale* ist das kupferrote von Newcastle durchscheinend und auch weniger süß. Mit seiner hohen Stammwürze von 1047 ist es den meisten *Browns* überlegen. Doch das rechtfertigt kaum die Legende, die sich um die Stärke dieses Bieres gerankt hat. Sie geht auf eine Zeit zurück, als das Newcastle Brown noch nicht überall zu haben war, und gründet sich wahrscheinlich auf den weitverbreiteten Ruf dieses Gebiets als Heimat trinkfester Schiffsbauer und Bergleute. Die einzige Brauerei der Stadt, die der Scottish & Newcastle Gruppe gehört, stellt außerdem noch ein helleres Bier als „Amber Ale" her. Brown und Amber sind beide in den charakteristischen Pintflaschen aus durchsichtigem Glas zu haben. Ein paar Meilen weiter in Sunderland braut die kleinere Vaux-Brauerei ein starkes Bier, Double Maxim genannt, das dem Newcastle Brown ähnlich ist.

Der Bauer von Kent, der einst seine Kühe zum Melken quer über den Hof der Brauerei Mackeson trieb, erwies ihr damit einen großen Gefallen, denn, so erzählte man sich, die Besucher der Brauerei sahen die Kühe gern vorüberziehen. Und heute ist Mackeson wohl das bekannteste Bier dieses Typs. Dieser Name wird noch heute von der Guernsey-Brauerei auf den Kanal-Inseln benutzt; doch in Großbritannien ist er verschwunden, seit strengere Bestimmungen über Warenbezeichnungen eingeführt worden sind. Dagegen blieben Namen wie Farm Stout, Meadowsweet Stout, Nourishing Stout, Barley Cream und Cream Label weiter in Gebrauch.

Während es *Bitter Stout* nur von Guinness gibt, brauen sehr viele Brauereien *Sweet* oder „*Medium*"-Stouts, aber immer in Flaschen. Am nächsten an ein im ganzen Land erhältliches *Sweet Stout* kommt noch Mackeson heran, das jetzt von Whitbread hergestellt wird, doch auch Courages „Velvet Stout" und Bass Charringtons „Jubilee" sind sehr verbreitet. Daneben gibt es noch viele andere kleinere regionale und lokale Brauereien.

Guinness und *Sweet Stout* schmecken beide nach stark geröstetem Malz. Doch damit ist die Ähnlichkeit schon zu Ende. Guinness ist sehr herb; *Sweet Stout* aber macht seinem süßen Namen alle Ehre. So sind beide Typen klar zu unterscheiden. Wie *Mild* und *Brown Ale* hat auch das *Sweet Stout* manchen Anhänger verloren, doch wird es noch immer gern getrunken.

In seinem Buch *The Curiosities of Ale and Beer* deutet Bickerdyle eine mögliche Erklärung für das Aufkommen des *Sweet Stout* an: „Der Schauspieler Macklin, der hundert Jahre alt wurde, pflegte in der *Antilope* im White Hart Yard am Covent Garden beträchtliche Mengen mit Zucker gesüßtes Stout zu trinken." Im 19. Jahrhundert bedurfte es nach dem politischen Druck, Zucker aus den britischen Besitzungen in der Karibik zum Brauen von Porter zu verwenden, kaum noch solch exzentrischer Trinksitte.

Ein süßer Trank, manchmal „Sheffield Stout" genannt, wird in Süd-Sheffield aus dem am Ort gebrauten Malzextrakt „Black Beer" und Zitronenlimonade gemischt. Der Ursprung dieser Sitte ist nicht bekannt, doch mischt man ja auch in Deutschland den berühmten Mumme-Malz-Extrakt mit Pilsner.

Irisch ist bitter, englisch ist süß: Mackeson ist am weitesten verbreitet. In Dorset braute Eldridge ein „Milk Stout" und dazu ein weiteres Bier zum Teil mit gemälztem Hafer.

Old Ales

Bière de garde

Ein Bier zum Aufheben. Thomas Hardy's Ale reift in der Flasche. Rechts: Trockenhopfen um 1930.

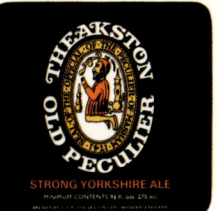

Abseits vom geschäftigen Treiben der Menge, genoß in Dorset der Dichter und Romancier Thomas Hardy die am Ort gebrauten Eldridge Pope Ales. Für den Brauer schrieb er ein Märchenspiel und auch eine Einführung zu Pop's Familien-Geschichte. Die Brauerei durfte sogar in ihrer Werbung folgende Stelle aus *The Trumpet Major* benutzen, in der vom Bier in Casterbridge (in Wirklichkeit Dorchester, Eldridge Pope's Heimat) die Rede ist:

„Es war die schönste Farbe, die sich des Künstlers Auge beim Bier nur wünschen konnte; im Körper voll, aber brodelnd wie ein Vulkan; voller Würze, doch ohne Schärfe, leuchtend wie ein Sonnenuntergang, ohne jeden Beigeschmack und recht berauschend. Von den Massen wurde es vergöttert, vom Adel dem Wein vorgezogen und von den berühmten Familien auf dem Lande nicht verachtet. Wer in den Straßen seiner Geburtsstadt wegen Trunkenheit und Ruhestörung auffiel, brauchte nur nachzuweisen, daß ihm Schenke und Trunk fremd gewesen waren, um vom Richter als freier Mann entlassen zu werden, weil er bei einem Fehltritt auffiel, vor dem keiner zu bewahren war, der als Fremder in die Stadt kam."

Im Jahr 1960 stieß Eldridge Pope zufällig auf 2000 alte Flaschen aus der viktorianischen Zeit, als gerade ein Thomas-Hardy-Festival in Dorchester vorbereitet wurde. So lag es nahe, zur Erinnerung an den Dichter und seine

Werke ein besonderes Bier herauszubringen. Das Festival hatte so großen Erfolg, daß man sich entschloß, es alle zehn Jahre zu wiederholen. Und dem Bier wurde so gut zugesprochen, daß es jetzt alle zwei oder drei Jahre gebraut wird. Thomas Hardy's Ale kommt in numerierten Flaschen heraus. Es wird nicht pasteurisiert, und die Brauerei empfiehlt, es mindestens drei, ja sogar vier oder fünf Jahre aufzuheben. Und als ob dies nicht schon schwer genug wäre, ist der Flasche noch ein Hinweis beigefügt, daß das Bier immer besser werden wird, wenn man es bis zu 25 Jahre bei einer Temperatur von 12,8° Celsius lagert. In dem *Guinness Book of Records* wurde das Bier von 1968 mit einem Alkoholgehalt von 10,5 Gewichts- und 12,58 Volumenprozent als das stärkste Bier der Welt dieses Jahres angegeben.

Dieses Bier, meist dunkel, malzig, aber weniger gehaltvoll und eher trockener als *Barley Wine*, läßt sich am besten als ein *Old Ale* beschreiben. Es wird von mehreren Brauereien hergestellt, wie z.B. das prächtige und eigenwillige Prize Old Ale von Gale in Portsmouth an der Südküste, eines der wenigen englischen Flaschenbiere, das mit einem durch Draht gehaltenen Kork verschlossen wird. Es ist rötlich, hat ein Kräuteraroma und ist nicht pasteurisiert. Seine Stammwürze liegt über 1090, und der Alkoholgehalt erreicht 10.7% vol. In Burton-on-Trent gibt es Owd Roger (1080), von Marston gebraut. Ab und zu ist es auch im

Old Peculier ist weit über Yorkshire und Old Timer über Wiltshire hinaus bekannt. Old Tom und Lees Strong Ale kommen aus Manchester, Little John aus Nottingham.

Ausschank zu haben, wie im Nordwesten Robinsons Old Tom (1079) und in Nord-Yorkshire das berühmte Old Peculier mit einer Stammwürze von 1060. Dieses gehört schon zu den leichteren *Old Ales*, doch beim Riesendurst in Yorkshire können die dortigen Trinksitten schreckliche Wirkungen hervorrufen, wie der Name „Irrenbrühe" besagt, den man diesem Bier in den Lokalen von Masham gegeben hat.

Russian Stout und Barley Wines

Katharina der Großen haben Freunde des Starkbiers viel zu danken. Die russische Kaiserin soll das sehr gehaltvolle britische Bier besonders gern getrunken haben. Ihre Gönnerschaft mag diesem Bier zu seiner Beliebtheit verholfen haben. Wie aus den Unterlagen der Brauerei hervorgeht, versandte man das „Imperial Russia" mindestens seit 1780 in die Ostseehäfen. Die Bierexporteure richteten sogar in Estland eine Tochterbrauerei ein, die im Ersten Weltkrieg zerstört und schließlich von der Sowjetunion enteignet wurde. Erst 1970 zahlte man £240 000 Entschädigung an die ehemaligen Besitzer.

„Imperial Russia" ist fast überall in Großbritannien in den Pubs zu bekommen, die der Courage-Gruppe gehören. Seine Stammwürze beträgt 1101.8, und der Alkoholgehalt erreicht etwa 10.5% vol. Die Standardflasche von 17 cl enthält mehr Alkohol als vier Glas schottischer Whisky. „Imperial Russia" zeichnet sich außerdem dadurch aus, daß es in der Flasche reift. Im Faß bleibt es zwei Monate und danach ein Jahr in der Flasche, bevor es ohne Pasteurisierung die Brauerei verläßt. Und dann hält es sich meist über fünf Jahre.

Zuerst wurde das „Imperial Russia" in der Anchor Brauerei an der Themse in Southwark, London, gebraut. Der Schriftsteller Dr. Samuel Johnson, der an dem Verkauf dieser Brauerei an Barclay & Perkins mitwirkte, sagte bei den Verhandlungen: „Es geht hier nicht um ein Paket von Sudpfannen und Gärbottichen, sondern um die Möglichkeit, reicher zu werden, als sich je ein Geizkragen träumen ließe."

Die Brauerei wurde ein paar Meilen flußab-wärts verlegt, aber sonst hat sich kaum etwas am „Imperial Russia" geändert. Auf dem Etikett heißt es zwar „Stout", doch gleicht es nur wenig anderen Bieren dieser Gattung. Sein starkes Malzaroma erinnert zwar an *Stout*, aber seine Stärke, um es damals für die lange Seereise haltbar genug zu machen und auch um die russischen Herzen im Winter zu wärmen, machen es zu einer ganz anderen Bierart. Es ist stärker als die heutigen Bitter oder Sweet *Stouts*, und auch sein Geschmack ist anders. Es ist äußerst gehaltvoll, hat ein mächtiges Bukett und einen fast fruchtigen Gerstengeschmack. Solche starken fruchtigen Biere sind normalerweise in Großbritannien als *Barley Wine* bekannt, auch wenn sie bei gleichem Volumen stärker als Wein sind.

Barley Wines sind gewöhnlich dunkel, doch gibt es gelegentlich auch helle Varianten. In dieser Hinsicht sind sie deutschen Doppelbock-Bieren ähnlich. Ein besonders feines helles *Barley Wine* ist in den Whitbread Pubs zu haben: Das Gold Label, das in Whitbreads Brauerei in Sheffield hergestellt wird. Weniger fruchtig als Imperial Russia, hat es eine Stammwürze von 1098.6, doch ist es recht mild. Beide Biere sind die stärksten in Großbritannien, aber es gibt noch viel mehr *Barley Wines*, so einen von Young, vielversprechend Old Nick genannt. Ridley hat sein Bishop Ale, und die Whitbreads Brauerei in Blackburn taufte ihren voller Begeisterung „Oh Be Joyful!"

Die letzte Fahrt der Oliva

Russian Stout ist zwar zuerst von Barclay Perkins (jetzt Courage) gebraut worden, doch später wurde es nach den Wünschen des Abfüllers A. Le Coq hergestellt, der es nach 1880 in St. Petersburg auf den Markt brachte. Mit einer solchen Bierlieferung an Bord sank der Dampfer Oliva 1869 in der Ostsee. Flaschen wurden dort 1974 (unten) wieder aufgefunden. Ab 1900 erhöhte das Zarenreich seine Zölle, worauf Le Coq im estnischen Turku eine Brauerei erwarb. Das Bild unten zeigt den Gründer dieser Brauerei Oscar Hyde Sillem (links) mit dem Präsidenten von Estland und dem britischen Botschafter im Garten der Brauerei.

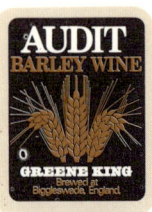

Unter den Bieren vom Barley Wine-Typ sind Imperial Russian und Whitbread Gold Label die stärksten, und fast überall zu haben. Viele Ortsbrauer haben aber ihre eigenen Barley Wines mit oft recht farbigen Namen.

IMPERIAL EXTRA DOUBLE STOUT
A·LE COQ.
ANALYSES AND MEDICAL REPORTS.

АНАЛИЗЫ И ОТЗЫВЫ ОБЪ
Англійскомъ ПОРТЕРЂ
А·ЛЕ КОКЪ.

Nicht nur Einfuhrzölle sondern auch Nachahmungen der aufstrebenden russischen Brauindustrie behinderten die Ausfuhr von Stout nach Rußland. Einige trugen sogar fälschlicherweise den Namenszug Le Coq erhaben auf der Flasche. Die Firma Le Coq, von einem Belgier gegründet, aber um 1850 von einem Briten gekauft, warb mit Takt und Verstand für ihre Ware. Ein Werbeheft enthielt fachliche Zeugnisse über die gesundheitsfördernden Eigenschaften des Biers. Eine Spende von 5000 Flaschen an Krankenhäuser brachte ihr die Erlaubnis ein, den Hof zu beliefern. Die Brauerei warb auch bei örtlichen Veranstaltungen für ihr Bier.

SECRÉTAIRE
DES COMMANDEMENTS
DE
SA MAJESTÉ L'IMPERATRICE
ALEXANDRA FEODOROVNA.

.7. June 1891

ST. PÉTERSBOURG.
Palais d'Hiver.

4972

To Herbert Sillem, Esq
"Le Coq".
c/o Hotel d'Europe.

Sir,

HER IMPERIAL MAJESTY the EMPRESS ALEXANDRA FEODOROVNA has been graciously pleased to express to you HER MAJESTY'S kindest thanks for your generous gift of five thousand quarter bottles of stout for hospitals in which the EMPRESS is particularly interested.

In conveying to you HER MAJESTY'S gracious thanks I beg to ask you most kindly to forward the stout to HER MAJESTY'S Chancery (Winter Palace, Palace Quay).

I beg to excuse my delay in answering your telegram, but that was caused by an indisposition of HER MAJESTY.

I beg to remain

Your obedient servant

Ct. J. Rostovtsoff

Das Bier aus der Festung

Von Mai bis September sind die inneren Tore von Traquair Castle für Besucher geöffnet, die dort auch das von Laird Peter Maxwell Stuart gebraute, naturgereifte starke Bier kosten können, das so gut wie jedes Scotch Ale in seiner schottischen Heimat ist. Gallonen von Bier waren auch Teil des Lohns für die Arbeiter, die einst an der Grenze des Grundstücks ein „äußeres" Tor errichteten. Dieses Tor ist aber fest verschlossen und verriegelt, seit diese Burg dem Bonnie Prince Charlie bei seinem Feldzug zur Rückgewinnung der Krone gegen König Georg II. 1745 Schutz bot. Edinburg war erobert, die Grenze überschritten und ein großer Teil Englands schon besetzt, da wandte sich das Schicksal gegen den Prinzen; er mußte sich zurückziehen. Ständig auf der Flucht beschloß er sein Leben als Trunkenbold. Der heutige Laird und Brauer ist Mitglied des Hauptzweigs der Stuartfamilie, die sich geschworen hat, das Außentor der Burg erst wieder aufzumachen, wenn einer ihrer Nachkommen den Thron einnimmt. Dennoch schloß sich der Laird anderen Brauern an, um 1977 ein Bier zum 25jährigen Thronjubiläum der Königin Elisabeth II. herauszubringen. Den Königen von Schottland diente Traquair zunächst als Jagdschloß, später zur Verteidigung der Grenze. 1107 erbaut, wurde es nach 1300 befestigt. Der Hauptteil des heutigen Schlosses stammt allerdings aus dem 16. Jahrhundert.

Schottische Biere

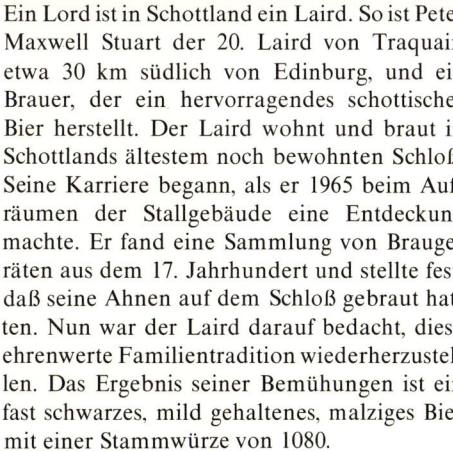

Ein Lord ist in Schottland ein Laird. So ist Peter Maxwell Stuart der 20. Laird von Traquair, etwa 30 km südlich von Edinburg, und ein Brauer, der ein hervorragendes schottisches Bier herstellt. Der Laird wohnt und braut in Schottlands ältestem noch bewohnten Schloß. Seine Karriere begann, als er 1965 beim Aufräumen der Stallgebäude eine Entdeckung machte. Er fand eine Sammlung von Braugeräten aus dem 17. Jahrhundert und stellte fest, daß seine Ahnen auf dem Schloß gebraut hatten. Nun war der Laird darauf bedacht, diese ehrenwerte Familientradition wiederherzustellen. Das Ergebnis seiner Bemühungen ist ein fast schwarzes, mild gehaltenes, malziges Bier mit einer Stammwürze von 1080.

Damit leistet der Laird einen Beitrag zur Wiederherstellung des Rufs, dessen sich Edinburg einst als eines der großen europäischen Brauzentren erfreute. Der Laird wird unterstützt von der hervorragenden Belhaven Brauerei an der Küste nicht weit von Edinburg, die selbst ein eigenes starkes Ale „Wee Heavy" (1070), ein gehaltvolles „Eighty Shilling" *Bitter* (1042), ein wohl ausgewogenes „Seventy Shilling Heavy" (1036) und ein fruchtiges dunkles „Sixty Shilling Light" (1031) herstellt. Die schottischen Shilling-Beträge, die noch aus der Zeit stammen, als ein ganzes Faß soviel kostete, sind jetzt mit der „Real-Ale"-Renaissance wieder aufgelebt. Sie geben an, ob es sich um ein Luxusbier, ein gewöhnliches oder ein billiges Bier handelt. Und *Heavy* und *Light* sind Schottlands entsprechende Bezeichnun-

THE WAVERLEY · W · THE

gen für Englands *Bitter* und *Mild.* Daher kann
hier ein *Light* (was leicht oder hell bedeuten
kann) auch dunkel sein.

In der Bierstadt Alloa in Mittel-Schottland
steht die zweite unabhängige Brauerei des
Landes, MacLay. Sie stellt einige gute Biere
her, die nur in begrenztem Umfange in Edinburg zu haben sind. In Alloa gibt es auch eine
Skol-*Lager*-Brauerei. Zwei Edinburger Brauereien der Scottish & Newcastle-Gruppe brau-
en in kleinem Umfange faßgereifte Biere unter
den Namen Ewan und Younger. Zwei weitere
Edinburger Brauereien gehören Vaux in Sunderland. Aus ihnen kommt ein sehr beliebtes
Faßbier mit dem Namen Lorimer (früher Usher). Dryborough, der Watney-Gruppe zuge-
hörig, braut in Edinburg nur „*Keg*"-Biere. Und
sowohl in Edinburg als auch Glasgow stehen
Bass Charrington-Brauereien unter dem Namen Tennent, die beide vor allem britische
Biere des Lager-Typs herstellen, der sich in
Schottland weit größerer Beliebtheit als in England erfreut.

Die Öffnungszeiten der Bars sind jetzt etwas
freizügiger, und die Welle der Pasteurisierung
hat sich wieder gelegt, doch für Schottland ist es
noch ein weiter Weg zurück zur Tradition
seiner Vergangenheit. Auch werden die Bierfreunde, die in Belgien oder anderswo Scotch
Ales getrunken haben, kaum Vergleichbares in
Schottland finden, auch wenn sie vielleicht
Younger's Double Century zu schätzen wissen.

Zuflucht für den Bierfreund

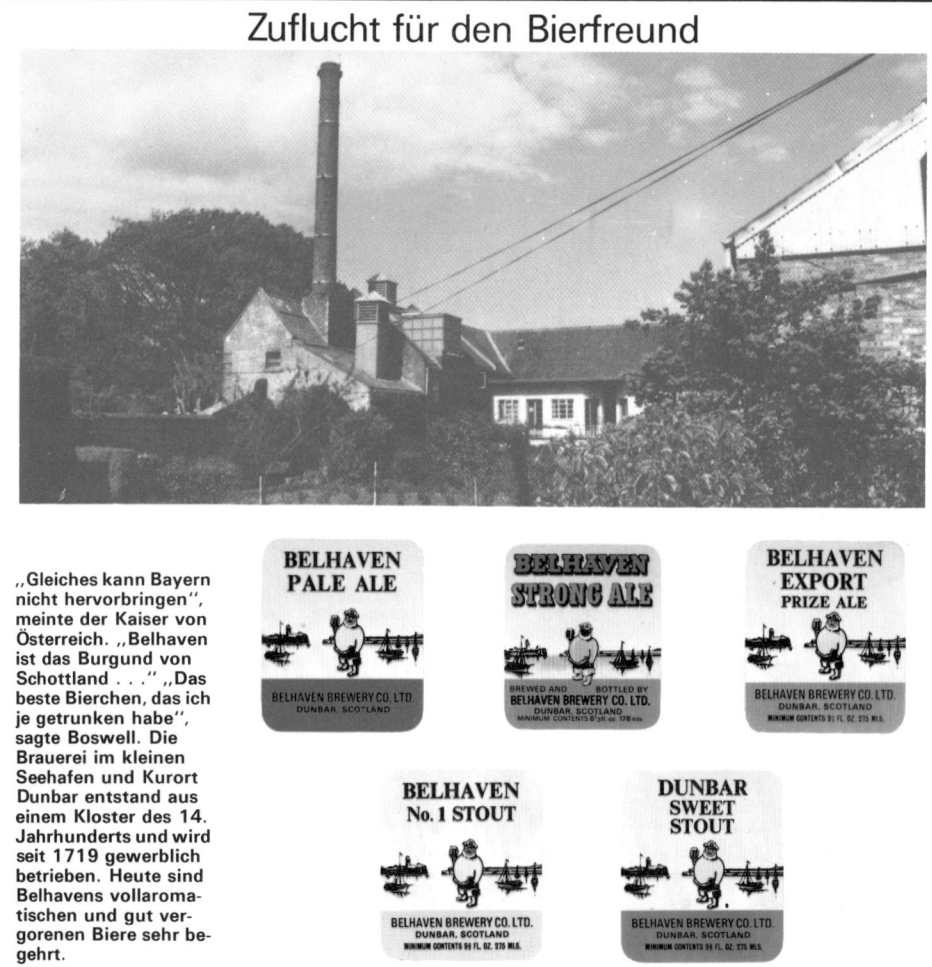

„Gleiches kann Bayern
nicht hervorbringen",
meinte der Kaiser von
Österreich. „Belhaven
ist das Burgund von
Schottland . . ." „Das
beste Bierchen, das ich
je getrunken habe",
sagte Boswell. Die
Brauerei im kleinen
Seehafen und Kurort
Dunbar entstand aus
einem Kloster des 14.
Jahrhunderts und wird
seit 1719 gewerblich
betrieben. Heute sind
Belhavens vollaroma-
tischen und gut ver-
gorenen Biere sehr be-
gehrt.

BELHAVEN PALE ALE
BELHAVEN BREWERY CO. LTD.
DUNBAR, SCOTLAND

BELHAVEN STRONG ALE
BREWED AND BOTTLED BY
BELHAVEN BREWERY CO. LTD.
DUNBAR, SCOTLAND

BELHAVEN EXPORT PRIZE ALE
BELHAVEN BREWERY CO. LTD.
DUNBAR, SCOTLAND

BELHAVEN No. 1 STOUT
BELHAVEN BREWERY CO. LTD.
DUNBAR, SCOTLAND

DUNBAR SWEET STOUT
BELHAVEN BREWERY CO. LTD.
DUNBAR, SCOTLAND

Irische Biere

Irland ist ein kleines Land mit nur vier bis fünf Millionen Einwohnern, doch sein Einfluß vor allem in der Literatur ist groß.

Die Republik Irland ist neben Dänemark der größte Bierexporteur in der Europäischen Gemeinschaft. Diese Ausfuhr besteht fast ausschließlich aus Guinness Stout, und ein großer Teil davon wird trotz der großen Guinness-Brauerei in London nach England ausgeführt. Rund 40% des irischen Ausstoßes gehen ins Ausland, in Dänemark etwas weniger als 30%. Trotz des trinkfrohen Eindrucks, den die Iren zu machen pflegen, ist ihr Pro-Kopf-Verbrauch etwas niedriger als der der Dänen.

Guinness schmeckt in Irland besser, sagt man, und das ist wohl begründet. Freilich hat dies nichts mit dem Wasser aus Dublins Fluß Liffey zu tun. Entgegen manchem Aberglauben hat weder Liffey- noch Weihwasser Guinness groß gemacht, wenngleich die klaren Seen und Ströme der nahegelegenen Wicklow Mountains schon Grund genug sein könnten. Weit wahrscheinlicher ist einfach die Erklärung, daß irisches Guinness sowohl im Faß wie in der Flasche nicht pasteurisiert ist. In Dublin gibt es nur Guinness als *Stout* aus der Brauerei am Ort, aber Cork, die eigenwillige zweitgrößte Stadt der Republik hat zwei solcher schwarzer Biere zu bieten, eins davon von Murphy, einer Brauerei, die jetzt einer Gruppe von Hoteliers und Gastwirten gehört. Im Geschmack ist Murphy's *Stout* weit weicher als das von Guinness. Beamish & Crawford, Irlands älteste Brauerei, gehört heute dem kanadischen Brauereikonzern mit dem irisch klingenden Namen Carling O'Keefe. Beamish braut ein hervorragendes *Stout*, ähnlich wie Guinness, aber etwas heller in der Farbe und mit weißerem Schaum. Beide Stouts aus Cork sind pasteurisiert, wie übrigens alle *Ales* und *Lagers*, die in Irland gebraut werden.

Stouts in Faß und Flasche haben in Irland eine Stammwürze um 1039/40. Die *Ales* liegen dagegen alle bei 1036. Auf *Stout* entfallen über 60 Prozent des Marktes, aber das *Ale* gewinnt an Beliebtheit. Bei nicht weniger als fünf *Ales* hat Guinness beherrschenden Einfluß, nur ein kleiner Teil entfällt auf die Allied Breweries, die große britische Braugruppe. Zu diesen gehören: Smithwick, ein süßes Ale, meist vom Faß, aber auch in Flaschen, weit verbreitet, gebraut in Stadt und Grafschaft Kilkenny; Macardle, trockener, hopfenreicher und dunkler, meist in Flaschen, aber auch vom Faß erhältlich, ein Ostküstenbier, jetzt auch schon in anderen Gebieten zu haben, gebraut an der Grenze in Dundalk; Phoenix, sehr bitter, nur als Flaschenbier, vor allem nahe der Cherry Brauerei in Waterford zu haben; Perry, etwa wie Smithwick, lediglich aus dem Faß rund um Rathdowney, Grafschaft Laois, zu bekommen; Double Diamond, in Dublin gebraut und national verbreitet.

Wer sich als Irlandbesucher noch an ein *Ale* des wohl kaum dauerhaften Markennamens „Time" erinnert, wird nicht überrascht sein, daß dieses nunmehr verschwunden ist. Auch in Enniscorthy, Grafschaft Wexford, wird von Lett kein *Ale* mehr gebraut, obgleich das Unternehmen noch im Besitz seiner Brauerlaubnis ist. So kann Bier nach Art von Enniscorthy in Lizenz noch immer in Frankreich, also noch mit einer Spur gallischer Echtheit herausgebracht werden. Murphy's helles und nicht hopfenreiches *Ale* heißt Schooner, und Beamish & Crawford stellen ein recht süßes und rotfarbenes *Ale* unter der Marke von Bass her.

Ein Stout-Trio

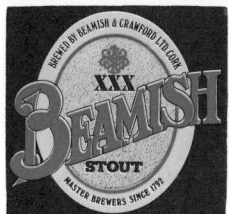 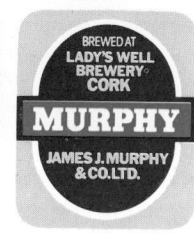

Die Guinness-Brauerei in Dublin war die größte der Welt, als um 1890 dieser Stich entstand. Die Größe der Maischgefäße und ihr mechanischer Betrieb läßt auf die Sachlichkeit des damaligen Braugewerbes schließen. 1759 gegründet, wurde Guinness 1886 Aktiengesellschaft. Die anderen beiden überlebenden Stout-Brauereien in Irland wurden 1792 und 1883 errichtet.

In Irland sollte man eher Bitter Stout als Ale trinken, auch wenn der traditionelle schwarze Trunk nicht mehr das Monopol von einst hat. Irische Ales bringen aber mit ihrer eigenen ausgeprägten Geschmacksrichtung gute Abwechslung.

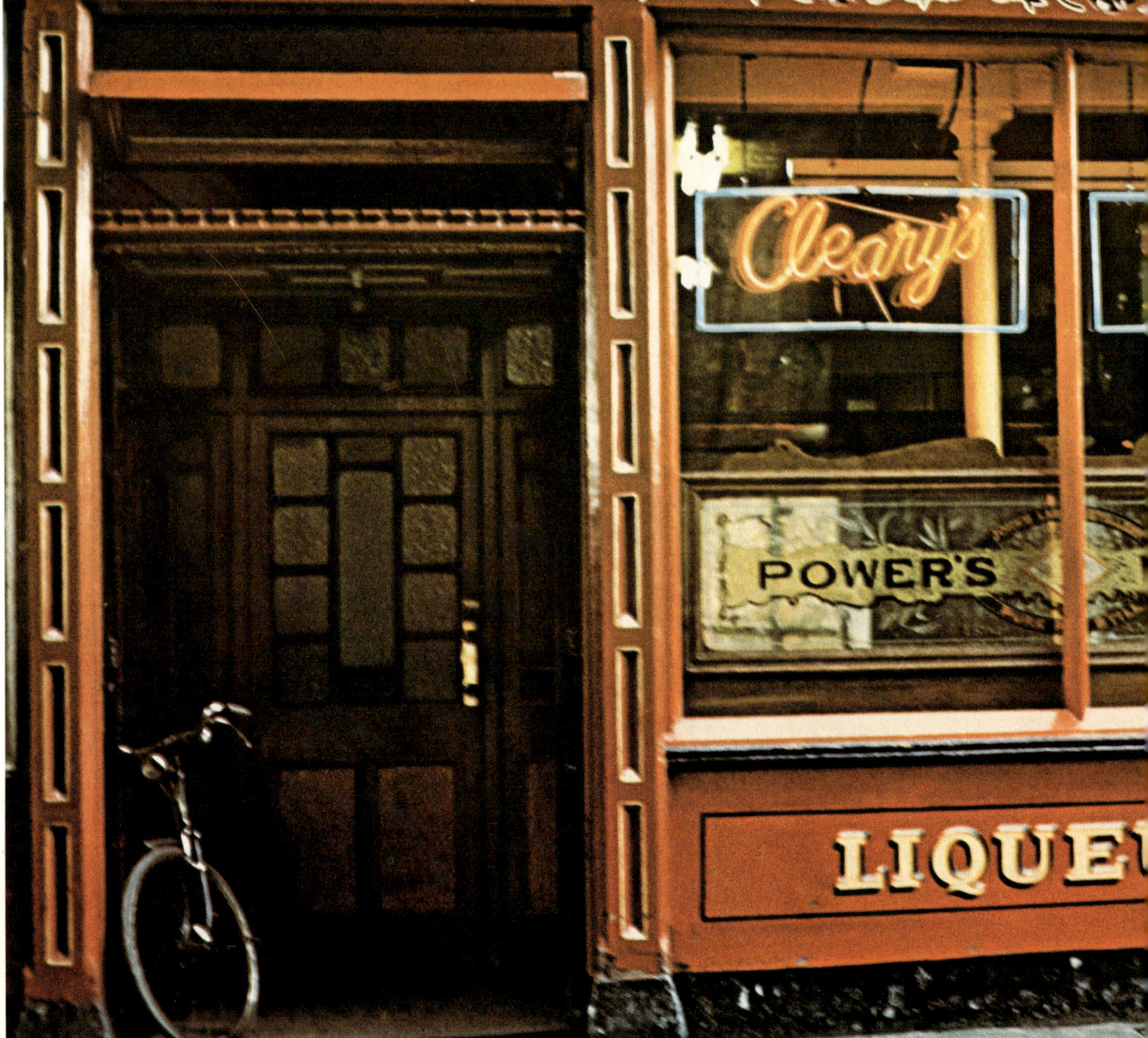
& M. CLEAR
Cleary's
POWER'S
LIQUEU

Ob Kolonialwarenladen oder Schnapsladen, die winzige Bar im Familienbesitz ist von Donegal bis Kerry Mittelpunkt des Lebens auf dem Lande. Neben dem Stout sichert ihr auch der Whiskey guten Absatz.

Guinness ist Harp Lager zu verdanken, das in Großbritannien von Courage, Scottish & Newcastle sowie Green King angeboten wird. In Irland ist nur die in Dundalk gebraute Premium-Bier-Version (1041) zu haben. Beamish & Crawford stellen *Lagers* her, die den Besitzverhältnissen entsprechend mit den Etiketten von Carling (1039) und Carlsberg (1042) verkauft werden.

In den sechs bei Großbritannien verbliebenen Grafschaften im Nordosten hat die schottische Stammesverwandtschaft eines großen Teils der Bevölkerung wie ihre religiösen und politischen Anschauungen auch ihren Geschmack am Bier bestimmt. So erfreut sich *Stout* seit je eines großen Marktanteils, doch sind auch die *Scottish Ales* und *Lagers* stark vertreten.

Dublins Wirtschaften haben ihren eigenen Charakter, eine einzigartige Mischung zwischen irischer Bar und englischem Pub. In Belfast gibt es Pubs, Bars und Klubs. Bars auf dem Lande sind oft gleichzeitig Kolonialwarenläden. Mitunter teilt eine Wand beide Abteilungen, oft wird aber auch zwischen Teedosen und Speck getrunken. Wie einige schottische Bars, haben diese Wirtschaften keinen richtigen Pubnamen. Sie heißen einfach nach dem Wirt, also „O'Connor-s", „Rafferty's", „McLean's" usw. Beiderseits der Grenze sind die Wirtschaften von 10 Uhr bis 23 oder 23.30 Uhr geöffnet. Und in Dublin schließen Pubs und Bars nur für eine Stunde zwischen 2.30 Uhr und 3.30 Uhr. Diese Zeit ist als „Heilige Stunde" bekannt; eine Geste für mäßiges Trinken? Die Dubliner haben dafür ihre eigene Erklärung: Der Priester der Gemeinde, so sagen sie, möchte sein Bier auch gern in Ruhe trinken.

Die Brauerei auf dem Berg der Bettelmönche

Die letzte unabhängige Brauerei stellte 1956 die Produktion ihrer beliebten Ales ein, hält aber noch am Bier fest. So läßt Lett's in Enniscorthy, Grafschaft Wexford, sein Ruby Ale von Pelforth brauen und vertreibt andere Erzeugnisse regionaler Brauer. Das Wasserrad sorgte bis 1952 für Strom. Der Eingang zur Brauerei stammt aus dem Jahre 1456, als dort auf dem Friary Hill ein Kloster stand. Überreste davon sind noch im Stadtmuseum in Enniscorthy zu sehen, das sich in einem alten Normanenschloß befindet.

Frankreich

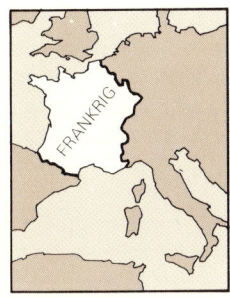

In der Région du Nord hat die Braukunst noch ihren Wert. Dort gibt es noch ein paar hervorragende obergärige Spezialbiere wie z. B. das von der Familienbrauerei Duyck bei Valenciennes (links).

Das größte Weinland der Welt hat auch eine beachtliche Biervergangenheit, die freilich immer im Schatten des Weines stand. Doch allmählich ändert sich das. Beim nationalen Stolz gepackt, behaupten die Franzosen, daß die alten Gallier das Bier erfunden hätten. Schon Tacitus berichtete über „Trinkorgien, die einen Tag und eine Nacht dauerten und deren sich niemand schämte". Und noch heute trinkt der legendäre Star der Comics-Serie Asterix sein *Cervoise* zum Wildschweinbraten. Waren nicht König Pippin und Karl der Große große Förderer des Bieres? Und sogar Wilhelm der Eroberer soll der Sohn eines Brauers gewesen sein.

Ganz anders verhält es sich mit dem modernen Bierbrauen, denn unbestritten gilt ein großer Franzose, Louis Pasteur, als der Begründer der modernen Brauwissenschaft. Ihm haben die Brauer die wissenschaftliche Klärung der Gärung zu verdanken. Pasteur befaßte sich auch mit den praktischen Problemen des Brauwesens. Einer seiner Schüler war der Marseiller Brauer Eugène Velten, ein Pionier moderner Brautechnologie. Heute, fast ein Jahrhun-

dert später, wären beide recht erstaunt, wenn sie feststellen könnten, wie konservativ die Geschmäcker der Bierkenner geblieben sind.

Pasteur, der auch einmal eine Londoner Brauerei beraten hatte, wäre überrascht, wie sehr heute in England nicht pasteurisierte Biere in Mode sind, wogegen alle englischen Biere, die in Paris zu haben sind, pasteurisiert sind. Und genau so erstaunt wäre er darüber, wie gut die obergärige Brauweise überlebt hat und wie modern sie vor allem wieder in Deutschland geworden ist.

Ales und *Stouts* aus England sowie belgische Biere *Haute Tradition* fielen am meisten auf, als das Gesellschaftsmagazin „Réalités" einmal einen Test in den Pariser Bierlokalen machte. Gewiß sind solche Gastwirtschaften modischen Einflüssen sehr ausgesetzt, doch „Réalités", das dafür ein Auge zu haben scheint, berichtete immerhin über die folgenden Restaurants: Académie de la Bière, 88 bis, Boulevard du Royal; La Bonne Bière, 23, Faubourg du Temple; Le Général Lafayette, 52, Rue Lafayette, und Le Bar Belge, 75, Avenue de Saint-Ouen.

Auch Franzosen haben ihren Teil zum Braufortschritt beigetragen, jedoch keiner mehr als Pasteur, der als der Vater des modernen Bierbrauens gilt.

Wie in den meisten Ländern kam es zu einer starken Konzentration: In einem Jahrzehnt haben sich über fünfzig Brauereien zu sechs großen Gruppen zusammengeschlossen.

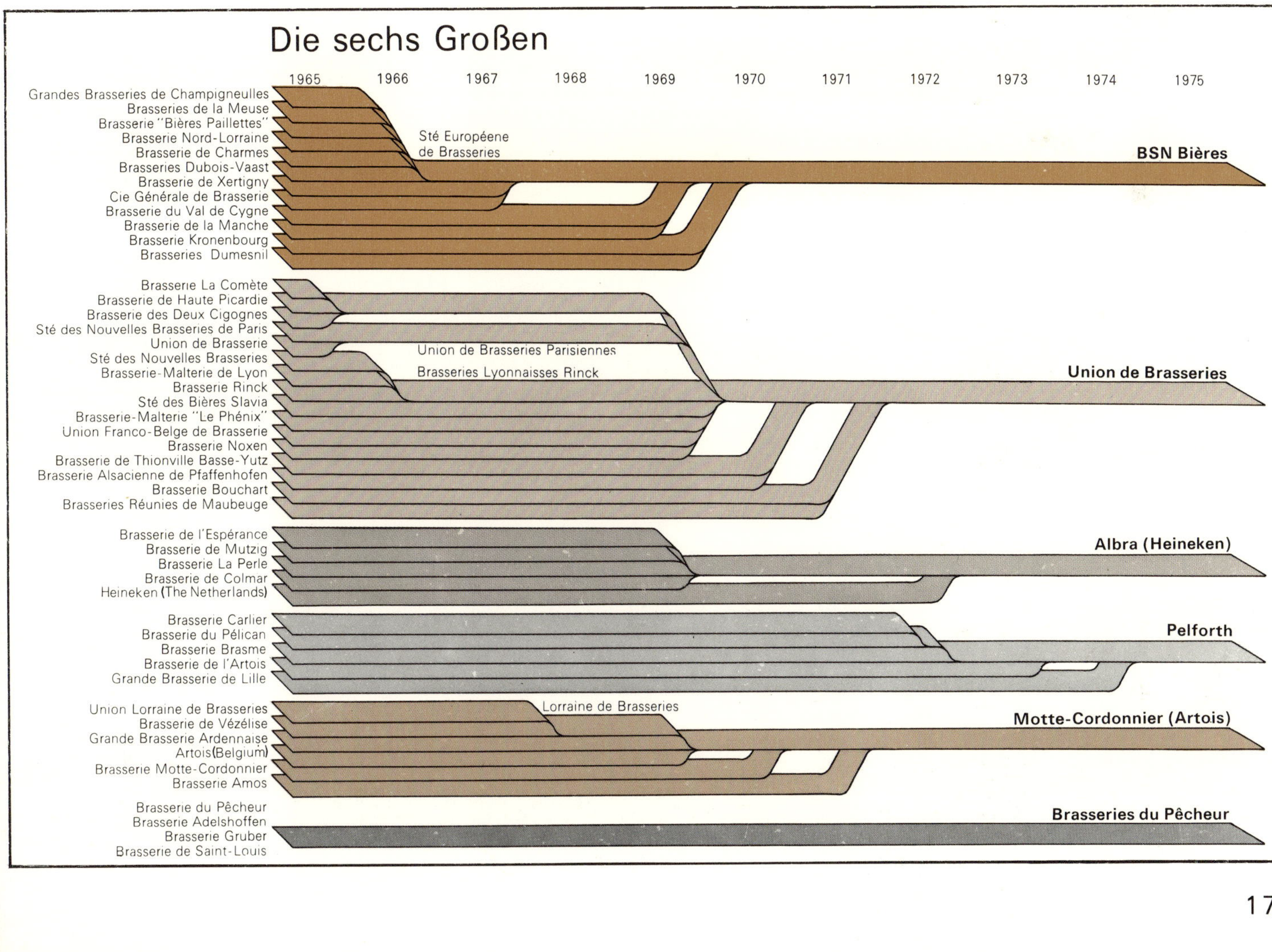

Die sechs Großen

| | 1965 | 1966 | 1967 | 1968 | 1969 | 1970 | 1971 | 1972 | 1973 | 1974 | 1975 |

Grandes Brasseries de Champigneulles
Brasserie de la Meuse
Brasserie "Bières Paillettes"
Brasserie Nord-Lorraine
Brasserie de Charmes
Brasseries Dubois-Vaast
Brasserie de Xertigny
Cie Générale de Brasserie
Brasserie du Val de Cygne
Brasserie de la Manche
Brasserie Kronenbourg
Brasseries Dumesnil

Sté Européene de Brasseries → **BSN Bières**

Brasserie La Comète
Brasserie de Haute Picardie
Brasserie des Deux Cigognes
Sté des Nouvelles Brasseries de Paris
Union de Brasserie
Sté des Nouvelles Brasseries
Brasserie-Malterie de Lyon
Brasserie Rinck
Sté des Bières Slavia
Brasserie-Malterie "Le Phénix"
Union Franco-Belge de Brasserie
Brasserie Noxen
Brasserie de Thionville Basse-Yutz
Brasserie Alsacienne de Pfaffenhofen
Brasserie Bouchart
Brasseries Réunies de Maubeuge

Union de Brasseries Parisiennes
Brasseries Lyonnaisses Rinck → **Union de Brasseries**

Brasserie de l'Espérance
Brasserie de Mutzig
Brasserie La Perle
Brasserie de Colmar
Heineken (The Netherlands) → **Albra (Heineken)**

Brasserie Carlier
Brasserie du Pélican
Brasserie Brasme
Brasserie de l'Artois
Grande Brasserie de Lille → **Pelforth**

Union Lorraine de Brasseries
Brasserie de Vézélise
Grande Brasserie Ardennaise
Artois (Belgium)
Brasserie Motte-Cordonnier
Brasserie Amos

Lorraine de Brasseries → **Motte-Cordonnier (Artois)**

Brasserie du Pêcheur
Brasserie Adelshoffen
Brasserie Gruber
Brasserie de Saint-Louis → **Brasseries du Pêcheur**

Die Tradition hochgehalten

Einer der Familien-Kleinstbetriebe beiderseits der Grenze zu Belgien, die alte Brauerei Rimaux. Das alte Gerät wurde abgeschafft, die Braustätte modernisiert. Doch Massenproduktion wird hier kaum ihren Einzug halten.

Die britischen *Ales* in Frankreich kommen meist von den großen Brauereien. Aber die kleinen belgischen Brauer, ihrer Art nach verwandtere Nachbarn, ernten beim französischen Biertrinker mehr Beifall. Das beweist, wenn es auch gegenüber den einheimischen Bieren nicht ganz fair sein sollte, doch immerhin einen guten Geschmack. Kulturell eng miteinander verbunden haben die Région du Nord und das französische Flandern ihre besonderen hervorragenden Biere. Und damit das auch niemand übersieht, zeigt z. B. die kleine Familienbrauerei Ricour in St. Sylvestre Cappel auf ihren Etiketten eine Windmühle und den Spruch „ein Bier aus Flandern!". Das Bier heißt aber „*Du Moulin*" und nicht etwa „*Van den Molen*", trotz der flämischen Schreibweise in dieser Gegend. Der besondere Reiz dieser Region hat freilich weniger mit der Sprache als mit der Hefe zu tun. So gibt es im Norden noch eine Handvolll obergäriger Brauer. Zwar hat auch hier die Rationalisierung ihren Tribut gefordert, doch wenn es solche Brauereien noch gibt, dann werden ihre Biere besonders geschätzt.

Zwischen der belgischen Grenze und Valenciennes liegt bei Crespin eine Klosterbrauerei aus dem Jahr 1714. Ihre Tradition wird von der Brauerei Rimoux weitergeführt, die ein schweres *Haute Tradition*-Bier „Réserve Saint Landelin" herausbringt. Ein prächtiges Bier gleicher Art wird in Jenlain südlich von Valenciennes an der Route Nationale in der Familienbrauerei Duyck gebraut. Dieses Jenlain De Luxe wird in einer Weinflasche mit Drahtverschluß wie beim Champagner angeboten. Das Bier von dunkler Bronzefarbe ist mild, halbtrocken, schwer und hat 20 Grad Balling. Nach acht Tagen Gärung reift es einen Monat lang. Dann wird es gefiltert, aber nicht pasteurisiert. Hin und wieder ist es im Ausschank zu finden. Als Flaschenbier ist es nur in ausgewählten Restaurants, aber noch in so weit entfernten Orten wie Clermont-Ferrand und St. Etienne zu bekommen. Ein ähnliches Bier stellt im Departement Nord in Monceau St. Waast die Brauerei Descamps her.

Eine weit größere Brauerei mit obergärigen Bieren ist Pelforth, eine der drei „kleinen" Braugruppen Frankreichs. Seine Pelican-Brauerei steht bei Lille, der Hauptstadt des biertrinkenden Nordens. Pelforth Brune ist rötlich-dunkel, sehr malzig und leicht süß. Daneben gibt es auch noch ein helles Pelforth. Nach einem Spezialverfahren „irischer Obergärung" braut Pelforth ferner ein „Rot-Bier" in Lizenz von George Killian Lett von Enniscorthy, County Wexford. Dabei handelt es sich um ein schweres, kupferfarbenes *Ale*, das malzig ist, ohne süß zu sein, mit einem kräftigen an-

genehmen Geschmack. Trotz allem sollte man es – wie etwa das „Russian Stout" als englische – als einheimische Spezialität gelten lassen. Es schmeckt auch zu angenehm, um etwa als Fälschung entlarvt zu werden. Mr. Lett hat seine Braulizenz noch immer, ohne in den letzten zwanzig Jahren auch nur einen Tropfen Bier gebraut zu haben. Für das Marketing hat man sogar die irische Sage bemüht: So wird berichtet, daß der erste König Irlands auf einem Ausritt in eine Zauberwolke gehüllt wurde und plötzlich einem keltischen Gott gegenüberstand. Der Gott ließ ihm durch ein junges Mädchen, das die Unabhängigkeit Irlands symbolisierte, ein Glas mit schäumendem roten Bier überreichen.

Doch nicht nur mit Göttern, sondern auch mit einer staatlichen Beteiligung ist Pelforth seit 1972 gesegnet. Alle Anteile sind in französischer Hand. Auf die Gruppe entfallen – vor allem durch Hausverkauf, wie er im Norden üblich ist – rund 8% des Bierabsatzes in Frankreich. Zwischen 1972 und 1974 übernahm Pelforth im Norden mehrere kleine Brauereien, darunter auch „De l'Artois" von Roeux, die jedoch nach der dortigen Region heißt und nichts

mit der großen belgischen Gruppe zu tun hat, die den Namen ihres ersten Besitzers trägt.

Doch ein anderes Mitglied der „Kleinen Drei" mit Sitz in Lille gehört jetzt zur belgischen Artois-Gruppe. Diese Firma, die sich auf die Brauerei Motte Cordonnier stützt, hat auch mehrere Betriebe im Elsaß und in Lothringen, darunter so bekannte Brauereien wie Vézelise/Sedan und Amos.

Ist die Région du Nord das Gebiet des obergärigen Bieres, so findet man im Elsaß und in Lothringen feine Biere untergäriger Brauart. Und wie man im Norden deutlich den frankoflämischen Einfluß spürt, ist in Elsaß-Lothringen die deutsche Art zu erkennen. Frankreichs kleinste Braugruppe in Schiltigheim nennt sich zweisprachig „Fischer" oder „Pêcheur" und seine „Belle Straßbourgoise" („Schöne Straßburgerin") trägt auf dem Etikett sogar einen Hinweis auf das deutsche *Reinheitsgebot*. Fischer mälzt selbst, nimmt lieber Hopfen als Extrakt und läßt sein Bier, wie er angibt, zehn Wochen reifen. Und ganz nach deutscher Art bringt die Gruppe in ihrer Adelshofener Braustätte ein hervorragendes schweres Bier als „Rheingold" heraus.

In den weltstädtischen Bierbars von Paris gibt es Biere aus Lothringen, Bayern und Irland, Burton-Ales aus England, holländische Lagerbiere u. a. m.
An so viel Abwechslung ist dem Biertrinker in Champigneulles nicht viel gelegen. Sein Heimatdorf war die Stätte eines berühmten Bierwunders.

Frankreichs Brauereiwesen ist ziemlich klar umrissen. Über die Hälfte der mehr als achtzig Brauereien mit noch nicht einmal einem Viertel des französischen Ausstoßes liegen in der Région du Nord. Hier konnten also die kleinen Betriebe noch überleben. Sonst aber sieht das Bild ganz anders aus. In Lothringen gibt es vier, im Elsaß ein Dutzend Brauereien, doch das Elsaß produziert über ein Drittel des Gesamtausstoßes und sein Anteil nimmt rasch zu. Fünf Brauereien brauen in Paris und in der Ile de France. Im Durchschnitt erreicht der Pro-Kopf-Verbrauch nur 45 Liter im Jahr, damit steht Frankreich erst an 23. Stelle. Doch bei 51,5 Millionen Franzosen erfordert dieser Konsum immerhin eine Produktion von 21 Millionen Hektoliter, womit sich Frankreich als Nummer sieben in der Weltproduktion einreiht. Der niedrige Pro-Kopf-Verbrauch gibt kleinen Brauern, außer im durstigen Norden, kaum eine Chance, doch der große Gesamtbedarf läßt die Brauereigruppen mit ihrem großen Ausstoß und überregionalen Vertrieb höchst rentabel arbeiten. Zwar zeigen selbst die großen Gruppen eine unverkennbare Vorliebe für bestimmte Regionen, doch auch das hat eine ständig wachsende Konzentration der Brauindustrie nach dem letzten Krieg nicht verhindern können.

1969 schlossen sich vier bedeutende elsässische Brauereien zur Albra zusammen. Drei Jahre später wurde diese Gruppe mit den Marken Ancre und Mutzig bei einem Marktanteil von neun Prozent von Heineken übernommen. Nun konnte Heineken mit seinen beträchtlichen Reserven und hervorragenden Markt- und Fachkenntnissen den Markt erweitern. Die Union de Brasseries, die frühere Brasseries et Glacières de l'Indochine, war einst wegen ihres Bieres „33" im französischen Kolonialreich berühmt. Der Verlust der Kolonien hatte sie ohne ein angestammtes Absatzgebiet gelassen. Daher hat sie unter dem Einfluß der Versicherungsgesellschaft La Paternelle in den letzten 16 Jahren ebenso viele Brauereien aufgekauft. Heute betreibt sie – bei einem Marktanteil von 15% – sechs Braustätten, die größte davon in Drancy bei Paris. Jetzt ist Slavia ihr bekanntestes Markenbier.

Ferner bringt die Gruppe das Porter 39, ein dunkles *Stout*-artiges Bier mit leicht bitterem Nachgeschmack heraus. Dieses Bier stammt aus einer Brauerei in Maubeuge, wo jedes Jahr Mitte Juli auf einem respektablen mehrtägigen Bierfestival bekannte Unterhaltungsstars auftreten.

Mindestens ein Dutzend Brauunternehmen, darunter auch einige der größten, gingen den Weg der Fusionen, um dann doch von BSN, Frankreichs größtem Flaschenhersteller, ge-

schluckt zu werden. Die so entstandene Gruppe, BSN Bières, beliefert nun 50% des nationalen Absatzmarktes. Zu ihr gehören 17 Brauereien in allen Landesteilen, doch werden kaum alle überleben. Die Gruppe besteht aus zwei von einander unabhängigen Blöcken: die Société Européenne de Brasseries mit der berühmten Marke „Meuse" und Kronenbourg mit der nach „33" wohl bekanntesten französischen Marke „Kronenbourg". Daneben braut sie noch „Tiger Scotch", ein Gegenstück zu den belgischen „Scotchs". Kronenbourgs angestammte Brauerei – sie wurde 1644 von der Familie Hatt gegründet – wurde weiter ausgebaut. Dazu wurde 1969 noch eine zweite Braustätte in der Nähe von Straßburg errichtet. Geführt werden beide immer noch von den früheren Besitzern aus der Familie Hatt.

Im Elsaß braut man vor allem De Luxe-Biere. Diese Kategorie mit einem Alkoholgehalt von mindestens 5% vol. macht heute 75% (1955 weniger als die Hälfte) des gesamten Absatzes aus. Dafür ist der Absatz von *Bock*-Bier mit einem Alkoholgehalt von 3,5 bis 4% entsprechend zurückgegangen.

Seine Position in der Welt des Bieres hat Frankreich in letzter Zeit ständig verbessern können. So ist der Ausstoß in zwei Jahrzehnten um 80% gestiegen. Mehr als die Hälfte des Bieres wird von Frauen, über ein Viertel von Jugendlichen zwischen 16 bis 24 Jahren getrunken. Diese Anteile wären gewiß noch höher, wäre Bier nicht im Norden das Alltagsgetränk aller Altersschichten. Vor allem die jungen Leute finden am Bier Geschmack, während die mittlere und ältere Generation weiter ihren Wein trinkt. Bier ist auch nicht das Getränk des französischen Arbeiters. So stellen Angestellte eine beachtliche Konsumgruppe, während z. B. die Landarbeiter nur weniger als 2% des Konsums bestreiten, weil sie den Wein oder auch den schwarzgebrannten Korn oder Obstbranntwein vorziehen.

Der typische Franzose von heute könnte also ebensogut ein Glas Bier in der Hand halten. Und einst war das auch so. Wie die Belgier ihren Sankt Arnoldus, hatten auch die Franzosen bereits einige Jahrhunderte früher einen Heiligen gleichen Namens. Nach allem, was man von den beiden weiß, ist jeder als Patron des Bieres in die Legende eingegangen. Der französische war Bischof von Metz und bewirkte noch nach seinem Tod ein Wunder. Als man seine sterblichen Überreste an einem heißen Tag des Jahres 642 durch die Vogesen zur Beisetzung trug, konnten die Träger bei dem Ort Champigneulles vor Hitze und Durst kaum noch weiter. Sie hielten an, um sich zu erfrischen, doch nur einer der Hunderte von Trauernden hatte einen Krug Bier bei sich! Ent-

täuscht wollten sie nach kurzer Rast weiterzie-
hen, da hatte plötzlich jeder von ihnen einen
Krug in der Hand, voll mit schäumendem Bier!
Soweit die Legende vom Bierwunder des Heiligen.

LA BIÈRE DE LUXE
PHÉNIX
leader

Weniger Brauereien als
früher, aber mehr Bier-
marken als je zuvor: Kro-
nenbourg ist jetzt inter-
national bekannt, und
wenige Franzosen haben
noch nichts von Pelforth
gehört. La Meuse hat
seine lange Tradition
und Champigneulles
sein eigenes Bier. Und
Sedan und Adelshofen
bedeuten einfach Bier.

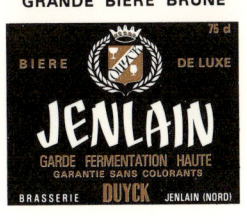

183

Die Brauereien der Schweiz

Sibra-Gruppe (Cardinal)
Feldschlösschen-Gruppe
Interbeva-Gruppe
selbständige Brauereien
kleine selbständige Brauereien
außerhalb des Verbandskartells

Sprachgebiete:
Französisch
Deutsch
Italienisch
Romanisch

Feldschlösschen
Rheinfelden

Salmen
Rheinfelden

Warteck
Basel

Ziegelhof
Liestal

Karbacher
Schönenwerd

Langenthal
Langenthal

Müller
Neuchâtel

Gurten
Bern

Felsenau
Bern

Egger
Worb

Cardinal
Fribourg

Beauregard
Fribourg

Boxer
Lausanne

Valaisanne
Sion

Frauenfeld
Frauenfeld

Haldengut
Winterthur

Falken
Schaffhausen

Müller
Baden

Falken
Baden

Löwenbräu
Zürich

Hürlimann
Zürich

Uster
Uster

Baar
Baar

Hochdorf
Hochdorf

Lupo

Eichhof
Luzern

Wädenswill
Wädenswill

Rosengarten
Einsiedeln

Rugenbräu
Matten-Interlaken

Burth
Liechtensteig

Weinfelden
Weinfelden

Stadtbühl
Gossau

Schützengarten
Sankt Gallen

Löwengarten
Rorschach

Sonnenbräu
Rebstein

Locher
Appenzell

Hof
Wil

Kronen
Herisau

Locher
Buchs

Zirfass
Buchs

Erlen
Glarus

Adler
Schwanden

Calanda
Chur

Nazionale
Locarno-
Muralto

Birra Bellinzona
Bellinzona

FELDSCHLOSSCHEN BIER
Starkbier hell — Bière forte blonde
CASTELLO — 29 cl

HALDENGUT BIER
SPEZIAL DUNKEL

Albani Bräu
BRAUEREI HALDENGUT WINTERTHUR

CALANDA FESTBIER
ORIGINAL BRAUEREIABFÜLLUNG
CALANDA BRÄU CHUR — 58 cl

LAGER HELL
GURTEN BIER

SPEZIAL DUNKEL
GURTEN BIER

Sternbräu
Hürlimann

Alpenbräu
Hürlimann

Dreikönigs Bier
Hürlimann

Die Schweiz

Kantone

Aargau	14. Obwalden
Appenzell Inner-Rhoden	15. St. Gallen
Appenzell Ausser-Rhoden	16. Schaffhausen
Bern	17. Solothurn
Basel-Land	18. Schwyz
Basel-Stadt	19. Thurgau
Fribourg	20. Tessin
Genève	21. Uri
Glarus	22. Vaud
Graubünden	23. Valais
Luzern	24. Zug
Neuchâtel	25. Zürich
Nidwalden	

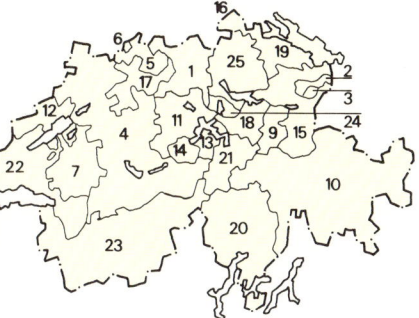

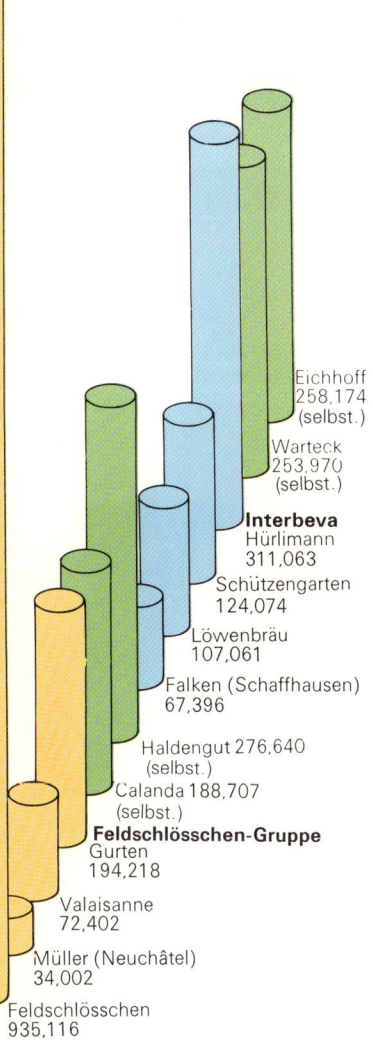

Die großen Brauer der Schweiz

Eichhoff 258,174 (selbst.)

Warteck 253,970 (selbst.)

Interbeva
Hürlimann 311,063

Schützengarten 124,074

Löwenbräu 107,061

Falken (Schaffhausen) 67,396

Haldengut 276,640 (selbst.)

Calanda 188,707 (selbst.)

Feldschlösschen-Gruppe
Gurten 194,218

Valaisanne 72,402

Müller (Neuchâtel) 34,002

Feldschlösschen 935,116

a (Cardinal) 316

in Hektolitern

Als irische Missionare nach der Völkerwanderung das Wissen des Altertums wieder auf den Kontinent zurückbrachten, brachten sie auch das Bier mit. Der Heilige Gallus, ein Mönch aus Irland, erbaute im 7. Jahrhundert in St. Gallen eine Zelle, aus der später das berühmte Kloster hervorging. In diesem Kloster gab es nicht nur eine, sondern gleich mehrere Brauanlagen. Dort wurden drei Biere gebraut, ein normales für die Mönche, ein leichtes für die Pilger und ein „Spezial" für die hohe Geistlichkeit und den Adel, die Gäste im Kloster waren. Der Kühlraum für das Bier wurde nach den gleichen Richtlinien gebaut, wie sie schon die alten Römer angewandt hatten. So hatten die St. Galler Mönche schon tausend Jahre vor Linde und Kelvin die Notwendigkeit solcher Einrichtungen für das Lagern des Bieres erkannt. Die Ruinen dieser so überlegt geplanten Brauerei sind noch heute gleich neben der prachtvollen Stiftskirche und der großartigen Bibliothek zu besichtigen.

Als im späten Mittelalter das Brauen von den Mönchen auf die mächtigen Zünfte überging, verstanden die St. Galler keinen Spaß, wenn die Qualität des Bieres ihren Wünschen nicht entsprach. Dafür machte man sogar Hexen verantwortlich, und die letzte „Bier-Hexe" wurde noch 1581 auf dem Scheiterhaufen verbrannt. Doch nicht nur Zauber „bedrohte"

damals das Bier. Die Schweiz ist seit je ein sehr weinbewußtes Land und in guten Jahren war Wein billiger als Bier. Erst nach den großen technischen Erfindungen ab der Mitte des 19. Jahrhunderts entstand in der Schweiz eine starke nationale Brauindustrie. Daher sind auch alle Schweizer Biere untergärig und stark von den Nachbarn im Norden und Osten beeinflußt. Eine ausgesprochene Schweizer Biertradition gibt es kaum, doch findet der Bierfreund in der Schweiz nach dem Reinheitsgebot gebraute Biere, die zudem kaum pasteurisiert sind.

In den 22 Kantonen der Schweiz gibt es 42 Brauereien, davon allein acht in St. Gallen. Das Biertrinken ist besonders in den deutschsprachigen Kantonen des Nordens verbreitet, vor allem aber in St. Gallen und den Nachbarkantonen Thurgau, Appenzell und Glarus. Sonst wird insbesondere in den international bekannten Ferienorten Bier getrunken. In Graubünden treiben vor allem die Touristen in St. Moritz, Davos, Pontresina, Klosters etc. die Statistik nach oben. Im italienisch sprechenden Süden und französisch sprechenden Westen spielt Bier eine geringere Rolle. Insgesamt steht die Schweiz in der Weltrangliste mit 71,8 Liter pro Kopf und Jahr auf Platz 15. Der absoluten Höhe des Ausstoßes nach ist sie zwischen Venezuela und Argentinien erst an 29. Stelle zu

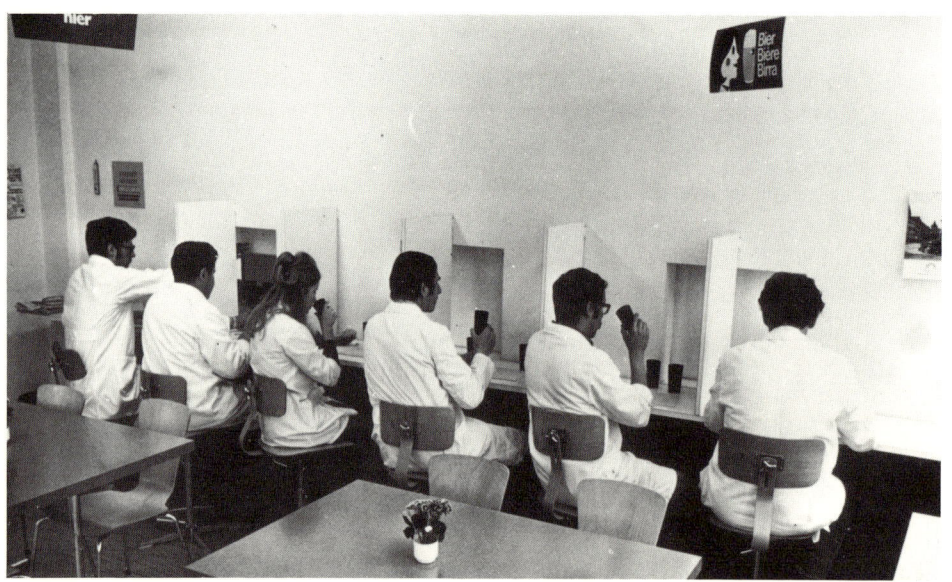

finden. In den siebziger Jahren kam es in der Schweizer Brauindustrie zu beträchtlichen Konzentrationen. Eine Reihe von Absatzregelungen führte zur Entstehung mehrerer „nationaler" Marken.

Mit am bekanntesten ist Cardinal aus der Universitätsstadt Fribourg, also einer Stadt, die nicht im Herzen des Bierlandes gelegen ist. Doch das ist auch ein Vorteil. Zwar ist der Bierdurst in den französisch sprechenden Kantonen nicht so groß, doch besteht dort immerhin ein gewisser Markt. Und weil man dort keine Biertradition kennt, stößt Cardinal auf weniger Mitbewerber. Zudem liegt Fribourg günstig an der Grenze zwischen den französisch und den deutsch sprechenden Kantonen und bietet so ein gutes Sprungbrett zum bierdurstigen Norden. Die Brauerei war ursprünglich 1788 am Berner Tor in Fribourg gegründet worden. Den jetzigen Namen nahm sie erst 1890 an, als der Erzbischof des Bistums Fribourg zum Kardinal gewählt wurde. Dieser Markenname gewann nationales Gewicht, als das Cardinal-Unternehmen SIBRA 1973 drei andere Brauereien übernahm, die jetzt alle Cardinal-Bier vertreiben. Eine von ihnen, die Brasserie Beauregard, liegt ebenfalls in Fribourg, die anderen im Norden nicht weit von Basel in der Brauereistadt Rheinfelden und in Wädenswil im Kanton Zürich.

Die andere „nationale" Braugruppe ist Feldschlösschen in Rheinfelden, zu der auch die Brauereien Müller in Neuchâtel, Gurten in Bern und im Wallis die Brauerei in Sion gehören.

Sie alle haben ihren Namen beibehalten. Die bedeutende Regionalbrauerei Haldengut in Winterthur wie auch Calanda in Chur arbeiten ebenfalls mit der Gruppe zusammen.

Eine dritte Gruppe, Interbeva genannt, wird von acht Brauereien gebildet, die meist im Osten des Landes ihren Sitz haben. Sie arbeiten als unabhängige Unternehmen im Einkauf der Rohstoffe, im Marketing und der Verkaufsförderung zusammen. Zu ihnen zählen die große und weithin bekannte Brauerei Hürlimann in Zürich, Schützengarten in St. Gallen, Löwenbräu in Zürich sowie Falken in Schaffhausen.

Weitere regionale Brauereien sind Eichhof in Luzern, Warteck in Basel und H. Müller in Baden. Die restlichen rund 20 Brauereien beliefern nur lokale Märkte. Bis auf drei sind alle eng durch den Schweizerischen Bierbrauerverein, nicht zuletzt wegen seinem Einfluß auf die Preise, allgemein „das Kartell" genannt, miteinander verbunden. Das Kartell ist gelegentlich einiger Kritik ausgesetzt, doch immer wieder kam man zu dem Schluß, daß Nachteile für den Verbraucher eben durch den Nutzen für das kleine und schwache Braugewerbe aufgewogen würden. Die drei „Außenseiter" des Kartells sind: Boxer, ein individualistischer Brauer in Lausanne, Lupo in Hochdorf und Kronen in Herisau im Süden von St. Gallen.

Im französisch sprechenden Teil mit seiner Weintradition liebt man kalte Getränke. Daher wird das Bier dort allgemein gekühlt. Und wie die dortigen Weine ist es oft leicht und trocken. In der italienischen Schweiz mit ihren recht herben roten und kräftig schmeckenden Weinen sind die Biere eher etwas schwerer und hopfenreicher. Ein ähnlicher Vergleich ergibt sich auch bei den säurereichen Roséweinen Badens und dem leicht weinigen Bier auf der anderen Seite der Grenze im Kanton Schaffhausen. Sonst sind die Biere in der deutschen Schweiz eher süßer und nicht so stark gehopft. Oft ist das Bier kaum gekühlt oder hat nur Zimmertemperatur. Das fällt be-

sonders im Kanton Graubünden auf, wo Rotweine sehr beliebt sind.

Lagerbier, Spezialbier, Festbier und Starkbier gibt es, von den meisten Brauereien produziert, sowohl in heller als auch in dunkler Brauform.

Die hellen Biere sind alkoholisch etwas stärker und besitzen im Vergleich mit den Dunkelbieren einen abgerundeten Bittergeschmack, der vom Hopfen herrührt.

Die dunklen Biere, zu deren Herstellung geröstetes Malz – das heißt Malz, das bei höheren Temperaturen Zucker plus Eiweiß karamelisiert – verwendet wird, sind infolge des fehlenden vergärbaren Zuckers weniger vergoren und auch etwas schwächer gehopft. Sie sind also geschmacklich etwas süßlicher und aromatischer.

Der schweizerische Bierkonsument bevorzugt mehr und mehr das helle Bier. Während im Braujahr 1950/51 der Anteil des dunklen Biers noch 16,5 Prozent betrug, war 1976 das Verhältnis 1,2 zu 98,8 Prozent.

Die meisten Biere werden faßweise oder flaschenweise verkauft. Starkbier, Luxusbier und Diätbier sind nur in Flaschen erhältlich.

Mit lobenswerter Konsequenz lehnen die Brauer des Kartells die Bezeichnung *Pilsener* als irreführend ab. Pilsen liegt eben nicht in der Schweiz, sondern in der Tschechoslowakei.

Das Alltagsbier in der Schweiz ist einfach ein Lager ohne irgendwelche nähere Bestimmung. Im Französischen spricht man es dagegen klar, aber umständlicher aus: *Bière de Fermentation Basse* und im Italienischen heißt es: *Birra invecchiata*. Es hat 11,5 Grad Balling und ist im Ausschank zu haben. Auch mehrere andere Biertypen werden in der Schweiz gebraut, jedoch alle zwischen 13,5 und 14,0 Grad Balling. Je nach Sprache werden dafür folgende Bezeichnungen benutzt: *Spezial/ Spécial/ Speciale; Luxusbier/ Bière de Luxe/ Birra di Lusso; Festbier/ Bière festive/ Birra Festiva* usw. Was auf deutsch ein *Bock* ist, heißt auf französisch einfach *Forte* und seltsamerweise auf italienisch *Birra di Marzo*. Manche Biere werden einfach als „stark" bezeichnet, also Forte auf französisch und italienisch. Doch ist diese Bezeichnung im Schwinden.

„Spezial" wird allgemein für Faßbiere höherer Dichte verwandt, deren Marktanteil ständig steigt. Zur Klasse der „De Lux Biere" gehört „High Life", es hat aber nichts mit Millers Bier aus Milwaukee zu tun. Gebraut wird es von der Brauerei Schützengarten in St. Gallen. „Top" wird von Cardinal herausgebracht. „Präsident" dagegen verwenden Feldschlösschen und Haldengut gemeinsam. „Five Star" ist das Luxusbier von Hürliman, einer der wenigen Schweizer Brauer, der sein dunkles Bier

Transporte zum Vergnügen

Stilgerecht wird dem Konsumenten das Schweizer Bier nahegebracht: Voller Stolz lassen Feldschlösschen und Cardinal ihre Dampflokomotiven fahren. Eichhoff gibt sich noch mehr traditionsbewußt. Bis vor einigen Jahren lieferte Hürlimann in solchen nicht gerade robust wirkenden Wagen sein Bier aus, aber Warteck zeigt noch immer gerne seine alten Bier-Lastwagen vor.

("Brune"/"Scura") stark propagiert, das rubinfarbene "Hexenbock" mit dem vollen Geschmack. Ganz nach deutsch-schweizerischer Art hat sich für die kleine Flasche dieses "Hexenbiers" die irreführende Verkleinerung "Häxli" eingebürgert. Ein ähnlicher *Bock* kommt von Warteck in Basel. Daneben gibt es viele helle und dunkle Bockbiere, die jedoch in ihrer Stärke nicht ganz an den deutschen Standard herankommen. Das gilt auch für die Festbiere, die zu Ostern und Weihnachten herausgebracht werden. Trotz seines Namens ist aber Hürlimanns "Dreikönigsbier" – hell und dunkel – das ganze Jahr über zu haben. In diesem Fall zieren nämlich die drei Könige das Wappen von Enge, einem Zürcher Bezirk, wo die alte Pilgerstraße vorbeiführte. Dreikönigsbier ist als *Starkbier* eingestuft, das an der Spitze der Alkoholskala steht, auch wenn es nur 6% vol. enthält. Dazu gehört auch Albanibräu von Haldengut, ein Bier mit großartigem Bukett, das sogar als Schlaftrunk empfohlen wird. Schon ein kleines Glas dieses starken Biers läßt einen am Abend schläfrig werden. Beliebte Starkbiere werden auch von Gurten in Bern und den beiden Brauereien in Baden, H. Müller und Falken (nicht mit Falken in Schaffhausen zu verwechseln) gebraut.

Die recht rührige Brauerei Hürlimann bringt, vor allem in Zürich, aber nur in kleinem Umfang, ein Weißbier *Berliner* Art heraus, die Schneider Weiße.

Als eigene Biertypen sind in der Schweiz Diätbiere und fast alkoholfreie Biere entstanden. Das kohlehydratarme Diätbier SKIFF wird für jene Bierliebhaber gebraut, die aus Diätgründen Wert auf ein Getränk legen, das wenig belastende Kohlehydrate enthält. Der üblicherweise vorhandene Restzuckergehalt ist vollständig vergoren, so daß zum Beispiel Zuckerkranke dieses Bier ohne nachteilige Folgen genießen können. Solche Biere wie Hürlimanns Birell und Feldschlösschens Ex-Bier sind in anderen europäischen Ländern schon recht gut bekannt.

Mittelpunkt des Reiches

Die berühmte Wiener Farbe ist nicht mehr so weit verbreitet wie früher, doch in Schwechat gab man sich niemals konservativ. Nur der Name Dreher erscheint leider nicht mehr auf dem Bier. Zu Beginn des Jahrhunderts war die Brauerei in Schwechat das größte Bierimperium der Welt. Ein Pavillon auf dem Braugelände erinnert an Maria Theresia, die österreichische Kaiserin, die hier vielleicht gejagt hat. Von der Brauerei wurde der Pavillon wieder instand gesetzt.

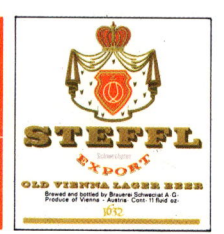

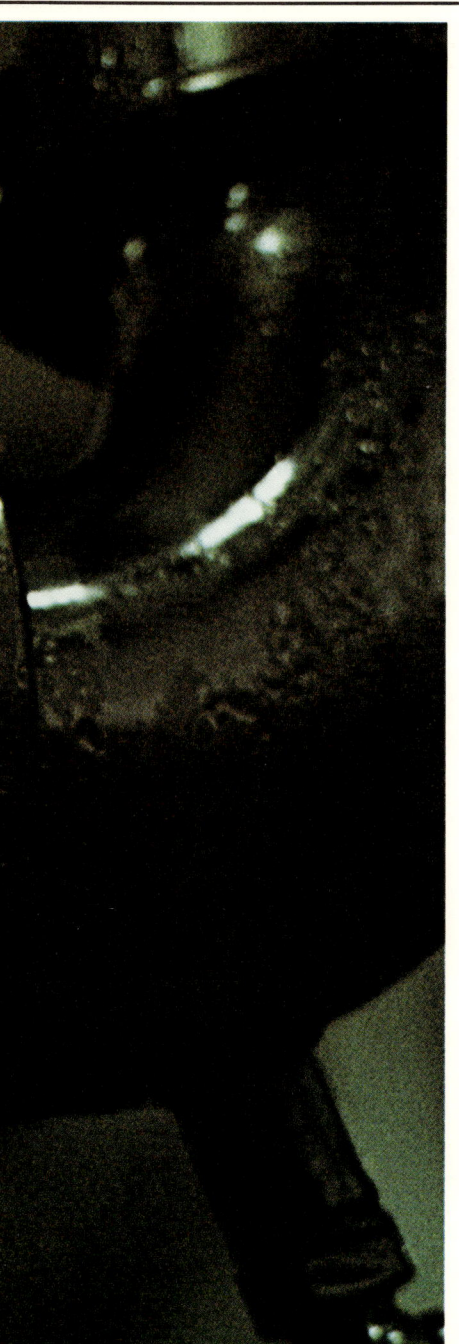

Österreich

In der Gösser-Brauerei ist der Böttcher noch an der Arbeit. Im Brauerei-museum in der früheren Benediktinerabtei von Leoben-Göss zeigt ein Stich, wie alt dieses traditionsreiche Handwerk ist.

Seit der Kaiserzeit ist Wien für seine Kaffee-häuser berühmt. Den Kaffee haben die Türken bei der Belagerung von 1683 zurückgelassen, und so war der schwarze heiße Trunk in den Westen gekommen. Auch zum Wein hat Wien seine ganz besondere Beziehung, wie Hugh Johnson in seinem Buch „Der große Wein-atlas" schreibt: „Keine andere Landeshaupt-stadt wird so sehr mit dem Wein assoziiert wie Wien. Sein Herzblut scheint der Heurige zu sein. Mitten in den Wohnbezirken behaupten sich Weinberge und ziehen sich an den umlie-genden Hängen bis zum Wienerwald hinauf." Heute liegen Weinorte wie Grinzing mitten in Wien, nah genug, um Einheimischen wie Tou-risten mit Heurigem zu versorgen. Und schließ-lich gibt es das Bier. Wien war früher eine der größten Braustädte der Welt. Wahrscheinlich kam der Brauch, Bier zu trinken, bald nach 1300 aus Böhmen. Wiens Bierruhm nahm mit dem Aufstieg der Familie Dreher seinen An-fang, die bereits im frühen 17. Jahrhundert als Brauer tätig gewesen sein soll. Zumindest ist aber ihre Brauerei in Klein-Schwechat bei Wien 1632 von einem Adligen gegründet und dann später von den Drehers erworben wor-den. Wie immer es sich auch verhalten mag, der große Erfolg war Mitte des 19. Jahrhunderts der Arbeit Anton Drehers zu verdanken.

Damals war in Österreich-Ungarn nur die Brauerei in Pilsen größer als das Unternehmen von Dreher in Wien. Dreher hatte eine weitere Brauerei in Böhmen, in Michelob, einem Ort, der für amerikanische Biertrinker einen ganz besonderen Klang hat, sowie bedeutende Brau-stätten in Budapest und Triest. „Die Dreher-Brauerei ist das größte Unternehmen mit zen-tralem Management in Kontinentaleuropa", schrieb ehrfurchtsvoll ein Journalist in einer Fachzeitschrift zu Anfang dieses Jahrhunderts. Aus der Triestiner Brauerei ist Dreher, Italien, entstanden, und diese Brauerei trägt noch heute diesen Namen, obwohl sie jetzt im Besitz von Heineken und Whitbread ist.

Dreher hatte bei führenden deutschen Brauereien gelernt und war mit dem großen Münchner Brauer Gabriel Sedlmayr befreun-det. Beide arbeiteten eng zusammen und das erste der neuen und so revolutionären unter-gärigen Biere, die um die Mitte des vorigen Jahrhunderts aufkamen, scheint 1841 in Drehers Braustätte in Wien entstanden zu sein. Später stritten sich München und Wien um Verdienst, Ort und Zeitpunkt. Zur Verwirrung trug noch der Ruf des Pilsner Bieres bei, doch besteht kein Zweifel, daß man dort erst 1842 zur untergärigen Brauweise überging. Ein Jahr-hundert später beschäftigte dieser Streit zwi-schen Wien und München sogar Adolf Hitler. Ein Beitrag der deutschen Zeitschrift *Signal* er-

hob deutsche Besitzansprüche auf Pilsen und stellte dazu eindeutig heraus, daß München das Verfahren entwickelt habe. Im Jahr 1942 ent-schied die Kommission, daß Dreher das erste moderne *Lager*bier hergestellt hatte. Schon vor dem ersten Weltkrieg war der große Dreher-Konzern nach einer Serie von Zusammenle-gungen in den Besitz der österreichischen Familie Mautner-Markhof übergegangen. Sie verlor ihren Einfluß im zweiten Weltkrieg, behielt aber eine Beteiligung. Und erst 1976 konnte sie ihre frühere Stellung wiedergewin-nen. In der Nachkriegszeit hat dieses Unter-nehmen mindestens einige Dutzend kleinere Brauereien übernommen.

Heute stellt die Brauerei unter ihrem jetzigen Namen Schwechat ein halbes Dutzend Biere her. Österreichs Alltagsbier ist goldfarben und hat 12,0 Grad Plato. Man nennt es einfach *Lager*. Mitunter ist diese Klasse irreführender-weise als *Märzenbier* bekannt, obwohl sie keine

charakteristische Bernsteinfarbe. Heute sind solche tief goldfarbenen Biere fast überall in der Welt zu finden, außer in Großbritannien und Irland, die ihre kupferfarbenen *Ales* und schwarzen *Stouts* haben. Auch in Österreich gibt es noch solche Biere, so vor allem in der Klasse des *Spezials*, doch sind sie keineswegs mehr typisch. Heute ist der Rückgang des Wiener Biertyps zu bedauern. Ist es nicht schade, daß ein Bierfreund erst über die Grenze nach Bayern fahren muß, um dort ein Märzenbier in der traditionellen Farbe des Wiener Typs zu bekommen? Doch an Wien denken Brauer in aller Welt, wenn sie ein bernsteinfarbenes Bier herstellen wollen, denn dazu nehmen sie das berühmte „Wiener Malz".

In Österreich müssen die Mälzer noch etwas von ihrem Handwerk verstehen, dürfen doch die Brauer keine künstlichen Farbstoffe verwenden. Dieses Verbot rührt noch aus der Zeit der Habsburger, als der Codex Alimentarius verordnete, Bier nur aus Wasser, Hopfen sowie Getreide herzustellen, allerdings wurde nicht gesagt, aus welchem. Die wenigen überregional verbreiteten Biere sind mitunter pasteurisiert, doch die überwältigende Mehrheit der Brauer bringt ihr Bier unpasteurisiert heraus. Einige von ihnen rechnen sich nach wie vor zum Handwerkerstand. Daneben gibt es noch Klosterbrauereien in Schlägl, Oberösterreich und in Salzburg.

Angesichts seiner Geschichte überrascht es nicht, daß Österreich ein Land untergäriger Biere ist. Doch gelegentlich gibt es auch ein *Weiß*- oder *Weizen*bier, so vor allem im Gebiet von Salzburg. So bringt die Ortsbrauerei von Oberturm ein Weizengold heraus, daß man mit einem Schuß Zitronensaft zu trinken pflegt.

Das Salzburger Land und die Steiermark sind die großen Biergebiete Österreichs. Hier findet man auch große Bierhallen wie in München. In Salzburg gibt es das Stieglbräu, das Sternbräu und das Zipfer Bierhaus, in Graz, der Provinzhauptstadt der Steiermark, den Steirerhof, das Gösser-Bräu, den Puntigam und das Winterbierhaus. In diesen beiden Bundesländern trinkt man pro Kopf 146 Liter im Jahr, verglichen mit nur 100 Litern in ganz Österreich. Bei einer Bevölkerung von nur 7,4 Millionen hat die österreichische Brauindustrie nur einen recht bescheidenen Umfang. In der Weltrangliste steht ihr Ausstoß erst an 21. Stelle, aber im Pro-Kopf-Verbrauch nehmen die Österreicher den elften Platz ein. Neben Tradition und Brauchtum tragen vor allem die Preise zur wachsenden Beliebtheit des Bieres bei. In Österreich werden die Warenpreise von der Regierung überwacht, und die Bierpreise zählen zu den niedrigsten in Europa.

   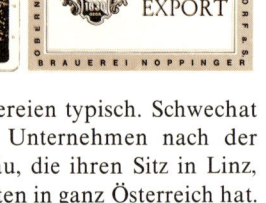

Ähnlichkeit mit den stärkeren Bieren hat, die anderswo diesen Namen führen. Außerdem produziert Schwechat das Krone, mit 12,5 Grad Plato ein goldfarbenes Bier mit trockenem Geschmack. Und mit 13,0 Grad bringt man ein Skol-Pils heraus. Es entbehrt nicht einer gewissen Ironie, daß eine Brauerei so nahe bei Böhmen einen solchen Namen benutzt, der zudem noch aus England stammt. Dann folgt das in Österreich am meisten verkaufte Faßbier, Steffl Export, das es auch in der Flasche gibt. Es ist „mittelblond" und soll drei Monate gelagert sein. Allgemein geben die österreichischen Brauer für ihre Biere lange Lagerzeiten an. Als *Lager*gefäße sind auch noch Holzfässer zu finden. Ein anderes 13-Grad-Bier ist etwas dunkler, schwerer und weniger hoch vergoren, die Hopfenperle, mit einem guten Bukett und viel Kohlensäure. Ein dunkelbraunes, süßes 13-Grad-Bier ist das Schwarzquell Spezial. Zu Ostern und Weihnachten bringt Schwechat 16,0 und 19,0-Grad-Biere als helle und bernsteinfarbene Bockbiere heraus, die über vier Monate gelagert sein sollen.

Obschon im Grunde genommen die Bierbezeichnungen in Österreich *Lager*, *Spezial* und *Bock* lauten, ist Schwechats Angebot vor allem

für die großen Brauereien typisch. Schwechat ist das zweitgrößte Unternehmen nach der Österreichischen Bräu, die ihren Sitz in Linz, aber sieben Braustätten in ganz Österreich hat. Ihr Angebot ist ähnlich. Kaiserbier, ein normales Lagerbier, wird am meisten verkauft. Wie die anderen Biere dieses Unternehmens, darunter ein sehr helles und gut gehopftes Pils, wird es von Supermärkten vertrieben.

Erst in einigem Abstand folgt diesen beiden Großen die nächste größere Braugesellschaft in der Steiermark. Ein leichtes, gut gehopftes Steirisch Pils und ein etwas dunkleres und schwereres Spezial sind unter den beliebten Bieren der Gösser Brauerei am Fuße der Alpen in Leoben. In dem Benediktiner-Kloster der Renaissance-Zeit neben der Brauerei ist ein Biermuseum untergebracht. Eine historische Verbindung zwischen Brauerei und Kloster besteht jedoch nicht, aber Gösser trägt die Kosten des Museums. Die Brauerei bringt ein beliebtes „Stiftsbräu" mit 13 Grad und rötlicher Farbe heraus.

Farbe war Österreichs zweiter großer Beitrag zum Bier. Waren die Münchner Biere noch dunkel und strahlten die Pilsner in hellgoldenem Glanz, so hatten die Wiener Biere ihre

Die sieben Sigl

Die Brauerei von Obertrum bei Salzburg ist bekannt für ihr obergäriges Weizenbier, und ihre Geschichte ab 1601. Sieben Generationen der Familie Sigl haben hier gearbeitet. Links die Braustätte im Jahr 1910. Das Gruppenfoto der Belegschaft wurde 1930 aufgenommen.

In Österreich kennt man nicht so viele verschiedene Bierarten wie in Deutschland. Doch die rund sechzig Brauereien bieten eine große Auswahl.

Am Mittelmeer

„Die Leute im Süden, die an den Wein gewöhnt sind, mußte man erst auf den Geschmack am Bier bringen. Das erschien aussichtslos, doch für einen Mann des Fortschritts wie Dreher war das kein Hindernis."

So kommentierte eine Wirtschaftszeitung die Entscheidung des berühmten Wiener Brauers Dreher, 1868 nach Triest zu gehen. ‚Man war zu dieser Zeit allgemein überzeugt, daß es unmöglich ist, ein gutes Bier in Triest herauszubringen. „Das Klima und das Wasser", so wurde versichert, „ließen einen Erfolg nicht zu." Doch das schreckte Dreher nicht ab, und als sein Faßbier in Triest ausgeschenkt wurde, verkaufte ein Lokal 120 Fässer an einem einzigen Tag. „Die Leute waren nicht darauf versessen, den neuen Gerstenwein zu probieren, doch muß er ihnen gut geschmeckt haben", berichtet die Zeitschrift weiter. „Wie ein kühner Eroberer drang Dreher mit seinem Bier weiter nach Süden vor." Und bald waren Bierverkaufsstellen an der ganzen Adria anzutreffen.

Doch noch heute hat Italien den niedrigsten Pro-Kopf-Verbrauch in Westeuropa, wenngleich er sich in den letzten zwanzig Jahren vervierfacht hat. Dreher braut noch immer in Triest und in fünf weiteren italienischen Städten, doch gehören diese Braustätten nicht mehr der österreichischen Gesellschaft gleichen Namens. Seit 1974 halten Heineken und Whitbread die Mehrheit von Dreher in Italien, mit dem Sitz in Mailand. Heute ist Dreher eine der vier großen Braugruppen in Italien. Mit acht Braustätten ist die im italienischen Besitz befindliche Peroni die größte, Wuhrer, ebenfalls in italienischer Hand, folgt mit vier Brauereien an zweiter Stelle ebenso wie Prinz-Bräu im Besitz der deutschen Oetker-Gruppe. Poretti und Moretti haben jeweils zwei Braustätten und schließlich gibt es noch ein halbes Dutzend kleinerer Unternehmen, darunter eine Henninger-Tochter. Alle italienischen Biere sind untergärig gebraut, meist mit 10,0 bis 12,0 Grad Plato und pasteurisiert. Eine Handvoll solcher Biere trägt den Namen von Heiligen.

Unter Drehers seinerzeitigen Märkten waren auch Istrien und Dalmatien, die noch heute einen respektablen Bierkonsum haben. Im modernen Jugoslawien, das ein wichtiger Hopfenproduzent ist, gibt es etwa 20 Brauereien. Und wo am meisten Hopfen angebaut wird, wird auch am meisten getrunken, nämlich in Slowenien. Das meist verkaufte Bier, Union, wird in Lubljana gebraut. Über Slowenien hinaus war Bier bis in die sechziger Jahre nicht sehr beliebt. Doch dann kam es mehr und mehr in Mode. Die jugoslawischen Biere sind untergärig und gewöhnlich hell, obschon auch ein paar dunkle zu finden sind. Die meisten sind gut gehopft und trocken, doch die Geschmäcker sind

Hellenic Breweries und Fix sind Tausenden von Touristen wohlbekannt. Zypern hat Keo zu bieten. In Jugoslawien ist Union am beliebtesten, das in Lubljana in Slowenien hergestellt wird. Trotz des Bocks ist Zlatoroc, gleichfalls in Slowenien in Laško gebraut, nur ein helles 12-Grad-Lager. Italien präsentiert sich mit einer ganzen Reihe von Arten und Marken.

sehr unterschiedlich, weswegen auch der Absatz oft ortsgebunden ist. Zwei beliebte Biere kommen aus Kroatien, das Osijek, aus dem Norden und Karlovac aus dem Süden von Zagreb. Ein populäres gehaltvolles Bier braut man in Nikšić, das auch den Namen dieser montenegrinischen Stadt (Nisch) trägt. In vielen anderen Landesteilen, vor allem an der Küste und im Süden, bekommt das Bier den starken Wettbewerb des Weins aus der Gegend und gelegentlich auch des *Boza*, eines alkoholfreien Getränks aus Mais nach türkischer Art, zu spüren. Von allen Städten hat Zagreb die meisten *Pivare-Lokale*, die als Bierstuben eingerichtet sind. In Belgrad selbst gibt es dagegen nur wenige, doch kann man serbische und slawische Musik im *Pivnica* in der *Cirila i Metohija* hören. In Restaurants ist gewöhnlich Bier zu haben und dazu muß man nicht einmal eine Mahlzeit bestellen. Ein *Kafana* ist dagegen ein Speiselokal wie auch das *Poslasticarnica*, das jedoch mehr einer französischen Pâtisserie

oder einem griechischen Kafenion ähnelt.

Viele Touristen kennen das Fix-Bier und ähnliche Marken aus Griechenland, so auch das in Athen gebraute Amstel (11,6 Plato). Sogar Henninger ist in Griechenland mit einer Brauerei auf Kreta vertreten.

In der europäischen Türkei gibt es die Brauereien Tekel und Efes. Efes bringt ein konventionelles *Pilsner* und ein dunkles hopfen-betontes Bier mit 13,4 Plato heraus, die beide den gleichen Namen tragen, so daß die Biertrinker nach den verschiedenen Farben der Etiketten wählen müssen. Auf Zypern ist Carlsberg zu haben. Außerdem gibt es dort Keo, ein sehr angenehmes Pilsner aus der einheimischen Brauerei.

Erfreulicherweise kann man als Biertrinker auf Inseln oftmals interessante Besonderheiten entdecken. Das trifft auf die Insel Man und auch die Seychellen zu. Zwar ist nichts Ungewöhnliches vom Keo auf Zypern zu berichten, dafür aber um so mehr von Malta, wo die ein-

zigen obergärigen Biere des Mittelmeeres gebraut werden.

Diese Gedenkbiere britischer Militärpräsenz werden in der einzigen, winzigen Brauerei der Insel, Farsons (eine englische Abkürzung von Farrugia), hergestellt. Darunter befindet sich ein dunkles *Mild* für den Ausschank, das Blue Label (1040); ein leichtes, aber hopfen-betontes *Bitter* (1052); ein mildes *Pale Ale* (1040) mit der Marke Hop Leaf (Hopfenblatt) und ein *Sweet Stout*. Die obergärigen Biere werden bei Farsons am meisten verkauft. Daneben braut man noch ein helles *Lager* (1043) mit der Marke Cisk. Eine Brauerei dieses Namens gab es bis 1947. Farsons erwarb auch eine Bierimportfirma, die in Malta von Simonds errichtet wurde, der Brauerei, die heute zur Courage-Gruppe gehört.

Für Farsons Ales werden Hopfen, Malz und Hefe aus England importiert. Man „burtonisiert" das Wasser und maischt durch Infusion. Cisk Lager braut man mit Hefe aus Dänemark und Hopfen aus Deutschland, Belgien und Jugoslawien, gemaischt wird nach dem anderen Verfahren.

Spanien und Portugal

San Miguel, eine der wenigen internationalen Marken Spaniens, ist für die Spanier das nationale Bier. Auch für die Touristen, die Jahr für Jahr nach Spanien kommen, ist es so spanisch wie *Sangria* und *Paella* – und gewiß nicht weniger angenehm. Als die Zeitschrift *Business Week* die Trinkgewohnheiten der Wirtschaftsbosse in den USA untersuchte, bezeichnete ein Bankier San Miguel als „das beste Bier der Welt". Diese gewiß unzutreffende Meinung zeigt, wie weit die Anhängerschaft dieses recht leichten und ziemlich trockenen Biers Pilsner Brauart mit 13,0 Grad Balling und 4,3 Gewichtsprozent (5,4% vol.) Alkohol reicht. San Miguel ist eine ausgesprochene Ein-Marken-Brauerei in Spanien, auch wenn sie Mitte der siebziger Jahre das Luxusbier Selecta XV herausgebracht hat, dessen römische Ziffern die Dichte des Bieres kennzeichnen, die einem Alkoholgehalt von 5,1 Gewichts- und 6,4 Volumenprozent entspricht. San Miguel wird im Norden Spaniens in Burgos, im Nordosten in Lerida und im Süden in Malaga gebraut. Eingehende vergleichende Tests garantieren, daß alle drei Braustätten die gleiche Bierqualität produzieren. Anders als die übrigen spanischen Brauereien stellt San Miguel kein *Cerveza Negra* nach Münchner Art her und ist somit trotz seines Namens eigentlich nicht typisch spanisch. Die Verkaufszahlen lassen jedoch vergessen, daß dieses Bier erst seit 1957 gebraut wird. Heute kann man es als nationales Bier bezeichnen, obwohl es eigentlich aus den Philippinen stammt, einer früheren spanischen Kolonie, wo man es bereits seit 1890 produziert. In Asien ist San Miguel ein riesiger Konzern mit vielen Produkten und einer Handelsgesellschaft.

Trotz oder vielleicht wegen seiner nur kurzen spanischen Vergangenheit hat San Miguel die anderen spanischen Marken weit überholt. Es gibt zwar ein Dutzend andere Brauereien in Spanien, auf den Balearen und den Kanarischen Inseln, doch haben sich diese immer stärker zu Gruppen zusammengeschlossen. Die größte von ihnen ist Damm mit Sitz in Barcelona, die mit Hilfe der deutschen Oetker-Gruppe entstand. Damm braut u. a. ein angenehmes Bier nach Art des *Märzen* mit einem mächtigen Malzbukett und einem trockenen Geschmack.

In Portugal war der Einfluß anderer Länder so stark, daß es hier zu einer interessanten Mischung von Geschmacksrichtungen gekommen ist. Gebraut wird in diesem Land schon seit langer Zeit. So erwähnen alte Dokumente von 1600 schon einen patio de Serveja (Brau-Hof) in Lissabon. Gewerbliche Brauereien entstanden in beträchtlichem Umfange bereits nach 1800. Schließlich kämpften allein sechs Brauereien um den Markt in Lissabon und weitere sieben in Porto. Im Austausch gegen Portwein wurde auch Bier aus England eingeführt. Die ersten beiden Lissabonner Brauereien wurden von Franzosen gegründet. Kaum hatte sich ein Portugiese als Brauer etabliert, da ging dessen Unternehmen schon in den Besitz eines Dänen, J. H. Hansen, über. Doch die Portugiesen bekamen ihr Unternehmen wieder zurück, als zwei von Hansens Angestellten 1881 ihre eigene Brauerei eröffneten, die der Vorläufer der heute wichtigsten Braugruppe war. Zuerst nannte sich das Unternehmen Leâo (Löwe) nach einem Restaurant nebenan, dann *Germania*-Brauerei, doch dieser Name wurde im ersten Weltkrieg in *Portugalia* geändert. Die Wirtschaftskrise der dreißiger Jahre beschleunigte die Konzentration der Lissabonner Brauereien rund um die Portugalia zur Sociedade Central de Cervejas (kurz S.C.C.).

Diese Gesellschaft beherrscht 68% des Marktes mit ihrem Bier Dortmunder Art „Sagres" (12 Grad Plato, 3,65 Gewichtsprozent Alkohol) und dem *Preta*, einem dunklen Bier nach Münchner Art. Die Hauptbraustätte steht in Vialonga bei Lissabon, eine zweite in Coimbra im Zentrum Portugals. Die Brauereien in Porto haben sich schließlich zur Companhia Uniâo Fabril Portuense (C.U.F.P.) zusammengeschlossen, die das Cristal, ein Bier Pilsner Art herstellt. Nach 1970 wurde eine neue Brauerei in Belas gegründet, die Biere der Marke Cergal herausbringt: eins *Pilsner* Art mit 11,8 Grad Balling, das nicht pasteurisiert im Ausschank zu haben ist, und ein dunkles Bier *Münchner* Art. Auf Madeira stellt eine Brauerei ein *Lager* mit 11,5, ein süßes *Stout* mit 12,5 und ein untergäriges süßes schwarzes Bier, das Tonica, her. Eine weitere Brauerei arbeitet auf den Azoren.

In Spanien gibt es San Miguel, und auch andere Biere wie z. B. Tropical. Auf den Kanarischen Inseln C.C.C. mit seinem dunklen Bier. Portugal hat u. a. sein Cergal und auf Madeira das Coral.

Das strahlende Gesicht des Dänen John Henry Hansen grüßt die portugiesischen Biertrinker. Er braute in Lissabon vor der Jahrhundertwende.

Nach den Franzosen und Dänen kam 1909 die Germania-Brauerei, was aber nichts mit dem Besitz, sondern mit den Bierarten zu tun hatte. Sechs Jahre später gab man den Namen wieder auf. Heute heißt das Bier Sagres.

Osteuropa

Die DDR und die Tschechoslowakei nehmen in Osteuropa eine Sonderstellung ein, doch sind sie keineswegs die einzigen Bierländer im Osten unseres Kontinents. Polen exportiert Bier in den Westen. In Ungarn besteht eine blühende Brauindustrie und die Sowjetunion steht an vierter Stelle der Bierproduzenten der Welt, doch erst an der zwanzigsten im Pro-Kopf-Verbrauch. „Oh Santa Piwo di Polonia!" waren die letzten Worte des polnischen Popen Klemens auf seinem Sterbebett. Zuerst glaubten die Umstehenden, er riefe einen neuen Heiligen an, doch dann wurde man sich klar, daß er ein Bier (im Polnischen „Piwo") haben wollte. Und gebraute Getränke haben in Polen eine ebenso lange Geschichte wie das Land selbst. Schon um 1200 wurde Hopfen aus Bayern eingeführt, was nur beweist, daß sich selbst ein so stolzes und freiheitsliebendes Volk wie die Polen Einflüssen anderer Länder nicht verschließt.

Eine der wichtigsten Bierregionen Polens ist das ehemals zu Deutschland gehörende Schlesien, wo auch heute noch die Arbeit in den Kohlegruben durstig macht. In Breslau, der größten Stadt Schlesiens, arbeiten zwei Brauereien und in Kattowitz zwei von Tychy, darunter die größte Polens. Auch in Galizien trinkt man gern Bier, und es bedarf nicht erst dieses Anreizes, um Krakau, eine der schönsten und besterhaltenen Städte Europas, zu besuchen. Leicht und trocken gibt hier das Bier einen wunderbaren Aperitif zur Mahlzeit ab, die mit Karpfen in Aspik oder Bigos beginnt und zu immer feineren Genüssen führt. Der Braukunst des kaiserlichen Österreichs hat das galizische Bier viel zu danken. Als Krakau eine bedeutende Provinzhauptstadt war, führten die Österreicher dort ihre reizvollen Kaffeehäuser und die Sachertorte ein. Und zum Abschluß gibt es einen Wodka zur besseren Verdauung.

Galiziens berühmteste Brauerei steht in Zywièc, einer kleinen Stadt südlich Krakau. Das Wasser kommt mit der Leśnianka aus den Hohen Tatra. Zywiec- und Krakus-Bier wird nicht nur in europäische Länder, sondern auch nach Nordamerika exportiert. Eine vierte große Braustadt ist Okocim, ebenfalls im Bezirk von Krakau.

In Polen gibt es 92 Brauereien, die, in zwanzig Gruppen gegliedert, mehrere Bierarten herstellen: *Slodowe,* dunkel, süß, mit wenig Alkohol; *Jasne,* auch alkoholarm (1,8–2,6 Gewichtsprozent), ein bernsteinfarbenes herbes *Lager; Pelne* oder *Full-Light* (englische Ausdrücke werden dort gern verwandt), ein trockenes, gut gehopftes, helles Lager Pilsner Art mit 3,5–4,0 Gewichtsprozent Alkohol im Vergleich zu 6,0 des schweren und starken *Porter* mittleren Geschmacks.

Österreichischer Einfluß spiegelt sich auch in der Brautradition Ungarns wider, das sonst ebenso wie Rumänien und Bulgarien eher als Weinland gilt. Die untergärige Revolution des Lagers, die von Wien, München und Pilsen ausging, machte Bier in ganz Österreich-Ungarn populär. Glücklicherweise gab es in den Steinbrüchen, aus denen man die Steine für Budas Zwillingsstadt Pest gebrochen hatte, riesige Felshöhlen, wo Bier gelagert werden konnte. So baute man dort 1854 die Köbánya-Brauerei. Deutsche und österreichische Brauer brachten ihre Kenntnisse des neuen Brauverfahrens mit, und noch jetzt braut man dort einige der bekanntesten ungarischen Biere. Heute hat Ungarn fünf Brauereien mit 44 Abfüllstationen. Um die Jahrhundertwende wurden Brauereien in Pécs im Südwesten und in Sopron im Nordwesten gebaut. In der Nachkriegszeit begann man in Nagykanizsa im Südwesten zu brauen. Und 1972 wurde eine neue Braustätte in Borsod bei Miskolc im Nordosten errichtet.

Abgesehen von einer Art Malzextrakt namens Nektar sind die leichtesten Biere, die *Világos,* helle Alltagsbiere des *Lager*-Typs mit mildem Geschmack und einer Dichte von 10,5 Balling und 3,0 Gewichtsprozent Alkohol. Diese unpasteurisierten Biere werden in großen Mengen getrunken. Andere Sorten werden meist pasteurisiert. Faßbier ist selten. Jede Brauerei stellt ein Világos und auch ein 12-Grad-*Kiniszi* her.

Ein eher modisches Bier mit vollem Aroma und gutem Hopfenbukett kommt aus der Köbánya. Die Pécs-Brauerei hat ein sehr leichtes 13-Grad-Bier, doch Köbánya und Nagykanizsa bringen Biere der gleichen Kategorie mit trockenerem Geschmack und stärkerem Hopfenbukett heraus. Es gibt auch zwei helle Starkbiere mit 18 Grad und 6 Gewichtsprozent Alkohol: das Sirály von Nagykanizsa und das Hungária von Köbánya, das der Exportmarke Zsiráf ähnelt, die früher auch nach Afrika geliefert wurde. Heute wächst der Bierkonsum aber so stark, daß alle Exporte eingestellt werden mußten. Ein malziges dunkles Bier, das *Barna,* ist von allen Brauereien zu haben. Meist hat es eine Dichte von 14,0 Grad (4,0 Gewichtsprozent), aber es gibt auch stärkere dunkle Biere mit 18 bis 22 Grad, die jedoch nicht so hoch wie die hellen Biere vergoren sind. Ein süßes 18-Grad-Porter wird neben dem noch stärker schmeckenden dunklen *Bak* in der Köbánya gebraut, aber auch Pécs und Nagykanizsa haben interessante Biere dieser Art.

Älteste Braumethoden werden auch heute noch in Rußland angewandt. So entsteht der traditionelle russische *Kwass,* alkoholarm und

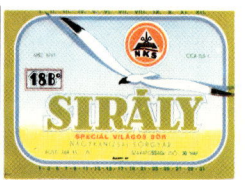

recht süß, durch Vergärung von Brot, im Prinzip etwa so wie die alten Ägypter ihr Bier gebraut haben. Erst nach 1800 kamen modernere Brauverfahren in Rußland auf. Noch Anfang des Jahrhunderts wurde so viel Bier aus England eingeführt, daß ein englischer Porterbrauer einen eigenen Braubetrieb in St. Petersburg eröffnete. Erst gegen Ende des Jahrhunderts kam die untergärige Brauweise auf. 1913 gab es in Rußland bereits über 1000 Braustätten und trotz aller Rationalisierung ist diese Zahl bis heute nicht nennenswert zurückgegangen.

Besucher aus dem Westen bemängeln oft die Qualität russischer Biere und die fehlenden geschmacklichen Unterschiede. Auch die russischen Biertrinker lassen sich nicht so einfach abspeisen. In der Jung-Kommunisten-Zeitung *Moskowsky Komsomoletz* kritisierte ein Leser vor allem die Bierhallen: „Eine Riesenmenge drängt sich auf kleinstem Raum zusammen, um das saure schäumende Zeug zu trinken, das sie Bier nennen. Und man lebt dauernd in der Angst, daß einem der Nachbar mit einem Bierglas die Zähne ausschlägt, was bei solchem Gedränge leicht passieren kann." Ihm gefällt auch nicht die Unordnung, die von den zum Bier üblicherweise verzehrten

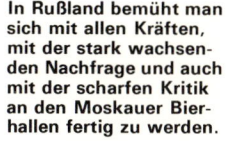

Fischhappen übrigbleibt, und auch nicht die vielen Schilder. Alles ist entweder verboten oder sogar streng verboten. Man verspricht mehr und bessere Trinkgaststätten sowie auch reichlichere Bierversorgung, denn in Moskau gibt es nur 79 Bierhallen, 45 Bierbars und 31 Bierstände.

Dagegen ist das russische Bauprogramm für Brauereien sehr eindrucksvoll: In den letzten zwanzig Jahren wurden 142 Braustätten modernisiert und 86 neu gebaut, davon allein 66 nach 1970. Ein niederländisches Institut, das Alkoholstatistiken zusammenstellt, berichtete 1977, daß die Sowjetunion 54 Millionen Hektoliter Bier herstellt, doch die Nachrichtenagentur Novosti schätzt diese Zahl bereits auf 72 Millionen. Damit läge die Sowjetunion auf dem dritten Platz der Weltproduktion. Novosti meint, daß die Nachfrage nach Bier wahrscheinlich bis 1990 nicht befriedigt werden könne und daß dann der Pro-Kopf-Verbrauch in den großen Städten im Norden 150 Liter im Jahr erreicht haben dürfte. Bier wird als Gegenmittel gegen harten Alkohol empfohlen, wenngleich man auch in Rußland gern einen Wodka zum Bier trinkt. Manchmal wird sogar ein Schuß Wodka ins Bier gegeben. Im Norden

könnte der Verbrauch durchaus etwa deutsche Konsumhöhen erreichen, doch im Osten und Süden der Sowjetunion stößt das Bier auf den scharfen Wettbewerb der hervorragenden einheimischen Weine sowie neben Tee auch auf den von *Koumyss* (vergorener Stuten- und Kamelmilch).

Wegen des großen und nur wenig besiedelten Landes stehen einer stärkeren Konzentration hohe Distributionskosten entgegen, so daß sich die Braustruktur nur regional, meist sogar nur lokal gliedert. Selbst die größten Brauereien haben nur eine Kapazität von 1,5 Millionen Hektoliter wie in den großen Städten des Westens. Sie kommen also nicht an die nationalen oder gar übernationalen Brauriesen der Welt heran. Unter den neuen Brauereien sind allein 15 Anlagen, die aus der Tschechoslowakei geliefert wurden, so z. B. die Yantar-(Bernstein-)Brauerei in Nikolajew an der Nordküste des Schwarzen Meeres. Sie erzeugt mit sechs Biersorten 720 000 Hektoliter im Jahr. Dazu gehört Rußlands Alltagsbier, das leichte (11,0 Grad Balling) „Schiguli", so genannt nach dem Anbaugebiet der dafür verwandten Braugerste. Beim Brauen werden rohe Gerste und Maisgrieß als

Zusätze benutzt. Weiter gibt es das „Riga" Pilsner Art (12,0), das schwer gehopfte „Slavanskoje" (auch 12,0 Grad), ferner „Moskwa", ein 13-Grad-Bier mit Reis statt Mais als Zusatz, ein dunkles 13-Grad-Bier „Ukrainian" und ein 19-Grad-Bier „Bernstein" mit starkem Hopfenbukett und weinigem Nachgeschmack, das nicht weniger als 82 Tage reift. Wie viele Biere mit solch langer Lagerzeit wird es nur in sehr geringem Umfange hergestellt. Die meisten dieser Biere werden auch sonst in der Sowjetunion gebraut, obwohl es insgesamt 62 Markenbiere in der Union gibt.

Im Gebiet von Nikolajew trinkt man gelegentlich aus Tonkrügen, und im Norden trifft man mitunter noch Trinkgefäße aus Holz an. Und was das Biertrinken betrifft, so bietet auch die Sowjetunion ihre Überraschungen. So berichteten zwei Engländer in der Bierfreunde-Zeitung „What's Brewing", daß sie in einem Café an der Militärstraße von Ordschonikidse nach Tiflis ein gutgehopftes, starkes herbes *Ale* entdeckt hatten, das mit einer Wasserpumpe aus Holzfässern ausgeschenkt wurde.

Kanada

Nach der kanadischen Abstinenzakte von 1878 konnten sich die Gemeinden selbst für „trocken" erklären. In Ontario herrschte die Prohibition von 1916 bis 1929. Der Alkohol wurde wie hier 1920 beschlagnahmt. 160 Fässer wurden damals in den Elk Lake versenkt.

In den Fernsehkrimis der Nachtprogramme spielen die Alkoholschmuggler aus der Zeit der Prohibition noch immer eine gewisse Rolle. Nicht selten sagt dann einer der Detektive bei der Prüfung der beschlagnahmten Flaschen mit Kennermiene: „Wieder einmal echt kanadische Arbeit." Damals war Alkohol im Norden der Großen Seen noch eher zu bekommen, obgleich auch Kanada seine Prohibition hatte. Doch die Beschränkungen waren in Kanada weniger streng, dafür dauerten sie aber auch länger. Bis 1950 mußten die Kanadier jedes Jahr eine Erlaubnis zum Kauf von alkoholischen Getränken beantragen, und die Auffassungen von „mäßigem" Trinken ähneln noch immer auffallend denen im Norden Europas. Das läßt sich nicht einfach auf die starke schottische Volksgruppe in vielen Gegenden Kanadas zurückführen, denn die Beschränkungen erinnern sehr stark an die in Norwegen, Schweden und Finnland.

In Kanada gibt es noch große „trockene" Gebiete, vor allem in Saskatchewan. Meist werden die Alkohol-Verkaufsstellen vom Regierungsmonopol betrieben. In abgelegenen Gegenden kann man das Bier auch durch die Post beziehen. Getrunken wird vor allem zu Hause. In Quebec stehen die Wirtschaften nur den Männern offen. In Alberta sind die *Getränkestuben* mitunter „nur für Männer", „nur für Frauen" und „für Frauen in Begleitung" jeweils getrennt. Vielerorts ist es schwierig, am Sonntag ein Bier zu bekommen, obgleich man z. B. im Yukon-Gebiet keine Beschränkungen kennt. Neufundland, das 1950 zu Kanada kam, hat weniger Beschränkungen als die anderen Provinzen und Territorien, doch dafür – genau wie die Prinz-Eduard-Insel, die einzige Provinz ohne eine Brauerei – kein Faßbier. Und im ganzen Land macht das Faßbier nur etwa 12 Prozent des gesamten Absatzes aus.

Die Preise für Getränke werden von der Provinz- oder Territorialregierung überwacht und die Werbung ist strikt beschränkt. Für Bier ist in Saskatchewan jede Werbung, in Britisch Columbia nur die Fernseh- und Radiowerbung verboten. Und wo die Fernsehwerbung erlaubt ist, darf der Schauspieler nicht beim Trinken gezeigt werden. Lediglich die Förderung von kulturellen und vor allem sportlichen Veranstaltungen ist den Brauereien erlaubt.

Nichtsdestoweniger decken manche Amerikaner noch immer ihren Bedarf in Kanada. So ist z. B. in den nördlichen Teilen der Staaten New York und Vermont Molsons Flaschenbier aus Montreal sehr beliebt. Bierlieferungen in der anderen Richtung werden dagegen kaum mit gleicher Begeisterung aufgenommen. Allgemein hält man die kanadischen Biere für stärker. Das mag wohl zutreffen, wenn man die Durchschnittswerte miteinander vergleicht. Doch insgesamt ist in Kanada der Alkoholgehalt des Bieres durch Gesetz auf 5% vol. begrenzt. Diese Beschränkung erstreckt sich auf *Lagers, Ales, Porter* und die schweren *Stouts,* die auch in Kanada zu bekommen sind. *Porter* und *Stouts* mit Hafermalz haben nur einen kleinen Marktanteil und kaum größere Chancen. Nicht begrenzt ist dagegen der Alkoholgehalt von stärkeren Bieren, den Malt Liquors, doch haben sich solche Biere auf dem kanadischen Markt noch nicht durchgesetzt. Molson bringt hierzu den Pale Ale Malt Liquor heraus, der in Neufundland abgesetzt wird.

Molson ist eine der drei großen Braugruppen Kanadas. Zu ihr gehören insgesamt 36 Braustätten, die zum Teil noch unter ihrem früheren Namen arbeiten. Außerhalb Nordamerikas ist Molson nicht sehr bekannt; doch hat dieses 1786 von einem englischen Einwanderer gegründete Unternehmen schon viel zustande

Der erste Industrielle

Die Pioniere der kanadischen Brau-Industrie, deren Unternehmen heute den Markt beherrschen, haben ihre Spuren in Kanada hinterlassen. John Molson (links), der aus dem englischen Lincolnshire 1782 nach Quebec eingewandert war, eröffnete bereits vier Jahre später seine Brauerei. Die Lastkarren, mit denen er sein Bier ausfuhr, rollten noch fünfzig Jahre später durch die Straßen Montreals (rechts). Molson baute 1836 Kanadas erste Eisenbahn (unten) und eröffnete 1855 seine Bank.

Diesen „Stromlinien"-Lieferwagen entwarf Alexis Graf von Sachnoffsky speziell für Labatt. Als er 1936 auf den Straßen auftauchte, nannte man ihn „eins von den zwei schönsten Dingen Kanadas". Das andere war der Lake Louise.

Der Name von Labatt lebt in Kanadas meistverkauftem Bier fort. 1971 erwarb Labatt die Oland-Brauereien. Doch die Oland-Familie blieb an der Moosehead-Brauerei weiter beteiligt.

gebracht: Kanadas erstes Dampfschiff, Quebecs erste Eisenbahnlinie und die Molson-Bank, heute ein Teil der Montreal-Bank.

Weit bekannter außerhalb Kanadas ist dagegen Labatt, die 1853 in London, Ontario, von einem Iren gegründet wurde, der sich heute freuen würde, daß seine Brauerei Guinness in Lizenz herstellt. In der Werbung wird empfohlen, dieses Guinness kühl zu trinken. Vor allem bei der schwarzen Bevölkerung Torontos ist es sehr beliebt. Labatt, das seinerzeit Skol mitbegründete, hat heute Brauinteressen in Brasilien, Sambia und Israel. In Kanada, wo sie sich nicht nur in Bier, sondern auch in vielen anderen Nahrungsmitteln engagiert hat, ist diese Gruppe Marktführer. Von allen kanadischen Biermarken kennt man Carling wohl am besten. Sie ist auch in den USA mit mehreren Braustätten vertreten und in Großbritannien, wo Bass Charrington die Lizenz besitzt. Zum Ausgleich hat die britische Gruppe ihr Toby Ale in Kanada an Carling in Lizenz gegeben. Carling O'Keefe in Toronto gehört zur Rothman-Tabak-Gruppe. Eugene O'Keefe, nach dem dieses Unternehmen genannt ist, kam 1832 aus Irland und begann *Ale* und das *Porter*

zu brauen, das heute in ganz Kanada vertrieben wird. Bei der gegenwärtigen schwierigen Lage für *Porter*-Biere wäre es allerdings besser gewesen, als irische Gesellschaft daneben nicht noch flaschengereifte Lagerbiere in Kanada herauszubringen. Carling erwarb vor einigen Jahren die Beamish *Stout*-Brauerei in O'Keefes Heimatgrafschaft Cork.

Von den „Kleinen Drei" sind die Moosehead-Breweries von New Brunswick und Nova Scotia besonders für ihre charakteristischen *Ales* und *Porters* bekannt. Moosehead wurde von einer englisch-schwedischen Abenteurerfamilie gegründet, die auch Brauereien unter ihrem eigenen Namen vertrieb. Heute ist diese Familie noch an Moosehead beteiligt, doch die Oland-Brauereien wurden an Labatt verkauft. Ein weiteres merkwürdiges Mitglied des Klubs der „Kleinen Drei" war ein Mann namens Ben Ginter, ein früherer Lastwagenfahrer, der in Britisch Columbia eine Braugruppe aufgebaut hatte. „Uncle Ben" ließ sein Bild auf die Etiketten aller seiner Erzeugnisse drucken. 1976 gerieten seine Tartan-Brauereien in Schwierigkeiten und mußten verkauft werden. Die kleinste und auch die jüngste

Gruppe der „Kleinen Drei" wurde 1973 in Hamilton, Ontario, gegründet: Henninger als ein kanadisches Unternehmen gemeinsam mit der bekannten deutschen Brauerei. Jetzt stellt Henninger of Canada nach Weisung aus Frankfurt eigene Produkte her.

Kanadas sechs Braugruppen bringen mehr als hundert Marken heraus, doch nimmt diese Zahl mit fortschreitender Rationalisierung stetig ab. Trotz zahlreicher überregionaler Marken halten verschiedene Provinzen an ihren angestammten Lieblingsbieren fest. So ist Neufundland auf seine schweren Biere besonders stolz, die meist dunkler, gehaltvoller und auch herber als anderswo sind – auch wenn das so viel gepriesene Dominion Ale in Wahrheit untergärig gebraut wird. *Ale* ist besonders an der Küste, vor allem in Nova Scotia sehr populär, aber seine wahren Anhänger sind die Biertrinker von Quebec, wo obergärige Biere über 95% des Marktes ausmachen. In Ontario ist das Ale etwas zurückgegangen, hält aber noch immer 56% als Marktanteil. Kanadas *Ales* sind sehr hell, weniger kupfer- als goldfarben. Sie werden im Geschmack immer leichter und weniger bitter. Die Brauer des Landes versichern, daß man in Kanada solch leichtes Bier wünscht, doch in Wahrheit wird dadurch nur die Vielfalt der Auswahl beseitigt.

In Nova Scotia und New Brunswick ist das Moosehead Premium Ale herber und gehaltvoller als die anderen Biere, und in Ontario erfreut sich O'Keefes Blended Ale einiger Beliebtheit. Eines der herberen überregional verbreiteten *Ale*-Marken ist Charrington Toby. Labatts Extra Stock ist ein angenehmes, solides Ale mit einem leicht bitteren Nachgeschmack. Molsons Export Ale hat ein charakteristisches Aroma und einen leichten, milden Geschmack. Auch Carling O'Keefes Red Cap ist recht beliebt.

Sogar bei den *Lager*bieren ist die Hopfenherbheit, wie man sie sonst bei lokalen Bieren wie Moosehead Alpine findet, auf dem Rückzug. Der „kanadische" Charakter weicht eben dem „amerikanischen". Als die Financial Post in Toronto einen Blindtest durchführte, wurde das in der Stadt gebraute Carlsberg von Carling O'Keefe als die beste kanadische Marke ausgewählt. Das süßliche Old Vienna der gleichen Gruppe, trotz seines Namens ein helles Lager, wurde zweiter und Carling Black Label dritter. Labatts Blue, ein anderes süßliches, recht beliebtes Lager, konnte sich nicht unter den ersten placieren. Labatts leichteste Marke Cool Spring (3,9%) war nicht beim Test dabei. Gewinner des Wettbewerbs war das Importbier Kronenbourg aus dem Elsaß, was für die Kanadier mit Sicherheit Frankreich bedeutet.

Das echte Carling

Carling Black Label ist eine Weltmarke mit Lizenzen in vielen Ländern. Die Carling Brewing and Malting Company wurde 1840 in Ontario gegründet. Thomas Carling, der Gründer, übertrug sein Geschäft an seinen Sohn Sir John (oben links). Eugene O'Keefe errichtete seine Brauerei 1862. Beide Firmen gingen bereits zusammen, bevor sich der Boom nach der Prohibition einstellte.

Die Vereinigten Staaten von Amerika

Mehr Bier als in jedem anderen Land wird in den Vereinigten Staaten gebraut. Mit bald 200 Millionen Hektolitern übertrifft der amerikanische Jahresausstoß den von Großbritannien und Westdeutschland zusammengenommen. Einzelne Brauereien produzieren mehr Bier als manches Land in Europa. Das größte Brauunternehmen der Welt, Anheuser-Busch, braut fast so viel wie die ganze Sowjetunion, und Coors erreicht den Ausstoß von ganz Belgien. So gesehen sind die USA die größte Biernation der Welt. Doch muß Quantität nicht immer ein Zeichen von Qualität sein.

Diese gewaltige Produktion wird in kaum hundert Braustätten hergestellt. Einige Brauereien schmücken sich mit vielen Etiketten, doch nur wenige brauen mehr als drei oder vier Biere. Was ihr Bier angeht, lassen sich die Amerikaner nur zu gern von Bedenken beeinflussen. So liegen sie mit nur rund 80 Litern pro Kopf im Jahr hinter den zehn Ländern mit dem größten Bierkonsum. Als Volk sonst immer geneigt, sich für die Vorzüge ihrer Erzeugnisse zu begeistern, setzen sie beim Bier ihre große Brautradition eher selbst herab. Das mag an ihrer Ehrfurcht vor den europäischen Ländern liegen, aus denen die Väter und Großväter ihrer Brauer kamen. Daß aber Bayern oder Böhmen in Pennsylvania, Missouri oder Wisconsin neu erstehen würden, ist ein Traum, dem im heutigen Amerika niemand anhängt.

Neben den Brauereikonzernen werden nur zu leicht ein paar recht interessante überregionale Brauereien übersehen und noch mehr die kleinen lokalen Brauereien. Durch die nationalen Marken, die von den Großbrauereien geschaffen wurden, um bundesweiten Absatz zu finden, ist die Verschiedenartigkeit der Biere verlorengegangen.

Dies trifft auch auf die Alltagsbiere in den USA zu, die alle viel Kohlensäure haben, leicht gehopfte *Lagers* sind und sich manchmal *Pilsner* nennen, ohne es zu verdienen. Beim amerikanischen Bier ließen sich schon Unterschiede feststellen, würde es nur vernünftig temperiert ausgeschenkt und nicht bis zur Geschmacklosigkeit herabgekühlt. Ein Lager sollte nicht kälter als 7° getrunken werden, dann löscht es den Durst und schmeckt auch noch. Nur wenn der Geschmack nichts taugt, sollte es lieber etwas kälter getrunken werden. Immerhin kann man die amerikanischen Biere wegen ihrer leichten Art als gute Durstlöscher bezeichnen. Das ist ihr besonderer Vorzug.

Ales sollte jedoch selbst im kühlschrankbegeisterten Amerika nicht kälter als 12° auf den Tisch kommen, denn das *Ale* will wegen seines vollen Hopfengeschmacks genossen und nicht wie ein alkoholfreies Getränk einfach hinuntergestürzt werden.

Und in den USA gibt es noch manche Ales. Man sollte sich nur etwas mehr um sie kümmern, denn sie sind mehr als nur ein Überbleibsel aus der Kolonialzeit, sondern heute ein wertvoller Beitrag zum Bierangebot. Und es wäre schade, wenn solche reizvollen Erzeugnisse dem Massengeschmack zum Opfer fielen. Schon heute sind *Ales* in den USA eine Seltenheit. Ihr Wert wird kaum erkannt. Gewiß fällt es nicht so leicht, für ein traditionsreiches Bier einzutreten wie für ein dem Verfall überlassenes Bauwerk. Doch dem Geschmack soll-

Um 1900 wurde „Dampf-Bier" nicht nur im Gebiet von San Francisco, sondern sogar in Milwaukee gebraut, das heute für sein typisch leichtes amerikanisches Lagerbier bekannt ist.

te recht sein, was dem Auge billig ist. Und wenn auch Architektur wichtiger als ein Getränk ist, so unterliegen beide dem Wandel der Zeit, zuerst als neu gepriesen, dann als altmodisch verschrien und schließlich als erhaltenswert anerkannt. Die Schwierigkeit besteht nur darin, lange genug zu überleben, um noch dieses Stadium „erhaltenswert" zu erreichen. Unglücklicherweise ist, wer solche unabänderlichen Entscheidungen zu fällen hat, mit seinen Ansichten meist zehn Jahre hinter der allgemeinen Entwicklung zurück.

Amerikanische *Ales* sind etwas stärker als die *Lagers* und das gleiche gilt auch für die Saison-*Bock*biere, von denen es noch verschiedene gibt.

Die Brauer dieser beiden Bierarten sollte der Erfolg des *Steam Beer,* des „Dampfbiers", einer großartigen einheimischen Spezialität an der Westküste, weiter ermutigen. Es ist auch nicht zu übersehen, daß die Amerikaner, obwohl sie einige fragwürdige Braupraktiken eingeführt haben, auch manche lobenswerte Brauart pflegen. So haben die Amerikaner ihr Bier gern *kreusen* lassen, und manche Brauer tun dies noch heute, indem sie dem reifenden Bier etwas Jungbier zugeben, um so eine zweite Gärung und mehr Kohlensäure auszulösen.

Zum Wohl von Brauindustrie und Biertrinkern sollte solch ein Einfallsreichtum bewahrt werden, denn ein einziger Biergarten in Deutschland oder auch ein englisches Pub hat mehr Abwechslung zu bieten als eine Reise von der Ostküste zur Westküste in den Vereinigten Staaten.

Ihren Anfang könnte eine solche Reise an den Großen Seen nehmen. Hier, im Hinterland von New York, wird von der West End Brewery in Utica das stärkste Normalbier der USA hergestellt, das Maximus Super, ein normales untergäriges Bier, jedoch mit einer Stärke von 16 Grad Balling. Bis es gut ausgereift ist, muß es viele Wochen gären. Dann hat es einen Alkoholgehalt von 7,5% vol. Zur Gärung werden keine Enzyme zugegeben, wie dies sonst oft üblich ist, um den Alkoholgehalt der sogenannten Malt Liquors in den USA in die Höhe zu treiben. Die interessante Skala der *Kreusen*-Biere dieser Brauerei hätte wahrscheinlich schon längst ihre verdiente Anerkennung gefunden, wäre zur Werbung dafür nicht eine der „einfallsreichsten" Agenturen von New York herangezogen worden. Utica Club ist obergärig, gut gehopft, mit einer Dichte von 11,8; Matts Premium ist ein Lager rein aus Malz mit importiertem Hopfen (11,6) und Utica Club Pilsner ist hell und trocken mit einer Dichte von 11,5.

Ursprünglich war Utica Club die Marke für alkoholfreie Getränke, als die Brauerei während der Prohibition kein Bier braute. Damals stellten sich die Brauereien auf Mineralwasser, Fruchtsäfte, Eiskrem, Milchprodukte usw. um, doch viele von ihnen überlebten das nicht. Wahrscheinlich hat die Prohibition die Stärke des Bieres allgemein nach unten gedrückt. Dazu ließ sie, von Staat zu Staat, ja von Stadt zu Stadt, ein Flickwerk von Beschränkungen zurück: Mancherorts ist die Stärke auf 3,2 Gewichtsprozent begrenzt, während sie sonst eher 4,0 bis 4,5 beträgt. *Ales* haben meist 5,0 bis 5,5, *Malt Liqors* (wenn auch nicht unbedingt mit hoher Dichte) sogar 5,5 bis 6,0%.

Die Prohibition beschleunigte die Rationalisierung und Modernisierung der Industrie. Viele kleine Brauereien zwang sie zur Aufgabe, nur einige konnten überleben, wie z. B. die West End Brewing Company, die 1888 von F. X. Matt gegründet wurde, der sein Handwerk noch in der Großherzoglichen Badischen Brauerei (jetzt Badische Staatsbrauerei in Rothaus im Schwarzwald) erlernt hatte. In Amerika wurde er auch als großer Konsument seiner eigenen Erzeugnisse bekannt, denen er sein hohes Alter zuschrieb. Er starb 1958 im Alter von 99 Jahren, und ließ seinen Sohn als Präsidenten mit der dritten Generation der Familie in der Geschäftsführung zurück. Zur Erinnerung an die Gründung nannte man die Braugaststätte „Taverne 1888", und dort startet man nach einem Glas Bier in einem Pferdebus aus der Zeit Königin Victorias zur Besichtigung der Brauerei.

In Rochester, New York, werden zwei *Ales* und ein *Bock* von der Genesee Brewing Company herausgebracht. Diese schweren malzigen Biere sind ebenfalls *Kreusen*-Biere. Die Brauerei hat ihre eigene Mälzerei.

Im Süden von Buffalo, in Dunkirk, braut die Familienbrauerei Fred Koch eine Reihe von *Lagers* (11,0–11,8) und *Ales* (12,5), darunter auch das beliebte Black Horse Ale, das übrigens auch von Champale, dem Malt Liquor Spezialisten in Trenton, New Jersey, zu haben ist.

Die Ostküste der USA wurde zuerst besiedelt, und somit wurzelt hier die Brautradition im alten Brauchtum der britischen und holländischen, deutschen und böhmischen Siedler. Zwei Jahrhunderte später, nach der Not und dem Umbruch in Europa um 1848, kam noch einmal ein frischer Schub deutscher Einwanderer, die ihre Brauerfahrung ins Land brachten. Damit war der Weg für das Lager, der Hauptbierart der Welt, vorgezeichnet, denn Braufachleute hatten dieses Verfahren in Europa entwickelt, doch erst amerikanische Technik trug zu seiner Einführung in vielen anderen Ländern bei. Um die Jahrhundertwende z. B. kauften Brauer aus aller Welt ihre

Die Größten der Welt

Die amerikanischen Brauereikonzerne entstanden alle auf die gleiche Weise, sie wurden in der zweiten Hälfte des letzten Jahrhunderts von deutschen Einwanderern gegründet und die meisten von ihnen sind noch heute im Besitz dieser Familien, wie z. B. die größte Braugruppe der Welt. Als Adolphus Busch aus Mainz die Tochter von Eberhard Anheuser heiratete, war der größte Name der amerikanischen Brauindustrie geboren. In aller Welt führten damals die Brauer das untergärige Bier ein, wie es in Wien, Bayern oder Böhmen gebraut wurde.

Ein Werbegag, durch das Guckloch rechts vom „R" war das Bild von Adolphus Busch zu sehen.

Die ersten Kühlwaggons der Eisenbahn brachten Bier von Anheuser-Busch in alle Landesteile. In der Stadt fuhr man das Bier mit Elektrowagen aus.

Anfang des 20. Jahrhunderts entstand die Brauerei in St. Louis. Die Gebäude stehen noch heute.

Die Brauereien der Vereinigten Staaten

 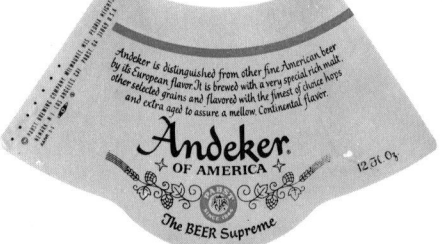   

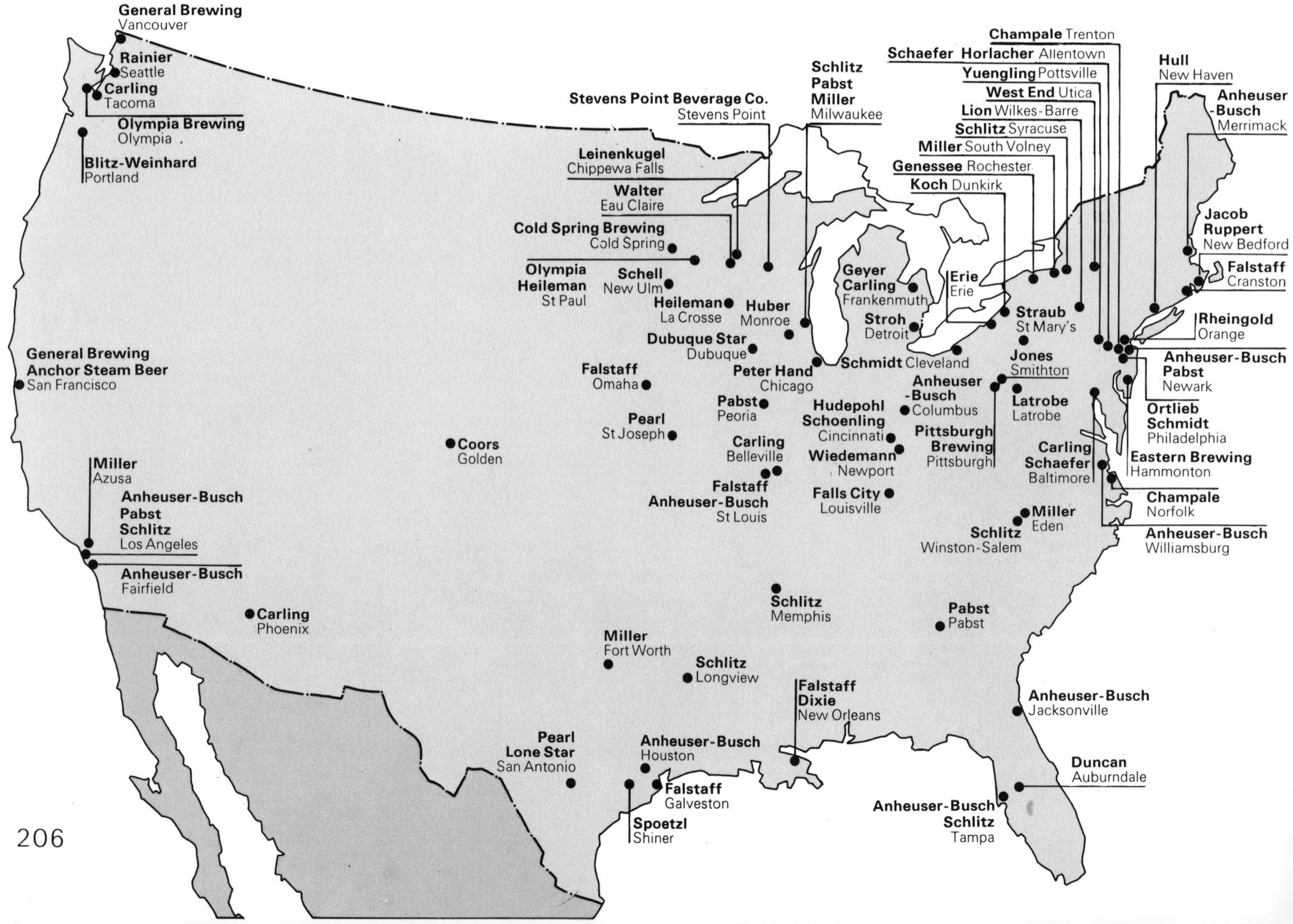

General Brewing Vancouver

Rainier Seattle
Carling Tacoma
Olympia Brewing Olympia
Blitz-Weinhard Portland

General Brewing
Anchor Steam Beer San Francisco

Miller Azusa
Anheuser-Busch **Pabst** **Schlitz** Los Angeles
Anheuser-Busch Fairfield

Carling Phoenix

Coors Golden

Stevens Point Beverage Co. Stevens Point
Leinenkugel Chippewa Falls
Walter Eau Claire
Cold Spring Brewing Cold Spring
Olympia Heileman St Paul
Schell New Ulm
Heileman La Crosse
Huber Monroe
Dubuque Star Dubuque
Falstaff Omaha
Pearl St Joseph
Miller Fort Worth
Schlitz Longview
Pearl Lone Star San Antonio
Falstaff Galveston
Spoetzl Shiner
Anheuser-Busch Houston

Schlitz **Pabst** **Miller** Milwaukee

Geyer Carling Frankenmuth
Stroh Detroit
Schmidt Cleveland
Peter Hand Chicago
Pabst Peoria
Hudepohl Schoenling Cincinnati
Carling Belleville
Wiedemann Newport
Falstaff **Anheuser-Busch** St Louis
Falls City Louisville
Schlitz Memphis
Schlitz Winston-Salem

Champale Trenton
Schaefer Horlacher Allentown
Yuengling Pottsville
West End Utica
Lion Wilkes-Barre
Schlitz Syracuse
Miller South Volney
Genessee Rochester
Koch Dunkirk
Erie Erie
Straub St Mary's
Anheuser-Busch Columbus
Pittsburgh Brewing Pittsburgh
Latrobe Latrobe
Jones Smithton

Hull New Haven
Anheuser-Busch Merrimack
Jacob Ruppert New Bedford
Falstaff Cranston
Rheingold Orange
Anheuser-Busch **Pabst** Newark
Ortlieb **Schmidt** Philadelphia
Eastern Brewing Hammonton
Champale Norfolk
Carling **Schaefer** Baltimore
Miller Eden
Pabst Pabst
Anheuser-Busch Williamsburg

Falstaff **Dixie** New Orleans
Anheuser-Busch **Schlitz** Tampa
Anheuser-Busch Jacksonville
Duncan Auburndale

Gärgefäße für diese Brauart bei Pfaudler in Rochester, im Staat New York.

Die Stadt New York ist heute kein Brauzentrum mehr. In der Krise nach 1970 verlor sie ihre letzten drei Brauereien in Brooklyn. Doch die Biere sind noch zu bekommen. Besonders schwer fiel den New Yorkern der Abschied von Rheingold, wenn auch diese Brauerei nur nach Orange im benachbarten Staat New Jersey umzog. Zwanzig Jahre lang hatte es in Bars und Geschäften der Stadt über die Wahl der Miß Rheingold hitzige Debatten gegeben. Und im Wettbewerb der Biere, der Untergrund-Bier-Olympiade des *New York*-Magazins, erwies sich Rheingold als das von den Testern am besten bewertete Bier.

Seit Jahrzehnten liefert Rheingold ein speziell gebrautes *Ale* und ein *Porter* mit Etiketten des Hauses an die McSorley's Bar in der 7th Street, wo es sonst nur noch importiertes *Stout* gibt. Bis 1970 wurden Frauen dort nicht bedient. Erst nach einem erfolgreichen, von der Nationalen Frauen-Organisation angestrengten Prozeß wurde das Lokal „liberalisiert". Aber auch danach lehnte es der Besitzer ab, eine Damentoilette einzurichten. Der bekannte Kritiker Craig Claibourne, der die Gastronomiekolumne für die *New York Times* schreibt, schlug vor, McSorley's Bar, wie auch P. J. Clarke in der Third Avenue zum Nationaldenkmal zu machen.

Die beiden anderen New Yorker Brauereien gingen zusammen. Schaefer übernahm Piels

und verlegte die Braustätte ins nahe Allentown in Pennsylvania. Dort braut auch die kleine Horlacher Brewing Company, die u. a. ein starkes (5,57%) süßes Bier mit der Marke Brew II herausbringt. In Pennsylvanien gibt es ein Dutzend Brauereien, mehr als in jedem anderen Bundesstaat. Einige von ihnen sind sehr klein, aber hochgeschätzt, wie z. B. die Brauerei in St. Mary's, im Besitz der Familie Straub, die seit 1830 ihr Bier ohne Zucker und Sirup in Pennsylvania braut. Auch Stegmaier Gold Medal hat viele Freunde, obwohl sich das Unternehmen jetzt mit seinem Rivalen in Wilkes-Barre zusammengetan hat.

Zu den populärsten kleinen Brauereien Pennsylvaniens gehört auch die älteste der USA, D. G. Yuengling & Son in Pottsville. David G. Yuengling, 1806 in Deutschland ge-

boren, gründete das Unternehmen 1829. Wie viele amerikanische Brauereien aus dieser Zeit, ist Yuengling in den Berg hineingebaut, um in tiefen Bergkellern das Bier kühl lagern zu können. Aus einer eigenen Quelle bezieht die Brauerei ihr Wasser. Das Malz kam früher mit dem Schiff auf dem Schuylkill aus Philadelphia. Zu dieser Zeit bildete Yuengling viele Brauer aus, die später anerkannte Braufachleute wurden. Noch heute befindet sich die Brauerei im Besitz der Familie und wird vom Urenkel des Gründers geleitet. Ihr Angebot ist mit einem spritzigen, süßlichen und gutgehopften, obergärigen *Ale* „Lord Chesterfield" (11° Balling) und einem wiederum recht süßen *Porter* (11,2°) ganz reizvoll. Diesem „Celebrated Pottsville Porter" messen die Anhänger in drei Bundesstaaten und im Distrikt Columbia geradezu kultische Bedeutung bei. Daneben braut Yuengling auch ein *Bock* und zwei normale *Lagers* als „Premium Beer" und „Old German". Beide *Lagers* haben eine Dichte von 10,7. Old German ist das mildere von beiden.

Philadelphia, Pennsylvanias größte Stadt, war früher ein anerkanntes Brauzentrum. Im Jahr 1879 zählte man dort 94 Brauereien, mehr als in jeder anderen Stadt der USA. Heute gibt es jedoch nur noch zwei. Die kleinere, Henry F. Ortlieb Brewing Company, war früher eine *Weißbier*-Brauerei. Heute schätzen die Philadelphier bei Ortlieb besonders das Neuweiler Cream Ale.

Die ältesten Brauereien in den USA

Seine Ales und Porters verdankt Amerika den britischen Siedlern, so vor allem in den alten Kolonien wie Pennsylvanien, wo das Pottsville Porter zu Hause ist.

In Pottsville braut man heute noch obergärige Spezialbiere. Doch die Brauerei ist im Besitz von Deutsch-Amerikanern, wie diese um 1900 allgemein in diesem Gewerbe dominierten.

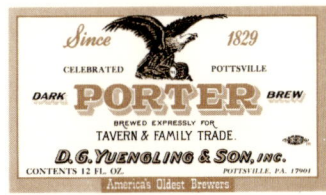

Die ersten amerikanischen Brauer

Als Kolumbus an der Küste der Neuen Welt landete, brauten die Indianer schon Bier. Ihr Verfahren war einfach: Sie gaben eine Handvoll Mais in einen irdenen Krug, fügten ein wenig Saft von der Moorbirke hinzu und füllten den Krug mit Wasser auf. Die natürliche Gärung besorgte dann den Rest.

Der erste Bericht über das Bierbrauen der Einwanderer stammt aus dem Jahr 1587. Der englische Entdecker Richard Hakluyt zitiert seinen Kollegen Thomas Heriot: „Wir bereiten aus Mais etwas Malz, woraus dann ein Ale gebraut wurde, wie man es sich besser nicht wünschen konnte." Die Pilgerväter hatten eigentlich nach Virginia segeln wollen, doch mußten sie ihre Fahrt bei Plymouth Rock vorzeitig aufgeben. Im Bordbuch steht für diese epochemachende Entscheidung nur die einfache Begründung: „Unsere Lebensmittel, vor allem das Bier, gehen zur Neige."

Die erste gewerbliche Brauerei in den USA wurde 1623 von der Niederländisch-Westindischen Kompanie in Manhattan eröffnet. William Penn betrieb die erste Brauerei in dem nach ihm benannten Bundesstaat. Er wäre sicher stolz darauf, daß es dort heute mehr Brauereien als in jedem anderen Bundesstaat der USA gibt. Auf seinem Gut in Mount Vernon unterhielt George Washington ein privates Brauhaus. Sein Braurezept – das Bier mundete seinen Freunden vortrefflich – ist heute in der New Yorker Stadtbibliothek ausgestellt. Als im Unabhängigkeitskrieg einmal der Biervorrat zu Ende ging und zu befürchten war, daß die Soldaten nicht wie vorgesehen ihre Quart pro Tag bekommen würden, schrieb George Washington an den Kongreß, um Abhilfe zu schaffen. Auch Samuel Adams und der General Israel Putnam waren von Beruf einmal Brauer. Der spätere Präsident Madison bewog das Repräsentantenhaus, die Biersteuer auf acht Cents (heute acht Dollar) pro Faß zu begrenzen, weil „solch niedriger Satz dazu beitragen wird, die Herstellung von Bier in den Staaten der Union anzuregen". Das erste als Stiftung ins Leben gerufene College für Mädchen wurde 1861 eröffnet. Sein Gründer war der Bierbrauer Matthew Vassar. Ein Jahr später, 1862, wurde die älteste Berufsorganisation der Vereinigten Staaten gegründet, die United States Brewers' Association, der Amerikanische Brauerbund.

Das andere Unternehmen, C. Schmidt & Son, 1860 gegründet und noch immer in Familienbesitz, ist heute die größte Brauerei Pennsylvanias. Sie braut zwei *Ales,* ein dunkles *Lager* und die sonst üblichen Biere. Ihre Hauptmarke ist einfach Schmidt's Beer. In einem Blindtest der Ernährungsredaktion des *Philadelphia Inquirer* erkor die Jury das so frisch schmeckende Schmidt's Beer zum besten von zehn Bieren. Europäische Biere wie Heineken und Becks sowie populäre amerikanische Marken wie Coors und Rolling Rock, das auch in Pennsylvania in Latrobe in einem früheren Klosterbrauhaus gebraut wird, rangierten unter „ferner liefen".

Ein anderer Test unter wissenschaftlicher Leitung eines Professors am College der Stadt kam zu einem ähnlichen Ergebnis. Schmidt's Beer und das billigere Valley Forge der gleichen Brauerei verwiesen Michelob, Coors, Budweiser und Rolling Rock auf die Plätze. Mit Vergnügen veröffentlichte Schmidt diese Ergebnisse in Presse und Fernsehen.

Im Westen Pennsylvanias ist Iron City aus Pittsburgh am beliebtesten. Die gleiche Brauerei stellt auch Hop'n'Gator her, ein mit Zitrone („Lime") aromatisiertes Gebräu, das erstmals 1970 zusammen mit Lone Star's Lime Lager und National Brewing's Malt Duck (eines starken mit Trauben-Konzentrat aromatisierten Bieres) auf den Markt kam. Solche bizarren Drinks ließen sich die Brauer einfallen, als die Studenten auf süße Weine übergingen. Allem Anschein nach bewährte sich diese nicht nur

taktische Maßnahme ganz ausgezeichnet.

National Brewing in Baltimore wurde 1975 von Carling, dem nordamerikanischen Brauzweig der Rothman-Gruppe erworben. Deren Hauptmarkt ist zwar Kanada doch ist sie auch in den USA aktiv, wo sie freilich bis zur Fusion mit National Brewing an Boden verloren hatte. Von Carling bis zu Tuborg und Colt 45 verfügte die neue Gesellschaft nun über 25 Marken. Nach kritischer Bewertung amerikanischer Biere stellte Hugh Hefners Magazin „Oui" vor allem zwei nationale Marken heraus. National Bohemia erschien ihm „sauber und angenehm, doch nicht harmlos. Wurde bei Geschmacktests von kompetenten Gutachtern meist gegen harte Opposition ziemlich hoch bewertet. Wird seinem guten Namen vollauf gerecht". Noch bessere Noten bekam National Premium: „Seit langem sind wir überzeugt, daß dies das beste Bier Amerikas ist. Es schneidet nicht nur besser als andere Premium-Biere ab, sondern rechtfertigt auch in Vergleichen mit den besten europäischen Marken seinen Ruf. Es vereinigt die Vorzüge europäischer und amerikanischer Biere, es ist trocken, erfreulich anzuschauen, ausgezeichnet herb, sauber und leicht."

Ouis beste Note bekam schließlich Royal Amber von Wiedemann in Newport, Kentucky. Wieder einmal zogen amerikanische Gutachter ein Bier ihres Landes den europäischen Marken vor. Lag dies am unterentwickelten Geschmackssinn, an etwas schalen Importbieren oder schlechter Bierpflege? Zu klären ist das nicht mehr. Nach Oui hielten fünf von sechs Kostern Royal Amber für besser als Carlsberg, Löwenbräu und Heineken. Sie bezeichneten es als „trocken, frisch, prickelnd, reif, mit leichtem Anfangs- und bittersüßem Nachgeschmack. Viele amerikanische Biere büßen ihren Geschmack ein, wenn sie nicht mehr kühl sind, doch dieses Bier wird dann sogar besser." Bei der ersten Probe amerikanischer lokaler Biere, ausgeführt von Nathaniel Benchley für das Esquire Magazin, wurde Royal Amber wegen seines „nußartigen" Geschmacks wieder sehr hoch eingestuft. In Kentucky gibt es noch die Biermarke „Drummond Brothers", die in Wirklichkeit von der Falls City Brewing Company kommt. Einer Werbeagentur erschien dieser nostalgische Name gut für junge Leute, doch Erwachsene werden wohl das reguläre Falls City wegen seines höheren Hopfenanteils vorziehen.

In der Nachbarschaft liegt das durstige Ohio mit seiner großen deutschstämmigen Bevölkerung in Cincinnati. In Cincinnati trinkt man Bier von Hudepohl, der auch Burger, Hofbrau und Tap herstellt, und von Schoenling, der Top Hat braut. Sonst aber hat dieses teutonische

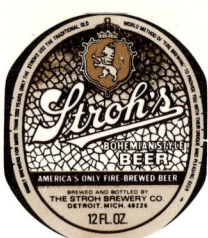

Herzland des Bieres in den USA unter der Braukonzentration schwer gelitten.

Lange Zeit lagen sich an der Hauptstraße in Detroit die Brauereien Stroh und Goebel gegenüber. Jetzt sind sie ein Unternehmen. Stroh ist besonders stolz auf seine Geschichte und die „Feuer"-Brauweise, wozu man als einzige Brauerei in den USA die Kessel direkt mit Feuer und nicht mit Dampf beheizt. Dadurch soll das Bier einen einzigartigen weichen Geschmack erhalten. Man hatte diese Methode bereits aufgegeben, aber 1912 wurde sie wieder eingeführt, nachdem sich ein Mitglied der Familie Stroh auf einer Besichtigungsreise durch europäische Brauereien von ihren Vorzügen überzeugt hatte. Die Strohs stammen aus Kirn an der Nahe in Rheinland-Pfalz, wo man auf eine 400jährige Brautradition zurückblicken kann. Um 1750 war dort ein Stroh Brauer und Gastwirt. Sein Enkel Bernard Stroh kam 1850 nach Detroit und führte bald darauf dort die böhmische *(Pilsner)* Art untergärigen Brauens ein. Bis dahin hatte man in Detroit nur *Ales* nach britischer Art gekannt. In den ersten Jahren fuhr Bernard Stroh sein Bier in kleinen Fässern mit dem Schubkarren aus. Die Hefereinkultur kam schon 1911 aus Deutschland. Noch heute ist die Brauerei im Besitz der Familie Stroh, die ihre Besucher gern zu einem Trunk im „Stroh-Haus" oder „Rathskeller" einlädt. Neben ihren normalen Bieren, Stroh's Bohemian und dem kaum leichteren Goebel, stellt die Brauerei noch ein Bockbier rein aus Malz her, auf das sie besonders stolz ist, weil der Absatz dieses Bieres, den sie den besten *Bock* der USA nennt, ständig steigt.

Seiner Bevölkerung nach müßte Chicago eigentlich ein idealer Biermarkt sein, doch schon 1970 hätte es beinahe seine letzte Brauerei verloren. Aber unter neuer Leitung konnte die Peter Hand Brewing Company als einziges Brauunternehmen der Stadt überleben. Von ihren sechs Markenbieren ist wohl Van Merrit das bemerkenswerteste. Der Journalist Norman Jackson bezeichnete es als „klare amerikanische Antwort auf Heineken". Zum besten Bier der Stadt erkor die Jury des von Mike Royo für die Chicago *Daily News* veranstalteten Blindtests jedoch Würzburger Hofbräu, New Yorks Jury kam übrigens zum gleichen Ergebnis. Auf den Plätzen folgten Bass aus England, Point Special aus Wisconsin und Heineken.

So schnell verlief die Konzentration amerikanischer Brauereien, daß weder die Industrie noch die Konsumenten der Entwicklung zu folgen vermochten. Die sehr populären Ballantine Marken-*Ales* (darunter ein I.P.A.), waren kaum in St. Louis bei Falstaff gelandet, da wurde diese Gesellschaft schon von General Brewing, San Francisco, geschluckt, die damals durch Supermarktbiere bekannt war. Nach der Übernahme verblieb St. Louis nur noch ein Brauunternehmen. Doch handelt es sich dabei immerhin um die größte Brauerei der Welt, um Anheuser-Busch.

In ihren Anfängen stand diese Brauerei, im Jahr 1852 von Georg Schneider gegründet, auf recht schwachen Füßen. Zum zweiten Mal drohte ihr der Zusammenbruch, als sie 1860 von einem Gläubiger, Eberhard Anheuser, gekauft wurde. Dessen Tochter heiratete bald darauf einen Lieferanten der Brauerei, Adolphus Busch, der aus Köln nach Amerika eingewandert war. Dieser Adolphus Busch wurde Präsident der Gesellschaft und später auch zu einem der „Väter" des modernen amerikanischen Brauwesens. Wie andere Zeitgenossen reiste er durch Europa und studierte dort die großen Umwälzungen im Brauwesen. Besonders beeindruckte ihn der große Erfolg des böhmischen *Lager*-Biers, wie es damals vor allem in Budweis gebraut wurde. So braute man schon 1876 in St. Louis das *Budweiser,* und schon damals wurde es als das „Allerhöchste"

herausgestellt, „das es im modernen Brauwesen gibt". Busch wollte ein Bier herausbringen, das alles übertreffen sollte. Und das gelang ihm voll und ganz: Budweiser entwickelte sich zur ersten überall vertretenen nationalen Biermarke Amerikas und schließlich zum meistverkauften Markenbier der Welt.

Der Ruhm des Biers aus St. Louis stiftete überall dort Verwirrung, wo es auch das echte Bier aus Budweis gab. Die amerikanische Brauerei hat wohl formell die Namensrechte erworben, wenngleich Amerikaner und Tschechen heute darüber verschiedener Meinung sind. Alltagsbier des Brauereikonzerns ist den Verkaufszahlen nach heute das leichtere und billigere Busch „Bavarian". Budweiser gilt als „Premium"-Bier. Diese Bezeichnung kam früher allen national vertriebenen Bieren zu, denn man war der Meinung, damit dem Konsumenten etwas Vornehmeres als sein Bier am Ort zu bieten, wofür er auch etwas mehr bezahlen sollte. Traf das früher vielleicht zu, so erscheint es heute nicht mehr gerechtfertigt, denn national verbreitete Biere sind jetzt allgemein üblich, und die großen Unternehmen haben Braustätten im ganzen Land, Anheuser-Busch allein zehn. So hat Premium-Bier heute seinen Sinn verloren und stirbt langsam aus, obgleich Budweiser darauf Anspruch erheben könnte, besser als das durchschnittlich angebotene Markenbier bewertet zu werden

Die Verkaufsargumente für Budweiser werden möglicherweise anderswo abgelehnt. Doch amerikanische Brauer sprechen mit erfrischender Offenheit über Zusätze wie Mais usw. Zum Budweiser nimmt man sogar Reis, der meist teurer als Mais ist, und, wie die Brauerei versichert, „zum prickelnden Geschmack und der brillanten Klarheit des Bieres beiträgt". Anheuser-Busch behauptet, pro Barrel mehr Malz als andere Brauer zu verwenden, was sich jedoch kaum nachweisen läßt. Merkwürdigerweise weist Anheuser-Busch aber nicht darauf hin, daß sie lieber Hopfen als Hopfenextrakt verwenden, vielleicht weil „Bud" eher leicht gehopft ist und andere amerikanische Brauer gerade diesen typischen leichten Geschmack nachzuahmen suchen. Nach Anheuser-Busch wird sein Budweiser durch „Kraeusen" verbessert und mit porösen Buchenspänen geklärt. Budweiser wird besonders gut vergoren, wie die Brauerei betont. Gelagert wird es 32 bis 40 Tage, dies ist bemerkenswert lang, gemessen an sonst üblichen Lagerzeiten, im Vergleich zu nur 14 Tagen beim führenden Konkurrenten, der zudem noch das turbulente Intensivgärverfahren anwendet.

Die gleichen Vorzüge werden von Anheuser-Busch natürlich auch für das „Super-Premium"-Bier Michelob geltend gemacht.

Wenn Brauereien Milch verarbeiten

Während der Prohibition kamen die Brauer auf merkwürdige Auswege. Coors' Malzmilch wurde rasch populär. Am Ende der Prohibition bedachten die Brauer alle Politiker, die für die Aufhebung eingetreten waren, mit Gedenkkistchen.

Solche Super-Premium-Biere, wie auch das Andeker von der Pabst Brewing Company, haben weniger Zusätze, sind meist schwer und in Art und Preis mit einigen Importbieren aus Europa zu vergleichen. Michelob wurde als Name 1896 vom unermüdlich tätigen Adolphus Busch geprägt, und er würde sich sicher freuen, daß dieser nun in der vierten Generation seiner Familie benutzt wird.

Die drei großen Konkurrenten von Anheuser-Busch haben alle ihren Sitz in Milwaukee, Wisconsin, das unbestritten die Biermetropole der USA ist. Einer von ihnen, Pabst, geht auf eine Brauerei zurück, die 1844 von dem Einwanderer Jacoob Best aus Rheinhessen gegründet wurde. Frederick Pabst heiratete in die Familie ein. Er stammte aus Antwerpen, doch die Familie hatte lange in Leipzig gelebt, bevor sie in die USA auswanderte. Pabst-Hauptmarke ist das süß schmeckende Blue Ribbon. Dazu gibt es etwas billiger das Red, White and Blue, das Super-Premium Andeker, ein besseres dunkles Lager und ein

national vertriebenes Ale mit dem Namen Old Tankard.

Auch das zweite große Brauunternehmen verdankt seinen Ursprung der Familie Best. Zwei Brüder Best hatten nämlich eine Brauerei gegründet, die 1855 von einem gewissen Frederick Miller übernommen wurde. Sein Name lebt in Miller's High Life, einer nationalen Marke weiter. Das ist ein Bier traditioneller amerikanischer Art, vielleicht etwas mehr gehopft, aber immer noch milder als der europäische Standard. Jahrelang war es das einzige Bier der Miller Brewing Company, bis Philip Morris Inc. die Gesellschaft übernahm. Danach experimentierte sie mit neuen Marken und nutzte auch modernes Marketing zu beträchtlichem Wachstum, das vor allem mit der überraschend schnell zunehmenden Beliebtheit der sogenannten „leichten" Biere bei den gewichtsbewußten Amerikanern einherging. Diese schwachen und wäßrigen Biere sind freilich nicht mit den Diätbieren zu vergleichen, wie sie in Deutschland, England

usw. gebraut werden. Derart „leichtes" amerikanisches Bier war erstmals als Gablinger von Rheingold auf den Markt gebracht worden, doch erst Miller's *Lite* erwies sich als der große nationale Erfolg.

Durch das starke Wachstum Millers geriet die lange Zeit unangefochtene Stellung von Schlitz als Amerikas zweitgrößtes Brauunternehmen in Gefahr. Dort braute man, wie bei Miller, nur ein Bier, fast so wie Miller's High Life, aber das von Schlitz ist zweifellos das berühmteste, das aus dieser Stadt kommt. Oder – wie Schlitz es sagt – es lag an diesem Bier, daß Milwaukee so berühmt geworden ist. Ihren Anfang nahm die Gesellschaft als August Krug Brauerei 1849. Als Krug 1856 starb, übernahm der aus Mainz stammende Josef Schlitz das Unternehmen. Auf einer Fahrt in seine Heimat kam er 1875 auf See ums Leben. Seitdem ist die Gesellschaft im Besitz der Familie Uihlein.

Wisconsin ist auch wegen seiner kleinen Brauer bekannt, wie zum Beispiel Leinenkugel in Chippewa Falls. Sein Bier, einfach „Leinen-

Die Biere, die Milwaukee berühmt gemacht haben

Joseph Schlitz kam ums Leben, als der Dampfer S.S. Friedrich Schiller am Land's End bei England auf ein Riff lief und sank. Die Familie Uihlein, von Anfang im Unternehmen tätig, übernahm die Brauerei. Um 1950 war Schlitz die größte Braugruppe der USA.

Frederick Miller's Brauerei wuchs nicht so rasch, doch wurde sie wegen ihres im ganzen Land vertriebenen Bieres High Life berühmt. Danach fiel die Gruppe zurück, bis es 1970 zur Übernahme durch die Tabakgesellschaft Philip Morris kam.

kugel" genannt, ist mit seiner Stärke von 11,8, dank seiner charakteristischen Feinheit, ein Muster milden, normalen amerikanischen Biers. Das Unternehmen braut auch ein „leichtes" Bier, das Chippewa Pride (11,2), ein dunkles Lager (12,05) und zur Saison einen *Bock*. Leinenkugel wanderte 1845 mit seiner Frau und fünf Kindern aus Köln ein und gründete eine Brauerei in Sauk City, Wisconsin. Einer seiner Söhne begann 1867 in Chippewa Falls zu brauen, um dort den Durst der Holzfäller zu löschen. Und nicht weit davon, in Eau Claire, bringt die Walter Brewing Company ein weiteres prächtiges Bier von köstlicher Feinheit heraus.

Wahrscheinlich der erfolgreichste Regionalbrauer der USA ist Heileman in La Crosse, Wisconsin, mit Blatz als seiner verbreitetsten Marke. Heilemans „*Kreusen*"-Biere verkaufen sich rasch, wo immer sie zu haben sind, so das Special Export aus Milwaukee, Old Style in Chicago und Schmidt (nicht mit dem Namensvetter im Osten zu verwechseln) in Minnesota. Zum Unternehmen gehört auch Wiedemann in Kentucky, der Brauer des hervorragenden Royal Amber.

Aus den Gebirgsstaaten hat es für das traditionelle Herzland amerikanischen Biers, den Mittelwesten, eigentlich nur einen mächtigen Gegenspieler gegeben: Coors. Das Ansehen dieses Bieres, das in Colorado gebraut wird, beruht darauf, daß es nur begrenzt zu haben ist. Und darin liegt eine gewisse Ironie, denn Coors verfügt in herrlicher Landschaft in Golden über die größte Braustätte der Welt. In den meisten Staaten des Westens ist Coors Markt-

führer und sein Gesamtabsatz reicht für einen Platz unter den fünf Großen der USA. Im Osten jedoch hat Coors den Flair der regionalen Spezialität. Mancher Star von Bühne, Film und Politik pflegte Coors-Bier von seinen Reisen mit nach Hause zu bringen. Coors selbst schließt aber eine nationale Verbreitung seines Biers nicht mehr aus. Es fragt sich aber, ob nicht eine solche Absatzausweitung die Anziehungskraft des Bieres beeinträchtigen würde. Schon hat die Beliebtheit des Bieres gelitten, als Coors einen betont rechtsgerichteten Fernseh-Nachrichtendienst aufnahm. Auch anderen Branchen hat sich Coors schon zugewandt, so z. B. als er in der Prohibition Malzmilch herstellte, die u. a. auch für die Produktion süßer Leckereien wie Mars und Milky Way verwandt wurde.

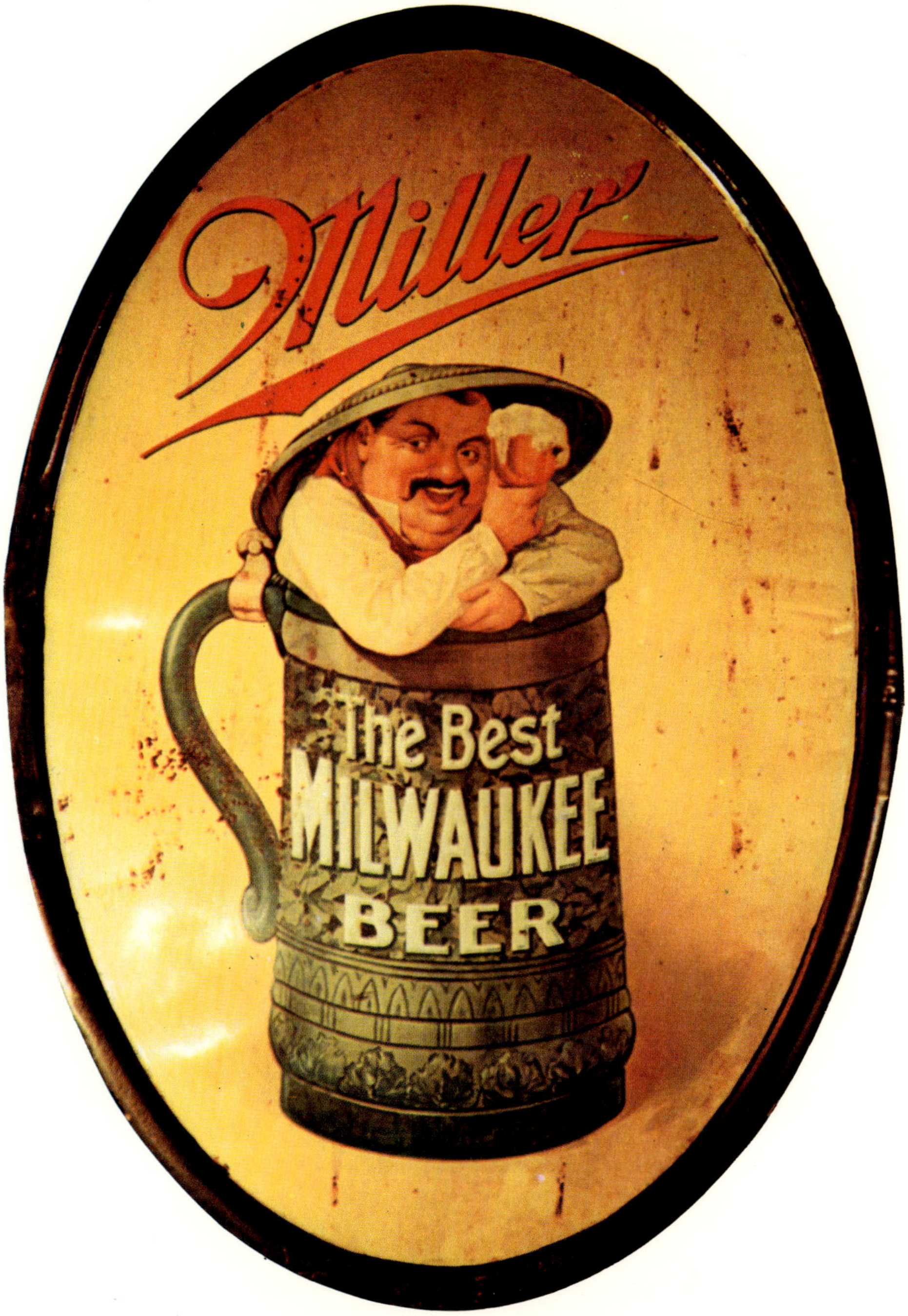

Philip Best, Brauunternehmer in Milwaukee. Seine Brauerei (unten) ging später an Frederick Pabst (ganz unten) über, der zur Familie gehörte. Aus dem einstigen Steward auf einem Dampfer auf den Großen Seen wurde ein angesehener Geschäftsmann, der viele Stiftungen machte.

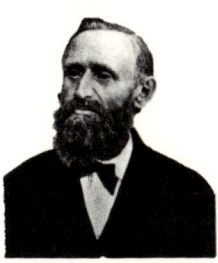

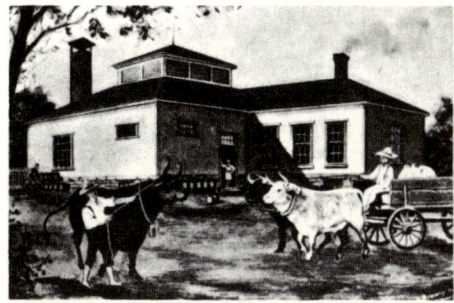

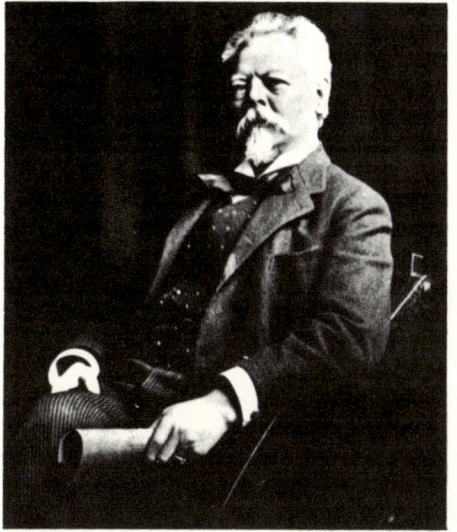

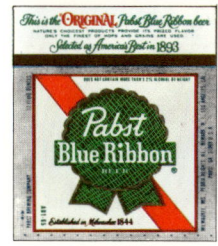

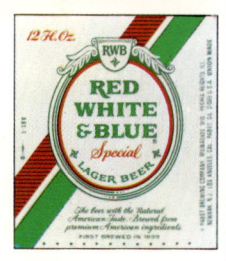

Die Gesellschaft gab 1975 Aktien ohne Stimmrecht heraus, so daß die Kontrolle des Unternehmens weiter bei der Familie Coors verblieb. Adolph Coors, in Rittershausen im Rheinland geboren, kam 1872 nach Colorado, wo er im Jahr darauf mit Jacob Schueler, den er später auszahlte, seine Brauerei gründete. In gesellschaftspolitischen Fragen bezieht die Coors-Familie klare Stellung. Zum Schutz der Umwelt führte sie Aluminium-Dosen ein sowie nicht mehr ablösbare Deckelstreifen, die also nicht mehr weggeworfen werden können. Coors gibt ein Informationsheft heraus, das mit den Worten schließt: „Zweifellos hat sich das freie Unternehmertum im Laufe der Zeit zum bedeutendsten Wirtschaftssystem auf Erden entwickelt. Wir Amerikaner müssen aufhören, es für selbstverständlich zu halten und bereit sein, mit voller Kraft dafür zu kämpfen, um es für alle Zeiten zu erhalten."

„Coors ist", so schrieb im Jahr 1976 *Business Week*, nicht weit über die Nationalökonomie von Adam Smith hinausgekommen. Selbst William Coors witzelt darüber, daß sein Unternehmen nur halb so viel für Werbung ausgibt wie der Durchschnitt der Branche. Andere Brauer bringen neue Produkte heraus, Coors aber hält daran fest, daß ein Produkt für gutes Wachstum ausreicht." Bei ihm ist dies Coors Extra-Dry Banquet Beer, „mit reinem Quellwasser der Rocky Mountains gebraut", für die Biertrinker jedoch einfach „Coors", eine Art Pilsner mit entsprechender Brillanz, wenn auch nicht mit gleichem Hopfenanteil. So rein und fein ist es, daß sich ein Kritiker scherzhaft beklagte, daß es „mehr nach Quellwasser aus den Rocky Mountains als nach Bier schmeckt". Gebraut wird es mit Gerste aus eigenem Stamm, der in Europa gezüchtet wurde. Zum Anbau liefert das Unternehmen den Farmern das Saatgut. Coors verfügt über eine eigene Mälzerei, nimmt Reis als Zusatz und läßt das Bier lange reifen. Doch sein Geschmack ist so ausgeprägt, daß manche ihn nicht besonders schätzen. Coors ist weder im Ausschank noch in Dose oder Flasche pasteurisiert. Versandt wird es in großen Kühllastwagen mit 350 PS und per Eisenbahn, doch je weiter der Versand geht, desto schwieriger wird es, den frischen Geschmack zu erhalten. Gewiß könnte man im Osten eine Brauerei bauen, aber dort gibt es kein Rocky-Mountains-Quellwasser. Das ist eben Coors' Problem.

Coors' Geschichte ist die eines einzigartigen

Erfolges. Aber es gibt noch andere Regional-brauereien mit nationalem Ehrgeiz, wie die rasch wachsende Olympia im Staate Washington, deren Hauptbier wie der Sitz der Brauerei Olympia heißt. Das Wasser für dieses wohl-schmeckende Bier kommt aus artesischen Brunnen beim Tumwater-Wasserfall. Olympia hat ihr schnelles Wachstum durch Zukäufe beschleunigt. Sie erwarb 1975 Hamm in St. Paul, Minnesota, eine andere für ihr rein schmeckendes Bier bekannte Brauerei, und 1976 kam im Süden Lone Star in San Antonio, Texas, hinzu.

Lone Star steht in San Antonio in scharfem Wettbewerb mit der Pearl Brewing Company, deren frisch schmeckende Biere vielleicht noch beliebter sind. Pearl bringt auch die Marke Near Beer („Beinahe Bier") heraus, eine von den drei überlebenden aus der Prohibition (die anderen beiden sind Malta von Schaefer und Metbrew von Champale). Nicht weit von San Antonio, in Shiner, waren die deutschen und tschechischen Einwohner jahrelang treue Anhänger einer echt *Münchner* Brauart. Der Braumeister des Ortes, Kosmas Spoetzl, ein Bayer, kam 1915 nach Shiner. Seine Tochter, „Miß Celie", übernahm die Brauerei, als er 1950 starb. Heute gehört die Brauerei acht An-teilseignern. Man braut dort leichtere Biere, doch daneben auch als Premium-Faßbier ein schweres und dunkles Bier mit einzigartigem Charakter.

Doch kein Bier ist so eigenartig wie das von der Anchor Steam Brewing Company in San Francisco. Es war gewiß mehr als nur ein Vorurteil, als Charles McCabe vom *San Francisco Chronicle* sagte, nur zwei amerika-nische Biere verdienten getrunken zu werden, nämlich das *Ale* von Rainier in Seattle und das Anchor Steam Beer.

Dieses *Dampf-Bier* wird nach dem einzigen in den USA erfundenen Brauverfahren herge-stellt und ist somit auch die einzige wirklich einheimische Bierart. Sie entstand im Westen in der Zeit des Goldrausches. In San Francisco brauten Ende des letzten Jahrhunderts Dutzen-de von Unternehmen solches Bier. Die Brauer in New York, Philadelphia, Michigan und Wis-consin konnten im Winter ohne Schwierigkei-ten zur Kühlung ihrer Lagerkeller Eis bekom-men. Im milden Klima Kaliforniens war das unmöglich. Bis die künstliche Kühlung im We-sten aufkam, war das *Dampf-Brauen* eine Art Kompromiß. Deswegen ähnelt auch das bern-steinfarbene Dampf-Bier in Körper und Ge-schmack einem leicht exzentrischen *Ale*. Es wird bei höheren Temperaturen (15–20° C), aber mit untergäriger Hefe vergoren, was nur in langen und flachen Gärgefäßen mög-lich ist, die „Klärer" genannt werden. Das

Bier reift dann bei verhältnismäßig hohen Temperaturen (10–12° C) und wird „gekreust". Das führte zu heftiger Schaumbildung, und wenn die Fässer angestochen wurden, entwich der Druck plötzlich wie „Dampf". So kam das Bier zu seinem Namen, der also nichts mit der Dampfkraft zu tun hat.

Die Anchor Steam Brewing Company in San Francisco ist die letzte Brauerei, die noch nach diesem Verfahren arbeitet. Sie stand vor ihrem Ende, als ihr Fritz Maytag, der Sprößling eines reichen Waschmaschinenfabrikanten, zu Hilfe kam. Damals 27 Jahre alt, hatte er eine Schwäche für das *Dampf-Bier* und wollte zunächst finanziell aushelfen. Doch nach und nach übernahm er den ganzen Betrieb. Sein *Dampf-Bier* ist stark gehopft und hat eine Dichte von 12,3 Grad Balling. Damit nicht zufrieden, begann er mit seinen sechs Mitarbeitern andere eigenwillige Biere herzustellen, wozu nur ganzer Hopfen und Gerstenmalz verwandt wird. Ihr untergäriges Porter mit seiner nach amerikanischem Standard hohen Dichte von 17,0 Grad Balling ist süßer als Guinness, doch noch immer gut gehopft. Das obergärige Ale ist trocken sowie hopfenreich und nur durch Spunden bis zum Gärungsende mit Kohlensäure angereichert. Dieses Bier mit der beachtlichen Dichte von 14,0–15,0 Grad Balling, seinem vollen Körper und dem mächtigen Hopfenbukett ist dennoch nicht so bitter wie einige englische Ales. Versuche wurden auch mit einem sehr starken (über 25,0 Balling) obergärigem *Ale* gemacht, das in seiner Art den besten englischen Barley Wines nahekommt. Es ist gehaltvoll, hat ein starkes Bukett und schmeckt süß, aber leicht weinig.

Obwohl der neue Besitzer die Brauerei aus Liebhaberei übernahm, wird das Unternehmen mit vollem Einsatz und großer Erfindungsgabe geführt, so daß das Wall Street Journal berichten konnte: Die kleine Firma ist jetzt wieder in den schwarzen Zahlen. Sie muß sich sogar weiter ausdehnen, weil die Nachfrage seine Kapazität übersteigt.

So hat der kleinste Brauer der USA seine ganz eigene Variante zum amerikanischen Brauwesen beigesteuert.

Ein seltenes Bier im Westen

Für einen Mitarbeiter des San Francisco Chronicle lohnen sich nur zwei amerikanische Biere, Anchor Steam Beer und Rainier Ale. Für Nathaniel Benchley ist Rainier „Nuß, Holz und Rauch . . . eine Mischung von allen drei". Das Unternehmen in Seattle wurde 1878 gegründet und später von einem Einwanderer erworben. Das Gruppenfoto wurde 1910 aufgenommen.

Die Karibik

Wie schon der gute Ruf von Red Stripe Lager zeigt, gibt es auf den Kleinen Antillen eine ganze Reihe guter Biere. Und keineswegs fehlt es an Gelegenheit und Lokalen, diese Biere zu trinken. Die zwei Millionen Einwohner von Jamaika können unter 12 000 Wirtschaften und Bars, Rum-Verkaufsstellen und Imbißstuben wählen. An warmen Tagen schmeckt in einer Imbißstube so ein Bier herrlich zu Käse und Brot oder auch zu Fisch. Für ein Lokal braucht man in Jamaika keine Schankerlaubnis, und dieser Formlosigkeit entsprechen oft auch die Trinksitten: Für gewöhnlich trinkt man sein Bier direkt aus der Flasche.

Red Stripe selbst ist eines der normalen hellen und reifen *Lager* mit einer Stammwürze von 1048 und 4,6% vol. Alkohol. Bei seiner Herstellung verwendet man Mais als Zusatz. Trotz seiner Pasteurisierung ist die Qualität hervorragend. Seinen Ruf verdankt es freilich auch der lebhaften Art, mit der Jamaikaner für ihr Land und ihre Kultur eintreten. Doch das allein erklärt nicht den großen Bekanntheitsgrad. In den Negervierteln einiger englischer Städte ist eine Flasche Red Stripe geradezu ein in Ehren gehaltenes Andenken an die Heimat. In den USA, wo es leichter, aber auch teurer zu bekommen ist, erhielt es bei den „Ersten Untergrund-Bier-Tests" des Magazins *New York* das Prädikat „Hervorragend". Aus Chicago gab dazu das Magazin *Oui* bei seinem eigenen Verbraucher-Test den Kommentar: „Superleicht…so mild, so klar und rein, daß es besser als Wasser für die notwendige innere Flüssigkeit sorgt … recht bemerkenswert."

Das erste Red Stripe war 1927 ein Bier nach Art des *Ales*, doch 1934 trat an seine Stelle das *Lager*. Die Brauerei Desnoes & Geddes stellt in Kingston auch ein starkes süßes *Stout* (1070) her, den Dragon (Drachen). Sein anscheinend unschuldiger Werbespruch „Dragon bringt's zurück" hat für Jamaikaner auch sexuelle Bezüge. Das englische Mackeson „Milk Stout" und Heineken Bier werden in Lizenz gebraut. Heineken hat sich besonders stark in der Karibik engagiert, so mit Tochtergesellschaften in Trinidad. Martinique, Curaçao und in Surinam auf dem südamerikanischen Kontinent. Außer Heineken Bier bringen diese Brauereien auch ihre eigenen Markenbiere heraus.

Guinness ist ebenfalls in Westindien vertreten, und zwar mit einem sehr ungewöhnlichen und bemerkenswertem Bier, dem „Foreign Extra Stout". Mit 1073 stärker als das reguläre Guinness, hat es den typisch gehaltvollen Charakter und trocken betonten Malzgeschmack, dazu eine scharfe durstlöschende Herbheit. Dieses schwierige Kunststück wird dadurch vollbracht, daß man dem Bier älteres Guinness zugibt, um durch die

Gärung Milchsäure zu erzeugen. Ist damit der angestrebte Geschmack erreicht, wird das Bier pasteurisiert und somit stabilisiert. Dank seiner durstlöschenden Eigenschaft ist das „F.E.S." für die tropischen Länder besonders gut geeignet. Sein Ursprung geht zum Teil sogar auf die Westindischen Inseln zurück, denn englisches Bier wird in der Karibik seit Ende des siebzehnten Jahrhunderts abgesetzt. Bald nach 1800 brachte Guinness ein West-Indien-Porter heraus. Dazu schreibt Patrick Lynch in seinem Buch „*Die Guinness-Brauerei in der irischen Wirtschaft*": „Es war allgemein üblich, mit einem gewissen Anteil von drei- oder vierjährigem Hopfen zu brauen, wahrscheinlich wegen der jahreszeitlichen Preisschwankungen. Daher legte man, wenn der Hopfen billig war, große Lager an. Doch West Indies Porter scheint immer mit ganz frischem Hopfen gebraut worden zu sein." Dem West Indies Porter folgte dann ein Foreign Double Stout, aus dem schließlich das heutige F.E.S. wurde.

Die Guinness-Brauerei Jamaikas steht in der früheren Hauptstadt der Insel Spanish Town. In diesem Unternehmen hat Guinness die Mehrheit. Zusammen mit Scottish & Newcastle Breweries wird in Spanish Town auch das MacEwan's Strong Ale (1086) hergestellt.

Guinness F.E.S. wird auch in Trinidad neben einem süßen *Stout* (1054) der Marke Royal von der Carib Gesellschaft gebraut, die außerdem noch ein bemerkenswertes *Lager* herausbringt, wie es für Westindien typisch ist. Carib Lager (1049) ist das meist gekaufte Bier der Republik von Trinidad und Tobago. Zwei weitere *Lagers,* Skol und Allsopps (beide mit 1046) stellt die Carib nach Lizenz der britischen Allied Breweries Gruppe her.

Wie in Amerika sind die *Lager* in der Karibik nur leicht gehopft, aber hoch vergoren. Das ergibt ein frisches und durstlöschendes, aber nicht zu trockenes Bier. Eine höhere Stammwürze würde die durstlöschenden Eigenschaften nur beeinträchtigen; andererseits führt die hohe Vergärung auch zu einem höchstmöglichen Alkoholgehalt. Und da man in Westindien schon aus Tradition gern Rum trinkt, befaßt man sich dort auch nicht gern mit schwach schmeckenden Bieren.

Bank's Bier, ein hervorragendes karibisches *Lager* der sehr aktiven Brauerei gleichen Namens (mit einem Alkoholgehalt von 5% vol.), hat bereits einige Preise gewonnen. Daneben stellt das Unternehmen ein starkes dunkles *Lager* mit 9% vol. und dem Namen Ebony (Ebenholz) her. Dieses besondere Bier gesellt sich zu zwei weiteren ungewöhnlichen Bieren am anderen Ende der Alkoholskala: dem Diät-*Lager* mit 3,5%, das (was in Westindien noch besser als anderswo zu verstehen ist) mit

Zitrone aromatisiert ist, sowie einem bemerkenswerten „Aktionsdrink". Dieser sieht zwar wie ein Bier aus, hat sogar eine „Blume", ist aber eher ein alkoholfreies Stärkungsmittel. Es trägt den Markennamen „Plus", ist reich an Trauben- und Fruchtzucker, Aminosäuren und Vitamin C. Ähnlich wie Honig wird es vom Körper rasch aufgenommen und verarbeitet. Unter Sportsleuten gilt es als guter „Energiespender" wie etwa das deutsche *Malzbier;* außerdem hält man es für ein gutes Mittel gegen den „Kater".

Auch zahlreiche andere karibische Brauereien bringen einen Malztrunk heraus, der unter dem Namen *Malta* bekannt ist. Solche Brauereien gibt es auf fast allen Inseln, einschließlich Grenada und St. Kitts und auf dem Festland, wie in Belize in Honduras, wo ein Belican Bier gebraut wird, ebenso in den spanisch sprechenden Ländern. Fidel Castro hat auf Kuba eine aktive Brauindustrie übernommen, die auch weiterhin produziert.

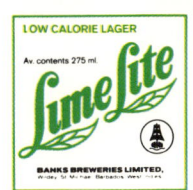
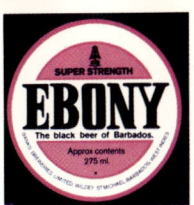

Man wartet auf die Kühle der Nacht. Tagsüber gibt es das kalte, spritzige Bier der Karibik von Banks aus Barbardos (oben), oder Red Stripe, das Bier von Jamaika (ganz links), Carib aus Trinidad und auch Stouts, die man meist wegen ihrer Stärke trinkt, die aber gut gekühlt auch herrlich erfrischen.

Lateinamerika

Im Jahre 1970 war Mexiko erstmals unter den ersten zehn großen Braunationen zu finden. Heute liegt es schon weiter vorne, noch vor Kanada und der DDR. Bald danach, wenn auch nicht mehr unter den ersten zehn, folgt Brasilien, wo eine deutschstämmige Familie eine der größten Braugruppen der Welt aufgebaut hat. Eine weitere beachtenswerte Gruppe, die „Bavaria", hat Kolumbien zu beträchtlichem Bierkonsum verholfen. Aber auch Venezuela, Argentinien und Peru verfügen über eine ansehnliche Brauindustrie, von den zahlreichen kleinen Brauereibetrieben in allen südamerikanischen Ländern nicht zu reden.

Trotz aller Wechselfälle der Geschichte und der Politik in diesen Ländern hat sich die Brauindustrie gut gehalten und weiterentwickelt. Dieses Wachstum ist vor allem dem gesellschaftlichen Wandel in Südamerika zu danken. Überall hält die modebewußte und auch wohlhabende junge Generation das Bier für ein modernes internationales Getränk. Zudem wird Bier im Vergleich zu den stärkeren alkoholischen Getränken kaum als Alkohol, sondern als Durstlöscher angesehen. Diese Unterscheidung ist von großer Bedeutung und sie hat einen gewichtigen historischen Hintergrund.

In beredter Weise hat schon ein aztekischer Kaiser die schwerwiegenden Schäden verdammt: „Der Trank. *Octli* genannt, ist Wurzel und Ursprung allen Übels und Untergangs. *Octli* und der Rausch danach schüren Streit und Zwist, Aufruhr und Unruhe im Reich und in den Städten. Wie ein Wirbelwind reißt Octli alles nieder und zerstört es. Und dieser böse Sturm bringt alles Übel mit sich: Ehebruch, Vergewaltigung, Unzucht, Fluchen, falsches Zeugnis, Gerüchte, Verleumdung, Aufruhr und

Gewalt. Alles das wird durch *Octli* und den Rausch angerichtet." Octli wurde aus einer Wüstenpflanze hergestellt. Abkömmlinge davon sind heute *Pulque, Mezcal* und *Tequila*, die den Behörden jetzt fast genau so viel wie damals zu schaffen machen, denn schon seit der Eroberung durch die Spanier wird Mexiko von der Trunksucht heimgesucht.

Bier dagegen ist insgesamt eher ein gesundes Getränk. Schon Azteken und Mayas wußten dies und hatten ihren eigenen Vorläufer vom Bier: das *Sendecho*, das der mexikanische Historiker Manuel Orozco y Berra mit dem Bier der „alten Deutschen" vergleicht (außer daß Mais statt Gerste verwandt wurde). Es wurde mit dem Kraut *Tepozan*, einem weithin beliebten Stärkungsmittel gewürzt. Das bernsteinfarbene *Tesguino* wurde sogar, wie spanische Chroniken berichten, „vor dem Trinken mit einer Art Quirl geschlagen, bis ein starker Schaum entstanden war".

Die erste gewerbliche Brauerei der Neuen Welt wurde in Mexiko unter dem Patronat des spanischen Königs Mitte des 16. Jahrhunderts errichtet. Als Mexiko im 19. Jahrhundert unabhängig wurde, kamen weitere Brauereien hinzu, meist von deutschen und Schweizer Siedlern gegründet. Ein deutscher Braumeister führte 1890 die böhmische Brauart in der neuen Cuauhtémoc Brauerei in Monterrey ein. Die Obergärung verschwand bald ganz. Heute wird helles *Lager* allgemein als „Clara" bezeichnet. Mexiko ist eines der wenigen Länder, in denen sich der Wiener Typ als „Semi-Oscura" (Halbdunkel) erhalten hat. Daneben gibt es auch den Münchner Typ als „Oscura" (Dunkles).

Die Cuauhtémoc Brauerei, nach einem Indianerhelden benannt, der als Gefangener un-

ter Cortes erschlagen wurde, besteht heute noch. Ihr Bier nach böhmischer Art ist berühmt Das Unternehmen gehört den „Drei Großen" Mexikos, die in letzter Zeit ein Dutzend kleinerer Betriebe übernommen haben. Cuauhtémoc hält auch einen Drittelanteil an der einzigen „unabhängigen" Brauerei Yucateca im Südosten, die das helle Montejo und ein prächtiges gut gehopftes dunkles Bier „Leon Negra" herausbringt. Ein anderes großartiges dunkles Bier, Nochebuena (Weihnachtsabend) wird nur für diese Zeit von Moctezuma in Veracruz gebraut, wo man auch das Dos Equis des Wiener Typs herstellt, das in den USA so beliebt ist. Der letzte der „Drei Großen" ist Modelo in Mexico City, von der es das kohlensäurereiche „Victoria", ein „Clara" gibt, das wahrscheinlich das meistverkaufte Bier des Landes und der besondere Liebling der Arbeiter ist.

Dank seiner durstlöschenden Eigenschaft wird der Konsum von Bier von der Regierung tatkräftig gefördert, die dazu sogar Werbefeldzüge veranstaltet. Nach einem Gesetz aus dem Jahr 1931 ist Bier nicht als „alkoholisches" Getränk eingestuft, weil sein Alkoholgehalt unter 5% vol. liegt. So können die Brauereien ihr Erzeugnis als „la bebida de moderaciòn" (maßvolles Getränk) herausstellen.

Der Durst wird mit mexikanischem Bier auch gelöscht, wenn es „al tiempo' (mit Zimmertemperatur) statt „frio" (kühl) oder gar „helado" (eiskalt) bestellt wird. Sein Bier richtet sich der durstige Mexikaner mit einer Zitronenscheibe und etwas Salz an. Den Maßhalteappellen versetzen freilich die Trinker einen schweren Schlag, die ein *Calichal*, eine tödliche Mischung (4:1) von *Pulque* und Bier, oder ein *Submarino*, ein Glas Tequila in ein Glas Bier hineingestellt, vorziehen. Spaßvögel kalauern dazu: „Ein *Tequila* wird dich nicht umwerfen (keel), aber ein paar *Submarinos* werden dich killen." Was *Tequila* für den Mexikaner, ist Cachaca für den Brasilianer. Dieser Schnaps, auch als *Pinga* bekannt, wird aus Zuckerrohr gemacht. Es gibt etwa 20 000 eingetragene Cachaca-Brennereien, aber weitere 40 000 sollen ohne Zulassung betrieben werden. Brasilien hat auch seinen eigenen Wein, der im Süden des Landes angebaut und zu äußerst niedrigen Preisen verkauft wird, wie auch der am Ort gebrannte Whisky, der meist unter schottischen oder auch englischen Marken angeboten wird. Und ständig kommen neue Marken hinzu. Trotz allem nahm die Bierproduktion von 1968 bis 1973 um 50% zu.

Zwei Gruppen beliefern fast 90% des Marktes. Brahma, die größere von ihnen, mit Sitz in Rio und Braustätten in ganz Brasilien, wird seit 1906 von den Kunnings, einer Familie deutscher Abstammung geleitet. Ihr Brahma

¡¡¡ Beber Cerveza de Toluca - ó no beber !!!

Chopp „*Pilsener*" Art wird auch nach anderen südamerikanischen Ländern, den USA und England exportiert. *Chopp* bedeutet zwar Faßbier, doch wird das Bier in Dosen abgefüllt. Bier im Ausschank gibt es in Brasilien auch, teils sogar noch aus Holzfässern. Es wird mit CO_2 hochgepumpt und durch eine Kühlschlange geleitet. Eigentlich ist Brahma kein richtiges *Pilsener,* was jedoch auch für andere Biere gilt, die diese Bezeichnung führen und nicht den erforderlichen trockenen Hopfengeschmack aufweisen. In Brasilien ist dies freilich noch zu verstehen, weil hier die allgemeine Vorliebe bei Getränken mehr in die süße Richtung geht. Und nach dem Grundsatz „Bier ist zum Durstlöschen da", ziehen die Brasilianer gewöhnlich die leichteren Sorten vor. „Premium"-Biere hatten, selbst wenn sie von bekannten Brauereien herausgebracht wurden, kaum Erfolg. So begnügt sich das Brahma Chopp mit einer Dichte von 1048. Gelegentlich gibt es aber Überraschungen wie die herben *Porter*-Biere mit 1070, die recht beliebt sind und mitunter sogar schluckweise ausgeschenkt werden. Brahma ist allgemein noch am bittersten und wird nicht pasteurisiert.

Die zweitgrößte Braugruppe des Landes ist Antarctica Paulista, deren Namen weder mit dem Münchner Paulaner noch mit der St.-Pau-

li-Brauerei in Hamburg zusammenhängt, sondern mit São Paulo, der zweitgrößten Stadt Amerikas und der Stadt mit dem schnellsten Wachstum der Welt. Sie ist nicht nur durch Kaffee bekannt, sondern auch durch ihr Bier. Ihrer Bevölkerung nach könnte sie ebensogut eine italienische wie eine deutsche Stadt sein. Immer wieder sind in großen Schüben Deutsche nach Brasilien eingewandert, was dem Fortschritt der Brauindustrie sehr zugute kam. Noch heute zeugt der Gebrauch von Namen wie *Bock* und *Münchner* vom starken deutschen Einfluß in diesem Land.

Eine beachtliche dritte Gruppe, Skol-Caracu, hält etwa acht Prozent des Marktes. Sie hängt mit Labatt in Kanada zusammen.

In der letzten Zeit haben sich die fünf oder sechs kleinen unabhängigen Brauereien um die restlichen zwei oder drei Prozent des Marktes gestritten. Dabei hatten sie in den abgelegenen Gegenden noch mehr Glück als in den Großräumen von Rio und São Paulo. Doch auch hier fiel es vielen schwer, sich gegen die Rationalisierung zu behaupten.

Mexikos Biere. Toluca wurde 1865 von einem Schweizer Brauer zur Herstellung obergäriger Biere gegründet. Heute gehört sie zu Cuauhtéco. Cerveza de Toluca, ein Bier mit wenig Alkohol (links außen).

219

Resch's   Refreshes!

RESCH'S

Australien

Die größten Biertrinker der Welt zu sein, schmeichelt nicht nur der auf betonte Männlichkeit bedachten Eitelkeit der Australier, sondern auch ihrem Nationalstolz. Und wer es etwa wagen sollte, dieser Legende zu widersprechen, stößt gewiß auf heftigen Widerstand. So geht das Gerücht, einst sei in den Städten das Wasser so schlecht gewesen, daß die Leute nur noch Bier tranken, das eingeführt werden mußte. Doch das allein vermag nicht die wahre Bierbesessenheit der Australier zu erklären.

In seinem köstlichen Buch *Beer, Glorious Beer* schreibt Cyril Pearl: „Bier ist in Australien eine Art Religion, und für die Öffentlichkeit ist es wichtiger als die Probleme der Politik." Nachrichten über Bier erscheinen auf den ersten Seiten der Zeitungen. Streiken die Brauer, wird das Bier knapp oder steigt der Preis, so ist dies für den Leser viel wichtiger als etwa eine Entscheidung der Kirche zur Geburten-Kontrolle. Als Beispiel führt Pearl die Eröffnung der Courage-Brauerei 1968 in Melbourne an, über die der Sydney *Daily Mirror* über die ganze erste Seite berichtete, obwohl dieses Bier in Neusüdwales noch gar nicht zu bekommen

war. Als man am Ende des Ersten Weltkrieges in Nordaustralien den Bierpreis um drei Pennies erhöhen wollte, kam es zu einer Revolution. Noch das Harmloseste daran war ein Bierboykott, der drei Monate dauerte. Dies kann nur der richtig einschätzen, der einen heißen und trockenen Sommer in Darwin verbracht hat. Nicht so asketisch verlief dagegen der Aufstand mit den Demonstrationen von der Festnahme des Gouverneurs bis zu seiner erzwungenen Absetzung. Auch sein Nachfolger wurde von den durstigen Bürgern aus der Stadt gejagt, bevor die Ordnung wiederhergestellt werden konnte.

In Darwin ist man stolz darauf, Hauptstadt der Biertrinker in Australien zu sein, und als Touristensouvenir der Stadt gibt es eine 2¼-l-Flasche Bier. Diese Halb-Gallonen-Flasche wird in Darwin von einer Brauerei herausgebracht, die der C.U.B. in Melbourne und Swan in Perth gehört, sie ist als „Darwin-Stubby" bekannt. „Stubby" heißt bei den Biertrinkern in Australien die kleine (37 cl) Bierflasche. In den Tropen ist die kleine Flasche praktischer, da sie sich leichter im Kühlschrank unterbringen läßt. Aber ganz gleich, ob aus großer oder kleiner

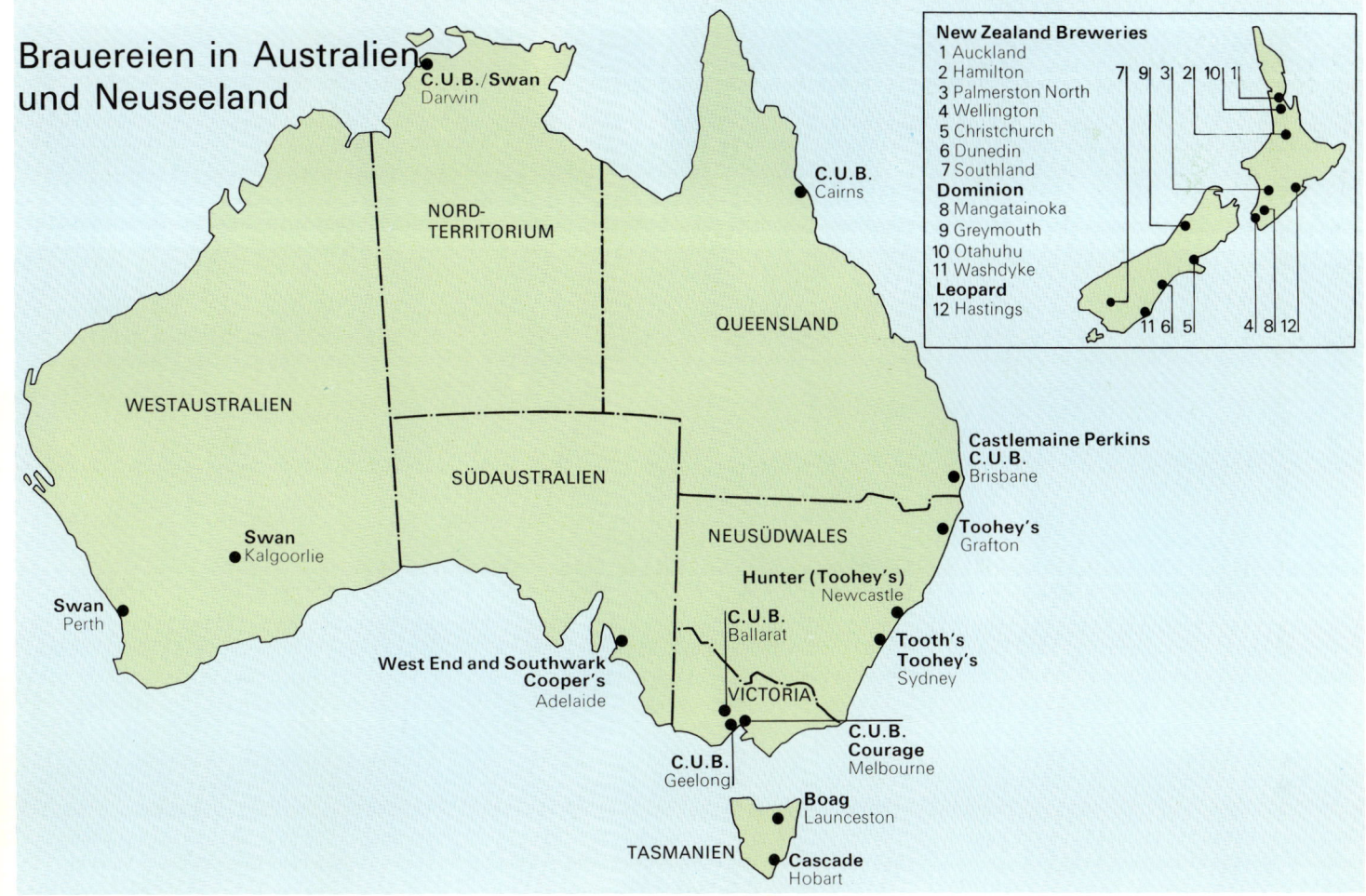

Brauereien in Australien und Neuseeland

C.U.B./Swan
Darwin

C.U.B.
Cairns

NORD-TERRITORIUM

QUEENSLAND

WESTAUSTRALIEN

Swan
Kalgoorlie

Swan
Perth

SÜDAUSTRALIEN

NEUSÜDWALES

Castlemaine Perkins
C.U.B.
Brisbane

Toohey's
Grafton

Hunter (Toohey's)
Newcastle

C.U.B.
Ballarat

Tooth's
Toohey's
Sydney

West End and Southwark
Cooper's
Adelaide

VICTORIA

C.U.B.
Geelong

C.U.B.
Courage
Melbourne

Boag
Launceston

TASMANIEN

Cascade
Hobart

New Zealand Breweries
1 Auckland
2 Hamilton
3 Palmerston North
4 Wellington
5 Christchurch
6 Dunedin
7 Southland
Dominion
8 Mangatainoka
9 Greymouth
10 Otahuhu
11 Washdyke
Leopard
12 Hastings

7 9 3 2 10 1

11 6 5   4 8 12

Beidhändig zu trinken:
Australiens „größtes"
Bier, „Darwin Stubby"
in der Halbgallonen-
Flasche (2,275 l), damit
löscht man den Durst.
Und in der „durstigsten"
Stadt der Welt ist ein
großer Schluck wichtig.

Flasche, in Darwin wird sicher mehr Bier als in irgendeiner anderen Stadt der Welt getrunken, nämlich rund 230 Liter pro Kopf der Bevölkerung, eine Zahl, die München oder Prag beschämen würde, gäbe es darüber vergleichbare Statistiken. Als Land können die Australier nicht ganz mit den Bürgern von Darwin mithalten, und Behauptungen, daß Australien die Weltrangliste der biertrinkenden Nationen anführe, darf man nicht glauben. Doch der Pro-Kopf-Konsum scheint von Jahr zu Jahr zu steigen. Mindestens einmal ist Australien mit 145 Liter pro Kopf der dritte Platz der Weltrangliste eingeräumt worden. Aber unter den fünf ersten ist Australien zusammen mit der Tschechoslowakei, Deutschland, Belgien und Luxemburg immer gewesen.

Es ist jetzt nicht mehr nötig, sein Bier hinunterzustürzen, seitdem nach 1950 die Lizenzbestimmungen gelockert worden sind. Nun kommt auch der Langstrecken-Trinker zu seinem Recht. Früher stellten die Trinklustigen ihre hohen Biergläser in langer Reihe für den „Sechs-Uhr-Schluck" auf. Heute dagegen sind die Bars von 10 bis 22 Uhr und noch länger offen, örtlich freilich mit nicht verständlichen Unterschieden. Die Begeisterung, mit der australische Biertrinker ihren Anspruch auf den Weltmeistertitel verfechten, wird nur noch von ihrem Chauvinismus übertroffen. „Das beste Bier der Welt!", davon ist der Mann an der Theke in John O'Grady's Roman *Gone Troppo* überzeugt. Dazu kommt die Feindschaft der einzelnen Staaten untereinander. Der Mann in Melbourne besteht auf seinem Bier: „Das miese Gesöff aus Sydney kann ich nicht riechen." Ohne jeden Grund sind die Rivalitäten der Staaten ein beliebtes Gesprächsthema. Es ist ein Märchen, daß der durchschnittliche australische Biertrinker ein Bier vom anderen zu unterscheiden vermag. Blindtests könnten die Großsprecher rasch als Prahler entlarven. Von der Zeitung *Sydney Sun* wurde ein solcher Blindtest veranstaltet. An ihm nahmen ein erfahrener Weinkoster, ein Journalist, der sich ein Leben lang dem Biertrinken gewidmet haben soll, und ein bekannter Schauspieler teil. Die drei probierten Biere aus mehreren australischen Bundesstaaten und auch anderen Ländern, wie sie im *Menzies Hotel* in Sydney erhältlich sind. Am besten schnitt Löwenbräu ab, danach kam Carlsberg zusammen mit Resch's Dinner Ale aus Sydney, darauf Heineken zusammen mit Resch's *Pilsener*. Nach diesen Bieren kamen drei aus Victoria. Sydneys meistverkauftes Bier, Resch's KB landete auf dem vorletzten Platz. Wohl mit Recht fragte sich das Schiedsgericht, ob man etwa eine ungewöhnlich schlechte Probe von KB gekostet hätte, das normalerweise ein sehr angenehmes Bier ist. Der Test war nicht ganz fair, weil die andere Brauerei von Sydney, Tooth, fehlte. deren Bier im *Menzies Hotel* nicht zu haben ist.

Die australischen Biere, die man in den USA, England und Asien bekommt und die sich dort auch einiger Beliebtheit erfreuen, bieten freilich nur eine kleine Auswahl an Geschmacksrichtungen. In Australien gibt es neun Brauunternehmen, die ein Dutzend Braustätten betreiben und mehr als siebzig Markenbiere herstellen.

Der australische Biertrinker wird nicht durch ein *Reinheitsgebot* geschützt, und die Brauereien kennen keine Tradition wie in Europa, wenngleich noch deutsche Einflüsse zu erkennen sind. Trotz der australischen Treue zum *Lager*, werden nicht alle Biere untergärig gebraut. Es gibt auch ein paar interessante obergärige Biere, die mehr Aufmerksamkeit verdienen, als ihnen von Kennern Australiens zuteil wird.

Früher war das anders. Um die Jahrhundertwende waren die meisten Biere Australiens obergärige *Ales* und *Stouts,* mild und kräftig. „Es kann keinen Zweifel geben, welches Bier in Australien den Markt beherrschen wird", ließ sich noch 1903 Alfred Ross, ein Brauer aus Neusüdwales, vernehmen. „Das *Colonial* entspricht dem Geschmack dieser Kolonie und ist ebenso eindeutig und eigenständig für unser Land wie britische Biere oder *Bock* und *Lager* es für jene Länder sind, deren Geschmackssinn durch diese Bierarten gebildet und entwickelt worden ist. Es hieße Zeit, Kraft und Geld verschwenden, wollte man versuchen, unsere Landsleute von einem Getränk abzubringen, das für sie genau so natürlich ist wie das *Lager* für den Durchschnittsbürger der USA." Mit den ersten Siedlern kam nach altem britischem Seefahrer-Brauch auch der Rum nach Australien und wurde dort zum Nationalgetränk. „Wie die britische Marine", berichtet Pearl, „wurde Neusüdwales mit Rum und Peitsche aufgebaut. Zu brauen getraute sich erstmals ein freier Siedler, John Boston, bald nachdem er 1794 in Sydney angekommen war. Sein Malz bereitete er aus Maize, das er als ,Indian Corn', also Mais beschrieb. Zum Würzen nahm er Blätter und Stengel der Kapstachelbeere, die er irrtümlich ,Liebesapfel' nannte, wie früher einmal die Tomate hieß."

Zum ersten Mal wurde in Australien von James Squire, den man als Sträfling dorthin verschickt hatte, mit Erfolg Hopfen angebaut. Nach seiner Freilassung ließ er sich als Gastwirt und Brauer in Kissing Point, nicht weit von Sydney, nieder. Als er 1822 starb, schrieb die *Sydney Gazette*, dem „Patriarch von Kissing Point" sei es als erstem in der Kolonie gelun-

gen, ein hervorragendes Bier zu brauen. Schon 1827 wurde, wo heute Toohey's Stadtrandbrauerei steht, eine Braustätte errichtet. Acht Jahre später baute Tooth in der Stadt seine erste Brauerei. Und als um die Jahrhundertwende die Brauereien nur so aus dem Boden schossen, zählte man in Sydney schließlich 21 Braustätten. Bald nach 1900 übernahm die Carlton Brauerei, die 1864 in Melbourne gegründet worden war, fünf andere Brauereien in der Stadt. Und heute bilden Carlton und United (C.U.B.) die größte Braugruppe in Australien, die auch auf den Fidschi-Inseln Interessen hat.

Zwei Deutsche, die 1885 in Melbourne die Gambrinus-Brauerei gegründet hatten, brauten das erste australische Lager. Bald darauf eröffneten die Gebrüder Foster aus New York eine zweite Lager-Brauerei und legten damit den Grund für Australiens berühmteste Biermarke. Castlemaine begann 1889 in Brisbane Lager zu brauen.

Heute kommt der australische Hopfen zu 60% aus Tasmanien und zu 40% aus Victoria, aus dem Gebiet von Ovens und dem King Valley. Braugerste wird in mehreren Staaten angebaut, doch auch hier ist Tasmanien eines der wichtigsten Erzeugergebiete. Außerdem liegt auf dieser Insel noch das Brauunternehmen, das auf den längsten ununterbrochenen Braubetrieb in Australien zurückblicken kann, die Cascade Brauerei. Die Ströme von Mount Wellington lieferten früher nicht nur das Wasser für ihr Bier, sondern auch den Strom für ihre Anlagen. Sie gaben außerdem dem Distrikt um Hobart, in dem die Brauerei liegt, seinen Namen. Errichtet wurde sie 1824. Fast ein Jahrhundert später erwarb sie Boag's Brauerei in Launceston, am anderen Ende der Insel. Ein Buschfeuer richtete 1967 großen Schaden an, doch schon ein paar Wochen später konnte in beiden Brauereien der Betrieb wieder aufgenommen werden.

Beide Braustätten stellen untergärige Biere mit einer charakteristischen Bernsteinfarbe her. Red Label und Blue Label von Cascade sind trockene Biere mit 3,92 Gewichtsprozent Alkohol. Das Green Label ist mit 4,56% stärker und auch herber. Cascades malziges *Stout* hat einen Alkoholgehalt von 5,6 Gewichtsprozent, das von Boag nur 4,36%. Von Boag gibt es ein trockenes Red Label (mit 4,11%) und ein herberes Blue Label (mit 4,18%). Genau wie ihre Konkurrenten pasteurisieren die beiden tasmanischen Brauereien nur ihr Flaschen- und Dosenbier.

Die meisten australischen Brauereien bringen eine ganze Reihe von Marken heraus, obgleich die Unterschiede zwischen den einzelnen Bieren eines Unternehmens sehr gering erscheinen. Überdies geht man mit den Bezeichnungen erstaunlich sorglos um. So kann *„Ale"* auch mal ein obergäriges Bier sein; meist ist es aber ein *Lager*, wie auch das *„Bitter"* mit seiner eher betonten Hopfengabe. *„Draught"*, also Faßbier, ist vermutlich früher nur vom Faß gezapft worden; heute ist es jedoch auch in Flaschen und Dosen zu haben. Obgleich die großen Brauereien ihre Biere über weite Gebiete vertreiben, ist der Absatz doch meist auf die einzelnen Staatsgebiete ausgerichtet.

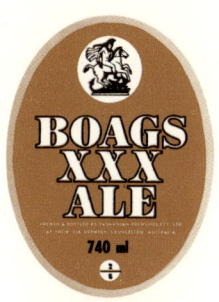

Der Wasserfall vom Mount Wellington auf Tasmanien ziert das Etikett des Blue Label auf der Insel, die den beiden Brauereien nur einen kleinen Markt, aber dafür edlen Hopfen und auch Gerste direkt vor der Tür zu bieten hat.

Größe der Biergläser

Die Größen der Gläser für den Bierausschank variieren, obgleich vom Gesetz festgelegt, ebenso beträchtlich wie ihre Namen. Mag die Mode auch wechseln und manche liebe Gewohnheit schwinden, die Biertrinker geben noch immer seltsam anmutende Bestellungen auf, und von Staat zu Staat klingt alles wieder anders:

Queensland: Am beliebtesten: Small Beer (5 U. = 0,142 l) und Beer (8 U. = 0,228 l). Ein Port hat zehn Unzen (= 0,284 l).
Neusüdwales: Kleine Gläser wie Pony (5 U.) oder das Glass (7 U. = 0,2 l); beliebter das Middy des Geschäftsmanns (10 U.) und der Schooner des Arbeiters (15 U. = 0,427 l); dazu noch die Pint (20 U. = 0,569 l).
Victoria: Hier hat das Small Glass oder Pony nur 4 Unzen (= 0,134 l), doch öfter gibt es ein Glass (7 U.) oder ein Pot (10 U.).
Tasmanien: Hier benennt man die Gläser nach dem Inhalt in Unzen: ein Vier, ein Sechs (= 0,17 l), ein Acht und ein Zehn.
Südaustralien: Hier heißt das Sechs-Unzen-Glas Butcher und der Schooner hat neun Unzen (= 0,256 l). Seltener ist die Reputed Pint (¾ Pint = 15 Unzen).
Westaustralien: Hier gibt es das Pony (4 U.), öfter aber das Glass (5 U.) und das Middy (7 U.). Ein Pot kann 10, 15 oder auch 20 Unzen (= 1 Pint) haben.

In manchen Gegenden sind die Gläser nach der Form benannt: So das „Ridged" („Gewellt"), „Super" („Riese"), „Tavern" („Schankglas") und die reizende „Lady's Waist" („Damentaille"). In Neusüdwales müssen jetzt nach dem Gesetz die Gläser nach dem Gebrauch sterilisiert werden, so daß man sich praktisch nicht mehr nachschenken lassen kann, sondern ein neues Glas nehmen muß. In Bars und Klubs schenkt man das Bier oft entsetzlich kalt aus, mitunter mit einer Temperatur von wenig mehr als zwei Grad, also viel zu kühl für jemand, dem an dem Geschmack des Bieres liegt. Doch es erscheint ratsam, darüber nicht mit dem Wirt zu diskutieren. Cyril Pearl ist vielleicht zu weit gegangen, als er sagte, alle Wirte würden ihre Gäste schroff und abweisend behandeln, doch auch das „schwache Geschlecht" an der Theke kann recht grob werden, wenn man besondere Wünsche äußert. Die australischen Brauereien empfehlen übrigens eine Trinktemperatur von 5,6°C, doch Pearl ist noch immer skeptisch, ob dies den Australiern wirklich recht ist. Temperiert man das Bier so, daß man das würzige Aroma kosten kann, dann würde sich ein Australier bestimmt damit rasieren.

Südaustralien

Für den wahren Bierfreund stellt sich kaum die Frage, welche australische Brauerei die interessanteste ist. Die lobende Anerkennung gebührt der Adelaider Braustätte von Cooper & Sons.

Dies ist die einzige noch bestehende Familienbrauerei Australiens. Ihr größter Stolz ist ihr naturgereiftes obergäriges Sparkling Ale. Dem Bier scheint dieser Name kaum angemessen, denn sein starker Hefesatz läßt es eher trüb aussehen. Aber gerade diese hefige Trübung, die weniger erfahrene und vom klaren *Lager* verwöhnte australische Biertrinker eher abschreckt, lieben die Bierkenner besonders. Coopers Sparkling Ale gärt und reift in Holzfässern, hat eine charakteristische Hopfengabe und einen Alkoholgehalt von 4,25 Gewichtsprozent. Es ist natürlich nicht pasteurisiert und nur in der Flasche mit dem typischen roten Etikett zu bekommen. Ein weniger starkes (3,80%) Light Dinner Ale, ebenso gebraut, ist am grünen Etikett zu erkennen. Und ein drittes derart gebrautes und naturgereiftes Bier ist Coopers süßliches Extra Stout mit dem starken Alkoholgehalt von 5,5 Gewichtsprozent. In ihrer Werbung stellt die Brauerei fest, daß einige Australier es wie „Black and Tan" trinken oder dazu etwas weniger Bier nehmen, um einen „Black Dash" zu erhalten. *Stout* mit Limonade ist als „Porter Gaff" bekannt, und Cooper weist darauf hin, daß seine dunklen Biere ein wunderbares „Black Velvet" abgeben.

So bringt Cooper etwas Farbe in Australiens Brauwirtschaft, und das auch in anderer Hinsicht, wie zum Beispiel mit seiner prächtigen Angewohnheit, jedes Jahr ein *Schützenfestbier* zum Karnevalsfest des Deutschen Klubs in Südaustralien herauszubringen. Jedes Jahr entschließt man sich dafür zu einem anderen Biertyp. Erweist er sich als erfolgreich, wird er für gewöhnlich auch weiter beibehalten. Das ist gewiß eine reizende Art, eine neue Marke zu kreieren, auch wenn sie Marketing-Strategen nicht zusagt. Das *Schützenfestbier* von 1974 war das Big Barrel Lager, ein eher süßes, kupferfarbenes Bier, das jetzt für den Verkauf gebraut wird. Big Barrel, das trockenere Gold Crown und das DB (Diätbier) sind alle untergärige und pasteurisierte Biere mit 3,8 Gewichtsprozent Alkohol. So gewinnt Cooper nicht nur Lob und Anerkennung für seine obergärigen *Ales*. Sein Gold Crown wird als Australiens bestes untergäriges Bier angesehen.

Thomas Cooper, Einwanderer aus Yorkshire, gründete 1862 das Unternehmen, das noch heute von seiner Familie geleitet wird. Im Jahr seines hundertjährigen Bestehens erwarb die South Australian Brewing Company einen Anteil von 25 Prozent und Cooper wurde in eine Aktiengesellschaft umgewandelt. Die South Australian Brewing Company, ebenfalls an der Börse notiert, ist Adelaides zweites Brauunternehmen. In der Stadt besitzt sie zwei Braustätten, in Southwark und West End. Dort braut sie pasteurisierte untergärige Biere und benutzt beide Ortsnamen als ihre Marken. Das Southwark-Bier ist etwas herber als das aus West End; Premium ist ein angenehm appetitanregendes Bier mit einem Alkoholgehalt von 3,45 Gewichtsprozent; das *Pilsener* mit dem ungewöhnlich niedrigen Alkoholgehalt von 2,5% wird meist zum Essen getrunken. Und ein dunkleres Export ist für den Markt der jetzt eingestellten Broken Hill Brauerei bestimmt.

Hefemassen vom obergärigen Ale im Holzfaß. Bei Cooper scheint die Zeit stillzustehen, man braut Biere, die oft verkannt werden, weil man sich nicht mehr an die alten Zeiten erinnert.

Victoria

Die Vorstellung vom ständig durstigen Australier wird noch von seinem unaufhörlichen Verlangen nach einem besonderen Bier verstärkt, „einem eiskalten Foster". Das ist wahrscheinlich das australische Bier, das in der Welt am besten bekannt ist. Als eins von etwa zehn Bieren des *Lager*-Typs wird es in Victoria von C.U.B. in den Braustätten in Carlton, East Melbourne, Abbotsford, Geelong und Ballarat hergestellt.

Fünf dieser Marken haben mit 3,9 Gewichtsprozent den gleichen Alkoholgehalt. Man hält sie auch sonst für identisch, was jedoch nicht zutrifft. Die Unterschiede sind nämlich sehr fein. Charakteristisch für Foster ist sein voller malziger Körper, sein süßer Geschmack und die eindeutig helle Farbe. Carlton Crown Lager ist recht ähnlich, aber Abbots (aus Abbotsford) ist im Geschmack mehr ausgeglichen. Trotz seines Namens ist Victoria Bitter ein *Lager*, doch von leichterer Würze und dunklerer Farbe. Auch Melbourne Bitter ist ein *Lager*, doch entspricht sein Geschmack eher dem Namen.

Von C.U.B. gibt es in Victoria drei *Lagers*, doch mit deutlichen Unterschieden in den Ge-

Seit 1926 erscheint Ballarat Bertie auf den Etiketten seines Bieres und auch weiterhin, als die C.U.B. 1958 die Brauerei übernahm. Erst 1972 verschwand sein Bild, weil sich die C.U.B. ein neues Image geben wollte. So groß war die Empörung darüber, daß er zwei Monate später wieder da war.

schmacksrichtungen. Sehr schwer und voller Aroma ist das Malt Ale (3,82%), angenehm trocken das Diätbier (Dietale) und frisch, spritzig, hopfen- und kohlensäurereich das *Pilsner*. Etwa in der Mitte steht das normale Bier der Gruppe, Carlton Draught (3,97%) mit niedrigem Malzgehalt, mittlerer Bittere und einer leicht volleren Farbe als die übrigen Biere; Double und Invalid Stouts stehen noch immer auf der Produktionsliste des Unternehmens, doch wird für sie kaum noch geworben, so daß

sie langsam vom Markt verschwinden.

Nur zwei neue Brauunternehmen haben in diesem Jahrhundert in Victoria den Betrieb aufgenommen. Eines davon hat inzwischen wieder aufgegeben. Das zweite, Courage Australia, scheint ganz erfolgreich zu sein. Zum Teil gehört es dem britischen Brauunternehmen gleichen Namens, zum Teil der Australian Allied Manufacturing and Trading Industries Ltd., während 25% der Aktien an der Börse gehandelt werden. Nach gründlicher Marktfor-

Sechs Clydesdale-Pferde stehen noch immer bei der C.U.B. im Stall. Sie heißen nach den Bieren des Unternehmens. Wie „Vic" (Victoria) und „Foster". Im Sommer kann man ein Gespann mit einem Bierwagen in den Straßen von Melbourne sehen. So pflegt man die Tradition und wirbt für das Bier. Vor allem aber führt man die Pferde bei Festen vor. Das Gespann oben zog in den dreißiger Jahren einen Wagen bei Melbournes jährlichem „Moomba"-Festzug am Labour Day.

"CARLTON"

schung wurde Courage Australia 1966 gegründet und 1968 begann man in der Nähe von Melbourne zu brauen.

Australiens jüngste Braugesellschaft hat einige interessante Biere herausgebracht. So eifert ein, wenn auch untergäriges Bier, dem Original-*Colonial*-Typ nach. Dieses Old Colonial, schwer und gut ausgereift, mit eher süßem Geschmack, der freilich durch die in Australien üblichen Trinktemperaturen gedämpft wird, hat die rötliche Farbe einiger englischer *Pale Ales.* Trockener und auch leicht fruchtiger folgt Courage Draught mehr der *Dortmunder* Geschmacksrichtung, allerdings wird der deutsche Biertrinker wenig Ähnlichkeit zu seinem Dortmunder erkennen. Ebenso wird auch der Ehrgeiz des Crest Lager, einen Pilsener Geschmack zu bieten, durch die bescheidene Hopfengabe in Schranken gehalten. Dennoch sind alle diese Biere mit einem Alkoholgehalt von 3,9 Gewichtsprozent trotz der ungenauen Bezeichnungen recht angenehme Biere. Ein stärkeres *Lager* (4,4%), ziemlich trocken und schon etwas scharf, trägt den verwirrenden englisch klingenden Namen „Tankard Bitter".

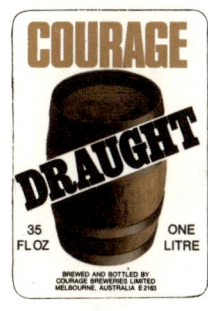
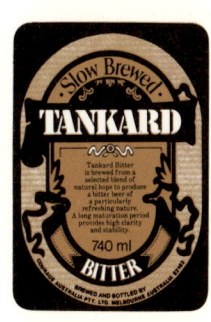

Jeden Tag kam der Bergmann Sam Griffin um 11 Uhr morgens ins Hotel in Walsh Creek, Victoria, zu seinem Glas Carlton. Ein junger Maler porträtierte ihn und die Brauerei kaufte später das Bild. Solche Tradition kann Courage – trotz seines „Tankard" und Ales von 1770 – nicht aufweisen.

Neusüdwales

Der Hirsch erschien schon auf Flaschen, bevor Toohey 1902 dieses Markenzeichen anmeldete. Sein Ursprung ist dunkel. Heute ist Tooheys Stag (Hirsch Lager) sein Premium-Bier. So überlebte der Hirsch auch neben dem Hunter (Jäger Ale).

Bergleute haben seit jeher eine Vorliebe für herzhafte Biere. Und so wundert es nicht, daß die Grubenarbeiter auch in Newcastle dazu beigetragen haben, daß das tiefbraune obergärige Ale aus der dortigen Hunter-Brauerei so beliebt ist. Hunter Ale, ein gut vergorenes, doch fruchtiges Bier mit 3,41 Gewichtsprozent Alkohol, ist auch als Toohey's Old zu haben, denn die Hunter-Brauerei gehört zu Toohey in Sydney, die noch eine Braustätte in Grafton, Neusüdwales hat. Ein weiteres dunkles Bier, in seinem Farbton eher wie Bronze, wird von Toohey unter der Marke Flag Ale (mit 3,54%) herausgebracht, unter der Flagge also, die ursprünglich über der Standard-Brauerei in Sydney flatterte.

Außer diesen dunklen Bieren braut Toohey noch drei *Stouts,* so das ziemlich gut gehopfte *Sweet Stout* mit dem Miller-Etikett (Miller wurde 1967 erworben), ein mittleres Oatmeal Stout und ein Guinness; ferner gibt es bei Toohey ein goldfarbenes süßliches Bier des *Lager*-Typs mit der Marke New Special Draught (3,48), sowie ein süßes, aber gut gehopftes Pilsner (3,53). Das Premium-Produkt der Gruppe ist das schwere Stag Lager (3,92). Mit Millers Etiketten ist eine Serie von malzigen, aber trockenen *Lagers* zu haben, darunter auch das Diabetiker-Bier Hi-Lo, die alle einen Alkoholgehalt um 3,65 Gewichtsprozent aufweisen.

„*Old Ale*"wurde von den Biertrinkern so genannt, als die untergärigen Biere populär wurden. Das „alte" Bier, das von Tooth, der anderen Brauerei in Sydney, mit 3,84 Gewichtsprozent Alkohol hergestellt wird, ist bekannter als XXX („Three-X"). Außerdem bringt Tooth auch ein herbes Sheaf Stout und ein helles, gut gehopftes *Lager* (mit 3,9%) heraus, das als D.A. (Dinner Ale) verkauft wird. Im Ausschank gibt es von dieser Brauerei ein Bier vom *Lager*-Typ, das Special New (mit 3,69%) und sein reguläres *Lager* mit 3,94% Alkoholgehalt.

Tooth ist seit 1929 im Besitz der Resch-Marken und hat unter diesen Namen einige sehr angenehme hopfenstarke *Lagers* zu bieten. Das beliebteste KB (3,76%) ist nach der Kent-Brauerei des Unternehmens benannt. Der Firmen-Gründer, John Tooth, kam 1830 aus der englischen Hopfen-Grafschaft Kent, und das Schimmel-Emblem von Kent dient noch immer als Symbol der Gesellschaft. Tooth ist sehr traditionsbewußt und erinnert gern daran, daß der Schimmel von Kent aus der Kriegsstandarte der beiden Anführer der Angelsachsen Hengist (Hengst) und Horsa (Stute) stammt, die vor über 1400 Jahren in England einfielen. Seine australische Heimat muß der Schimmel heute allerdings mit einem recht schottisch anmutenden roten Löwen teilen, der einst das Symbol der Biere von Resch war.

Alte Posters und Anzeigen sind heute gesuchte Sammlerobjekte. „K.B." ist nach wie vor das Zugpferd der langen Markenreihe von Tooth und in Sydney das meistverkaufte Bier. Auch in Australien entwickelt sich ein Sinn für stilgerechte Gaststätten. Dieses Hotel von Sir William Wallace befindet sich in Balmain, Neusüdwales.

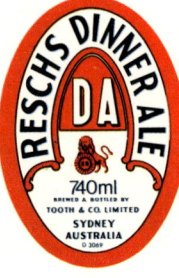

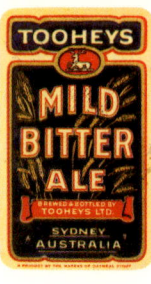

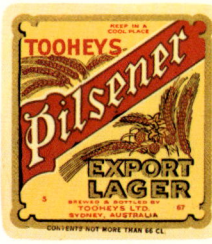

Queensland

Trinkfreudige Sportsfreunde können in Brisbane auf ein klassisches Rennpferd anstoßen, auf das die Stadt heute noch stolz ist. Für eine solche Gelegenheit kommt natürlich nur ein Glas Carbine in Frage, ein *Bitter Stout*, das nach diesem Pferd benannt worden ist und zu den recht süffigen Bieren der örtlichen Brauerei von Castlemaine Perkins gehört.

Diese Brauerei braut nur eine kleine Zahl von Biersorten. Dafür hat sie aber der Brauwirtschaft recht originelle Markennamen beschert. So ist Carbine nach einem Pferde benannt, das aus einer Zucht in Neuseeland stammte, aber meist in Australien startete. Es gewann 33 von 43 Rennen und kam bei allen Starts außer einem, bei dem es lahmte, auf einen der vorderen Plätze. 1890 gewann Carbine den Melbourne Cup in der damaligen Rekordzeit von drei Minuten und 28,25 Sekunden. 60 000 Dollar wurden auf dieses Pferd gesetzt, ein Betrag, der 25 Jahre lang nicht mehr überschritten wurde. Schließlich wurde Carbine für 26 000 £ an das Gestüt des Herzogs von Portland verkauft, und drei Generationen der Nachkommen gewannen in den zwanziger Jahren das Derby in England.

Leider sind einige andere farbige Markennamen, wie sie Castlemaine Perkins prägte, im Laufe der Jahre wieder verlorengegangen. So ist das Nurse Stout verschwunden und auch das Emerald Stout gibt es nicht mehr. Boar Stout

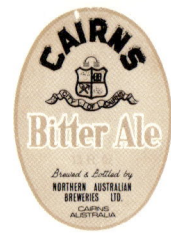
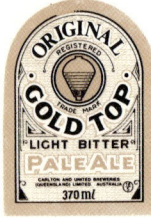

Unter den C.U.B.-Bieren in Queensland ist auch ein leichtes Lager mit dem bürgerlichen Namen Brisbane Bitter für den Markt der jungen Leute. Auf dem Etikett ist die Story Bridge, das Wahrzeichen der Stadt zu sehen.

wurde von dem Rennpferd vertrieben. Übrig blieb nur Mr. Fourex, die Personifizierung von Castlemaine's schwerem XXXX Bitter Ale, einem goldfarbenen *Lager* mit 3,9 Gewichtsprozent Alkohol, Brisbanes beliebtestes Bier.

Dort gibt es auch eine ganze Reihe von Bieren, u. a. auch ein Melbourne Bitter, aus einer C.U.B. Brauerei. In Cairns, weiter im Norden, braut eine C.U.B. Brauerei Cairns Bitter Ale und NQ(Nord-Queensland)-Lager, um den tropischen Durst nördlich des Wendekreises des Steinbocks zu stillen.

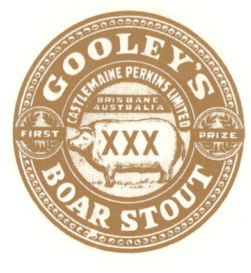

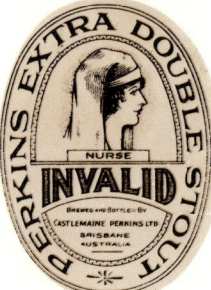
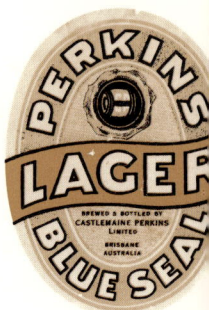

West-Australien

In Queensland ist die Bierauswahl klein, doch persönliche Verbundenheit macht dies wieder wett. Jeder in Brisbane kennt Mr. Fourex, das Symbol des Haupterzeugnisses der Brauerei der Stadt. Und keiner könnte je das Rennpferd Carbine vergessen. Am 5. November 1890 brachte die Tageszeitung „Melbourne Age" die Zeichnung unten mit einem über viele Spalten gehenden Bericht. „Nie gab es im australischen Rennsport so etwas wie Carbines phänomenalen Sieg." So groß war die Begeisterung der Zuschauer, daß die Polizei den Rennplatz räumen mußte. Carbine war der „Liebling der Leute, das größte Pferd, das jemals in Australien zu sehen war". Man pries den Mann, der Carbine nach Australien gebracht hatte, einen gewissen Mr. D. O'Brien, und den Eigentümer des Pferdes, einen „ehrenwerten und rechtschaffenen Sportsmann". Vielleicht ist es Carbines Pech, nur auf dem Etikett eines Bieres zu erscheinen, das wenig Anklang findet. Es wäre schade, wenn solch ein Sieger in der Zukunft unter Bieren zu leiden hätte, die weniger Farbe, Eigenart und Charakter besitzen.

Westaustraliens Symbol, der schwarze Schwan, ist der Welt vor allem von Bierdosen her bekannt. Die Swan Brewery Company in Perth, 1887 gegründet und heute das einzige Brauunternehmen Westaustraliens, hat sich nämlich schon seit langem dem Export verschrieben. Neben Swan Lager, Swan Draught und dem Premium-Bier Swan Special Bond braut es noch ein Bier, mit dem es dem anderen einheimischen Vogel des Landes seinen Respekt bezeigt, dem Emu Export Lager. Alle diese Biere haben einen Alkoholgehalt von 3,85%. Emu Bitter ist ein trockenes *Lager* mit einem Alkoholgehalt von 3,6%. Die Emu-Brauerei, deren Geschichte bis 1837 zurückreicht, ist jetzt die Hauptbrauerei der Gesellschaft; die Swan-Brauerei dient heute vor allem der Gärung und Lagerung. Über eine weitere Brauerei im gleichen Staat verfügt das Unternehmen in Kalgoorlie, wo unter der Marke Hannan ein *Stout* und ein *Lager* gebraut werden.

Swan ist ein vielseitiges Unternehmen und nicht nur in der Getränkeindustrie und im Hotelgewerbe, sondern auch im Rundfunk und Fernsehen engagiert. Seine Biere werden auch in Gemeinschaft mit der San Miguel Gesellschaft in der früheren Territory United Brewery von Papua Neuguinea hergestellt.

Als der Kupferstich Ende des 19. Jahrhunderts entstand, hatte das Unternehmen noch 36 Wettbewerber im Bundesstaat. Heute hat es keinen mehr. Sogar der Emu gehört dem Schwan.

Swan besitzt auch Hannan. Das „K" bedeutet Kalgoorlie. Swan und San Miguel werden beide in der gemeinsamen Brauerei in Port Moresby gebraut. Swan betreibt auch in Darwin eine Brauerei zusammen mit C.U.B.

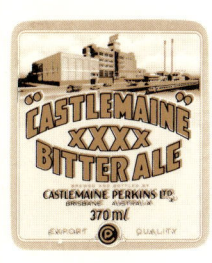
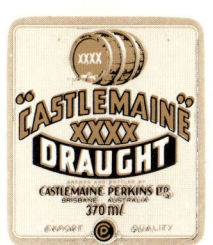

Neuseeland

Kapitän Cook braute im Jahr 1773 Neuseelands erstes Bier. Gleich nach seiner Landung bei Dusky Sound an der Südwestecke der Südinsel machte er „einen starken Sud aus kleinen Fichtenzweigen und Teepflanzen, indem er sie drei bis vier Stunden kochte". Dann fügte er, wie aus seinem Tagebuch hervorgeht, Melasse hinzu und ließ die Mischung mit Hefe gären. Nach ein paar Tagen hatte er dann ein nach seiner Meinung recht trinkbares Bier. Mag dieses Gebräu auch nicht appetitlich gewesen sein, so bewahrte es doch seine Mannschaft vor dem gefürchteten Skorbut. Dafür wurde ihm in England die Goldmedaille der Royal Society verliehen.

So begründete der Entdecker, der aus der großen Biergrafschaft Yorkshire stammte, Neuseelands Biertrinkertradition, lange bevor die Inseln überhaupt richtig besiedelt wurden. Seitdem ist der Bierkonsum, wenn auch nicht ohne schwere und ereignisreiche Auseinandersetzungen, beträchtlich gewachsen. Die Erben des Entdeckers haben ihrem Land zu einem Platz unter den ersten sechs biertrinkenden Nationen der Erde verholfen, noch vor Dänemark, Irland und Großbritannien. Und dennoch gibt es auf den Inseln noch immer einige „trockene" Gebiete aus der Zeit der Prohibition.

In Neuseeland meldeten sich nämlich schon früh die Abstinenzler zu Wort. Bereits 1835 gab es eine „Nüchternheitsbewegung", obwohl die eigentliche Besiedlung erst 1840 begann. Die Eiferer durchsuchten die Schiffe, schütteten den Rum ins Meer, Menschen wurden mit Musketen bedroht, geteert und gefedert – doch die Errichtung von Braustätten war nicht aufzuhalten. In weniger als 50 Jahren entstanden 89 Brauereien, die meisten auf der Südinsel für die durstigen Goldgräber. Doch der Wettbewerb und die allgemeine Rezession ließen bis zum Anfang des Jahrhunderts nur noch ein Dutzend ernst zu nehmender Unternehmen übrig. Zehn von ihnen schlossen sich zusam-

Schon 1907 brachte die Captain Cook-Brauerei in Auckland ihr Bier gefiltert, pasteurisiert und mit Kohlensäure angereichert heraus.

men. Diese Gesellschaft, die New Zealand Breweries, ist heute eine der drei großen Braugruppen. So wurde die Entwicklung und die Struktur der modernen Brauindustrie in Neuseeland im wesentlichen von der Abstinenzlerbewegung bestimmt.

Da die Frauen in der vordersten Front für die Prohibition kämpften, wurden Gastwirte und Brauer zu den großen Gegnern des allgemeinen Stimmrechts. Um 1890 hatte die Christliche Frauenbewegung erstaunlich großen Einfluß, und die Zukunft der Brauindustrie war noch um 1920 recht ungewiß. Die Vorkämpfer für die Prohibition setzten alle drei Jahre regelrechte Abstimmungen über die Konzessionsbestimmungen in den einzelnen Orten durch. Von 1894 bis 1910 wurden keine Ausschankgenehmigungen mehr erteilt und 25% der bestehenden zurückgenommen, wodurch nicht nur ganze Bezirke auf dem Lande, sondern auch wichtige städtische Gebiete trockengelegt wurden. Wie in Großbritannien gab es auch hier ein halbes Jahrhundert die Streitfrage „verboten" oder „erlaubt". Im Mutterland einigte sich das Unterhaus auf Beschränkungen, doch das Oberhaus war dagegen. In Neuseeland wollten aber die Einwanderer eine neue Gesellschaft ohne den Alkoholdunst, der das explosive Wachstum der Industriestädte auf den britischen Inseln begleitet hatte. Wie in England wurde auch hier die Abstinenzlerbewegung vor allem von Protestanten, aber auch von schottischen und walisischen Volksgruppen betrieben.

Bei der Abstimmung von 1914 waren 49 Prozent für die Prohibition. Nach dem Ersten Weltkrieg setzten es die Abstinenzler durch, daß sich das Volk „ein für allemal" entscheiden sollte. Als die Stimmen gezählt wurden, schien das Alkoholgewerbe geschlagen zu sein – bis dann die Stimmen der Soldaten dazukamen. Im Endergebnis waren 51 Prozent für die Beibehaltung der geltenden Regelung, denn die Soldaten hatten sich mit großer Mehrheit für den Alkohol entschieden.

So hatte das Bier schließlich gewonnen. Doch es war ein Pyrrhussieg. Nach der Konzentration der zehn Brauereien war die Bierauswahl für den Biertrinker drastisch beschnitten worden. Die Brauer hatten bei ihrem

Kampf gegen die Prohibition vor allem auf das Verhandlungsgeschick ihrer Lobby gesetzt, und noch heute ist in der Industrie ein Hang zu solch defensiver Denkweise festzustellen. Aus dem gleichen Grunde blicken auch die Biertrinker, die nur noch unter drei Braugruppen wählen können, mit gewissem Mißtrauen auf die „Bierbarone". Neuseeland hat über drei Millionen Einwohner, das Verhältnis von Brauereien zur Bevölkerung ist somit besser als in vergleichbaren Ländern. Dennoch hat ein Neuseeländer weit weniger Biere, unter denen er wählen kann, als die Biertrinker in anderen Ländern.

Die ersten *Colonial*-Biere in Neuseeland waren denen in England ähnlicher als die australischen. „Wir müssen anerkennen, daß die Neuseeländer ein erstklassiges Flaschen-*Ale* herstellen", schrieb August J. Metzler vom Wissenschaftlichen Institut für Brauereiwesen in Sydney im Jahr 1900. Weiter berichtet er, daß das Bier sechs bis acht Monate im Faß gelagert wurde, bevor es in den Ausschank gelangte oder in Flaschen abgefüllt wurde. Anscheinend waren die Biere sehr malzig, und da sie ohne Klärmittel in Flaschen gefüllt wurden, ließ man sie darin über vier Monate weiter gären. Doch selbst dann waren sie kaum ganz klar.

Im gleichen Jahr, 1900, wurde das erste *Lager* gebraut. Hierzu holte Moss Davis, der Besitzer der Captain Cook Brauerei, den Schweizer Brauer Conrad Breutsch nach Neuseeland.

Die Biere von heute sind das Ergebnis eines merkwürdigen Kompromisses: Viele von ihnen, insbesondere im Ausschank, haben die durchscheinende Kupferfarbe des traditionellen *Ale,* doch sind sie untergärig gebraut. Die Farbe wird meist durch Zugabe von Karamel erzielt.

Die Captain Cook Brauerei ging in den New Zealand Breweries auf, ebenso wie die andere Braustätte in Sydney, die Lion Brauerei, deren Namen noch mal zu neuem Leben erwachte, als die New Zealand Breweries 1972 mit großem Werbeaufwand eine „nationale Marke" einführte. Die Symbole von Lion erschienen überall auf Theken und Lastkraftwagen, und bekannte Sportler wurden zur Verkaufsförderung eingesetzt. Alte eingeführte Marken behielt man allerdings bei. Ihre Braustätten hat die New Zealand Breweries auf der Nordinsel in Auckland, Hamilton, Palmerston-North und Wellington; auf der Südinsel in Christchurch und Dunedin sowie in Southland. Lion Brown und Lion Red sind süße kupferfarbene Biere mit einer Dichte von 1036. Sie haben ein leichtes Aroma, viel Kohlensäure und werden ziemlich kalt (1–3 °C) serviert. Erst nach umfangreichen Tests und Befragungen ist man zu dieser typischen Art gekommen. Daneben gibt es noch das hopfenreichere und stärkere (1045) Lion Super mit der goldenen Farbe. Ein *Mild* und ein *Sweet Double Stout* (beide mit 1036) unter eben diesen Markennamen runden das Angebot ab. Ähnliche Markenbiere sind unter dem Namen Red Band zu haben, das ursprünglich eines der beliebtesten Biere in Wellington war und auch unter dem Namen Speight in Dunedin läuft. James Speight war aus Yorkshire eingewandert und hatte 1876 zu brauen begonnen.

Bavarian (1036, süß, kupferfarben) war einst das Ortsbier der Christchurch-Brauerei, jetzt aber hat es viele Anhänger im ganzen Land. Das Bier von Ward, ebenfalls aus Christchurch, ist ähnlich. Waikato Draught (1039) und Waikato 4X (1036), beide gut gehopft und kupferfarben, stammen aus der Brauerei in Hamilton. Das Bitter Bier, das in Southland hergestellt wird, ist in Wahrheit süß wie auch das „Pilsner". Das stärkste Bier der New Zealand Breweries ist Steinlager, ein schweres, wohl ausgewogenes, goldfarbenes Gebräu mit einer Dichte von 1052.

Auf die ganze Gruppe entfallen 60 Prozent des Marktes, dazu noch ein Anteil an der ältesten, aber kleinsten Brauerei Neuseelands, Leopard, die recht unabhängig in Hamilton betrieben wird. Die beiden anderen Inhaber von Leopard sind Heineken und die Malayan Breweries. Als sie 1956 die Gesellschaft erwarben, stand diese vor ihrem Ende. Doch heute ist sie wohl die unternehmungslustigste aller neuseeländischen Brauereien.

Wie in Australien gab es auch in Neuseeland eine frühe Sperrstunde. Heute, nach einer Volksabstimmung hält man allgemein von 11 bis 22 Uhr offen. Den Sechs-Uhr-Trunk pflegte man in den primitiven und überfüllten Bars einzunehmen, wie sie damals in Neuseeland die Regel waren. Vielleicht weil man sich dort so schnell wie möglich und schon fast mechanisch betrank, nannte man diese Lokale zynisch „Maschinenräume".

Die kleine Leopard-Brauerei hatte keine Vertragslokale und suchte daher andere Absatzwege, sie beliefert vor allem Restaurants und Supermärkte. Damit hat sie sich einen etwas eigenwilligen Namen gemacht. In Neuseeland führte Leopard das Dosenbier und das kalorienarme Bier ein. Die Hälfte seiner Marken (Export, DeLuxe, Leopard Lager) wie auch das dunkle „Strong" haben eine Dichte von 1045; Continental Lager, das dunklere Premium Draught, Black Velvet (Sweet Stout) und LoCal haben 1036. Exportiert werden Leopard-Biere nach Samoa, den Cook-Inseln, nach Tonga, den Fidschi- und Norfolk-Inseln und den Neuen Hebriden, aber auch nach England und Amerika. Die Verbindung mit Heineken (und über Heineken zu Whitbread) kommt dem Export zugute. Die Brauerei benutzt Hefe, die von Heineken geliefert wird, und braut schichtweise mit sechs Wochen Lagerzeit. Die beiden anderen Gruppen bedienen sich dagegen der fortlaufenden Gärung.

Die dritte Gruppe ist mit 34 Prozent Marktanteil die Dominion Breweries, auch als „DB" bekannt. Sie ist von allen drei die konservativste und charakterisiert am besten die noch aus der Abstinenzzeit überkommene Einstellung. Sie hat weniger Marken als die New Zealand Breweries. Am meisten Anklang findet ihr Dominion Bitter. Daneben gibt es Waitema, Diploma und Tennent, das in Lizenz der Scottish Brewery hergestellt wird. „DB" hat vier Braustätten; weitere drei hat sie aufgekauft und stillgelegt. Ihr Absatz stützt sich im wesentlichen auf vertraglich gebundene Lokale, zu denen sie immer mehr neue hinzukauft. Dominion soll übrigens die fortlaufende Gärung „erfunden" haben, was eine recht fragwürdige Errungenschaft zu sein scheint.

233

Asien

In Hongkong gibt es nur die San Miguel-Brauerei. Das moslemische Indonesien (ganz unten) hat sogar drei Braugesellschaften. Doch in vielen Moslem-Ländern Asiens wird Bier gebraut, angeblich für christliche Minderheiten und Touristen.

Und über allem lastete der Durst, der große Durst nach einer Flasche erquickenden Tiger-Biers oder Bier von Anchor oder Carlsberg . . .

Der Tiger von Singapur, *Singha,* der legendäre Löwe sowie der Wolf mit der roten Zunge von Thailand, *Kirin,* das Drachenpferd Japans, das geflügelte Pferd von Bangalore, der goldene Adler des Himalayas, die Bulldogge von Malaysia und die Katze von Hongkong – eine bunte Tierwelt beherrscht die Cafés und Bars, die Nachtklubs, Frisier- und Massage-Salons im Fernen Osten.

Am berühmtesten ist der Tiger. Dazu mag freilich das Buch *Zeit für einen Tiger* von Anthony Burgess beigetragen haben. Ganz gewiß hat aber das Bier dem Verfasser geholfen. Denn *Zeit für einen Tiger* war seit 1946 der Werbespruch dieses Bieres und erst auf seine Bitte hin erhielt Burgess die Erlaubnis, ihn als Titel für sein Buch zu benutzen. Daher triefen die Seiten seiner Triologie förmlich von Bier, dem Bier, das nicht nur Burgess, sondern auch Somerset Maugham in Singapur getrunken hat. In der Kolonialzeit war es das Getränk der britischen Streitkräfte wie Jahrzehnte danach „33" für die amerikanischen Truppen in Vietnam. Und bis heute hat der Tiger von seiner Kraft nichts eingebüßt. Dieses berühmte Bier wird nicht nur in Singapur, sondern auch in Kuala Lumpur in Malaysia als *Pilsener*-Typ mit 4 Gewichtsprozent Alkohol gebraut. Tiger-Bier ist international recht bekannt, doch steht es in seiner Heimat hinter dem Anchor-Bier zurück, das ebenfalls von beiden Brauereien hergestellt wird. Anchor hat die gleiche Stärke wie Tiger, ist aber weniger gehopft. In Singapur, wo die Pflege des Bieres leicht zu überwachen ist, kommen beide Biere unpasteurisiert zum Ausschank.

Tiger & Co. kam nur durch einen Zufall nach Singapur. Als die niederländische Kolonialregierung Heineken 1929 nicht erlaubte, in Java eine Brauerei zu errichten, wandte sich Heineken nach Singapur und gründete dort zusammen mit der Firma Fraser & Neave, die alkoholfreie Getränke vertrieb, die Malaysian Breweries. Auch Carlsberg wird in Malaysia gebraut, wo die dänische Gruppe eine Tochterbrauerei hat. Dort stellt man nach *Pilsner* Art das Carlsberg Green Label mit einer ähnlichen Dichte wie andere Biere am Ort und daneben das viel stärkere Carlsberg Special mit etwa 6,6 Gewichtsprozent Alkohol her. Gold Harp Light Special, ein recht passables Bier, rein aus Malz, wurde 1975 als Nachfolger von Gold Harp Lager Beer herausgebracht. An den Theken in der Stadt ist das Bier als „Goldie" bekannt. Gold Harp kommt aus einer Guinness Tochter-Brauerei der Stadt, die auch ein ausge-

zeichnetes Guinness braut, das „Foreign Extra Stout", ein Bier mit beträchtlicher Stammwürze und einem Alkoholgehalt von mindestens 6,25 Gewichtsprozent. Das ist eines der ungewöhnlichsten Biere der Welt, denn in ihm vereinigen sich gehaltvoller Körper und malziger Röstgeschmack mit scharfer Herbheit. Seinem vollen Körper verdankt es den Ruf eines gesunden, kraftspendenden Biers, während seiner Herbheit die besonders durstlöschende Wirkung zugeschrieben wird. Alle Guinness-Biere in Südostasien werden in dieser Art des „Foreign Extra Stout" gebraut.

Die Chinesen, die in diesen Ländern leben, sind besonders große Biertrinker und in den Monaten August und September und zu Neujahr muß der Ausstoß immer erhöht werden. *Stout* gilt als gesund, manchmal auch als Aphrodisiakum. Es verschönt die Haut, heißt

es in Laos, und deshalb wird es mitunter in das erste Bad des Neugeborenen gegossen. Und nach der Yin- und Yang-Lehre soll das *Stout* „erhitzen" und das *Lager* „abkühlen".

Bitter Stout ist in diesem Teil der Welt bekannt und beliebt, seit es erstmals Ende des 19. Jahrhunderts über Liverpool aus Dublin eingeführt wurde. Die verschiedenen Exporteure pflegten die Flaschen mit Tierbildern zu versehen. So war Guinness am Wolfskopf, auch „rotzüngiger Hund" genannt, zu erkennen. Auf der Malaysischen Halbinsel wetteiferten Bulldogge und Hundekopf miteinander. Als Guinness solche Hundekämpfe beenden wollte, drohte das an der Markentreue der Bierfreunde zu scheitern. Daher entschloß man sich

bei Guinness, langsam vorzugehen. So wurde das Bild der Bulldogge nach und nach so abgeändert, daß schließlich nur noch der Kopf übrigblieb.

Der Wolfskopf taucht auch in Thailand auf, wo der Name des Lieferanten, Blood, Wolfe & Co. noch heute naheliegenden Anlaß zu einem Wortspiel gibt. So wird das rotzüngige Tier auf der Guinness-Flasche in Thailand oft der „Blut-Wolf" genannt. Guinness Foreign Extra Stout (kurz F. E. S.) wird in Thailand in Lizenz von der Amarit-Brauerei hergestellt, die auch ein gut gehopftes Faßbier *Pilsner* Geschmacks mit 4,5 Gewichtsprozent Alkohol unter dem Namen Krating sowie noch ein 4,8prozentiges Amarit Lager braut. Einen größeren Marktanteil hält in Thailand die Boon Rawd Brauerei, die lediglich ihr Singha Lager (etwa 4,8%) herausbringt, das nach dem eleganten, aber furchterregenden löwengleichen Wesen der thailändischen Mythologie heißt. Eine andere, eher im Haus zu haltende Katze, wird von Guinness auf den Etiketten von F. E. S. abgebildet, das aus Dublin nach Hongkong und den Philippinen kommt und auch an verschiedenen Orten in Indonesien gebraut wird.

Auf den Philippinen hat eine der größten Braugruppen der Welt, San Miguel, ihren Sitz. Sie verfügt über drei Brauereien auf den Philippinen, eine in Hongkong und eine in Papua-Neuguinea. Außerhalb Asiens ist San Miguel vor allem in Spanien bekannt, wo sie drei Brauereien besitzt. Hauptsitz sind aber die Philippinen, und Spanien ist nur eine Art Ableger, so sehr haben sich hier die Rollen seit der Kolo-

nialzeit vertauscht. San Miguel bringt für alle seine Märkte das gleiche *Lager* heraus: Ein Bier Pilsner Art mit 13 Grad Balling, 4,3 Gewichtsprozent und 5,4% vol. Alkohol. Sie soll noch ein Bier *Münchner* Art, das *Cerveza Negra* brauen, das man aber heute kaum noch erhalten kann. Mitte der siebziger Jahre wurde in Spanien ein stärkeres *Lager* eingeführt, das Selecta mit 15 Grad Balling, was in diesem Fall einen Alkoholgehalt nach Gewicht von 5,1 und nach Volumen von 6,4 bedeutet. San Miguel begann 1890 in Manila zu brauen. Heute ist sie ein riesiger Konzern, der auch alkoholfreie Getränke, Milcherzeugnisse und Verpackungsmaterial produziert und mit Gebrauchsartikeln Handel treibt.

Dank der noch aus der Kolonialzeit mit den Niederlanden bestehenden Verbindungen war es Heineken schließlich doch gelungen, eine

Tochtergesellschaft auf Java zu gründen. Heute braut diese Brauerei ein Heineken-*Pilsner* und ein Bintang Lager gleicher Stärke. Ähnlich verhält es sich mit dem Anker-Bier in Djakarta, das in Zusammenarbeit mit den Breda-Brauereien gebraut wird. Breda ist heute ein Teil der britischen Braugruppe Allied Breweries, und so überrascht es nicht, daß Skol ebenfalls in Djakarta hergestellt wird. Außerdem bringt die gleiche Brauerei ein *Stout* heraus. Als entfernter Vorposten produzieren die Brasseries de l'Indonésie für die Brasseries de l'Indochine, mit Sitz in Paris, auf Sumatra „33" Export (12,8 Grad Balling), Gallion Pilsner (12,6) und Baris Lager (12,0).

Sogar in China trug kaiserliches Wohlwollen dazu bei, eine Brauindustrie aufzubauen. In dem ehemaligen deutschen Pachtgebiet Kiautschou wurde in der Hauptstadt Tsingtau von

Brauer mit zoologischen Neigungen konzentrieren sich meist auf ein Tier, das dann auf ihrem Etikett erscheint. Guinness schuldet seine fernöstliche Menagerie dem Einfallsreichtum seiner rivalisierenden Exporteure, denen man zunächst den Vertrieb des Bieres anvertraut hatte. Die Firma Blood & Woolfe verwandelte sich in ein wildes Tier mit roter Zunge von fragwürdiger Abstammung. Und aus dem „Blut-Wolf" von Thailand wurde der rotzüngige Hund von Singapur. Ungleich britischer ist der Hund, der durch die Malaysische Halbinsel streift. Eine Zeitlang standen Kopf und Leib des Hundes in erbittertem Gegensatz, doch fand man schließlich einen glücklichen Mittelweg. Weniger Probleme scheint dagegen die Katze von Hongkong aufzuwerfen. In ganz Asien wird Guinness nach dem Tierbild bestellt, was vor allem in vielsprachigen Ländern von Nutzen ist. Daneben sagt das Etikett auch etwas über den Inhalt aus (untere Reihe): „Man wird sich nach diesem Stout viel munterer fühlen. Es ist gut für das Blut, regt den Appetit an und fördert die Verdauung."

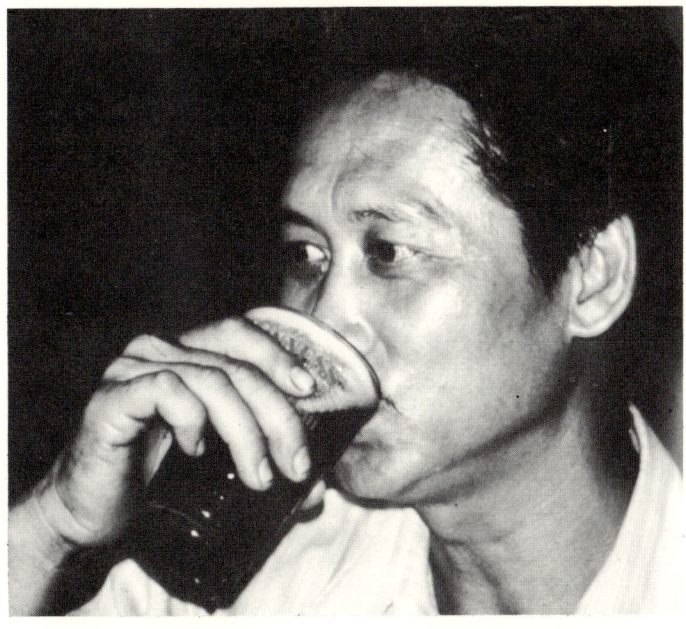

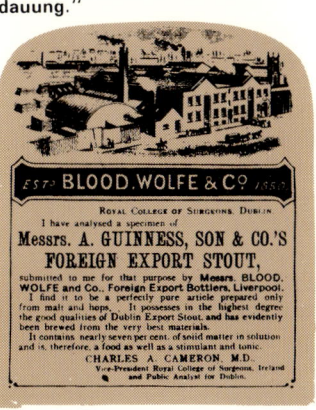

Japan

Eine der größten Brauereien der Welt, und keineswegs eine uninteressante, ist Kirin, die zu Japans Mitsubishi-Konzern gehört. Ihre Produktion schwankt von Jahr zu Jahr. doch stellt Kirin jährlich mindestens 23 Millionen Hektoliter her. Damit rangiert diese japanische Brauerei noch weit vor Heineken etwa auf der Höhe der zwei oder drei größten amerikanischen Brauereikonzerne. Kirin hat neun Brauereien in verschiedenen Teilen Japans, aber außerhalb Japans keine mehr. Die Ausfuhr geht in viele Länder, vor allem nach Asien und in die USA, insgesamt ist sie jedoch recht bescheiden. Nur Japans Antimonopol-Gesetz konnte die Gesellschaft, die schon 60% des einheimischen Absatzes bestritt, daran hindern, weiter zu wachsen. Doch sowohl der gesamte Markt wie auch die Nachfrage nach Kirin-Bier nehmen ständig zu. Es gibt noch vier andere große Braugruppen in Japan (sowie ein Unternehmen auf Okinawa) mit insgesamt 25 Braustätten. Nach 2000 Jahren *Sake* Reiswein haben sich die Japaner mit der gleichen Begeisterung dem Bier ergeben, die sie auch für Whisky zeigen.

Japans wichtigste Bierart ist ein nur ganz leicht gehopftes *Lager*. Nur eine Brauerei hält ihr sogar noch milderes und leichteres „Faßbier" für eine weitere Bierart. Wie australische Faßbiere ist auch dieses in Flasche und Dose zu haben. Noch ein anderes Bier, Black Beer genannt, wird als das Bier „des kritischen Trinkers" herausgestellt. Es unterscheidet sich nur wenig vom gewohnten *Münchner*, ist aber mit 5% vol. Alkohol etwas stärker. Doch sein Geschmack ist leicht süß und seine Farbe, die es dem stark gerösteten Malz und Karamel verdankt, ist kaum richtig schwarz. *Bitter* und *Medium Stouts* sind ebenfalls beliebt. Von den Importbieren hat Guinness eher mit seiner stärkeren Exportversion als mit F.E.S. den größten Absatz, gefolgt von Löwenbräu, Heineken und Tuborg. Von den japanischen Brauereien sind nach Kirin weiter der Größe nach Sapporo, Asahi und Suntory zu nennen.

Kirin bringt ein *Lager*-Bier mit 4,5% vol. Alkohol heraus, das im Ausschank unpasteurisiert zu haben ist, ferner ein Black Beer sowie ein sehr dunkles *Medium Bitter Stout* und ein Premium *Lager* mit beachtlichen 6,4%, das den unverkennbar deutschen Namen Mein Bräu trägt.

Die riesige Brauindustrie Japans entstand aus einer Versuchsbrauerei, die die Amerikaner Wiegand und Copeland 1869 in Yokohama errichtet hatten. Bald darauf schickte die japanische Regierung einen Wissenschaftler nach Deutschland, um sich dort über den Stand der Brautechnik zu informieren und danach im Land eine eigene Brauindustrie aufzubauen.

Die Brauerei oben steht in Peking. Aber jede größere Stadt in China hat ihr eigenes Bier. Alle Brauereien produzieren Biere nach Pilsener Art, doch gibt es auch einige Porter. Bier ist in China sehr populär und man findet auch einige recht angenehme Marken. Aber nur das Bier aus Tsingtau ist auch im Westen zu bekommen.

Deutschen eine Brauerei errichtet, die sich trotz aller Wechselfälle der Geschichte gut entwickelte. Das leichte, trockene *Pilsner* Bier der Brauerei ist außerhalb der Volksrepublik wohlbekannt und in Hongkong besonders beliebt. Es wird sogar in den Westen exportiert. Ein chinesischer Zeitschriftenartikel beschreibt mit folgenden idyllischen Worten, wie das Bier in Tsingtau entstand: „Laoshan ist ein berühmtes Juwel des lieblichen Strandes von Tsingtau. Malerische Berge sind über und über mit grünem Blattwerk und Blüten bedeckt. Schäumende Wasserfälle, sprudelnde Quellen und Bäche verleihen mancher Schlucht ihren besonderen Reiz. Tsingtauer Bier wird aus dem süßen Quellwasser von Laoshan gebraut. Es kommt klar und weich, köstlich und erfrischend aus

einer Granitschicht. Nach einem alten chinesischen Sprichwort sind Vorteile der Natur die Grundlage hervorragender Erzeugnisse. Doch das ist nicht immer so. Der hervorragende Geschmack und das Aroma sind der schöpferischen Leistung des werktätigen Volkes zu danken. Und das trifft auch auf das Tsingtauer Bier zu."

Als nach der Revolution China durch die Blockade von Rohstoff-Lieferungen abgeschnitten war, begann man, wie das Blatt weiter schreibt, Hopfen anzubauen und eigene Gerste zu verwenden. Heute exportiert China Tsingtauer Porter sowie Snowflake und Yu Chuan aus anderen Provinzen. Für den Konsum der Bevölkerung hat jede größere Stadt ihre eigene Brauerei.

Die grafische Kunst der Brauer

北海道
札幌
製 冷
麥
酒

SAPPORO LAGER BEER

HOKKAIDO   JAPAN

633 ml ★ サッポロビール株式会社 P

東京都中央区銀座7-9-20 ☎1444

このラベルは創製100年を記念して、明治9年発売当時の商標を再現したものです。

サッポロビール

Überall haben die Brauer etwas für die grafische Kunst übrig. Doch ziehen leider viele von ihnen aggressive Aussagen gutem Stil vor. Die Japaner haben sich vor solchen Torheiten bislang bewahren können.

Es wäre paradox und schade, würden der Glanz von Sapporo oder das Symbol von Kirin einem gemeinsamen „Image" der Gesellschaft geopfert. Ein gutes Etikett kann ein seichtes Bier nicht besser machen, doch kann ein gutes Bier durch ein nettes Etikett noch reizvoller werden.

YEBISU BEER — RICH AND CLEAR — ヱビスビール — BREWED AND BOTTLED BY SAPPORO BREWERIES LIMITED LAGER BEER — SAPPORO BREWERIES LIMITED TOKYO JAPAN

SAPPORO LAGER BEER — SINCE 1876 — サッポロビール — CLEAR AND REFRESHING — SAPPORO BREWERIES LIMITED TOKYO JAPAN

KIRIN BREWERY COMPANY, LIMITED — LAGER BEER — KIRIN BEER — キリンビール

KIRIN BREWERY COMPANY, LIMITED — KIRIN BLACK-BEER — キリン黒ビール

KIRIN STOUT — TRADE MARK — KIRIN BREWERY COMPANY LIMITED

Unter dem Namen Kirin ging das Copeland Unternehmen 1888 in japanische Hände über.

Kirin ist ein Fabelwesen, halb Pferd, halb Drache. Über 2500 Jahre reicht seine Legende zurück. Eines Abends, so heißt es, ging die Chinesin En Chen Tsai in ihrem Garten spazieren, als ihr plötzlich der Kirin gegenüberstand. Er hüllte sie in seinen heiligen Atem ein und beide waren einander sehr zugetan. Zwei Nächte vergingen, bevor der Kirin wieder verschwand. Noch nicht ein Jahr später schenkte En Chen Tsai dem Konfuzius das Leben. Und seitdem, so weiß es die Legende, empfängt die Mutter den Besuch des Kirins, bevor ein chinesischer Heiliger das Licht der Welt erblickt. So gilt dieses Fabelwesen als Vorbote glücklicher und festlicher Ereignisse, besonders wenn er, wie heute, mit einem Bier erscheint.

Die Braugeschichte Japans ist recht kurz, aber keineswegs unumstritten. So behauptet z. B. Kirin, Japans älteste Brauerei zu sein, und Sapporo tut das mit Nachdruck auch. In Wahrheit ist es eine Frage der Auslegung. Der Gedanke, Bier zu brauen, tauchte, so sagt man in Sapporo, in Japan zum ersten Mal auf, als die USA 1853 ihren berühmten Flottenbesuch abstatteten, um die Inseln ihrem Handel zu erschließen. Ein Japaner, der mit Leidenschaft alle fremden Erzeugnisse studierte, besuchte damals eines der rauchigen „schwarzen Schiffe" des Geschwaders von Commodore Perry und trank an Bord ein Glas Bier. Als er später auf ein holländisches Lehrbuch über das Bierbrauen stieß, stellte er danach Bier für seinen eigenen Bedarf her. Ihm ist es also zu danken, daß Japan das Bier kennenlernte. Daran erinnerte sich eine Regierungsdelegation, die zwanzig Jahre später die nördliche Insel Hokkaido für die Industrie erschließen sollte, sie

237

Biere und Brauorte in Asien

Fast jede größere Stadt in Asien hat ihre Brauerei und oft sogar mehrere. Die hier gezeigten Etikette sind nur eine Auswahl aus der großen Zahl der Biere auf dem riesigen Kontinent. Auf jedem Etikett erscheinen Stadt und Brauerei. Die weltberühmten Marken Asiens kommen aus dem Pazifik und vom südchinesischen Meer, doch gibt es auch im Nahen Osten und auf dem indischen Subkontinent eine beachtliche Brauindustrie.

Efes-Bier, sowohl in Istanbul als auch in Izmir gebraut, verbindet Europa und Asien. In Izmir gibt es eine Tuborg-Braustätte und in Ankara die Tekel-Brauerei. Hier braut man Bier Pilsner Art und auch dunkles Münchner. Obwohl ein islamisches Land, gibt sich die Türkei seit Atatürk recht westlich. Die Türken sind keine großen Biertrinker, doch für die Brauindustrie gibt es kaum Hindernisse. In den orthodoxen Ländern des Islams ist die Meinung geteilt. Manche lehnen Bier ab, doch die meisten brauen Bier, wenn auch in kleineren Mengen.

In Syrien ist Bier leichter als früher erhältlich. Die Al Chark-Brauerei, 1954 gegründet und 1965 verstaatlicht, braut täglich 20 000 Liter nach Pilsner Art (12 Grad Balling). Im Irak produziert die regierungseigene Brauerei drei Lager: Golden (11,5), Jawhara (12,5) und Kuhrmana in Dosen (13,5). Eine Aktiengesellschaft braut Ferida Lager (12,1) und Amstel Gold (14,0). Im Iran besteht seit 30 Jahren eine Brauindustrie mit ihren Lagerbieren wie Setarah (11,0) und Shams (11,5) von Sarkissian und Sahakians. Außerdem gibt es dort Tuborg (12,0) und das ausgewogene dunkelbraune Majidieh (11,0) aus einer vom Amt für Industrieförderung unterstützten Brauerei.

In Israel braut man mit kanadischer Finanzierung drei Lager: Nesher (10,0), Abir (11,0) und Maccabee (12,0), dazu „O.K." nach Pilsner Art, ein alkoholarmes Malzgetränk und als Ale Goldstar (12,0).

DER INDISCHE SUBKONTINENT

Die Erinnerung an den britischen Raj lebt in Pakistan in der Murree-Brauerei in Rawalpindi fort, wo auf dem London Lager (10,4 Balling) die Nelson-Säule erscheint. Murree braut auch ein Export (11,4) und ein untergäriges Medium Stout (14,2).

In Indien beurteilt man den Alkohol von Staat zu Staat verschieden, doch vom Simla im Norden bis Haiderabad und Bangalore im Süden blüht die Brauindustrie. Im Simla in Solan produziert Mohan Meakin fünf Lager: Baller (Gravität 1040), Gymkhana (1045), Lion (1046), Krown (1048) und Golden Eagle (1050). Bei der Vinedale Brauerei gibt es drei Lager: Regal (1042), Black Beard (1044) und Crazy mit der beachtlichen Gravität von 1064. In Bangalore produzieren die United Breweries drei Lager mit 1046 Gravität, zwei Premium Lager, Flying Horse und Jubilee (beide 1052) und zwei Bitter Stouts, London und Kingfisher (1046).

Eine von den zwei Brauereien auf Sri Lanka (Ceylon) bringt ihre Biere unter der Marke Three Coins heraus, ein Lager (12,0 Balling), ein Pilsner (12,25) und ein Bitter Stout, auch als Sando bekannt (13,8). Die Ceylon Breweries dagegen brauen Lion Lager (1042), Pilsner Special (1050), Bitter Stout „Double Strength" (1060) und zwei obergärige süße Ales, Pale (1044) und Jubilee (1060).

TÜRKEI
Izmir
Efes

LIBANON
Beirut
Almaza

IRAK
Bagdad
**Ferida,
Golden,
Jawhara**

ISRAEL
Tel Aviv
National

INDIEN
Solan
Mohan

PAKISTAN
Rawalpindi
Murree

INDIEN
Bangalore
United

INDIEN
Haiderabad
Vinedale

SRI LANKA
Colombo
McCallum

KOREA
Seoul
OB, Crown

IRAN
Teheran
**Tuborg,
Sham,
Medjidieh**

JAPAN
Sapporo
Sapporo

JAPAN Tokio Kirin

JAPAN
Osaka
Suntory

JAPAN
Tokio
Asahi

UDSSR

UDSSR

Sapporo

JAPAN

KOREA

Tokio

Peking

Osaka

Seoul

Okinawa
Orion

CHINA

TAIWAN
Taipei
Taiwan

Taipei

TAIWAN

Hong Kong

PHILIPPINEN
Manila
San Miguel

UTAN

BANGLADESH

Dacca

BURMA

LAOS

Vientiane

Manila

PHLIPPINEN

THAILAND

VIETNAM

KAMBODSCHA

Rangoon

Bangkok

Saigon

Phnom
Penh

BRUNEI

SARAWAK

THAILAND
Bangkok
Amarit, Singha

MALAYSIA

Kuala Lumpur

BORNEO

Medan

Singapur

VIETNAM
Saigon
33

SUMATRA
Medan
Galion

SUMATRA

JAVA

Surabaja

MALAYSIA
Kuala Lumpur
ABC, Anchor

Singapore
Tiger

Djakarta

JAVA
Djakarta
Serimpi

JAVA
Surabaja
Bintang

gründete dort 1876 eine Brauerei in Sapporo.
Und da sich der Boden von Hokkaido für den
Anbau von Gerste und Hopfen als ideal erwies,
gewann diese Brauerei bald mehr und mehr an
Bedeutung.

Heute ist das Unternehmen stolz auf seine
Stadt, die als eine der ältesten Japans gelten
kann, und sie sucht diesen Glanz noch durch
den Hinweis zu erhöhen, daß Sapporo auf dem-
selben Breitengrad (45°N) wie München und
Milwaukee liegt. Im Jahr 1899 richtete sie in
der Ginza, Tokios berühmter Geschäftsstraße,
die erste Bierhalle ein, die noch heute in Betrieb ist. Gaststätten nach deutscher Art sind
dort überhaupt sehr beliebt, besonders wenn
Musikkapellen spielen, und Biergärten – auf
dem Dach – sind im Sommer große Mode.
Zwei andere große japanische Brauereien wurden 1906 von Sapporo übernommen, und 1916
erwarb das Unternehmen auch die Tsingtau
Brauerei, die dann später aber wieder in chine-
sische Hände überging, wie man auch die
Brauereien, die man in der Mandschurei und
Korea eingerichtet hatte, wieder aufgeben mußte. In Seoul bestehen noch zwei Brauereien, die
süße *Lagers* mit etwa 4,0% Alkohol herstellen:
Crown von Chosun ist das stärkere von beiden,
obgleich der Unterschied kaum ins Gewicht
fällt; „O.B." von Oriental Breweries liegt dagegen im Absatz vorn, aber auch nur um Brust-
breite. Heute verfügt Sapporo über sechs
Brauereien, alle in Japan. Wie die anderen japanischen Brauer verwendet Sapporo sowohl
Reis als auch Gerste, was in Anbetracht der
Lage kaum erstaunlich oder gar unangemessen
erscheint. So nimmt man in Sapporo Reis für
das normale *Lager,* aber man bietet auch ein
Bier rein aus Malz mit dem Namen Yebisu
(beide haben 4,5% vol. Alkohol), sowie ein
Black Beer an; dazu importiert man Guinness.
Lager und Guinness sind in Halb-und-Halb-
Packungen im Dutzend zu haben, also gerade
richtig für ein japanisches Black-and-Tan. Das
gesamte Faßbier von Sapporo und das Flaschenbier in einigen Gebieten ist nicht pasteurisiert.

In Sapporo gibt es auch die Hokkaido Asahi-
Brauerei, die mit Recht auf ihre Pionierarbeit
mit nicht pasteuriertem Bier auf dem japanischen Markt stolz ist. Zu Asahi gehören noch
sechs weitere Brauereien in Japan, die helle
und dunkle Biere herausbringen.

Suntory stellt nur ein einziges Bier her, das
„Real Draft" mit etwas weniger als 4% vol. Alkohol und einem, wie die Brauerei sagt, leichten und milden „dänischen" Geschmack. Der
gesamte Ausstoß wird nicht pasteurisiert. Suntory fing erst 1963 zu brauen an, eröffnete aber
schon zwei Jahre später eine weitere Braustätte
und hat sich seitdem als einzige japanische

Amerikaner, Briten und Holländer machten
Bier in Japan populär. Doch die ersten Biere,
die in großem Maßstab verkauft wurden, waren
Importe aus Deutschland, was auch den For-
scher Nakawara beeinflußte. Bald nach der
Entstehung der Brauindustrie tauchten auch
schon die großen Namen von heute auf. Das
erste Plakat, eine Lithografie (rechts) warb für
Kirin Bier. Auch an die Begeisterung der Japaner für Automobile appellierte man (unten).

Brauerei in Übersee, in Mexiko niedergelassen.
Als Weinerzeuger 1899 gegründet, begann das
Unternehmen auch bald Whisky zu brennen,
wurde damit Japans größte Brennerei und ist
heute als Familiengesellschaft Japans Brauerei
mit dem schnellsten Wachstum. Sie besitzt drei
Museen, eins für Wein in Yamanashi, eins für
Whisky in Hakushu und das dritte für Bier in
Musahino. Außerdem unterhält sie ein Museum für Japanische Kunst, hat einen Preis für
klassische Musik gestiftet und engagiert sich in
einer Kampagne zum Schutz der Vögel.

So hat sich das Bild der japanischen Brauin-

dustrie seit jenen Tagen entwickelt, als noch ein
„Bierhain" (damals das Gegenstück zum Tee-
garten) seinen verehrten Gästen anzeigte:

*Für Englische und andere Fremde:*Das Bier
dieses Lokals ist mit reinstem Quellwasser gemacht. Es wird den Geschmack in jeder Hinsicht befriedigen und unsere Besitzer garantieren Höflichkeit gegen jeden und alle. Innen
geben wir Proben dieser reinsten Wahrheit, die
zu allen Zeiten versucht werden können."

GHANA
Accra Brewery
Kumasi Brewery
Gulder International

TSCHAD
Brasseries du Logone

SENEGAL
Sibras

meta beer

PILSNER

MELOTTI

ÄTHIOPIEN
Meta
Melotti
St. George

KAMERUN
Three Horse Shoes

THE BLUE NILE BREWERY

SUDAN
Blue Nile
Brewery

TANZANIA NDOVU LAGER

Snow Cap LAGER

TANSANIA
Tanzania Breweries

Map of Africa with countries labeled:
MAROKKO, SPANISH SAHARA, MAURETANIEN, MALI, ALGERIEN, TUNESIEN, LIBYEN, ÄGYPTEN, NIGER, TSCHAD, SUDAN, ZENTRAL-AFRIKANISCHE REPUBLIK, ÄTHIOPIEN, SENEGAL, GAMBIA, GUINEA, OBER-VOLTA, DAHOMEY, NIGERIA, KAMERUN, ÄQUATORIAL-AFRIKA, GABUN, KONGO, ZAIRE, RUANDA, BURUNDI, KENIA, SOMALIA, UGANDA, ELFENBEIN-KÜSTE, GHANA, TOGO, LIBERIA, SIERRA LEONE, ANGOLA, SAMBIA, TANSANIA, MALAWI, MOZAMBIK, NAMIBIA, BOTSWANA, SÜDAFRIKA, RHODESIEN, SWAZILAND, LESOTHO

Cities: Algiers, Tunis, Rabat, Tripoli, Cairo, Nouakchott, Dakar, Bathurst, Bamako, Niamey, Khartoum, Conakry, Freetown, Lagos, Accra, Yaoundé, Bangui, Addis Ababa, Libreville, Brazzaville, Kinshasa, Nairobi, Kampala, Luanda, Dar es Salaam, Lusaka, Salisbury, Windhoek, Gaborone, Pretoria, Maputo

KAMERUN
Union Camerounaise
de Brasseries

GABON
Société des Brasseries
du Haut Ogooué

NAMIBIA
South West Breweries
Hansa

NIGERIA
West African
Golden Guinea

SÜDAFRIKA
Intercontinental

SOMALIA
UGANDA

MALAWI
Carlsberg
Malawi

RHODESIEN
Castle/Lion

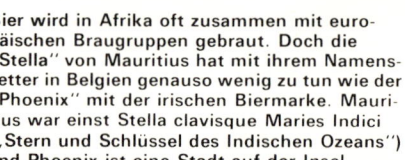

Bier wird in Afrika oft zusammen mit europäischen Braugruppen gebraut. Doch die „Stella" von Mauritius hat mit ihrem Namensvetter in Belgien genauso wenig zu tun wie der „Phoenix" mit der irischen Biermarke. Mauritius war einst Stella clavisque Maries Indici („Stern und Schlüssel des Indischen Ozeans") und Phoenix ist eine Stadt auf der Insel.

Afrika

Zu den ältesten Bierbrauern zählen die alten
Ägypter, die mit Gerste bereits vier verschiedene Biersorten brauten und uns genaue Aufzeichnungen darüber hinterließen. Doch auch
sonst wurde in Afrika bereits frühzeitig Bier gebraut und es ist kaum anzunehmen, daß man es
jemals wieder aufgegeben hat, denn dazu war
das Bier viel zu eng mit vielen Stammeskultu-
ren verbunden. So berichtete ein Afrikareisen-
der des 18. Jahrhunderts von Hunderten von
verschiedenen Bieren in Afrika. „Der Bierreichtum des Stammes gereichte dem Häuptling
zum Ruhm", notierte ein anderer Be-
obachter. Solche Biere wurden mit Mais, Hirse,
Kassavemehl, ja sogar mit Palmsaft bereitet.
Nach Magnus Pyke in *Food and Society* (John
Murray, London, 1968) sind sie „Energiespender, steuern Vitamin C zur Nahrung bei, wie
auch mehrere B-Vitamine, die den dortigen
Menschen sonst in der Nahrung fehlten".

Das Brauen gehopfter Biere war der erste
westliche Industriezweig, der in Afrika Fuß
faßte und sich rasch entwickelte. Heute werden
Biere internationalen Standards und guter
Qualität in fast jedem Land dieses Erdteils gebraut. In mehreren Ländern gehört das Brauen
zu den wichtigsten Industriezweigen und auf
seine Biere ist man dann besonders stolz.

Wo Pharao Ramses III. einst seinen Tempel
mit 466 303 Krügen Bier einweihte, können die
Ägypter von heute die Erzeugnisse der Société
de Bière „Les Pyramides" trinken. Das moslemische Afrika fördert zwar nicht gerade die
alkoholischen Getränke, doch sind regionale
Biere fast überall zu finden. Die Blue Nile
Brauerei in Khartum, früher mit der britischen
Courage-Gruppe liiert, ist jetzt im Besitz des
sudanesischen Staates und stellt ein *Lager* mit
dem Namen Camel (1044) her. In der Brauerei
der äthiopischen Regierung in Asmara braut
man Melotti Lager (11,7 Plato) sowie ein süßes
Extra Stout (12,0). Zu diesem Betrieb gehören
auch die St. George Brauerei in Addis Abeba,
die ein *Pilsner* (12,0 Plato) herausbringt, und
die Meta-Brauerei mit einem *Lager* von 11,91.

„Source of the Nile" wird als Lager mit einer
Stärke von 1040 in Jinja, Uganda, produziert.
Als Pilsner hat es eine Dichte von 1042. Der
Hersteller beider Biere, die Nile Breweries,
braut auch, was man ein obergäriges Bier
(1040) nennen könnte, obschon es eigentlich
ein *Lager* ist. Die Marke „Economic War"
(Wirtschaftskrieg) wurde 1950 mit einer Stärke
von 1050 herausgebracht, als Idi Amin Schwierigkeiten mit Kenia hatte. Die Nile Breweries
gehören dem Staat Uganda. Und 1976 entschloß sich Idi Amins Regierung, auch die
ugandischen Interessen der East African Breweries Limited, die ihren Sitz in Kenia hat, zu
übernehmen.

Diese Gesellschaft ist eins der größten Unternehmen von Kenia, mit drei Brauereien in
Nairobi und einer in Mombasa sowie einem
45%-Anteil an der staatlichen Tansania-Braue-
rei, bei der ihr die technische Beratung obliegt.
Zu ihren Marken gehören das populäre Tusker
Lager (1038), White Cap Lager (auch 1038) mit
dem Berg Kenia auf dem Etikett, City Lager
(1042) und das frühere Allsopp Pilsner (auch
1042). Die Allsopp-Brauerei in Burton, England, hatte früher Interessen in Kenia, die später auf die East African Breweries übergingen.
Allsopp wurde seinerseits Teil der großen
Allied Breweries Gruppe in Großbritannien.
Doch die englisch-kenianische Verbindung besteht fort: Allied Breweries ist mit 13% an den
East African Breweries beteiligt. Dazu gibt es
einen Lizenz-Vertrag, nach dem das Guinness
Foreign Extra Stout in Kenia gebraut werden
darf.

Guinness F.E.S. wird auch weit vor der
Küste Ostafrikas fast 2000 km entfernt im
Indischen Ozean hergestellt. Auf den
Seychellen kann man dort gebrautes Guinness
und ein feines unpasteurisiertes *Pilsner* vom
Faß probieren. Beide Biere werden in einer

„Mini-Brauerei" gebraut, die auf Vorschlag
von Brauhaase gebaut wurde, der zur deutschen Schultheiss-Gruppe gehört. Brauhaase
hat mehrere Regierungen der dritten Welt bei
der Errichtung solcher kleinen Brauereien beraten. Geleitet wird die Beratungsfirma von
einem Mitglied der Familie Haase, der früher
Brauereien in Breslau gehörten. Im Indischen
Ozean gibt es auch Guinness auf Mauritius.
Dort bringt die Mauritius Breweries Limited
neben einem *Lager* mit 1049 und einem
Pilsner (1044) als Lizenzbier das Foreign Extra
Stout heraus.

Ein gut gehopftes Amstel Lager mit 6% vol.
Alkohol kommt als Lizenzbier zusammen mit
einem weniger herben Carling Black Label
ähnlicher Stärke aus den South African Breweries Limited. Das stärkste eigene Bier dieses
Unternehmens ist Schafft mit ebenfalls 6% vol.,
aber milderem Geschmack. Dann folgen das
hopfige Castle Lager, das süßliche Lion Lager
und zuletzt das Hansa Pilsener mit geringerer
Stärke. Daneben gibt es noch ein süßes obergäriges Lion Ale, kupferbraun und mit hefigem
Geschmack, sowie ein schweres Castle Milk
Stout von ausgewogenem Aroma und stärker,

Auf der Höhe der ost-
afrikanischen Seen
kommt das Wasser des
Nils aus mehreren Quel-
len und Nebenflüssen,
so daß mehr als nur ein
Land Anspruch auf die
„Quelle des Nils" er-
heben kann. Uganda tut
es mit seinem Bier wie
auch schon bei seinem
Streit mit Kenia 1976.

als es von einem *Milk Stout* zu erwarten wäre. Castle- und Lion-Markenbiere werden auch von den Rhodesian Breweries Limited herge- stellt. Ursprünglich wurden die South African Breweries 1895 gegründet, obschon Ohlssons Cape Breweries, jetzt ein Zweig des Unterneh- mens, schon früher bestanden. Heute ist die Gesellschaft die größte Braugruppe des Erd- teils und eines der bedeutendsten Industrie- unternehmen Südafrikas, zumal da sie sich heute auch noch in Hotels, Immobilien, Einzel- handelsgeschäften, Nahrungsmitteln und ande- ren Erzeugnissen engagiert hat.

Die einzigen anderen Biere in der Republik von Südafrika kommen aus den Intercontinen- tal Breweries, einem Rivalen, der 1973 von Ru- pert International, sonst besser durch seine Ta- bak-Interessen bekannt, aufgebaut wurde. Ru- perts sonstige Brauerei-Unternehmungen sind manchmal etwas undurchsichtig. So ist Rupert stark an Carlsberg (United Breweries) beteiligt. In Südafrika betreibt Carlsberg zusammen mit der Regierung von Malawi eine Brauerei, aus der die Marken Malawi Carlsberg Lager (10,9 Plato) und Carlsberg Bier (10,7) kommen. Eine andere Linie des Brauimperiums geht nach Ka- nada. So verwirrend ist das internationale Mar- keting, daß Rupert in Kanada die Carling Company kontrolliert, die gleiche Marke aber in Südafrika bei einem Konkurrenten heraus- gebracht wird.

Die Intercontinental braut nur *Lager* mit einer Stärke von 1040 bis 1050, so das mild-reife Sportsman Lager und das etwas dunklere, sü- ßere und aromatischere Heidelberg Lager. Beck's Bier, bis zum Krieg auf dem Weg zur in- ternationalen Marke, kehrte später über eine kleine Brauerei in Swaziland wieder nach Süd- afrika zurück. Jetzt wird es von Intercontinen- tal wie auch ein bayerisches Bier Kronenbräu

„1308", das „eichengereift" sein soll, in Lizenz hergestellt. Kronenbräu wird mit Pferdewagen ausgeliefert, die der ganze Stolz von Intercon- tinental sind. Das Bier selbst spielt alljährlich auf dem „Oktoberfest" in Johannesburg eine große Rolle.

Auf der Landkarte ist der deutsche Bierein- fluß in Afrika noch offensichtlich, vor allem im Süden, wenn auch weniger in der Republik als in Namibia. Aus Namibia kommt z. B. das Hansa Pilsner zusammen mit den Export- und Tafelbieren der gleichen Brauerei, alle drei mit einer Stärke von 1040. Weniger gewohnt ist hier der dunkle Hansa Ur-Bock (1080), auch wenn das keineswegs der einzige *Bock* in Na- mibia ist. So stellen die South West Breweries Limited einen Windhuk Mai-Bock (1072) wie auch ein *Bitter Stout* her. Dieses Windhuk Ex- tra Stout hat eine Stärke von 1050. Ein Export und ein Lager, beide nach der Hauptstadt Windhuk genannt, werden mit 1044 gebraut.

Wenn auch der Süden die wirtschaftlich fort- geschrittenste Region Afrikas ist, so steht sie, was den Bierausstoß angeht, nicht an erster Stelle. Eine Zeitlang konnte Mittelafrika, vor allem dank Zaires beachtlicher Brauindustrie diesen Rang beanspruchen, bis dann Nigeria 1974 den Westen zum Bierschwerpunkt Afrikas machte.

Das Gebiet Zaires ist so groß, daß manche der verschiedenen Verwaltungsbezirke ihre ei- genen regionalen Biermarken haben. Die größ- te nationale Marke ist Primus, das wie auch in Ruanda und Urundi (dort mit der Unterstüt- zung der Banque Bruxelles Lambert) mit tech- nischer Beratung durch Heineken hergestellt wird. Heineken ist auch in Zentral- und West- afrika sehr aktiv, mitunter in Zusammenarbeit mit der United Africa Company, die zur eng- lisch-niederländischen Unilever-Gruppe ge- hört. Wie zu erwarten, sind auch die französi- schen Brauereien, insbesondere die Union des Brasseries (früher Brasseries et Glacières de l'Indochine) hier stark engagiert. Und in meh- reren Gebieten Nordwestafrikas haben sich die traditionellen schweizerischen Brauinteressen klar behaupten können. Guinness verfügt über Tochterunternehmen in Kamerun, Nigeria und Ghana, und auch sonst wird sein Foreign Extra Stout vertragsgemäß im Westen hergestellt. Solche Vereinbarungen gehen mit den einhei- mischen privaten Interessen oder denen der Regierungen, die in manchen Fällen eine Min- derheitsbeteiligung halten, Hand in Hand.

Wer durch Afrika reist, kann in den abgele- gensten Gegenden auf interessante Biere sto- ßen. So wird ein *Pilsener* mit der ungewöhnlich hohen Dichte von 14,0 Grad Plato und einem Alkoholgehalt von 6,0% vol. von der Société du Haut Ogoué in Gabun herausgebracht. Ein

Dem Tatendrang afrikanischer Pioniere ist die Entstehung der East African Breweries zu dan- ken. Zusammen mit zwei Partnern ließ ein früherer Goldgräber, der sich als Farmer in Kenia niedergelassen hatte, Braugerät aus England und später auch einen englischen Brauer aus Burtonwood kommen. Sechs Wo- chen war die Hefe-Urkultur per Schiff aus Eng- land unterwegs und niemand wußte, ob sie „anspringen" würde. Der Hopfen kam aus Kent und gebraut wurden Ales und Stouts. Die Bilder zeigen die Belegschaft (oben rechts) und (oben) den Wagenpark der Gesellschaft um 1929. Ab 1930 braute man untergärig mit Hefe aus Dänemark. Zweimal Gold und einmal Silber gewann das Unternehmen 1968 bei einem „Bierwettbewerb" in Nürnberg. Präsident Kenyatta legte den Grundstein zum neuen Ver- waltungsgebäude 1970. Dabei überreichte ihm der Brauereidirektor einen Bronzeabguß des berühmten kenianischen „Tusker" (Ele- fantenbullen) namens Ahmed.

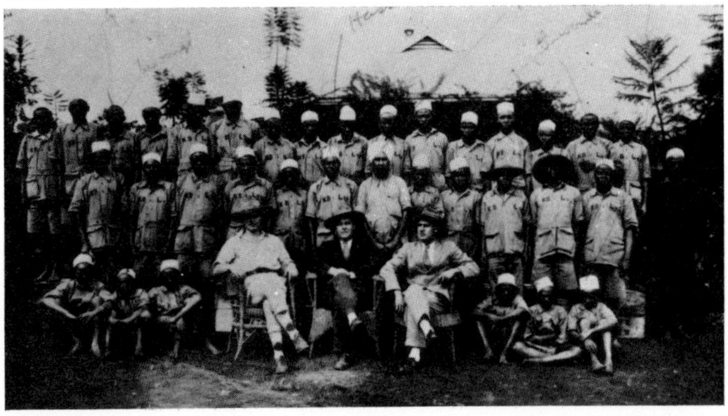

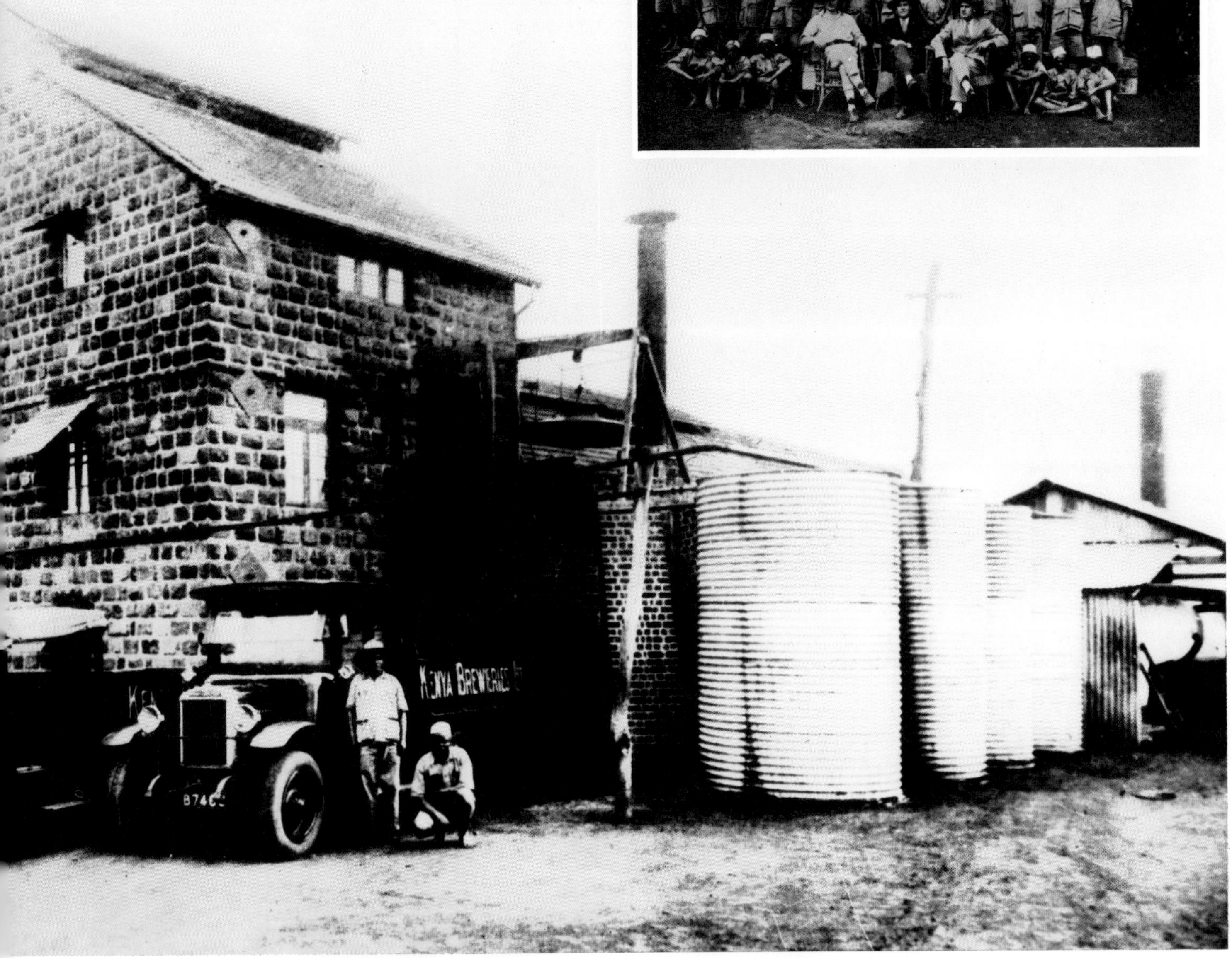
KENYA BREWERIES LTD

KENYA BREWERIES LTD
TUSKER
MADE IN KENYA
TUSKER LAGER
White Cap
REG. TRADE MARK
LAGER
MADE IN KENYA
CITY
LAGER
MADE IN KENYA
KENYA BREWERIES LTD
EXPORT
MINIMUM CONTENTS
300ml
TUSKER LAGER
REG. TRADE MARK
Pilsner
LAGER
MADE IN KENYA

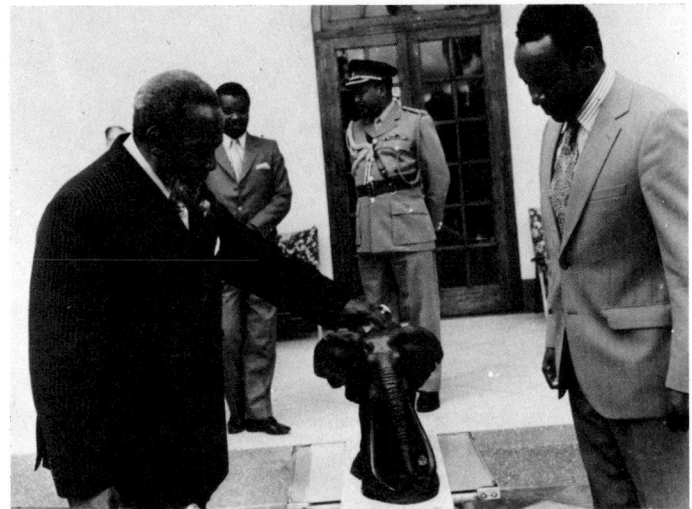

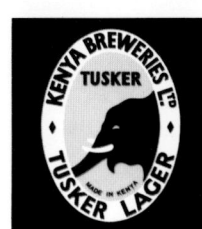

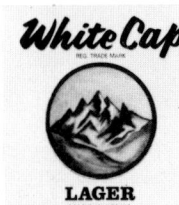

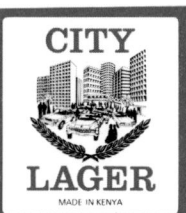

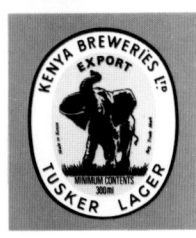

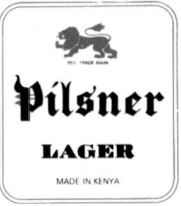

Lächelnden Kunden-
dienst und viele guten
Biere gibt es bei Frau
Atinmo. Für die größten
Biertrinker Afrikas, die
Nigerianer, hält man
dort die beliebtesten
Marken auf Lager, wie
Star und Gulder, die am
meisten verkauft
werden.

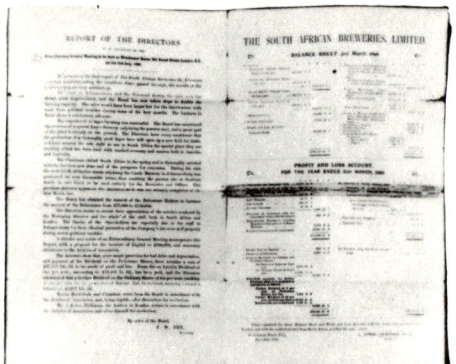

Lion und Castle sind zwischen Sambesi und dem Kap wohl am längsten und besten bekannt. 1896 wird im ersten Jahresbericht mitgeteilt, daß es den South African Breweries beim ersten Versuch gelang, untergärig zu brauen (links). Die Braustätte (oben) wurde von der Gesellschaft im zweiten Burenkrieg bei Kapstadt für Porter, Ale und Lager errichtet. Geplant und ausgerüstet haben sie amerikanische Ingenieure.

heller Bock und ein Super Bock, die beide die gleiche Dichte von 12,8 haben, kommen aus der Union Camerounaise de Brasserie. Die gleiche Brauerei stellt ein Pils 2000 (12,4) und mit der gleichen bescheidenen Plato-Dichte ein Breda-Bier her, eine Verbindung mehr zwischen den Niederlanden und Afrika. Bénin hat nur eine Brauerei, aber drei Biere: La Béninoise (10,5), Pils 27 (11,5) und Flag Spéciale (12,5). Und in Togo wird unter Beratung von Brauhaase ein hervorragendes *Pilsner* gebraut.

Unbestritten die beste Bierauswahl Afrikas hat Nigeria zu bieten. In diesem Land mit beinahe unersättlichem Durst hat die Brauindustrie spektakuläre Zuwachsraten aufzuweisen. *Bitter Stout* wird hier sehr gepflegt und viele bekannte Marken sind zu haben. Die Brauerei mit dem reizenden Namen Golden Guinea Pig, die sich im Besitz des Staates befindet, bringt das Bitter Stout „Eagle" mit der Dichte 1068 wie auch ein Lager mit 1046 heraus. Auch Henninger ist hier zu bekommen, da das Frankfurter Unternehmen zur Errichtung einiger Brauereien beigetragen hat, die daneben noch die Lager Top und Royal (beide 1042) brauen. Heineken ist an den Nigerian Bre-

weries Limited mehrheitlich beteiligt, die für ihre Star und Gulden *Lagers* (beide 1047) bekannt sind. Die gleichen Biere werden auch in Kumasi, Ghana, produziert, während es in Accra die eigene Marke Club Beer mit ähnlicher Dichte gibt. Club kommt aus der Accra Brewery Limited, einem Unternehmen, das trotz seiner irischen Aufmachung einen Schweizer Hintergrund hat.

Die Entwicklung in Afrika ist noch nicht abgeschlossen. Noch wechseln die Nationen ihre Namen, die Herrscher und die Politik – und gelegentlich auch ihre Grenzen. Und selbst in den friedlicheren Gebieten kann es passieren, daß ein beliebtes Bier plötzlich verschwindet oder die Regierung eine Entscheidung trifft, die mit den alten Trinkgewohnheiten bricht. Doch muß ein Wechsel nicht unbedingt zum Schlechteren führen. So war eine Zeitlang Mali – anscheinend als einziges Land in Afrika – ohne Brauerei. Heute dagegen kann ein Reisender, der nach Timbuktu kommt, gewiß sein, daß er sich dort nach seiner Ankunft mit einem Glas Bamako-Bier erfrischen kann.

Register

Bildnachweis